商务馆对外汉语教学专题研究书系（第二辑）
总主编　赵金铭
审　订　世界汉语教学学会

# 多视角的汉语第二语言习得研究

主编　王建勤

2020年·北京

**总主编** 赵金铭
**主　编** 王建勤
**作　者** （按音序排列）

| | | | |
|---|---|---|---|
| 步延新 | 常　辉 | 陈凡凡 | 丁存越 |
| 冯丽萍 | 郝美玲 | 洪　炜 | 贾　琳 |
| 姜　晓 | 蒋　荣 | 靳洪刚 | Li Hong |
| 李　昱 | 刘　岩 | 马志刚 | 王　芬 |
| 王建勤 | 王丽婧 | 魏惠琳 | 魏岩军 |
| 闻　亭 | 严　彦 | 杨素英 | 姚　倩 |
| 袁博平 | 袁芳远 | 曾　莉 | 章　吟 |
| 赵金铭 | 朱雯静 | 祖晓梅 | |

# 目　录

总　序 …………………………………………………………… 1
综　述 …………………………………………………………… 1

## 第一章　基于语言学视角的汉语习得研究 ……………………… 1
第一节　汉语二语习得中的界面研究 …………………………… 1
第二节　母语为英语的留学生对汉语反身代词的习得研究…… 27
第三节　标句词、关系代词和接应代词的二语习得研究……… 48
第四节　日本学生汉语空主语和空宾语的不对称现象研究…… 66
第五节　从汉语二语习得中的界面问题看影响成人二语习得
　　　　成功的因素 …………………………………………… 86
第六节　以汉语为第二语言的学习者习得"任何"的研究… 116

## 第二章　基于社会语言学视角的汉语习得研究………………… 137
第一节　美国学生习得第三声的声调情境变异研究………… 137
第二节　华裔学习者跨文化族群认同及其传承语习得研究… 154
第三节　美国华裔母语保持与转用调查研究………………… 175
第四节　短期来华美国留学生课外语言接触及其影响因素
　　　　分析……………………………………………………… 194
第五节　不同文化背景汉语学习者跨文化认同研究………… 209

第六节　影响汉语学习者跨文化认同的个体及社会
　　　　　心理因素 ································· 231

**第三章　基于社会文化理论视角的汉语习得研究** ········ 248
　　第一节　调控理论视角下汉语学习者词汇习得的认知机制
　　　　　研究 ····································· 248
　　第二节　第二语言学习者"自我言语"功能研究 ········ 261
　　第三节　基于实践社区的汉语第二课堂语用习得教学模型 ··· 284
　　第四节　课堂"支架"构建对短期语言习得的效用分析 ··· 298

**第四章　基于课堂教学的汉语习得研究** ·············· 311
　　第一节　汉语课堂更正性反馈的调查与分析 ············ 311
　　第二节　"选择性注意"与"差异效应"在汉语"得"字
　　　　　方式补语习得中的作用 ······················ 326
　　第三节　课堂任务条件和篇章结构对输出语言质量和数量的
　　　　　影响 ····································· 356
　　第四节　Focus on Form 和 Focus on Forms 两种教学法对
　　　　　汉语二语词汇学习的影响 ····················· 366

**第五章　基于认知语言学的汉语习得研究** ············ 387
　　第一节　韩国留学生习得现代汉语运动事件句的偏误分析 ··· 387
　　第二节　来自不同语言类型的学习者叙述汉语运动事件的
　　　　　实验研究 ································· 405

第六章　基于语言类型学的汉语习得研究 …………… 427
　第一节　从类型学视野看汉语差比句偏误 …………… 427
　第二节　语言习得中的主题突出特征 …………………… 443
　第三节　"体假设"及"了""着"的二语习得 ………… 459

# 总　序

赵　金　铭

　　对外汉语教学专题研究书系是商务印书馆出版的同名书系的延续。主要收录 2005—2016 年期间，有关学术期刊、集刊、高校学报等所发表的有关对外汉语教学研究的论文，涉及学科各分支研究领域。内容全面，质量上乘，搜罗宏富。对观点不同的文章，两方皆收。本书系是对近 10 年对外汉语教学研究成果的汇总与全面展示，希望能为学界提供近 10 年来本学科研究的总体全貌。

　　近 10 年的对外汉语教学与研究，呈现蓬勃发展的局面，与此同时，各研究分支也出现一些发展不平衡的现象。总体看来，孔子学院教学、汉语师资培训、文化与文化教学、专业硕士课程教学等方面，已经成为研究热门，研究成果数量颇丰，但论文质量尚有待提升。由于主管部门的导向，作为第二语言汉语教学的汉语本体研究与汉语教学研究，在一定程度上被淡化。语音、词汇及其教学研究成果较少，语法、汉字及其教学研究成果稍多，汉字教学研究讨论尤为热烈。新汉语水平考试研究还不够成熟，课程与标准和大纲研究略显薄弱。值得提及的是，教学方法研究与教学模式研究、汉语作为第二语言习得研究、现代教育技术研究及其在教学中的应用研究,发展迅速,方兴未艾,成果尤为突出。本书系就是对这10年研究状况的展示与总结。

近10年来,汉语国际教育大发展的主要标志是:开展汉语教学的国别更加广泛;学汉语的人数呈大规模增长;汉语教学类型和层次多样化;汉语教师、教材、教法研究日益深入,汉语教学本土化程度不断加深;汉语教学正被越来越多的国家纳入其国民教育体系。其中,世界范围内孔子学院的建立既是国际汉语教育事业大发展的重要标志,也是进一步促进国际汉语教学持续发展的一个重要平台,吸引了世界各地众多的汉语学习者。来华外国留学生汉语教学与海外汉语教学,共同打造出汉语教学蓬勃发展的局面。

大发展带来学科研究范围的扩大和研究领域的拓展。本书系共计24册,与此前的22册书系的卷目设计略有不同。

本书系不再设《对外汉语课堂教学技巧研究》,增设《汉语作为第二语言教学的教学方法研究》和《汉语作为第二语言教学的教学模式研究》两册。汉语作为第二语言教学,既与世界第二语言教学有共同点,也因汉语、汉字的特点,而具有不同于其他语言作为第二语言教学的特色。这就要求对外汉语教学要讲求符合汉语实际的教学方法。几十年以来,对外汉语教学在继承传统和不断吸取各种教学法长处的基础上,结合汉语、汉字特点,以结构和功能相结合为主的教学方法为业内广泛采用,被称为汉语综合教学法。博采众长,为我所用,不独法一家,是其突出特点。这既是对外汉语教学的传统,在教学实践中也证明是符合对外汉语教学实际的有效的教学方法。与此同时，近年来任务型教学模式风行一时，各种各样的教法也各展风采。后方法论被介绍进来后，已不再追求最佳教学法与最有效教学模式，教学法与教学模式研究呈现多样化与多元性发展态势。

进入新世纪后，对外汉语教学学科理论研究的一个重要进展是开拓了第二语言习得理论与实际问题的研究，从重视研究教师怎样教汉语，转向研究学习者如何学习汉语，这是一种研究理念的改变，这种研究近10年来呈现上升趋势。除了《汉语第二语言学习者语言系统研究》《汉语作为第二语言的学习者研究》，本书系基于研究领域的扩大，增设了《基于认知视角的汉语第二语言习得研究》和《多视角的汉语第二语言习得研究》，从多个角度开辟了汉语学习研究的新局面。

教育部在2012年取消原本科专业目录里的"对外汉语"，设"汉语国际教育"二级学科。此后，"汉语国际教育"作为在世界范围内开展汉语作为第二语言教学的名称被广泛使用，学科名称的变化，为对外汉语教学带来了无限的机遇与巨大的挑战。随着海外汉语学习者人数的与日俱增，大量汉语教师和汉语教学志愿教师被派往海外，新的矛盾暴露，新的问题随之产生。缺少适应海外汉语教学需求的合格的汉语教师，缺乏适合海外汉语学习者使用的汉语教材，原有的汉语教学方法又难以适应海外汉语教学实际，这三者成为制约提高对外汉语教学质量、提升对外汉语教学水平的瓶颈。

面对世界汉语教学呈现出来的这些现象，在进行深入研究、寻求解决办法的同时，也产生了一种急于求成的情绪，急于解决当前的问题。故而研究所谓"三教"问题,一时成为热门话题。围绕教师、教材和教法问题,结合实际情况,出现一大批对具体问题进行研究的论文。与此同时,在主管部门的导引下,轻视理论研究,淡化学科建设,舍本逐末,视基础理论研究为多余,成为一时倾向。由于没有在根本问题上做深入的理论探讨,将过多的精力用于技法的提升,以至于在社会上对汉语作为一个学科产生了不同认识,某种程度上干扰了学科建设。本书系《汉语作为第二语言教学的学科理论研究》和《汉语作为第二语言教学的教学理论研究》两册集中反映了学科建设与教学理论问题,显示学界对基本理论建设的重视。

2007年国务院学位办设立"汉语国际教育硕士专业学位",目前已有200余所高等院校招收和培养汉语国际教育专业硕士。10多年来,数千名汉语教师和志愿者在世界各地教授汉语、传播中国文化,这支师资队伍正在共同为向世界推广汉语做出贡献。

一种倾向掩盖着另一种倾向。社会上看轻汉语作为第二语言教学的观点,依然存在。这就是将教授外国人汉语看成一种轻而易举的事,这是一种带有普遍性的错误认知。这种认知导致对汉语作为第二语言教学科学性认识不足。一些人单凭一股热情和使命感,进入了汉语国际教育的教师队伍。一些人在知识储备和教学技能方面并未做好充分的准备,便匆匆走向教坛。故而如何对来自不同专业、知识结构多层次、语言文化背景多有差别的学习者,进行汉语作为第二语言教学的专业培养和培训,如何安排课程内容,将其培养成一个合格的汉语教师,就成为当前迫切需要解决的问题。本书系增设的《汉语作为第二语言教学的教师发展研究》《汉语作为第二语言标准与大纲研究》以及《汉语作为第二语言教学的课程研究》，都专门探讨这些有关问题。

自 1985 年以来，实行近 20 年的汉语水平考试（HSK），已构成了一个水平由低到高的较为完整的系统，汉语水平考试（HSK）的实施大大促进了汉语教学的科学化和规范化。废除 HSK 后研发的"新 HSK"，目前正在改进与完善之中。有关考试研究，最近 10 年来，虽然关于测试理论和技术等方面的研究仍然有一些成果出现，但和以往相比，研究成果的数量有所下降，理论和技术方面尚缺乏明显的突破。汉语测试的新进展主要表现在新测验的开发、新技术的应用和对重大理论问题的探讨等方面。《汉语作为第二语言测试研究》体现了汉语测试的研究现状与新进展。

十几年来，汉语作为第二语言教学史的研究越来越多，也越来越深入。既有宏观的综合性研究，又有微观的个案考察。宏观研究中，从学科建设的角度探讨汉语教学史的研究。重视对外汉语教学历史的发掘与研究，因为这是对外汉语教学学科建设中不可缺少的一部分。宏观研究还包括对某一历史阶段和某一国家或地区汉语教学历史的回顾与描述。微观研究则更关注具体国家和地区的汉语教学历史、现状与发展。为此本书系增设《汉语作为第二语言教学史研究》，以飨读者。

本书系在汉语本体及其教学研究、汉语技能教学研究、文化教学与跨文化交际研究、教育技术研究和教育资源研究等方面，也都将近 10 年的成果进行汇总，勾勒出研究的大致脉络与发展轨迹，也同时可见其研究的短板，可为今后的深入研究引领方向。

本书系由商务印书馆策划，从确定选题，到组织主编队伍，以及在筛选文章、整理分类的过程中，商务印书馆总编辑周洪波先生给予了精心指导，在此深表谢意。

本书系由多所大学本专业同人共同合作，大家同心协力，和衷共济，在各册主编初选的基础上，经过全体主编会的多次集体讨论，认真比较，权衡轻重，突出研究特色，注重研究创新，最终确定入选篇章。即便如此，也还可能因水平所及评述失当，容或有漏选或误选之处，对书中的疏漏和失误，敬请读者不吝指教，以便再版时予以修正。

# 综　述

　　第二语言习得研究是一个跨学科研究领域。20世纪80年代后，第二语言习得研究吸收和借鉴语言学、心理语言学、社会语言学以及认知科学等领域的理论和方法，形成了第二语言习得研究的不同领域。学者们从不同的理论视角来阐释第二语言习得的规律。根据Mitchell *et al.* 的观点[①]，当前第二语言习得研究的发展路径包括：语言习得的语言学视角、社会语言学视角、认知视角，以及社会文化视角等。由于国内汉语作为第二语言的习得研究起步比较晚，若从鲁健骥[②]引进中介语理论算起，仅有30多年的历史。21世纪初，在王建勤主编的汉语作为第二语言习得研究丛书中，多视角的汉语习得研究领域尚未形成。[③]但近十几年来，汉语作为第二语言的习得研究不断涌现，而且初步形成了多视角的汉语习得研究领域，如基于语言学、社会语言学、社会文化理论，以及认知视角的汉语习得研究。由于基于认知视角的汉语第二语

---

　　[①] Mitchell, R. & Myles, F. & Marsden, E. *Second Language Learning Theories* (3rd ed.). Routledge, 2013.

　　[②] 鲁健骥《中介语理论与外国人学习汉语的语音偏误分析》，《语言教学与研究》1984年第3期。

　　[③] 王建勤《汉语作为第二语言的学习者语言系统研究》《汉语作为第二语言的学习者习得过程研究》《汉语作为第二语言的学习者与汉语认知研究》，商务印书馆2006年版。

言习得研究成果比较多，因而单独成册。本册仅收集基于语言学、社会语言学、社会文化理论等视角的汉语习得研究文献，共26篇。

# 一 汉语第二语言习得研究的新领域

近十几年来，汉语第二语言习得研究出现了许多新领域，形成了不同的研究视角。下面将从六个方面综述汉语习得研究新视角和新领域。

## （一）汉语习得研究的语言学视角

基于语言学视角的汉语习得研究关注的一个重要的理论是语言的普遍性问题。语言的普遍性包括两个方面的研究，一是从普遍语法的角度研究语言的普遍性，二是从语言类型学的角度研究语言的普遍性问题。前者的理论框架主要是乔姆斯基的普遍语法，其研究范式是根据母语者的语法直觉来研究构成语言普遍性的抽象原则，采用的研究方法多为语法可接受性判断任务。与普遍语法的"管辖约束理论"和"最简方案"相对应，汉语第二语言习得研究形成了基于两种不同的理论背景的研究，一类是管辖约束理论框架下的研究，一类是最简方案框架下的研究。

曾莉和马志刚在管辖约束理论框架下，对汉语反身代词及标句词"的"、关系代词"那个""那些"和接应代词的习得进行了探讨。[①] 其中马志刚对标句词的研究考察的是普遍语法的"毗

---

① 见本书第一章第二节、第三节。

邻原则",对空代词的研究则考察的是"扩展投射原则"中代词脱落问题。该研究选择了英语、俄语和阿拉伯语为母语背景的汉语学习者,从母语—目标语之间在参数设置上的异同来看中介语语法是否发生了重构。研究发现,三组二语学习者的表现并不符合基于类型学特征的理论预测,进而印证了语言习得的普遍性,同时揭示了输入频率、句法语义,以及篇章功能等因素在语言习得中的作用。该研究的意义在于,首先,三种不同类型语言的选取具有针对性,在参数设置上的差异为探测语言习得的普遍性找到了恰当的切入点;其次,该研究在统计上能够根据类型学特征对习得预期进行赋值,并通过卡方检验来验证观测值和期望值之间的差异,研究结论更客观可靠。

袁博平、常辉和姚倩的文章均是基于"界面假说"(Interface Hypothesis)的研究,属于最简方案框架的范畴。[1] "界面假说"由Sorace & Filiaci[2] 和Sorace[3] 提出,其基本观点认为:纯句法特征的习得即使发生得很晚,最终仍是可以被完全习得的;而句法与其他认知范畴间的界面特征则难以被完全习得,比如句法与语用的接口、句法与语篇的接口等层面是第二语言习得的难点。上述研究结果在一定程度上支持了"界面假说"。比如日本学生汉语空宾语的使用率远没有达到汉语母语使用者的水平;[4] 词素制约成分"吗""了"等很难与wh-不定代词建立起句法与语义的

---

[1] 见本书第一章第一节、第四节、第五节、第六节。

[2] Sorace, A. & Filiaci, F. Anaphora Resolution in Near-native Speakers of Italian. *Second Language Research*, 2006(22).

[3] Sorace, A. Pinning down the Concept of "Interface" in Bilingualism. *Linguistic Approaches to Bilingualism*, 2011(1).

[4] 见本书第一章第四节。

界面关系。①

也有一些研究结果与"界面假说"相违背。反身代词"自己"的指代是句法与形态接口的体现,属于语法系统内部层面的界面。按照"界面假说",这一界面应该比较容易被成功习得,然而母语为英语的汉语学习者,即使到了高级阶段,对之却仍然未能习得。② 相反,对于汉语非宾格动词和非作格动词的区分在英语母语者的汉语二语语法中却能够最终建立起"句法—语义"这一语法系统外部的界面。这些研究结论都不支持"界面假说"。据此,袁博平提出界面本身并不是造成二语习得困难的根本原因,界面所需的信息处理量才是用来解释二语界面在多大程度上被成功习得的有用变量。

从上述研究可以看出,首先,这类研究不仅仅关注二语习得中的语法特征,而且能够将不同的认知领域整合在一起解释二语习得的机制,这正是"界面假说"的贡献;其次,这类研究都是建立在特定理论框架下探讨汉语的界面问题,无论支持还是反对"界面假说",都持之有据,论证过程比较严密。

## (二)汉语习得研究的社会语言学视角

社会语言学视角的习得研究主要关注社会因素对第二语言习得的影响。但依据的理论和研究方法有所不同。如 Tarone 的第二语言学习者的"中介语风格连续体"的研究③ 所依据的是 Labov 语言变异理论。第二语言学习者的语言社会化研究则是建立在

---

① 见本书第一章第一节。
② 见本书第一章第二节。
③ Tarone, E. On the Variability of Interlanguage Systems. *Applied Linguistics*, 1983(4).

Ochs & Schieffelin[①]语言社会化理论基础上的。

较早的汉语学习者语言变异研究是梅丽和严彦关于汉语学习者的语音变异研究。[②]其中严彦以朗读单音节字、朗读双音节词和朗读句子为情景变量,考察不同水平的学习者习得汉语上声的变异现象。但其研究得出了与Tarone的"中介语风格连续体"相反的结论。作者认为,注意力程度并非是引起语言变异的充要条件。熟悉度、信息量和自然度等也均会不同程度地影响语言变异。该文以汉语上声在不同言语情景下的语音变异为出发点,但并没有止于汉语上声的变异特性描写,而且从心理语言学的角度解释语言变异的根本原因,对语言变异理论做出重要的理论补充。

语言社会化是近年来新兴起的研究领域,主要包括通过语言的使用实现"社会化"以及社会化"语言的使用"两方面的研究。前者强调通过语言实践和社会互动,获得特定的社会角色、信念、认同等知识的过程。后者则是强调社会化程度对语言使用的影响。魏惠琳和周春红的文章即是在该理论背景下具有开拓性的汉语习得研究。[③]

态度、动机和认同等社会心理因素,作为语言学习的"非语

---

① Ochs, E. & Schieffelin, B. Language Acquisition and Socialization: Three Developmental Stories and Their Implications. Schweder, R. A. & LeVine, R. A. (eds.) *Culture Theory: Essays on Mind, Self and Emotion*. Cambridge University Press, 1984.

② 梅丽《日本学习者习得普通话卷舌声母的语音变异研究》,《世界汉语教学》2005年第1期;见本书第二章第一节。

③ 魏惠琳、周春红《学习态度对美国华裔语言社会化的影响——以请求策略为例》,《教学研究》2013年第5期。

言成果"[1]，对语言接触程度[2]和语言习得的最终水平[3]会产生重要影响。此类研究多采取问卷调查的方式。这些研究，一方面考察不同国别华裔和非华裔的语言、族群及文化认同对语言习得的影响，另一方面考察不同的个体因素（如性别、来华经历、汉语水平、汉语学习时间等）对态度、动机和认同等的影响。王建勤从语言、文化和族群双向认同的角度，考察了那些生活在两种文化夹缝中的华裔汉语学习者的族群认同的困境，并在"超越文化认同"（transcultural identity）框架下，探讨了"第三身份认同"问题。在此基础上，提出了华裔汉语学习者汉语传承和身份认同的对策。魏岩军等的研究，探讨了态度、动机和认同三者之间的关系，对三者自身的内涵和属性进行了深入的分析。研究发现，融合型动机与认同的相关程度比工具型动机更高，揭示了两者在内涵和属性上的一致性。

### （三）汉语习得研究的社会文化理论视角

社会文化理论强调社会和历史文化因素在人类高级认知功能发生和发展中的核心作用。人的心理机能本质上是一个由文化产品、活动和概念充当中介，并受中介调节的过程。其中语言是首要的调节手段和工具。该理论的核心概念包括"调节论""最近发展区""自我言语和内在言语"和"活动理论"等。目前社会文化理论作为一个新的研究领域，在这一视角下的汉语习得研究

---

[1] Gardner, R. C. *Social Psychology and Second Language Learning: The Role of Attitude and Motivation*. Edward Arnold, 1985.
[2] 见本书第二章第四节。
[3] 魏岩军、王建勤、魏惠琳、闻亭、李可《影响美国华裔母语保持的个体及社会心理因素》，《语言教学与研究》2012年第1期；见本书第二章第二节。

相对较少，但近些年已有一些研究陆续发表。[①]

基于社会文化理论的第二语言习得研究往往采用质性分析的研究方法，如"微观发生分析"（the method of microgenetic analysis）方法。这一研究传统与维果茨基的社会文化理论主张密切相关。维果茨基认为，实验室研究不适用于人类高级认知技能的发生和发展研究。因而，强调社会文化因素对人的认知发展的重要作用。在这一理论主张下，已有的研究大都采取质性研究的方法。

姜晓基于课堂教学的录音，分析总结了七种不同类型的支架及其使用比例，并提出"引起兴趣""维持既定目标"和"控制挫折感"这三种"情感支架"是影响学习者短期语言习得成效的直接因素，并强调了这类"支架"在学习者"自我调节"能力中的关键作用。[②]魏岩军等采用纵向跟踪研究的方式，用图片故事复述任务，集中于特定的语法点和词汇知识观测师生和生生之间的互动过程，揭示了自我言语的功能及其内化为内在言语的过程。但是，目前基于社会文化理论的汉语二语习得研究出现了质性研究和定量研究相结合的研究趋势。[③]如蒋荣的研究采用的就是实验研究的方式来探讨"客体调控""他人调控"和"自我调控"对课堂教学环境的汉语学习者语言习得的影响。[④]这种研究范式弥补了单一质性研究的不足。

---

① 见本书第三章第一节、第二节、第四节。
② 见本书第三章第四节。
③ 见本书第三章第二节。
④ 见本书第三章第一节。

## （四）面向课堂教学的汉语习得研究

面向课堂教学的第二语言习得是相对于自然环境下的第二语言习得而言的。20世纪90年代，Ellis对"面向教学的第二语言习得"（instructed second language acquisition）进行了专门的论述。[1]课堂教学环境与自然环境，因习得环境不同，对学习者第二语言能力的获得会产生不同的影响。因此，近些年来，面向课堂教学的汉语习得研究也成为学者们关注的重要领域。

靳洪刚、章吟的研究[2]集中探讨了"选择性注意"和"差异效应"在汉语方式补语习得过程中的作用。该研究将被试分为"输出加强组"和"纠错反馈组"。研究发现，直接纠错反馈及加强输出的教学处理可以引起学习者对目标结构的"选择性注意"及"差异效应"，这种意识为语言学习者提供了必要的"语言重构"机会及学习语言时必要的"语言反例"。

洪炜、王丽婧的研究[3]探讨了两种语言形式教学法，即"意义优先、聚焦形式"的教学法（focus on form）和"全形式"教学法（focus on forms）对语言习得的不同影响。该研究通过前后测及后续测设计的方式，分别测量了语法判断和段落翻译中的"得"字补语习得，以及词义理解、词性、语义搭配、词义联想和词形辨认等词汇知识习得。研究发现，全形式教学法对汉语二语学习者的词汇学习效果更显著，尤其是在词汇搭配、词义联想方面，全形式教学法显著优于意义优先、聚焦形式教学法。

---

[1] Ellis, R. *Instructed Second Language Acquisition*. Blackwell, 1990.
[2] 见本书第四章第二节。
[3] 见本书第四章第四节。

这两项研究具有较高的理论价值和教学意义，主要体现在以下三个方面。首先，研究问题均来自于课堂教学实践，研究的结论具有教学实践价值。如靳洪刚和章吟的研究对于纠错反馈组的教学处理进行了详细的描述：一是改正画线部分的错误，讲解规则；二是找出句子中的错误，改正错误。对于输出加强组的教学处理也描述为两个方面：一是由教师引导，围绕目标结构进行问答对话；二是看图讨论，引导鼓励学习者用目标结构讲述故事。除此之外，作者还举了翔实的例子说明教学处理方式和步骤。这些具体而实用的方法为课堂教学提供了直接的借鉴。其次，这些研究均有一定的理论支持，为教学处理效应的阐释奠定了理论基础。再次，上述研究都有严谨的实验设计，研究结论比较可靠、可信。

**（五）汉语习得研究的认知语言学视角**

Talmy 根据路径信息的不同词汇化类型，将世界上的语言大致分为两类：动词框架语言（verb-framed language，简称 V 型语言）和附加语框架语言（satellite-framed language，简称 S 型语言）。[①] 前者主要用动词来表达路径信息，如汉语、西班牙语等；后者主要用附加语来表达路径信息，如英语。汉语兼具 S 型语言和 V 型语言的特点。[②]

刘岩和郝美玲、王芬均是基于这一框架对汉语习得进行研究的。[③] 两项研究采用的都是看图说话任务，并统计分析了叙述运

---

[①] Talmy, L. *Toward a Cognitive Semantics. Vol. II: Typology and Process in Concept Structuring*. Cambridge University Press, 2000.

[②] Slobin, D. I. The Many Ways to Search for a Frog: Linguistic Typology and the Expression of Motion Events. Stromquist, S. & Verhoeven, L. (eds.) *Relating Events in Narrative: Typological and Contextual Perspectives*. Lawrence Erlbaum, 2004.

[③] 见本书第五章第一节、第二节。

动事件时所使用的语言表达。刘岩只选取了韩语为母语的汉语学习者，发现母语是 V 型语言的学习者在学习 S 型语言时，母语的概念认知会迁移到目的语中。郝美玲、王芬采用实验研究的方法，选取了母语为 S 型语言和 V 型语言的汉语学习者，发现除了来自母语类型学的影响之外，汉语学习者的语言水平以及某些运动事件的成分（比如路径动词、方式动词等）也会制约母语的影响。郝美玲的研究在认知语言学框架下，借助实验研究的手段，引入可能与语言类型有相互作用的其他因素，较为全面地揭示了语言习得过程中多条线索之间的竞争和制约作用。

### （六）汉语习得研究的语言类型学视角

基于语言类型学的习得研究往往通过语料库或者图片描述任务等收集特定的语言材料，从中观察不同语言类型之间在语言习得上的共性和差异。陈凡凡以物体空间关系的表达为切入点，分别对不同母语类型为主题突出、主语突出、主题主语皆突出的二语者进行考察，发现主题突出特征确实存在于二语习得中，且不受母语类型影响，习得过程经历了"主题突出—过渡—消失"三个阶段。[①] 杨素英考察的是母语为英语的留学生对汉语体标记"了"和"着"的习得，其结果表明，用来解释"体假设"普遍原则的"原型假设"和"相关原则"在汉语中有直接的表现，正好吻合了二语习得者的普遍倾向，因此有利于汉语体标记的习得，而且标注不足现象不严重，反而有一些过度标注的现象。[②] 该研究以汉语体范畴的特殊性为切入点，验证并补充了"体假设"这一基本理论问题。

---

① 见本书第六章第二节。
② 见本书第六章第四节。

## 二 多视角汉语第二语言习得研究的新进展

近十几年来,第二语言习得研究多元视角拓宽了汉语习得研究的理论视野,催生了汉语习得研究的新领域,促进了汉语习得研究的多元发展。具体而言,多视角汉语习得研究的新进展主要有以下几个方面:

### (一)汉语习得研究理论视角的多元发展

20世纪90年代,Ellis在谈到第二语言习得研究的发展趋势时预言:"从某种意义上说,第二语言习得研究正处在一个十字路口。它也许会继续作为一个独立的学科延续下来,也许会分裂为一系列的下位学科,在有些情况下,它也许会被合并到上位学科中去。"[①] 但20多年后的今天,第二语言习得研究不仅是一个充满活力的学科,而且成为一个多元发展的学科。汉语作为第二语言习得研究近十几年同样延续着多元发展的路径。如汉语习得研究的语言学视角、社会语言学视角、认知视角以及社会文化理论视角等。多视角的理论探讨虽然带来许多理论的竞争与争议,但也为第二语言习得规律的探索提供了多种路径。从语言学和认知视角,我们不仅可以考察汉语学习者语言能力的生物遗传属性,而且可以考察语言理解与生成的认知机制;从社会文化理论视角,我们还可以考察制约汉语学习者的语言能力的种系发生和微观发生的历史与社会文化因素的影响。不同理论的竞争、互补与融合

---

① Ellis, R. *The Study of Second Language Acquisition*. Oxford University Press, 1994.

是学科发展的必经之路。

### (二) 汉语习得研究的"认知转向"与"社会转向"

早期的汉语习得研究主要是在结构主义语言学框架下的对比和描写性研究。无论是偏误分析、中介语研究还是语言习得顺序研究，仍然局限于汉语第二语言学习者的语言系统的研究。研究方法依然是以语言结构本身的描写和分析为主。但是，近十几年来，汉语二语习得研究出现了两个转向：一是汉语二语习得的"认知转向"，二是汉语二语习得的"社会转向"。受当代认知科学的影响，近些年来涌现了大量的汉语二语习得的认知研究，形成了汉语二语习得研究的"认知视角"，标志着汉语二语习得研究的认知转向。[①] 此外，20世纪90年代第二语言习得研究出现了以"语言社会化理论"和"社会文化理论"为前导的"社会转向"。受这一转向的影响，近些年来，汉语二语习得研究在上述理论框架下陆续发表了许多理论和实验研究报告。[②] 这表明汉语习得研究对"社会转向"的理论跟进和发展。这两个转向的意义不仅仅是扩大了汉语习得的研究领域，重要的是，以理论为导向的汉语习得研究已经走向学科的前沿，同时也为汉语习得研究提供了新的发展路径。

### (三) 汉语习得研究方法的借鉴与改进

纵观多视角的汉语习得研究，除少数综述和理论介绍文章外，实证性研究不仅在数量上不断增长，而且在研究质量上也逐步提

---

[①] 详见本套丛书的《基于认知视角的汉语第二语言习得研究》。
[②] 闻亭《汉语第二语言学习者间接言语行为语言社会化研究》，北京语言大学2013年博士学位论文；见本书第三章第一节、第四节。

升。<sup>①</sup> 这些研究方法上的改进得益于心理语言学、认知心理学及相关学科的理论与方法的借鉴和融合。研究方法上的改进，一方面表现在研究方法的多样化，以及定量研究与质性研究的结合，改变了单一研究方法的局限；另一方面，以理论为导向的实验研究不断增加，特别是出现了一些严格意义上的、符合规范的实验研究。这表明，汉语习得研究从单纯的语言结构的对比和描写逐步转向基于严格实验设计和数据分析的实验研究。因此，汉语二语习得研究的质量近些年得到较大的提高。

## 三　多视角汉语第二语言习得研究的展望

Larsen-Freeman 在预测第二语言习得研究的未来发展趋势时，将当今第二语言习得研究置于历史的环境中，描述了第二语言习得研究"认知—社会—社会认知"的发展脉络。[2] 其中"认知"是指乔姆斯基 20 世纪 60 年代的"认知革命"（the cognitive revolution）为第二语言习得研究带来的"认知转向"。相比之下，汉语习得研究的认知转向则要比西方晚得多。"社会"则是指 90 年代末第二语言习得研究的"社会转向"（social turn）。[3] 本书

---

[1] 见本书第五章第二节、第六章第三节、第三章第二节。
[2] Larsen-Freeman, D. Looking Ahead: Future Directions in, and Future Research into, Second Language Acquisition. *Foreign Language Annals*, 2018(51).
[3] Firth, A. & Wagner, J. On Discourse, Communication, and (Some) Fundamental Concepts in SLA Research. *Modern Language Journal*, 1997(81).

的第二章和第三章收录的文章是汉语第二语言习得研究社会转向的具体体现。而当今第二语言习得研究的认知与社会的结合，即第二语言习得研究"社会认知"趋向，在汉语习得研究领域尚未出现。但是，基于社会文化理论和语言社会化理论的汉语习得研究，实际上已经可以看到"社会认知"趋向的萌芽。由此看出，汉语作为第二语言的习得研究也在随着"时代思潮"向前发展。当然，第二语言习得研究，包括汉语第二语言习得研究的各种转向，并不意味着相互取代的关系。实际上，各种理论是一种共生共现的关系。

第二语言习得研究各种理论的共生共现意味着跨学科、多领域、多视角的融合和互补关系。这也正是 Larsen-Freeman 所说的第二语言习得研究的"生态导向"（ecological orientation）。21 世纪初对汉语习得的语言学、社会语言学、认知与社会文化理论等多视角研究，正是这一生态导向的体现。第二语言习得是一个"复杂动态系统"（complex dynamic system），对这一系统的探究不能采取"还原论"（reductionism）的方式，而需要更为综合的符合生态的研究方法，多种理论、多种研究视角共生互补。汉语习得研究也必然会沿着这种多元共生的路径继续发展。多视角的汉语习得研究目前走的就是这一发展路径。

Larsen-Freeman 预测的另一个主题是第二语言习得研究面临的一个分歧：第二语言习得过程的研究和第二语言学习者的个体差异问题。她主张应将习得过程研究和学习者个体研究结合起来。与这个问题相关的是研究方法问题。从汉语习得研究近十几年的发展脉络可以看到，基于统计分析的实证研究越来越多，这是汉语习得研究走向科学研究的必经之路。但是，实验研究也存在一定的局限。基于有限样本的实验研究得出的结论适用的范围也有限。因此，未来的汉语习得研究应该借鉴数据挖掘技术，通过大数据挖掘和发现汉语第二语言学习者语言习得的规律。但是Larsen-Freeman 并不赞成通过所谓"大数据"的方法来研究第二语言习得，特别是学习者个体的研究。因为这种基于所谓"群体平均数"的研究方法会模糊学习者个体差异。但是，任何一种研究方法都有其长处，同时也有局限。我们唯一能采取的研究方法，就是多种研究方法的结合，如基于有限样本的实验研究和基于大数据数据挖掘的研究相结合，基于统计分析的定量研究和质性研究相结合。研究方法的选择和互补可以揭示单一研究方法所观察不到的现象和规律。虽然，汉语习得研究的现实是，定量研究比较少，描写性研究比较多。但定量研究和质性研究相结合仍然是未来汉语习得研究一个很好的选择。

总之，第二语言习得研究的发展趋势实际上已经包含在历史发展的线索中，明确未来的发展趋势有利于学科的健康发展。对未来发展展望的意义也正在于此。

# 第一章

## 基于语言学视角的汉语习得研究

### 第一节 汉语二语习得中的界面研究[①]

一般而言,儿童总能成功地获得他们的第一语言,而成人二语学习者则极少有达到母语者水平的,许多二语习得研究都试图寻求导致这一差异的原因,比如 Bley-Vroman 提出的"根本差异假说"[②]和 Long、Johnson & Newport 提出的"关键期假说"[③]。近些年来,二语研究者开始着重关注二语习得中的界面问题,认为成人二语学习者在学习中所遇到的困难是由于对特定界面中不同语言现象的整合出现了问题。在这篇文章中,我们将介绍汉语普通话作为第二语言习得中的一些实证性界面研究,并将之纳入二语"界面假说"中进行讨论。

人们普遍认为母语者的语言能力是他们对母语的一种无意识性知识,这种知识可以在心智层面通过抽象的语言系统表现出

---

[①] 本节作者:袁博平,原载《现代外语》2015 年第 1 期。

[②] Bley-Vroman, R. The Logical Problem of Foreign Language Learning. *Linguistic Analysis*, 1990(20).

[③] Long, M. H. Maturational Constraints on Language Development. *Studies in Second Language Acquisition*, 1990(12); Johnson, J. S. & Newport, E. L. Critical Period Effects on Universal Properties of Language: The Status of Subjacency in the Acquisition of a Second Language. *Cognition*, 1991(39).

来，这种抽象的语言系统包括句法、语音、形态和语义等不同模块。如果说语言机制由一些离散的模块组成，那么我们就可以假设各个模块都有它自己的组织结构和组织层级。从这个意义上讲，语言规则及处理可以分为两个种类：一种是语言机制中每个模块内部的运行机制，如语音规则和句法规则；另一种是用于联系不同语法模块的运行机制，即句法与语义之间的界面或形态与语音之间的界面等等。界面结构所涉及的两个语言模块存在交互影响；同时，界面结构对这两个语言模块的内部规则也很敏感。Jackendoff[1]和Reinhart[2]提出的语言建筑学尤其认为界面规则是这样一种规则：它从一种语言模块中提取信息并将之转化为与另外一种语言模块相关的信息，由此使整个体系中的信息整合和信息传递成为可能。由此可见，这种界面规则远比模块内部规则要复杂，因为它调用了更多的语言资源来进行加工处理。

另外，在这里需要强调一下的是"界面"（interface）这一术语在语言学理论和语言习得理论中有着一些不同的指代意义。在语言学理论中，"界面"有时被理解为表达式的层级（levels of representation，如 PF ⟷ LF），有时理解为表达式层级之间的映射点（points of mapping）。在第二语言研究中，"界面"被普遍视为语言模块之间或语言表达之间的相互影响或相互映射——只要不同的表达层级之间存在映射，"界面"便蕴含在这些层级之间。

---

[1] Jackendoff, R. S. What's in the Lexicon? Nooteboom, S. & Weerman, F. P. & Wijnen, F. (eds.) *Storage and Computation in the Language Faculty*. Kluwer, 2002; Jackendoff, R. S. *Foundations of Language*. Oxford University Press, 2002.

[2] Reinhart, T. *Interface Strategies*. MIT Press, 2006.

语言结构和语言运用之间的交互影响在20世纪80年代和90年代的大多数研究中可以说是被忽视了，对句法知识如何与二语语法的其他部分相互影响的关注也相对较少。然而现在，我们看到学界对"形式—功能"映射越来越感兴趣，人们开始将关注点转移到中介语语法的不同模块是如何相互联系的这一问题上来。大家也逐渐意识到单纯地关注二语习得中的语法特征是不够的，而对二语学习者的语言机制在多大程度上可以恰如其分地将不同的认知领域整合在一起的研究就显得格外重要且有意义。我们将这一新研究视角的出现归功于"界面假说"的提出，"界面假说"将人们的研究注意力坚定地集中在"二语学习者关于一个句法结构的知识是否能直接转化为另一种认知领域的知识这一问题上来（如：某一句法结构所在的上下文语境是否合适）"。[1]

为了解释二语习得和一语习得之间的差异，Sorace & Filiace 提出了一个"界面假说"，在这个假说中她们预测："纯句法特征即便在学习后期才能被掌握，但最终是可以被完全习得的；而句法与其他的认知范畴间的界面特征则难以被完全习得。"这预示着句法与其他任何认知范畴之间的界面都会给二语学习者带来困难，无论是句法与语义之间的界面还是句法与语篇之间的界面。[2]

---

[1] Sorace, A. & Filiaci, F. Anaphora Resolution in Near-native Speakers of Italian. *Second Language Research*, 2006(22); Sorace, A. Pinning down the Concept of "Interface" in Bilingualism. *Linguistic Approaches to Bilingualism*, 2011(1).

[2] Sorace, A. & Filiaci, F. Anaphora Resolution in Near-native Speakers of Italian. *Second Language Research*, 2006(22).

# 一 汉语二语中的"句法—语义"界面

## （一）非宾格与非作格之间的差异

文献显示，不及物动词包括两个支系：非宾格动词和非作格动词，这两种动词中每种动词都有一个不同于另一种的潜在句法搭配关系。[1]

Levin & Rappaport Hovav 又将非宾格动词区分成了不同的小支。第一小支是表示形态变化的动词（如"破"与"开"），这些动词表示事物外部形态的变化。非宾格动词的第二个小支是内在定向动词（inherently directed verbs，如"来"与"到"），这类动词指明动作的方向并蕴含着位置变化。[2] 非作格动词是一组具有施事性质的单音节动词（agentive monadic verbs，比如"说"和"笑"）。这组动词还包括诸如"走"和"游"这类表明动作方式的动词——它们虽然也暗含着动作的变化，但并未指明或指向确定的动作终点。

一般认为汉语中的非宾格动词与非作格动词是比较容易区分的[3]，并且有大量的证据证明汉语的非宾格动词的单论元既可以

---

[1] Burzio, L. *Italian Syntax: A Government-binding Approach.* Reidel, 1986; Levin, B. & Hovav, M. R. *Unaccusativity: At the Syntax-lexical Semantics Interface.* MIT Press, 1995.

[2] 非宾格动词的第三小支是存现动词，它们主要出现在"定位倒装结构"（locative inversion construction）和"there 插入结构"（there-insertion construction）中。由于根据定位倒装结构和 there 插入结构来判断非宾格动词并不可靠，所以在此研究中我们暂不涉及存现动词。

[3] Huang, C.-T. J. Zhongwen de Liang-Zhong Jiwu Dongci he Liang-Zhong Bu Jiwu Dongci (Two Kinds of Transitive Verbs and Two Kinds of Intransitive Verbs in Chinese). Tang, T.-C. *et al.* (eds.) *Proceedings of the 2nd International Conference*

保留在宾语位置（如例（1）b），也可以出现在动词前面的位置（如例（1）a），但是在前者情况下的论元 NP 必须是无定的（如例（1）c 所示）。相比之下，非作格动词的单论元 NP 无论是有定的还是无定的则总是位于动词前面的位置（如例（2）a 所示），并且不允许放在动词之后（如例（2）b 所示）。Levin & Rappaport Hovav 认为①，非宾格是由词汇语义决定的，但是由句法表现出来，这一点在汉语中得到了证明。在汉语中，非宾格动词和非作格动词的区别就是由动词的语义决定的（即：变化 vs. 恒定，有定 vs. 无定），但是由句法具体表现出来的（即：NP 是位于动词前还是位于动词后）。也就是说，句法层面上的词序是由语义来控制决定的，这样也就形成了一个"句法—语义"界面。

（1）a. 上个月，三艘船在这个海域沉了。

b. 上个月，在这个海域沉了三艘船。

c.* 上个月，在这个海域沉了那艘船。

（2）a. 几个孩子在床上跳。

b.* 在床上跳几个孩子。

例（2）中的动词"跳"本身是个活动动词，由于它只表明

---

on Chinese Teaching. World Chinese Press, 1990; Li, Y.-H. A. *Order and Constituency in Mandarin Chinese*. Kluwer Academic Publishers, 1990; Yu, N. Towards a Definition of Unaccusative Verbs in Chinese. Camacho, J. & Choueiri, L. (eds.) *Proceedings of 6th North American Conference on Chinese Linguistics. Vol.1.* University of South California, 1995; Yuan, B.-P. Acquiring the Unaccusative/Unergative Distinction in a Second Language: Evidence from English-speaking Learners of L2 Chinese. *Linguistics*, 1999(37).

① Levin, B. & Hovav, M. R. *Unaccusativity: At the Syntax-lexical Semantics Interface*. MIT Press, 1995.

动作的方式而不涉及定向运动或位置变化,所以它只能归类于施事动词中表示动作方式的动词。但是,Yuan 发现,当一个动作方式动词后面跟有一个方向补语时,这一动词性短语就变成非宾格的了,并且它的单论元可以位于动词之后,如例(3)所示(请注意与例(2)b 对比):

(3)从床上跳下来几个孩子。

### (二)实证性研究①

为了检验汉语作为第二语言中的"句法—语义"界面现象,Yuan 进行了一项实证性研究来考察英语母语者在学习第二语言汉语时是否允许非宾格动词的 NP 出现在动词之后而不允许非作格动词的 NP 出现在该位置,以及位于动词之后的 NP 是否是无定 NP。如果一个汉语二语学习者能够区分非宾格动词与非作格动词之间的上述区别,并且掌握了非宾格动词后面的 NP 必须是无定的,那么就证明汉语二语语法中确实存在"句法—语义"界面,从而证明 Sorace & Filiaci 提出的"界面假说"并不成立。②

1. 研究被试与研究程序

该研究的被试由 48 名母语是英语的汉语学习者和 14 名汉语母语者组成。其中,14 名汉语母语者用作该研究的控制组,48 名汉语学习者按照汉语熟练度又被分为 4 个小组。所有的被试都

---

① Yuan, B.-P. Acquiring the Unaccusative/Unergative Distinction in a Second Language: Evidence from English-speaking Learners of L2 Chinese. *Linguistics*, 1999(37).

② Sorace, A. & Filiaci, F. Anaphora Resolution in Near-native Speakers of Italian. *Second Language Research*, 2006(22).

需要完成两项任务:"图片描述"和"阅读判断测试"。每名被试必须用所给词语描述 9 幅图片,我们鼓励他们尽量用所给词语造出尽可能多的符合汉语语法的句子来描述每一张图片。图片共分 3 类,且所有的图片都是随机呈现的。描述 3 类图片所用的动词如例(4)所示:

(4)用于描述 3 类图片所用的动词

A 类(形态变化动词):破、冻死、毕业

B 类(位置变化动词):掉、跳下来、逃跑

C 类(无变动词:即不含以上两类变化的动词):跑、爬、笑

在阅读判断测试中,研究者共设计了 8 类句子,每类句子都用了 4 个测试句来呈现。8 类句子的类型及用在该测试中的其他动词如例(5)所示:

(5)阅读判断中所用的 8 类句子

类 1:表示形态变化的动词(V+NP):这条马路上,断了一条电线。

类 2:表示形态变化的动词(NP+V):这条马路上,一根电线断了。

类 3:表示形态变化的动词 *(V+ 有定 NP):*这条马路上,断了那根电线。(用在 1~3 类的其他动词还有:沉、翻、破)

类 4:位置变化动词(V+NP):在我前面,跌倒了一位老太太。

类 5:位置变化动词(NP+V):在我前面,一位老太太跌倒了。(用在 4~5 类的其他动词还有:来、落、走)

类 6:无变动词(NP+V):一群小鸟在树林里飞。

类 7：无变动词 *（V+NP）：*在树林里飞一群小鸟。

（用在 6～7 类的其他动词还有：跑、飘动、跳）

类 8：无变动词+定向补语（V+定向+NP）：从树林里飞来一群小鸟。（用在类 8 中的其他动词短语还有：跑来、飘来、跳下来）

所有的测试句也都是随机呈现的，且在判断测试中，每次只给被试呈现一个测试句。被试需要判断测试句的可接受程度，并在如例（6）所示度量表上标出相应的分值：

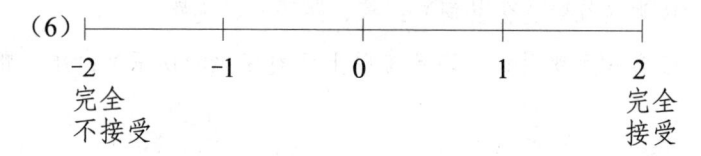

(6) ├──────┼──────┼──────┼──────┤
    -2         -1          0          1         2
完全　　　　　　　　　　　　　　　　　　完全
不接受　　　　　　　　　　　　　　　　　接受

## 2. 图片口头描述结果

二语学习者各组对 NP 在动词前这类句子的产出在三类图片描述中都与汉语母语者组一样，达到了 100%。但是，在 NP 位于动词后这类句子的产出上，不同水平的学习者呈现出了巨大的差异。初级组在 3 类图片描述上几乎没有产出任何 NP 在动词后的句子。但是，随着他们汉语水平的提高，学习者在图片口头描述中开始产出越来越多的 NP 位于动词之后的句子，这一点可以由"NP+V"类句子在中级组和高级组所有产出句中所占的比例看出来。然而，中级组和高级组也表现出了对动词后 NP 的使用泛化，他们不仅允许表示形态变化的动词（如 A 类中的"破"）和位置变化动词（如 B 类中的"落"）的 NP 出现在动词之后（中级组分别产出了 24% 和 30% 的此类句子，高级组分别产出了 81% 和 91% 的此类句子），而且还错误地允许无变动词（如 C 类中的"跑"）的 NP 出现在动词之后（中级组产出的此类句子占其产出总量的33%，高级组的占81%）。超高级组在三类图片描述中动词后 NP 的产出比例低于高级组，他们在对 C 类图片的描述中 35% 的句子运用了动词后 NP，而这些句子是不符合汉语语法的。

3. 阅读判断测试的结果

在句子阅读判断测试中，动词前 NP 得到全体 5 组被试的压倒性认可，无论这些 NP 位于形态／位置变化动词之前还是位于无变动词之前——这一发现与图片描述任务所得到的结果十分类似。

在对待动词后 NP 的测试句上，虽然这些句子中包括含有形态／位置变化动词的正确句子，初级组对 8 种不同的句子类型都表现出一致的态度，那就是他们拒绝或倾向于拒绝 NP 出现在动词后面的句子。这样的结果应该说并不奇怪，因为对于初级阶段的学习者，其汉语二语语法还在受到其一语英语语法的巨大影响，而在英语中是不允许形态／位置变化动词的 NP 在表层结构中出现在动词之后的。中级组和高级组在阅读判断中的表现也与其在图片描述上的表现相一致。随着汉语水平的提高，学习者的汉语二语语法对动词后 NP 的接受程度也随之提高。高级组接受所有 NP 后置于形态／位置变化动词的句子，包括"形态变化动词 +NP"类型、"位置变化动词 +NP"类型和"无变动词 + 定向 +NP"类型的测试句。然而，在判断"形态变化动词 + 有定 NP"和"无变动词 +NP"这两种汉语母语者认为不合语法的句子类型时，高级组给出了与合法句子类型一样高的平均分。这意味着被试并没有意识到有定 NP 不能位于动词之后这一语法特点。

超高级组对动词后 NP 类测试句的判断表现出很强的不确定性，他们对动词后 NP 类测试句的判断难以与汉语母语者相提并论。

由以上研究结果可见，就区分汉语中的非宾格动词和非作格动词而言，在英语母语者的汉语二语语法中并没有建立起"句法—语义"界面。这看起来支持了 Sorace & Filiaci 所提出的"界面假说"[①]：在二语习得中包含句法和其他认知领域的界面特征可能"永远难以被二语学习者完全习得"。[②] 也就是说，在英语母语者的汉语二语语法中，非宾格动词和非作格动词的句法语序并不受语义的约束。这可以由"界面假说"得到解释，那就是：界面比纯句法要复杂得多，因而相较于纯句法来说必然难以掌握。根据 Sorace 的理论，在界面上的偏误应被视为二语语法在协调来自不同认知范畴的信息方面出现了很大的问题。二语学习者在整合不同认知范畴的信息时存在加工上的困难，这就导致了二语语法与目标语语法之间的差异。

4. 不支持界面假说的证据

如果有人问是否所有研究结果都支持"界面假说"，答案是否定的。在 Yuan 的英语母语者习得二语汉语的非宾格动词和非作格动词这一研究中，超高级组包括教授汉语课程的大学教授、从事汉语研究的研究员和研究生，他们对汉语的掌握已经达到很

---

① Sorace, A. & Filiaci, F. Anaphora Resolution in Near-native Speakers of Italian. *Second Language Research*, 2006(22).

② Sorace, A. Selective Optionality in Language Development. Cornips, L. & Corrigan, K. P. (eds.) *Syntax and Variation: Reconciling the Biological and the Social.* John Benjamins, 2005.

高的水平。[1] 他们中间是否有人能够最终习得汉语中的非宾格动词和非作格动词的差异？带着这个问题，Yuan 又对超高级组的被试进行了个体分析，试图发现有无像汉语母语者一样掌握这一语法点的被试。结果发现有 4 名超高级组中的被试能够区分汉语中的非宾格动词和非作格动词。他们在测试中始终接受带有动词后 NP 的非宾格动词句（他们的具体表现是，对含有 9 个不同测试词的 9 个测试句全部接受），并始终不接受"非宾格动词＋有定 NP"和"非作格动词+NP"这两类不合语法的句子（他们的具体表现是，对分别含有 6 个测试词的 6 个测试句全部不接受）。这 4 名被试在图片描述测试中也呈现出了与汉语母语者一样的表现，他们在描述含有诸如"跑""飞"和"笑"等非作格动词的图片时，完全不用动词后 NP 来描述。这些研究数据表明，汉语非宾格动词和非作格动词的区别可以在汉语二语语法中获得；同时，尽管"句法—语义"界面出现得非常晚，但其最终是可以在二语语法中建立的。

（三）不支持界面假说的其他证据[2]

另一个不支持"界面假说"的证据来自 Yuan 对英语母语者习得二语汉语中用来充当"存在极性词"（existential polarity words，下文均用 EPW 指代）的 wh- 词情况的考察。汉语中的

---

[1] Yuan, B.-P. Acquiring the Unaccusative/Unergative Distinction in a Second Language: Evidence from English-speaking Learners of L2 Chinese. *Linguistics*, 1999(37).

[2] Yuan, B.-P. Domain-wide or Variable-dependent Vulnerability of the Semantics-syntax Interface in L2 Acquisition? Evidence from Wh-words Used as Existential Polarity Words in L2 Chinese Grammars. *Second Language Research*, 2010(26).

wh- 词比较模糊，它们既可以用作（一般）疑问词，又可以用作全称量词，还可以用作 EPW，如例（7）所示：

(7) a. 你想买什么（呢）？　　（"什么"用作疑问词）
　　b. 我什么都想买。　　　　（"什么"用作全称量词）
　　c. 他可能想买什么。　　　（"什么"用作 EPW）

例（7）中的三个例句表明汉语中的 wh- 词应该被视为一种变量，它的确切身份要看是什么成分对它进行制约或赋值。这意味着 wh- 词本身并没有固有的含义，它的意义需要通过一些成分构成的特定结构关系来确定。Huang、Li 和 Lin 认为汉语中用作 EPW 的 wh- 词不仅必须对其赋值，它还受制于句法和语义的约束，详细的语境规则见于 Li 和 Lin 的文章。① 他们认为 EPW 必须被合适的赋值成分赋值才行，这些赋值成分包括否定词，疑问小词"吗"，条件从句中诸如"如果"这样的词，不定副词，句末表推断的小词"了"，非叙实动词，等等。在语义上，EPW 必须处在一个非事实的命题或具有不确定性的命题中。在句法上，EPW 必须出现在其赋值成分的 C 统领范围内。

我们以非叙实动词作为赋值成分为例。如例（8）和例（9）两例所示，非叙实动词是指那些诸如"认为""怀疑"和"猜"这样表达说话人的想法或对命题真实性进行假设的词。非叙实动词还包括诸如"假装"和"（还……）以为"这些假设其补语从

---

① Huang, C.-T. J. *Logical Relations in Chinese and the Theory of Grammar*. Ph.D. dissertation, MIT, 1982; Li, A. Y.-H. Indefinite Wh in Mandarin Chinese. *Journal of East Asian Linguistics*, 1992(1); Lin, J.-W. On Existential Polarity Wh-phrases in Chinese. *Journal of East Asian Linguistics*, 1998(7).

句内容不实的词。如例（8）、例（9）两例中，非叙实动词只表示主观评价而非客观事实：

（8）我认为他偷了什么东西。
（9）他还以为什么人丢了手表。

由上面的例子我们可以看出，EPW 类词出现在这样的语境中：它们的命题真值并不固定，表述具有不确定性或含有暂时性的推论特征。它们不出现在明确呈现其命题真值的上下文中，也不能出现在含有叙实动词（如"后悔""懊恼""抱怨"，等等）的 VP 补足语中。这一点可以由例（10）看出来。例（8）与例（10）两例唯一不同就是，前者含有一个非叙实动词，是一个合法句子，而后者含有一个叙实动词，是一个不合汉语语法的句子：

（10）*我抱怨他偷了什么东西。

这里又构成了一个"句法—语义"界面，因为一个 wh- 词能否具有 EPW 的句法功能取决于主句动词的语义约束（即：该动词是叙实动词还是非叙实动词）。那么汉语二语学习者能否在他们的二语语法中建立起这一必需的"句法—语义"界面呢？在 Yuan 的研究中，研究者让以英语为母语的汉语学习者对像例（8）～例（10）这样的句子进行了阅读判断，在阅读判断测试中还包括其他种类的测试句。①

---

① 在这些测试句中，只用到了诸如"谁"和"什么"这样的 wh- 代词，而没有用诸如"什么时候""哪里""怎么样""为什么"这样的 wh- 副词或疑问附加语。这是因为研究发现 wh- 代词在汉语二语中的表现相对比较稳定。参见 Yuan, B.-P. Behaviours of Wh-words in English Speakers' L2 Chinese Wh-questions: Evidence of No Variability, Temporary Variability and Persistent Variability in L2 Grammars. *Language and Cognition*, 2007(10); Yuan, B.-P. Domain-wide or Variable-

研究发现，汉语母语者接受所有主句含非叙实动词且补语从句含 EPW 类 wh- 词的测试句，同时拒绝接受所有主句含叙实动词且补语从句含 EPW 类 wh- 词的测试句。虽然大多数学习者在判断非叙实动词赋值 EPW 类 wh- 词这种合法句子时与汉语母语者存在显著差异，但是高级组的学习者呈现出了与汉语母语者类似的表现，因为他们给该类测试句打出的平均分与汉语母语者组并无显著差异。就像汉语母语者组一样，高级组能够接受由非叙实动词赋值的 EPW 类合法句子，同时拒绝接受叙实动词加 EPW 词这种不合法的汉语测试句。这意味着非叙实动词与 EPW 类 wh- 词之间的"句法—语义"界面，虽然发生在较晚的习得阶段，但是可以最终在汉语二语语法中建立起来。这些研究结果对"界面假说"提出了强烈挑战，因为"界面假说"认为句法与其他认知领域之间的界面特征可能"永远无法被二语学习者所完全习得"。①

## 二　二语语法中的外部界面

由于诸如上述研究成果反驳了早期版本的"界面假说"，一些学者认为并非所有处于句法和其他认知领域之间的界面都难以

---

dependent Vulnerability of the Semantics-syntax Interface in L2 Acquisition? Evidence from Wh-words Used as Existential Polarity Words in L2 Chinese Grammars. *Second Language Research*, 2010(26).

　　① Sorace, A. Selective Optionality in Language Development. Cornips, L. & Corrigan, K. P. (eds.) *Syntax and Variation: Reconciling the Biological and the Social*. John Benjamins, 2005.

习得，应该对"内部界面"和"外部界面"这两种界面进行区分。①内部界面包括"句法—语音"界面、"句法—词汇"界面和"句法—语义"界面，外部界面包括"句法—语篇"界面和"句法—语用"界面。根据这些学者的研究，内部界面涉及的是语法内部的不同模块，由于其认知处理都处在语言本身的运算以内，所以内部界面对于二语学习者来说相对容易习得。而外部界面（如"句法—语篇"界面和"句法—语用"界面）则涉及了一些语法特征外部的语境条件，这就给来自不同认知范畴的信息处理带来了额外的负担。内部界面和外部界面的这些区别可以用来解释英语母语者对汉语非宾格动词和非作格动词之间"句法—语义"界面的（最终）成功习得，以及他们对二语汉语中用作 EPW 的 wh- 词的成功习得：因为如上文所述，"句法—语义"界面处理在语言内部运作，并且包含的只有语言系统内部的成分，这是可以习得的内容。而

---

① Belletti, A. & Bennati, E. & Sorace, A. Theoretical and Developmental Issues in the Syntax of Subjects: Evidence from Near-native Italian. *Natural Language & Linguistic Theory*, 2007(25); Sorace, A. Selective Optionality in Language Development. Cornips, L. & Corrigan, K. P. (eds.) *Syntax and Variation: Reconciling the Biological and the Social*. John Benjamins, 2005; Sorace, A. *Theoretical and Methodological Interfaces in Research on L2 Ultimate Attainment*. Paper presented at GASLA 10th conference, University of Illinois, Urbana-Champaign, 2009; Sorace, A. & Serratrice, L. Internal and External Interfaces in Bilingual Language Development: Beyond Structural Overlap. *International Journal of Bilingualism*, 2009(13); Tsimpli, I.-M. & Sorace, A. Differentiating Interfaces: L2 Performance in Syntaxsemantics and Syntax-discourse Phenomena. Bamman, D. & Magnitskaia, T. & Zaller, C. (eds.) *Preceedings of the 30th Boston University Conference on Language Development*. Cascadilla Press, 2006; White, L. Grammatical Theory: Interfaces and L2 Knowledge. Ritchie, W. C. & Bhatia, T. K. (eds.) *The New Handbook of Second Language Acquisition*. Emerald Group Publishing Limited, 2009; White, L. Second Language Acquisition at Interfaces. *Lingua*, 2011(121).

"句法—语篇"界面和"句法—语用"界面则被认为是二语语法中尤其难以习得的内容,因为它们涉及语言外部的其他条件,比较容易形成一个薄弱的界面。

在"界面假说"的修正版本中,"句法—语用"界面和"句法—语篇"界面被认定为非常难以习得的部分。[1] 因为"句法—语用"界面和"句法—语篇"界面必须整合来自语言内部和非语言认知领域的信息,加之界面本身就需要调用大脑更多的运算资源,所以修正版的"界面假说"认为对于外部界面,二语者需要处理更多的加工任务,因此他们难以呈现出像母语者那样的语言表现;同时认为二语者在整合不同认知领域的信息方面不如单语者的效率高,并且他们不太可能一贯高效地整合不同类型的信息。

## (一)汉语二语中的疑问词话题化 [2]

为了检验二语习得中"句法—语篇"界面的习得是否像修正版"界面假说"所说的那样困难,Yuan & Dugarova 考察了英语母语者在习得二语汉语中疑问词话题化的情况。无论是语言本体研究还是二语习得研究,人们都广泛地认同汉语是一种疑问词保持原位的语言,因为汉语中的疑问词可以保留在初始位置,而不像英语中的疑问词那样必须移位到疑问句的左支结构中去。有趣的是,虽然汉语疑问词在疑问句中通常保留在初始位置(如例(11)a),但它也可以从基础生成的初始位置移位到句首从

---

[1] Sorace, A. Pinning down the Concept of "Interface" in Bilingualism. *Linguistic Approaches to Bilingualism*, 2011(1).

[2] Yuan, B.-P. & Dugarova, E. Wh-topicalization at the Syntax-discourse Interface in English Speakers' L2 Chinese Grammars. *Studies in Second Language Acquisition*, 2012(34).

而被话题化（如例（11）b）：

(11) a. 你在吃什么菜？

b. [什么菜]$_i$ 你没有吃 $t_i$？

例（11）b 中的"什么菜"从基础生成的初始位置，即：充当动词"吃"的宾语位置，移到了疑问句的句首位置，充当疑问话题，这一现象被分析为"疑问词话题化"。[①] 疑问词在句法上位移的可能性取决于"句法—语篇"界面，只有与语篇相关的疑问词才能被话题化。Wu 着重对疑问词保留在初始位置的疑问句与疑问词话题化的疑问句进行了区分：正确地使用或理解疑问词话题化的疑问句，需要听话者必须有一定的预设性背景知识，而使用或理解疑问词保留在初始位置的疑问句并不要求听话者有所预设。[②] 如在回答例（11）a 的问题时并不受一组特定的"菜"的限制，其实所有可以被称之为"菜"的东西都可以回答这个问题。而在回答例（11）b 的问题时，答案已被固定在了谈话上文所提过的那些菜当中。

例（12）～例（14）三例进一步说明只有与语篇相关的疑问词才能被话题化，而与语篇无关的疑问词是不能被话题化的：

---

[①] Xu, L.-J. & Langendoen, D. T. Topic Structures in Chinese. *Language*, 1985(61); Tang, C.-C. J. *Wh-topicalization in Chinese*. Ms. Cornell University, 1988; Li, J.-I. J. *Preverbal NP Positions in Mandarin Chinese*. Unpublished doctoral dissertation, University of Arizona, 1996; Pan, V. J. *Wh-topicalization and Wh-in-situ in Mandarin Chinese*. Paper presented at the 20th Paris Meeting on East Asian Linguistics, CRLAO, Ecole des Hauts Etudes en Sciences Sociale, 2006.

[②] Wu, J.-X. *Syntax and Semantics of Quantification in Chinese*. Unpublished doctoral dissertation, University of Maryland, 1999.

(12) a. 你喜欢谁？

b.*［谁］$_i$你喜欢 $t_i$？

(13) a. 你喜欢哪一个人？

b.［哪一个人］$_i$你喜欢 $t_i$？

(14) a. 你最喜欢谁？

b.［谁］$_i$你最喜欢 $t_i$？

例（12）中的"谁"是一个与语篇无关的疑问词，它只能像在例（12）a 中那样保留在初始位置，如果像在例（12）b 中那样被话题化之后就会使得该疑问句不合语法了。在例（13）中，其疑问短语由"哪"和名词短语"一个人"组成，是与语篇相关的；在这个例子里面，说话人和听话人在大脑中共享一组候选人，说话人期待听话人从这一组候选人中选择一个进行回答，这使得例（13）b 中的疑问词话题化成为可能。例（14）除了多了一个"最"之外，与例（12）是完全一样的句子，在这里，我们可以认为是"最"这个词为例（14）创造了一组预设的备选人，进而将疑问词"谁"转化为一个和语篇相关的疑问词，这样也使得例（14）b 中的话题化合乎语法。

综上所述，汉语中的疑问词可以被话题化，且这一话题化出现在"句法—语篇"界面当中。疑问词话题化的句法移位需要交谈双方共享一组事物或一组人这样的背景知识，因而只有和语篇相关的疑问词才能被话题化，否则就不能被话题化。这样的"句法—语篇"界面对习得二语汉语的英语母语者来说是否十分困难或不可能习得呢？具体说来，就是学习者在其二语汉语语法中是否能够区分"语篇相关疑问词"和"语篇无关疑问词",进而只允许语篇相关疑问词话题化而不允许语篇无关疑问词话题化呢?

Yuan & Dugarova 考察了 71 名英语母语的汉语学习者和 20 名汉语母语者来确定研究所需的被试在其汉语二语语法中已经掌握了常规的话题化。[1]研究者采用了一个严格的标准:在这 71 名英语母语者中选取那些已经习得汉语名词短语话题化(NP-topicalization,如:这本书你喜欢吗?这本书我不喜欢,那本书我喜欢。)的被试。根据该严格标准,共有 19 名英语母语者掌握了汉语的名词短语话题化,那些没有达到选择标准的英语母语者将不再参与接下来的二语汉语疑问词话题化考察。

研究者让所选被试对一组测试句进行可接受性判断,结果显示英语母语组像汉语母语组一样接受与语篇相关的"哪+NP"话题化疑问句。当在"哪+NP"疑问句中加入"最"进行强调后,英语组被试仍然呈现出与汉语母语组相同的表现,并且英语组对上述两类句子的判断并无显著差异。当"哪+NP"保留在原位时,英语组的判断与汉语组也无显著差异。这一结果说明只要英语母语者的二语汉语语法建立起来话题化机制,他们的二语汉语语法就允许对与语篇相关的"哪+NP"进行话题化。

在对"语篇相关'什么+NP'话题化疑问句""用'最'强化后的语篇相关'什么+NP'话题化疑问句"以及"和语篇相关的'什么+NP'保留在原位的疑问句"这三种句子进行判断时,英语组和汉语组在这三类句子的判断上并无显著差异。这些结果

---

[1] Yuan, B.-P. & Dugarova, E. Wh-topicalization at the Syntax-discourse Interface in English Speakers' L2 Chinese Grammars. *Studies in Second Language Acquisition*, 2012(34).

清晰地表明，在英语母语者的二语汉语疑问句中，对与语篇相关的"什么+NP"进行话题化是可能的。

在对包含语篇相关疑问论元"谁的+NP"的疑问句进行判断时，英语组的表现与汉语母语者组的表现相一致，英语组的被试接受以下三类句子：第一，语篇相关疑问论元话题化的疑问句；第二，在（a）类句子中加入"最"进行强调的疑问句；第三，语篇相关疑问论元保留在原位的疑问句。在对此三类句子的判断上，英语组与汉语组对任何一种句子的判断均无显著差异。

上述研究结果都是关于语篇相关疑问论元的。若要检验汉语二语中的疑问词话题化现象，还需要考察二语学习者是否拒绝接受汉语疑问句中和语篇无关的疑问论元话题化。考察结果表明，和汉语母语者一样，英语组拒绝接受那些对和语篇无关的疑问论元进行话题化的错误疑问句，例如拒绝接受那些对包含和语篇无关的"什么+NP"（*什么外语他在学？），"什么"（*什么他喜欢吃？）和"谁"（*谁他喜欢？）进行话题化的疑问句。同时，他们在对"和语篇无关疑问论元保留原位的疑问句"的接受程度上与汉语母语者相类似。在对上述句子类型的判断上，英语组与汉语组的表现没有显著差异。

这些研究结果看来并不支持修正版的"界面假说"，由于它认为外部界面是二语语法中最难习得的部分，而 Yuan & Dugarova 的研究清晰地证明，虽然其前提条件是二语学习者必须首先习得汉语中常规的名词短语话题化，"句法—语篇"界面是可以在二语语法中成功地建立起来的。

## （二）汉语二语"到底……"疑问句中的"句法—语用"界面[①]

"句法—语用"界面作为一个外部界面也能够在二语语法中建立起来吗？Yuan 为此考察了英语母语者对二语汉语中"到底……"疑问句的习得情况。汉语"到底……"疑问句中的"到底"不仅可以与诸如"什么"和"谁"等名词性疑问词同现在一个疑问句中（分别见于例（15）a 和例（15）b 两句），还可以与诸如"为什么""怎么"等疑问附加语同现在一个疑问句中（分别见于例（15）c 和例（15）d 两句）：

（15）a. 你到底想吃什么？

　　　b. 你到底想见谁？

　　　c. 你到底为什么没去北京？

　　　d. 你到底怎么去北京？

　　　e.* 你到底怎么没去北京？

然而，在例（15）e 中"到底"却不能与疑问词"怎么"共现，这与例（15）a、例（15）b 两句的疑问句形成鲜明的对比，因为我们看到在例（15）a～例（15）d 各句中"到底"可以与其他类型的疑问词同时存在于汉语疑问句中。例（15）e 的不合法在于这个疑问句同时包含了两种不同的态度，一种态度是由"到底"表达的不耐烦，另一种态度是由"怎么"表达的不合预设。例（15）中的句子表明只要疑问词不表达任何态度，就可以与"到底"共

---

[①] Yuan, B.-P. *The Effect of Increased Processing Demands on the L2 Syntax-Pragmatics Interface: Evidence from English Speakers' L2 Chinese Attitude-bearing Wh-questions*. Ms. University of Cambridge, 2014.

存于汉语疑问句中。如果认为态度属于语用范畴,那么我们可以说含"到底"的汉语疑问句涉及一个"句法—语用"界面,这样的疑问句受态度这一语用因素制约。Huang 和 Huang & Ochi 均认为,副词"到底"包含一种不耐烦或厌烦的态度,并且它可以向"到底+疑问词"的构式内涵和疑问句的命题内容传达说话人的不耐烦态度。[①]

Tsai 区分了汉语中表因果的"怎么"和表原因的"为什么"这两个词。[②] 根据 Tsai 的研究,表因果的"怎么"与表原因的"为什么"之间的细微差别在于"怎么"表达出一种与期望相反的态度,它暗示着疑问句中的事情与现实情况或说话人的预设不一致,而"为什么"则不带有任何态度。Chou 指出,虽然"怎么"是一个疑问词,但是表因果的"怎么"却不能与"到底"共现在同一个疑问句中,如例(16)所示:[③]

(16) a. 他怎么没来?

b.* 他到底怎么没来?

c. 他到底为什么没来?

例(16)a 只使用了表因果的"怎么",但例(16)b 同时

---

[①] Huang, C.-T. J. *Between Syntax and Semantics*. Routledge, 2010; Huang, C.-T. J. & Ochi, M. Syntax of the Hell: Two Types of Dependencies. *Proceedings of the 34th Conference of the North Eastern Linguistic Society*, 2004.

[②] Tsai, W.-T. D. The Hows of Why and the Whys of How. Gobbo, F. D. & Hoshi, H. (eds.) *UCI Working Papers in Linguistics*, 1999(5); Tsai, W.-T. D. *Left Periphery and How-Why Alternations*. Ms. National Taiwan Tsing Hua University, 2004.

[③] Chou, C.-T. On the Pivot-taking Property of Attitudinal Adverb Daodi. *UST Working Papers in Linguistics*, 2006(2); Chou, C.-T. Syntax-pragmatics Interface: Mandarin Chinese Wh-the-hell and Point-of-view Operator. Syntax, 2012(15).

使用了"到底"和"怎么",这就导致了该疑问句的不合语法。这一分析是为了说明包含态度的疑问句不能同时包含两种不同的态度。只含有"怎么"的例(16)a和含有"到底"的例(16)c都是只含有一种态度,而没有出现其他的态度的句子,而这样的汉语句子都是可以接受的。

从例(16)c可以看出,"为什么"是汉语里一个不含态度的疑问词,可以与"到底"共现于汉语疑问句中。其实,"到底"可以与任何不含态度的疑问词共现在汉语疑问句中:如例(17)a所示,这些疑问词还包括表工具的"怎么"(与表因果的"怎么"是同形同音异义词)。换句话说,表因果的"怎么"与其他的汉语疑问词不同,它不允许自己出现在含"到底"的同一个疑问句中,如例(17)b所示:

(17) a. 他到底会怎么去北京?
　　　b. *他到底怎么没去北京?

据上述分析,我们可以说汉语中"到底……"疑问句的句法受句中疑问词所使用的语用条件控制:其疑问词必须是一个不含态度的疑问词,即没有态度承载能力的疑问词。这意味着若使"到底+疑问词"的疑问句合法且得体,上述语用条件必须得到满足。

那么,在英语母语者的二语汉语语法中是否允许"到底……"出现在诸如含普通疑问词"为什么"、含表工具的"怎么"以及含名词性疑问词"什么""谁"的这几类疑问句中?英语母语者的二语汉语语法是否能够拒绝接受同时包含表态度的"到底"和表态度的因果性"怎么"的汉语疑问句?

带着这些问题，我们进行了另一项实证性研究，这项研究包括一个由 95 名英语母语者组成的实验组和 18 名汉语母语者组成的对照组。我们要求被试对每个测试句进行可接受性判断并在李克特量表上圈出相应的分值。其中，-2 和 -1 代表完全不接受和不太接受，+2 和 +1 代表完全接受和比较接受。

结果发现，在处理诸如"到底……谁"和"到底……什么"这样的"到底 + 疑问词"的汉语疑问句时，英语母语者能够达到像汉语母语者那样的表现。如表 1-1 所示，英语被试还可以习得含有"为什么"的"到底……"疑问句（见第 3 栏），含有工具性"怎么"的"到底……"疑问句（见第 5 栏），以及含因果性"怎么"的汉语疑问句（见第 6 栏）。

表 1-1　各组被试对疑问句的评分均值

| 组别 | "为什么"（作为对照） | "到底 + 为什么" | 工具性"怎么"（作为对照） | "到底" + 工具性"怎么" | 因果性"怎么"（作为对照） | *"到底"+ 因果性"怎么" |
|---|---|---|---|---|---|---|
| 初学者组 | 0.91*** ⟷ 0.11*** | | 1.79 ⟷ 0.65*** | | 0.45*** ⟷ 0.16*** | |
| 已入门组 | 1.68 ⟷ 0.60*** | | 1.78 ⟷ 0.64*** | | 1.38* ⟷ 0.36*** | |
| 中级组 | 1.83 ⟷ 1.16*** | | 1.91 ⟷ 1.36*** | | 1.16*** ⟷ 0.65*** | |
| 高级组 | 1.88 ⟷ 1.21*** | | 1.74 ⟷ 1.30*** | | 1.71 ⟷ 0.11*** | |
| 超高级组 | 2.00　1.96 | | 1.66　1.73 | | 1.80 ⟷ 0.57*** | |
| 汉语母语者组 | 2.00　1.96 | | 2.00　1.96 | | 1.99 ⟷ -1.40 | |

注：* 表示与汉语母语者组在 $p<0.05$ 水平上的显著差异；** 表示与汉语母语者组在 $p<0.01$ 水平上的显著差异；*** 表示与汉语母语者组在 $p<0.001$ 水平上的显著差异；"⟷" 表示二者之间差异显著。

然而，英语母语者在判断同时含有承载态度的"到底"和承载态度的因果性"怎么"的疑问句时与汉语母语组表现出很大的不同（见表 1-1 的最后一栏）。包括超高级组在内的学习者组没有任何一组能够拒绝接受同时含有"到底"和因果性"怎么"的疑问句，这跟汉语母语者组截然不同：据表 1-1 的最后一栏可见，随着学习者汉语水平的提高其判断准确性却并未随之提高。[①] 这说明英语母语者的二语汉语语法能够掌握只包含一种态度的汉语疑问句，即：包含由"到底"表达不耐烦态度的句子或包含由因果性"怎么"表达不合预设的态度的句子，而对同时包含两者的疑问句则没有掌握。有趣的是，尽管所有学习者组的平均值都证明，他们在判断同时含有"到底"和因果性"怎么"这两个态度词的疑问句方面，其二语语法存在不确定性，但是所有的学习者组都像汉语母语组那样，能够在只含有因果性"怎么"的合法对照句与同时含有"到底"与因果性"怎么"的不合法测试句之间做出具有显著差异的判断。这一发现说明，虽然英语母语者无法拒绝接受那些同时含有"到底"和因果性"怎么"的不合法疑问句，但是他们对这类不合法的

---

[①] 为了检验是否有被试能够前后一致地拒绝接受同时含有"到底"和因果性"怎么"的疑问句，我们又对被试进行了个体分析。结果发现除了初学者组中的 2 名被试前后一致地拒绝接受此类句子外，其他各组中并无这样的被试。初学者组中的这 2 名被试除了拒绝接受同时含有"到底"和结果性"怎么"的疑问句之外，还前后一致地拒绝只含因果性"怎么"而不含"到底"的这类合乎语法的句子，这表明他们并未习得含有因果性"怎么"的汉语疑问句。另外，几乎所有学习者组的被试在判断同时含有"到底"和因果性"怎么"的疑问句时都会对其中的一两个测试句打-1 或-2，而对另外的一两个测试句打 +1 或 +2，这可以视为他们的二语汉语语法在这一语言点上具有不确定性。

句子还是很敏感的，因为他们能够区分只含有一个态度词的疑问句和同时含有两个态度词的疑问句。根据"界面假说"[1]，我们认为由于认知资源的局限，二语学习者在处理这种需要整合句法及语用条件的汉语疑问句方面的能力十分薄弱；同时，在协调、整合、配置来自不同认知资源方面的信息有相当的困难。除此之外，处理同时包含两种不同态度的疑问句要比处理只包含一种态度的疑问句会给二语语法带来更重的分析处理负担。含态度疑问句的合法性由其所含态度的数量来决定，加工这样的疑问句时，除了其他方面的处理外，还包括疑问句的句法构建，与语用的界面联接，锁定有可能包含的态度的来源，确定所含态度的数量等各个方面。

## 三　结语

关于二语汉语中"到底……"疑问句的习得研究证明，所有给整合来自语言内部及非语言范畴的信息方面带来的额外加工负担都会给二语学习者带来挑战。一个界面中所需协调、整合的信息量越大，学习者的二语就越会表现出不稳定性和不确定性。如上文所述，英语母语者处理只包含一种态度的疑问句要比处理包含两种态度的疑问句容易得多。如果这一分析思路是正确的，那么我们就有理由认为，二语习得中的不稳定性和不确定性的根源并不一定是界面本身——无论所涉及界面包含语法内部的认知范

---

[1] Sorace, A. Pinning down the Concept of "Interface" in Bilingualism. *Linguistic Approaches to Bilingualism*, 2011(1).

畴还是语法外部的认知领域——而是界面所需的信息处理量，它才是用来解释二语界面在多大程度上被习得成功（或失败）的有用变量。

# 第二节　母语为英语的留学生对汉语反身代词的习得研究①

长期以来，针对跨语言间反身代词在指称方面的差异，不少学者，如 Finer & Broselow、Hirakawa、Yip & Tang 都对反身代词的二语习得进行了研究，但这些研究通常仅涉及某单一形态类型的反身代词的习得情况，很难全面探究中介语中不同类型的反身代词的句法指称与其形态构成之间的关系。② 而阐释反身代词的主流句法理论均主张反身代词的指称与其本身的构词形态有一一对应的关系。③ 复合反身代词回指范围都是局部的，简单反身

---

① 本节作者：曾莉，原载《华文教学与研究》2012 年第 3 期。

② Finer, D. & Broselow, E. Second Language Acquisition of Reflexive Binding. Berman, S. & Choe, J.-W. & McDonough, J. (eds.) *Proceedings of the 16th Annual Conference of the Northeastern Linguistics Society*. GLSA.1986; Hirakawa, M. A Study of the L2 Acquisition of English Reflexives. *Second Language Research*, 1990(6); Yip, V. & Tang, G. Acquisition of English Reflexive Binding by Cantonese Learners: Testing the Positive Transfer Hypothesis. Beck, M. L. (ed.) *Morphology and Its Interfaces in Second Language Knowledge*. John Benjamins Publishing Company, 1998.

③ Cole, P. & Sung, L. -M. Head Movement and Long-distance Reflexives. *Linguistic Inquiry*, 1994(25); Progovac, L. Long-distance Reflexives: Movement-to-infl versus Relativized SUBJECT. *Linguistic Inquiry*, 1993(24).

词则能长距离回指。复合反身代词的先行语可以是主语和宾语，简单反身代词的先行语只能是主语。这些理论简洁并妥善地解释了英汉反身代词的差异，并对语言习得研究有很强的指导性。本研究在这些理论的框架下，利用汉语中两类形态构词相异的反身代词，探索了英语背景留学生的中介语是否遵循反身代词的形态句法规则。文末就汉语反身代词习得成功与否的原因进行解释并对汉语二语教学提出了相应的建议。

## 一 英语和汉语的反身代词

在构词形态上，自然语言反身代词大致可分两类，即复合反身代词与简单反身代词。前者由代词加上简单反身代词构成，如英语的 himself/herself 和汉语的"他（她）自己"。后者如汉语的"自己"，日语的 zibun，俄语的 sebja。这两类反身代词具有不同的指称特性。复合反身代词只回指局部范围[1]，其先行语可为主语和宾语。它们的结构如例（1）a 和例（1）b 所示：

---

[1] 局部范围指的是 Chomsky 所定义的反身代词的管辖语域，即包含反身代词、反身代词的管辖成分以及该反身代词的可及主语的最小语类，通常为该反身代词所在的子句。参见 Chomsky, N. *Lectures on Government and Binding*. Foris Publications, 1981.

(1) a. 复合反身代词

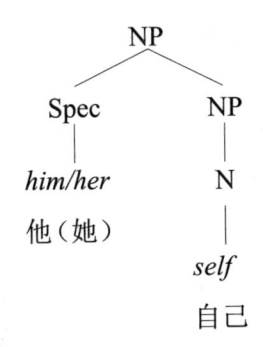

```
         NP
        /  \
      Spec  NP
       |    |
     him/her N
     他(她)  |
            self
            自己
```

b. 简单反身代词

```
     NP
     |
     N
     |
     自己
    sebija
    zibun
```

(Katada, 1991; Progovac, 1992)①

简单反身代词的回指不限局部，故可指称其所在子句之外的先行语，也就是平常所说的长距离指称或约束，但其先行语一般只为主语。② 以汉语为例，例（2）a 和例（2）b 表现了两类汉语

---

① Katada, F. The LF Representation of Anaphors. *Linguistic Inquiry*, 1991(22); Progovac, L. Relativized SUBJECT: Long-distance Reflexives Without Movement. *Linguistic Inquiry*, 1992(23).

② 虽然 Xu 列举了一些关于简单反身代词只能指称主语的反例，但这些例子都是与特殊句式如被字句、把字句有关，所以这些反例并不对本节所研究的句式产生影响。参见 Xu, L.-J. The Antecedent of *Ziji*. *Journal of Chinese Linguistics*, 1984(22).

反身代词在回指距离上的差异;例(3)a和例(3)b体现了它们在选择先行语语类上的异同。进一步比较例(2)a、例(2)b、例(2)c,不难看出在回指距离上,"自己"与himself不同,而"他自己"与himself相同。同理,由例(3)a、例(3)b、例(3)c之间的比较也能看出在指称先行语方面,"自己"与himself不同,而"他自己"与himself相同。这些相似和不同的原因可归结为"自己"是简单反身代词,而"他自己"和himself同属复合反身代词。表1-2总结了汉英反身代词构词及用法上的异同。

(2) a. [张三$_i$觉得[李四$_k$对自己$_{i/k}$没信心]]。
b. [张三$_i$觉得[李四$_k$对他自己$_{*i/k}$没信心]]。
c. [John$_i$ believes [Peter$_k$ has no confidence in *himself*$_{*i/k}$]].
(3) a. 张三$_i$给李四$_k$一本自己$_{i/*k}$的书。
b. 张三$_i$给李四$_k$一本他自己$_{i/k}$的书。
c. John gives Peter a book of *himself*$_{i/k}$.

表1-2　汉英反身代词构词及用法异同

| 反身代词构词类型 |  | 指称特性 | | | |
| --- | --- | --- | --- | --- | --- |
|  |  | 局部回指 | 长距离回指 | 主语先行词 | 宾语先行词 |
| 简单形态 | 自己 | √ | √ | √ | × |
| 复合形态 | 他自己/himself | √ | × | √ | √ |

句法理论层面上,逻辑移位分析法[①]解释了不同形态类型反身代词表现相异句法指称的原因。根据他们的观点,简单反身代

---

① Cole, P. & Sung, L.-M. Head Movement and Long-distance Reflexives. *Linguistic Inquiry*, 1994(25).

词能从原位提升附加到句内 Infl 的位置,并且在 LF 层面上进行一系列 Infl 到 Infl 的层级式移位,最终附加在主句的 Infl 处,并与主句主语共指,从而得到长距离回指和指称主语的特性,而复合反身代词作为最大投射,只能附加在离它最近的 VP 上。要是复合反身代词也像简单反身代词一样在 LF 层面上进行从 VP 到 VP 的移位,就会受到 CP 语障的阻碍,其留下的语迹不能受到先行语管辖,会违反了空语类原则,因而它只能是句内的局部回指。另外,由于它是附加在 VP 上,受主语和宾语的 C 统制,所以它可指代主语和宾语。

Progovac[①] 用不同的分析法得到了相似的结论。她认为反身代词与其先行语应具有相同的 X 标阶 (the same X-bar status)。具体来说,简单反身代词为零杠成分 X0,其先行语应为同是零杠成分的 AGR;复合反身代词为 Xmax 语类,其指称语为 [NP, IP] 或 [NP, NP] 中的 Xmax 指示语。根据 Progovac 的观点,汉语中无实词形态的 AGR 具有照应性,能跟上一从句的 AGR 同指,这样简单反身代词受局部的 AGR 约束,并经由局部的 AGR 达到与主句 AGR 及长距离主语的照应。

## 二 文献回顾

目前已有不少学者就母语和普遍语法对二语反身代词习得的影响做了研究。Thomas 发现不同母语背景(西班牙语或日语)

---

① Progovac, L. Relativized SUBJECT: Long-distance Reflexives Without Movement. *Linguistic Inquiry*, 1992(23); Progovac, L. Long-distance Reflexives: Movement-to-infl Versus Relativized SUBJECT. *Linguistic Inquiry*, 1993(24).

的英语学习者对 himself 的判断很相似，且与其各自母语的反身代词的判断不完全相同，由此，她认为母语对二语反身代词的影响不是绝对的。① Maclaughlin 的研究也发现某些母语为汉语或日语的英语学习者对 himself 的指称与其母语的反身代词不同，并与英语的反身代词指称也不一样。② 学习者不允许 himself 在定式句的长距离回指，却允许 himself 在不定式句的长距离指称，其用法倒是与俄语反身代词 sebja 很相似。Maclaughlin 解释这是因为学习者虽然认识到英语的 AGR 有具体的词汇形态，但却错误地把 himself 分析成了简单反身代词，导致了上述现象。虽然这些学习者的中介语语法偏离了母语和目的语，但仍在普遍语法的允准范围内。

另一些研究却表明母语会对二语反身代词的习得产生一定的影响，而且有关反身代词的中介语语法还可能违背普遍语法。黄月圆等人调查了母语为英语和日语的两组留学生如何习得汉语的"自己"。③ 他们发现日本留学生比英语背景的留学生更容易接受"自己"的长距离回指。他们把这归为母语的影响，因为日语中有类似"自己"的长距离反身代词而英语没有。同样在考察长距离反身代词习得方面，Thomas 分析了英语本族语者习得日语反身代词 zibun 的情况，她发现较低水平的学习者错误地接受了

---

① Thomas, M. Universal Grammar and the Interpretation of Reflexives in a Second Language. *Language*, 1991(67).

② Maclaughlin, D. The Acquisition of the Morphosyntax of English Reflexives by Non-native Speakers. Beck, M. L. (ed.) *Morphology and Its Interfaces in Second Language Knowledge*. John Benjamins Publishing Company, 1998.

③ 黄月圆、杨素英、高立群、崔希亮《汉语作为第二语言反身代词习得的考察》，《汉语学习》2005 年第 5 期。

长距离宾语作为 zibun 的先行语,产生了与普遍语法相悖的野语法。① 而较高水平的学习者能明确主句的主语而非宾语才可能是 zibun 的先行语,这组学习者的表现基本与逻辑移位法的理论预设一致。

以往的研究就母语和普遍语法对二语反身代词习得的影响未有定论;此外,有学者把二语反身代词的误用归因于学习者混淆了反身代词的简单复合形态类别,这一解释是否有其他证据予以支持?学习者为什么会混淆反身代词的形态类别?这些问题都值得进一步研究。鉴于这些问题,本节将通过调查母语为英语的留学生对汉语两类不同形态反身代词的习得情况来探究中介语中反身代词的指称与其构词形态类别的关系,并利用汉英反身代词的异同进一步探讨母语在反身代词二语习得过程中的作用。

## 三 实证研究

### (一)研究假设

假设 1:母语为英语的留学生在母语 himself 正迁徙作用下成功习得"他自己";而对于"自己",因其母语中没有相应形态的反身代词,若普遍语法可及,可依据"自己"的形态句法规则,达到对"自己"的正确指称。

此外,根据黄月圆等人及 Thomas 的研究,本族语为英语的学习者在习得汉日长距离反身代词的过程中受其母语影响较

---

① Thomas, M. Acquisition of the Japanese Reflexive Zibun and Movement of Anaphors in Logical Form. *Second Language Research*, 1995(11).

大。[①] 再者，如 Maclaughlin 指出，学习者在二语习得过程中可能混淆反身代词的形态类型，导致错误的用法。[②] 综合上述两方面考虑，本节还提出如下假设：

假设 2：母语为英语的留学生也可能会在其母语迁移的作用下，把"自己"和"他自己"都当作与英语 himself 相似的复合反身代词来对待。

### （二）研究设计

为检验上述假设，本研究采用量表语法判断法测试留学生对"自己"和"他自己"的指称判断，如例（4）所示：

(4) 张三说李四打了自己。

"自己"可以指

|  | 肯定可以 | 大概可以 | 大概不可以 | 肯定不可以 |
| --- | --- | --- | --- | --- |
| "张三"？ | [A] | [B] | [C] | [D] |
| "李四"？ | [A] | [B] | [C] | [D] |

受试阅读句子，然后判断反身代词能否指代句中的两个先行语，并在量化表上选择"肯定可以""大概可以""大概不可以"或"肯定不可以"来表示他们的判断。测试句型有两大类，一类为判定反身代词回指距离的复句，另一类为判定反身代词选择先行语语类（即主语和宾语）的双宾句。每大类下各有两组句型，分别包含"自己"或"他自己"，如表 1-3 所示。每一句型都有

---

[①] Thomas, M. Acquisition of the Japanese Reflexive Zibun and Movement of Anaphors in Logical Form. *Second Language Research*, 1995(11).

[②] Maclaughlin, D. The Acquisition of the Morphosyntax of English Reflexives by Non-native Speakers. Beck, M. L. (ed.) *Morphology and Its Interfaces in Second Language Knowledge*. John Benjamins Publishing Company, 1998.

四道测试题。所有测试句在构成问卷时被打乱顺序。

表 1-3　测试句型

| | 测试句型 | 例句 |
|---|---|---|
| 回指距离 | 句型 1：含"自己"的复句 | 张三认为李四夸奖了自己。 |
| | 句型 2：含"他自己"的复句 | 小李说阿明保护了他自己。 |
| 主宾语先行语 | 句型 3：含"自己"的双宾句 | 小明给了大卫一张自己的照片。 |
| | 句型 4：含"他自己"的双宾句 | 小海寄给大军一张他自己的照片。 |

### （三）受试

本研究调查了 89 名在中国内地及香港的留学生，他们来自美国、英国、澳大利亚和加拿大，母语为英语。学习汉语的时间大约 1 到 6 年不等。除了参与汉语反身代词的测试，他们还接受了独立的汉语完形填空测试。完形填空题可用于有效评估外语学习者的整体外语水平。[①] 根据完形填空题的得分，我们首先去掉得分处在中间段的受试，然后按照得分高低，把剩余的受试分成两组：低水平二语组 25 人及高水平二语组 26 人（$t=-27.97$, $p<0.05$），并分析他们对反身代词的指代判断。这样做的目的是为了得到二语水平有明显差异的两组调查对象，从而检测学习者能否随二语水平的整体提高而更好地判断汉语反身代词的用法。此外，30 名汉语本族语者作为控制组也参与了反身代词的测试。

### （四）数据处理

把受试对反身代词指代的判断结果转化为分数，输入 SPSS。问卷量化表上的选项"肯定可以""大概可以""大概不可以"和"肯

---

[①] Anderson, J. & Mullen, K. A. *Psycholinguistic Experiment in Foreign Language Testing*. University of Queensland Press, 1976.

定不可以"分别记 3 分、2 分、1 分和 0 分。即每道测试题最高为 3 分（最接受），最低为 0 分（最不接受）。每类句型的四道测试题总计分后的均值用以之后的参数化推论统计检验。

（五）结果与分析

1. 对两类反身代词的回指距离的判断

首先看受试对"自己"回指距离的判断。如表 1-4 所示，学习者基本上能正确接受"自己"的局部回指。汉语水平越高，"自己"局部回指的接受度也越高，单因素方差分析显示两个二语组与控制组三者之间有明显的差异（$F_{(2, 77)}$=4.42，$p<0.05$）。事后 Tukey 检定表明低水平二语组明显不如控制组（$p<0.05$），但高水平二语组与控制组之间没有显著差异（$p>0.05$）。对于"自己"的长距离回指，两组学习者均不太接受，其接受度低于机会水平，也明显低于控制组（$F_{(2, 77)}$=33.04，$p<0.05$）。这些结果表明二语学习者达到较高汉语水平后，能较好地接受"自己"的局部回指；然而对"自己"的长距离回指，无论学习者汉语水平的高低，基本都不太接受。

表 1-4 对"自己"的局部回指及长距离回指的接受程度

| | 局部回指 | 长距离回指 |
| --- | --- | --- |
| | 均值（标准差） | 均值（标准差） |
| 低水平二语组（25 人） | 1.72（0.61） | 1.14（0.74） |
| 高水平二语组（26 人） | 2.13（0.65） | 0.76（0.70） |
| 控制组（30 人） | 2.18（0.54） | 2.18（0.61） |

注：0 分为最不接受，3 分为最能接受。表 1-5、表 1-6、表 1-7 同此。

对于"他自己"，从表 1-5 中可以看到两个二语组和控制组都接受"他自己"的局部回指,虽然三组整体略有差异($F_{(2, 77)}$=3.34,$p$<0.05),但事后 Tukey 检定显示高低水平两组学习者与控制组两两之间并无明显差异($p$>0.05)。同时,两组学习者和控制组都拒绝了"他自己"的长距离回指,且三组之间无明显差异($F_{(2, 77)}$=0.04,$p$>0.05)。这些数据说明二语学习者对复合反身代词"他自己"的回指距离的判断基本遵循复合反身代词的形态句法规则,并与汉语母语者的表现一致。

表 1-5　对"他自己"的局部回指及长距离回指的接受程度

|  | 局部回指 | 长距离回指 |
| --- | --- | --- |
|  | 均值(标准差) | 均值(标准差) |
| 低水平二语组(25 人) | 1.97(0.64) | 1.00(0.85) |
| 高水平二语组(26 人) | 2.00(0.71) | 0.99(0.75) |
| 控制组(30 人) | 2.36(0.52) | 0.94(0.79) |

2. 对两类反身代词主宾语先行语的判断

首先来看对"自己"的判断。从表 1-6 可以看到,控制组接受"自己"选主语而非宾语做先行语($p$<0.05),其表现与语法理论一致。两组学习者均明显倾向选择主语作为"自己"的先行语($p$<0.05),并在主语先行语接受度方面与控制组无显著差异($F_{(2, 78)}$=2.41,$p$>0.05)。然而在宾语先行语的判断上,两组学习者与控制组三者之间有显著差异($F_{(2, 78)}$=8.48,$p$<0.05),事后 Tukey 检定发现两组学习者比控制组明显更容忍宾语先行语($p$<0.05),换而言之,即使是高水平的二语学习者也做不到像汉语母语者那样排除宾语作为"自己"的先行语。

表 1-6 对"自己"指代主语和宾语的接受程度

|  | 主语先行语<br>均值（标准差） | 宾语先行语<br>均值（标准差） |
|---|---|---|
| 低水平二语组（25人） | 2.07（0.74） | 0.90（0.60） |
| 高水平二语组（26人） | 2.19（0.58） | 0.96（0.67） |
| 控制组（30人） | 2.43（0.52） | 0.38（0.48） |

接下来看对"他自己"的判断。控制组很好地接受了"他自己"的主语先行语和宾语先行语，然而对宾语的接受度较主语低（表 1-7）。t 检验也显示控制组对宾语先行语的接受程度明显低于主语先行语（$p<0.05$），虽然这两类先行语在句法理论中都合语法。以往不少研究[①]发现英语母语者在判断复合反身代词 himself 的先行词时也有类似表现，他们对 himself 的宾语先行语的接受度也明显低于对主语先行语的接受度。

从二语学习者的表现来看，高水平二语组比低水平二语组更好地接受了"他自己"的主语及宾语先行语。比较三个受试组的表现，我们发现两个二语组与控制组三者在判断主语先行语的表现上无显著差异（$F_{(2, 78)}=3.27$，$p>0.05$）。但在接受宾语先行语方面，三组受试存在显著差异（$F_{(2, 77)}=5.44$，$p<0.05$），低水平二语组的表现明显不如控制组也不如高水平二语组（$p<0.05$），而高水平二语组与控制组之间无显著差异（$p>0.05$）。这些数据表明随着二语水平的提高，二语学习者可以像汉语母语者那样正

---

① Hirakawa, M. A Study of the L2 Acquisition of English Reflexives. *Second Language Research*, 1990(6); Yip, V. & Tang, G. Acquisition of English Reflexive Binding by Cantonese Learners: Testing the Positive Transfer Hypothesis. Beck, M. L. (ed.) *Morphology and Its Interfaces in Second Language Knowledge*. John Benjamins Publishing Company, 1998.

确地选择"他自己"的主语和宾语先行语。另外,比较主语与宾语两类先行语,两个二语组跟汉语母语者一样显著偏好主语做"他自己"的先行语($p<0.05$)。

表 1-7 对"他自己"指代主语和宾语的接受程度

|  | 主语先行语<br>均值(标准差) | 宾语先行语<br>均值(标准差) |
| --- | --- | --- |
| 低水平二语组(25 人) | 1.83(0.78) | 1.18(0.76) |
| 高水平二语组(26 人) | 1.94(0.61) | 1.37(0.85) |
| 控制组(30 人) | 2.28(0.64) | 1.85(0.73) |

3."自己"与"他自己"的比较分析

以上的数据分析分别考察了二语学习者对"自己"及"他自己"的习得情况。不难看出,学习者对"他自己"的掌握较成功,而对"自己"的判断与汉语母语者之间有明显差距。二语习得研究不仅关心学习者能否达到母语者的水平,还注重其中介语语法是否在句法上合理。本研究中,值得探讨的是,学习者的汉语反身代词中介语语法是否遵循反身代词的形态句法规则。根据反身代词的形态句法规则,"自己"和"他自己"应在指称上有以下差异和共性。差异是:"自己"可以长距离回指,而"他自己"不可以;"他自己"可选择宾语为先行语,而"自己"不可以。共性是:它们均可局部回指;均可选择主语为先行语。下面就这些方面逐一考察学习者对"自己"和"他自己"的判断。

先看长距离回指方面这两类反身代词是否被正确区分。如图 1-1 所示,黑柱和灰柱分别代表"自己"和"他自己"的长距离指称。控制组对"自己"长距离回指的接受度显著高于"他自己"($p<0.05$)。低水平二语组接受"自己"的长距离回指,其接受度也比对"他

自己"的接受度略高些,但对两者的区分不显著($p>0.05$)。高水平二语组对"自己"的长距离回指的接受度很低,甚至比其对"他自己"的接受度还低些;t检验显示高水平二语组对"他自己"与"自己"的长距离回指接受度无明显分别($p>0.05$)。总而言之,两组学习者都未能将"他自己"与"自己"在长距离回指方面的差异清楚地区分开来;他们均不太接受"他自己"和"自己"的长距离回指。

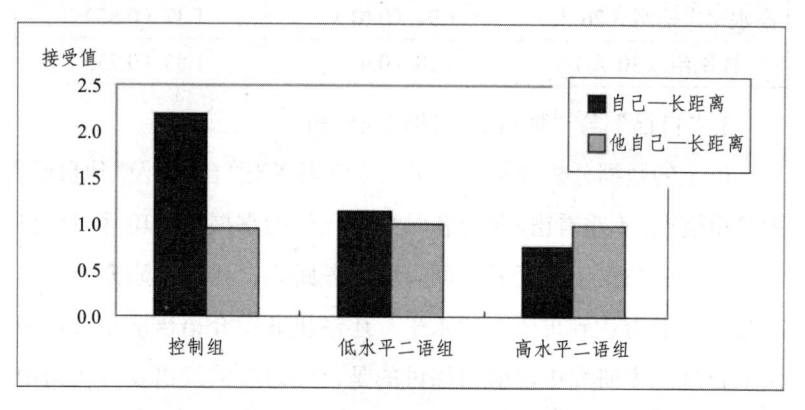

**图 1-1　"自己"与"他自己"的长距离回指比较**

接下来检测在宾语先行语的判断上这两类反身代词是否有所区别。如图 1-2 所示,控制组拒绝"自己"指称宾语,同时接受"他自己"指称宾语,两者差异显著($p<0.05$)。两个二语组对"他自己"指称宾语的接受度比其对"自己"指称宾语的接受度更高(图 1-2 表现为二语组中的灰柱比邻近的黑柱更高),但是t检验显示这一差异并不显著($p>0.05$)。换而言之,两组学习者的判断虽有正确的倾向性,却未能将"自己"和"他自己"在指称宾语方面的差别清晰区分开来。

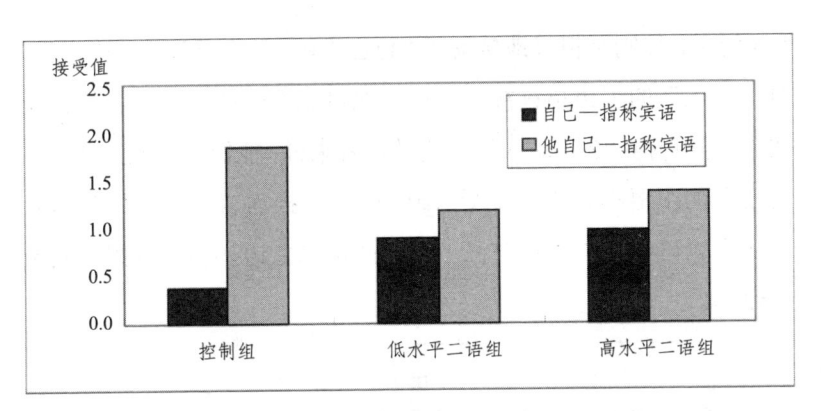

图 1-2 双宾句中"自己"和"他自己"指称宾语的比较

再看局部回指上受试对两类反身代词的判断是否有共性。如图 1-3 所示，控制组接受了"自己"和"他自己"的局部回指，且接受程度相当（$p>0.05$）。两个二语组也都能很好地接受这两个反身代词的局部回指，对两个反身代词的局部回指接受度也相似（$p>0.05$）。

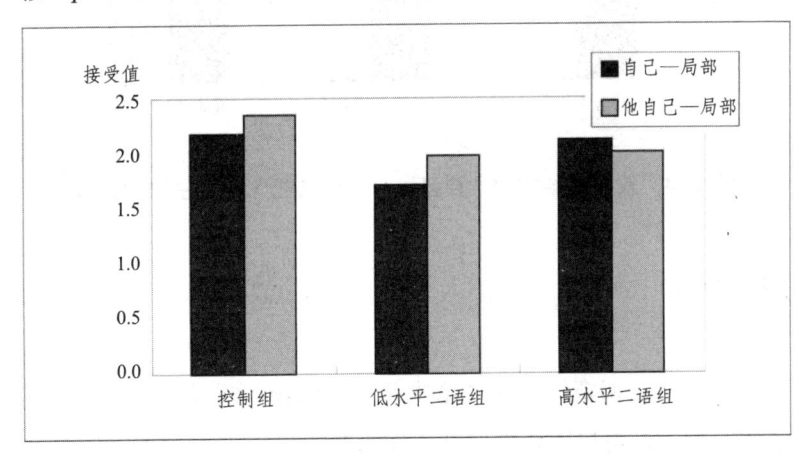

图 1-3 "自己"和"他自己"的局部回指的比较

最后看在主语先行语方面对两者的判断是否也相似。如图

1-4所示，控制组很好地接受了"自己"和"他自己"的主语指称。对"自己"的主语指称接受度比"他自己"略高，但两者间并无明显差异（$p>0.05$）。对两组二语学习者来说，他们对"自己"和"他自己"的主语指称也都接受（$p>0.05$）。换而言之，两组学习者都认为"自己"与"他自己"同样能指称主语，与控制组的判断一致。

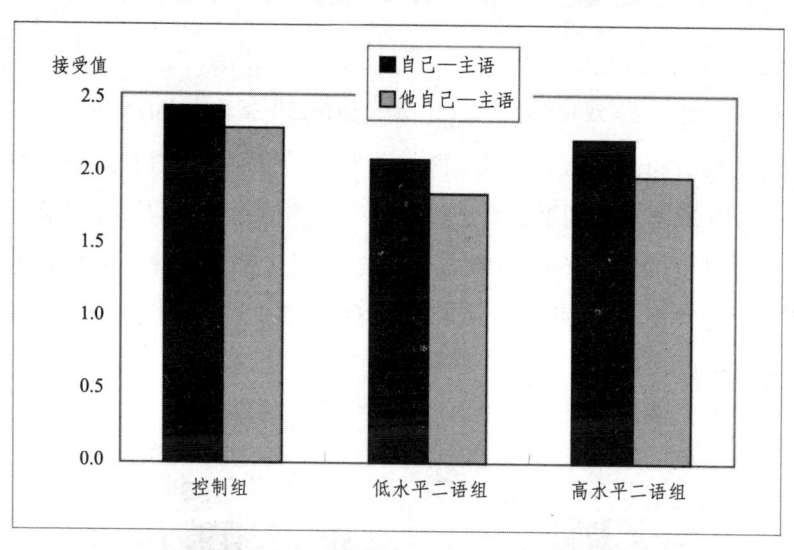

图 1-4 双宾语结构中"自己"与"他自己"指称主语的比较

## 四 讨论

我们结合调查结果来讨论本研究的问题。首先讨论母语为英语的留学生习得汉语两类反身代词的情况。

二语学习者对复合反身代词"他自己"的习得全面且成功。前文表 1-5 显示，两组水平的学习者均正确地选择了"他自己"

的局部回指，排除了长距离回指，他们在"他自己"的回指距离上的表现基本与汉语母语者一致。表1-7显示，在先行语的判断上，虽然低水平二语组与汉语母语者还有明显差异，但高水平二语组与汉语母语者表现相当，说明随着汉语水平的提高，这个语法点也能成功习得。

二语学习者仅能习得简单反身代词"自己"的某些指代特性，习得过程还有不足和错误。如表1-4所示，随着汉语水平的提高，学习者能正确掌握"自己"的局部回指；然而，他们始终未能成功习得"自己"的长距离回指。汉语水平越高，学习者反而越不接受"自己"的长距离回指。这表明，二语学习者没有全面掌握"自己"的句法回指距离。另外，如表1-6所示，一方面，学习者随汉语水平的提高正确地习得了"自己"的主语先行语；但同时也错误地接纳了"自己"的宾语先行语。高水平二语组比低水平二语组的错误率甚至更高。这表明，两个水平的学习者均未能真正把握"自己"的主语倾向性。总体上，"自己"的长距离指称和主语倾向性是留学生学习汉语反身代词的难点，其错误还有随汉语水平的上升而固化的趋势。

二语学习者能成功习得"自己"与"他自己"的共性。图1-3和图1-4显示，低水平和高水平的两组学习者均能习得两类反身代词的局部回指和主语指称。局部回指和指称主语反映了自然语言中所有反身代词的共性。这说明，反身代词的共性特征能被二语学习者较容易也较早掌握。

二语学习者混淆了"自己"与"他自己"的用法。如图1-1所示，在判断长距离回指时，两组学习者没能很好地区分"自己"与"他自己"。他们既没接受"他自己"的长距离回指也没接受

"自己"的长距离回指。此外，图 1-2 显示，两组学习者也未能显著地区分"自己"和"他自己"在指称宾语方面的差异。如前文第一部分所述，"自己"与"他自己"的不同用法是由它们在构词形态方面的差异所造成的。二语学习者未能在用法上区分"自己"与"他自己"，而把"自己"当成与"他自己"一样的复合反身代词来对待。由此或可以推断，学习者未能正确地识别或运用"自己"的构词形态特性来判断"自己"的指代用法，表现出中介语语法错误。这一发现也为 Tsimpli & Sorace[1] 的"接口假说"（Interface Hypothesis）提出了反例。"接口假说"认为语法系统内部层面的接口知识在二语习得中能被成功习得。[2] 反身代词"自己"的指代是句法与形态接口规则的一个具体体现，属于语法系统内部层面的接口知识，却未能被二语学习者（甚至是高水平的学习者）所掌握，这对"接口假说"是一个质疑。

至此，不难看出，测试的结果推翻了前文的假设 1，同时与假设 2 情况吻合，即：学习者在母语（英语）的作用下，把"自己"和"他自己"都当作了复合形态的反身代词。下面我们讨论母语对留学生学习反身代词的影响。

从测试结果来看，一方面，留学生母语的复合反身代词 himself 的用法在他们学习汉语复合反身代词时发生了正迁移，帮助他们较好地习得了汉语复合反身代词"他自己"。另一方面，

---

[1] Tsimpli, I. M. & Sorace, A. Differentiating Interfaces: L2 Performance in Syntax Semantics and Syntax-discourse Phenomena. Bamman, D. & Magnitskaia, T. & Zaller, C. (eds.) *Proceedings of the 30th Annual Boston University Conference on Language Development*. Cascadilla Press, 2006.

[2] 语法系统内部层面的接口指的是词汇、句法、形态、音韵、语义相互之间的接口。

其母语的复合反身代词 himself 的用法在他们学习汉语简单反身代词"自己"时造成了很大干扰,出现了明显的母语负迁移。如:本研究中的留学生指称"自己"时更像把"自己"当作一个复合反身代词来操作,这包括:不接受"自己"的长距离回指和错误允许"自己"指称宾语。母语的这种负迁移并没随着留学生的整体汉语水平的提高而减弱,相反,"自己"的错误用法在较高汉语水平的留学生中出现更多。

  本研究中所发现的母语对留学生习得汉语反身代词的影响与以往一些研究二语习得英语反身代词的结果相吻合。Yip & Tang 解释中国人学习英语 himself 所犯的错误是误把 himself 当作与中文"自己"类似的简单反身代词来对待,说明母语的负迁移是学习者犯错的归因。[1]Lakshmanan & Teranishi 和 Yuan 指出二语学习者习得目的语中反身代词的用法是通过母语的正迁移而获得的,即学习者的成功是通过把目的语的反身代词与其母语中相同类型的反身代词类比起来而获得,如中国人正确习得 himself 是把 himself 看成"他自己"一类的反身代词来用。[2] 基于这点,我们也不难理解在本研究中母语为英语的留学生为什么能较快且较好

---

[1]  Yip, V. & Tang, G. Acquisition of English Reflexive Binding by Cantonese Learners: Testing the Positive Transfer Hypothesis. Beck, M. L. (ed.) *Morphology and Its Interfaces in Second Language Knowledge*. John Benjamins Publishing Company, 1998.

[2]  Lakshmanan, U. & Teranishi, K. Preferences Versus Grammaticality Judgments: Some Methodological Issues Concerning the Governing Category Parameter in Second-language Acquisition. Tarone, E. E. & Susan, M. G. & Andrew, D. C. (eds.) *Research Methodology in Second-Language Acquisition*. Lawrence Erlbaum Associates, 1994; Yuan, B. Second Language Acquisition of Reflexives Revisited. *Language*, 1994(70).

地习得了汉语"他自己"的用法,却不能正确掌握"自己"的用法。这是因为留学生的母语(英语)中只有一种形态类型的反身代词,而目的语中有两种类型的反身代词,且其中只有一种与其母语的类型相同。在二语习得过程中,他们通过汉英类比仅能习得汉语中的复合反身代词,却无法正确地掌握与其母语构词形态相异的汉语简单反身代词的正确用法。

本研究结果对汉语作为第二语言学习和教学均有一定的启示。一方面,由于母语的正迁移作用,汉语的复合反身代词"他自己"较容易也较好习得,母语为英语的留学生和汉语教师在这方面无须花费太多时间,仅需把"他自己"与英语 himself 类比起来学习或教授。另一方面,母语为英语的留学生对简单反身代词"自己"的习得较差,汉语教师应把"自己"的用法作为反身代词学习的重点来教授。针对留学生会混淆"自己"与"他自己"的用法,建议汉语教师对简单反身代词和复合反身代词的相似和差异做系统的比较,使学生意识到两者的异同,并通过加强练习,达到对"自己"用法的掌握。最后,汉语教师也应指出学习者的错误。既然"自己"用法上的某些特性不能被自然习得,负面的证据此时应在二语习得过程中发挥重要的作用。

## 五 结语

本研究从反身代词构词特性与其句法指代的关系及母语的影响两个角度考察了母语为英语的留学生对汉语两类反身代词"自己"和"他自己"的习得情况。研究结果显示,留学生能够较早且较好地把握复合反身代词"他自己"的指称。而对于"自己",

留学生未能依据其构词形态特性来正确指称。他们混淆了"自己"与"他自己"的用法，把"自己"当成"他自己"来使用。这些结果表明反身代词的形态句法接口知识是二语习得的难点，也反映了母语在二语习得过程中的影响：母语（英语）促进了留学生习得汉语的"他自己"，但也给他们习得与英语反身代词不同类型的"自己"时带来不少困难。摒弃"自己"的宾语先行语及接受"自己"的长距离回指是习得的两大难点。首先，自然语料缺乏直接的证据告诉学习者"自己"不能指代宾语，所以导致错误的固化。其次，Chien 等人及 Chien & Wexler 发现虽然在自然语料中能接触到"自己"的长距离回指，这一知识在汉语儿童的第一语言习得中也发展得很缓慢，六岁的汉语儿童仍不太能接受"自己"的长距离回指，这也许说明即使有正面的语料，获得这一知识仍然需要较长的时间和更多的语言接触。① 另外，Huang & Liu 主张"自己"的长距离回指为篇章层面上的指称，"自己"的长距离回指可能需要适当的语境来激活。② 更多的语言接触或者语境的使用能否诱导二语学习者接受"自己"的长距离回指，要弄清楚这些问题，我们还需考察汉语学习时间更长的学习者，或可结合其他的研究方法，如带有上下文情景式的测试法，分析留学

---

① Chien, Y. C. & Wexler, K. & Chang, H. W. Children's Development of Long-distance Binding in Chinese. *Journal of East Asian Linguistics*, 1993(2); Chien, Y. C. & Wexler, K. *A Comparison Between Chinese-speaking and English-speaking Children's Acquisition of Reflexives and Pronouns*. Paper presented at the 12th Annual Boston University Conference on Language Development. California State University, 1987.

② Huang, C.-T. J. & Liu, L. Logophority, Attitudes and *Ziji* at the Interface. Cole, P. & Hermon, G. (eds.) *Long-distance Reflexives: Syntax and Semantics*, 2001(33).

生语料库及考察不同母语背景的受试对象,以进一步探讨汉语反身代词的习得机制和母语对其的影响。

## 第三节 标句词、关系代词和接应代词的二语习得研究[①]

目前针对关系结构的母语习得研究[②]和二语习得研究[③]大多都以中心语左置的印欧系语言为调查材料,而以中心语右置的其他语系的语言为调查材料的系统性研究还不多见。参照 Henry、Rizzi、Timberlake 和 Shlonsky 分别对汉语、英语、俄语和阿拉伯语关系从句的语言学分析,本节在现有研究结论的基础上以母语为英语、俄语和阿拉伯语的汉语学习者为研究对象,实证调查汉语关系从句中的标句词"的"、关系代词和接应代词 3 个类型学特征的二语习得状况。[④]

---

[①] 本节作者:马志刚,原载《外文研究》2013 年第 2 期。
[②] Guasti, M. T. *Language Acquisition: The Growth of Grammar*. The MIT Press, 2003.
[③] Yip, V. & Matthews, S. *The Bilingual Child: Early Development and Language Contact*. Cambridge University Press, 2007.
[④] Henry, A. *Empty Categories in Chinese*. Ph. D. dissertation of University of Ulster, 1988; Rizzi, L. *Relativised Minimality*. The MIT Press, 1990; Timberlake, A. *A Reference Grammar of Russian*. Cambridge University Press, 2004; Shlonsky, U. Resumptive Pronouns as a Last Resort. *Linguistic Inquiry*, 1992(23).

## 一 关系从句的生成语言学分析

Henry 提出关系从句具有做补语的句法功能,并认为限制性关系从句通常做中心语名词的补语,而且在不同语言中具有不同的参数化表现。[①] 而关系从句中较为显著的参数值包括是否使用标句词、关系代词和/或接应代词,是否通过句法层面上的算子移位生成关系从句等。就汉语而言,关系从句所修饰的中心语名词位于关系从句的右边,而在基于生成语法的汉语关系从句的分析中,中心语名词前的"的"字被分析为标句词。与通过"算子移位"生成关系从句的英语类语言不同,引导汉语关系从句的功能中心语 C 并没有选择触发算子移位的功能性特征 [+wh]。汉语关系从句中与中心语名词同指的成分要么以接应代词的形式出现,要么以空代词 *pro* 的形式出现,但 Xu 认为二者均在原位基础生成,而非算子移位。[②] Huang 认为,由于汉语普遍使用空主语和空宾语,因此在没有使用接应代词的情况下,汉语关系从句中的论元位置上采用的是接应代词的空形式 *pro*,而接应代词及其空形式 *pro* 都必须受到关系从句标示语(spec-CP)位置上的空话题的约束。[③] 据此,汉语中典型的宾语关系从句的深层表征为:$[_{DP} [_{CP} \emptyset_{空话题\ i} [_{TP}$ 他喜欢过 $pro_i] [_C$ 的$]$

---

① Henry, A. *Empty Categories in Chinese*. Ph. D. dissertation of University of Ulster, 1988.

② Xu, L.-J. Free Empty Category. *Linguistic Inquiry*, 1986(17).

③ Huang, C.-T. *Topicalization and Relativization in Chinese*. Unpublished manuscript, 1980.

那个女孩ᵢ]叫小芳]①(其中的 *pro* 在某些情形下可以实现为她ᵢ)。依据 Kayne 的观点,关系从句的存在和使用必然蕴含着中心语名词具有定指性限定语,而这种限定语在英语类语言中可以实现为关系代词。②同时,依据 Radford,关系代词的句法作用就是指代中心语成分,因此完全可以把汉语关系从句中通常出现的"那个""那些"都视为显性的关系代词(可隐可显),而标句词"的"则是引导汉语关系从句的必备成分。③

依据 Rizzi,英语关系从句的特点可归纳如下:中心语名词位于关系从句的左边;英语具有显性标句词 that 和关系代词,但二者不能显性同现;英语关系从句的生成要依靠算子移位(隐性或显性);英语关系从句中的关系代词和标句词都具有对应的隐性形式;关系代词和隐性标句词都具有[+wh]特征,而显性标句词 that 具有[-wh]特征。④英语中类似 This is the girl I saw yesterday 这样的典型宾语关系从句(即被关系化的成分在从句中做宾语)可以分析为:This is the girl [CP which [C ¢] [TP I saw *t* yesterday]]或者 This is the girl [CP op [C ¢] [TP

---

① Ning 认为汉语关系从句的生成也依赖隐性算子,但考虑到汉语中普遍存在空宾语、空主语现象,因此本研究采纳汉语关系从句的中心语基础生成的观点,而前期同类研究中则多采用移位生成的观点。即汉语关系从句的 spec-CP 位置上具有空话题,约束从句中基础生成的代词。参见 Ning, C.-Y. *The Overt Syntax of Relativization and Topicalization in Chinese*. Ph. D. dissertation of University of California, 1993.

② Kayne, R. S. *The Antisymmetry of Syntax*. The MIT Press, 1994.

③ 关系从句通常被视为嫁接于名词的中间投射,但本研究采纳关系从句做补语的分析。参见 Radford, A. *An Introduction to English Sentence Structure*. Cambridge University Press, 2009.

④ Rizzi, L. *Relativised Minimality*. The MIT Press, 1990.

I saw *t* yesterday]], 其中的 which 为具有 [+wh] 特征的显性关系代词, op 为隐性算子, ¢ 为具有 [+wh] 特征的隐性标句词。由于隐性算子 op 上的 [wh] 特征的值并不确定(可标为 [+/-wh]),因此隐性算子既可以与隐性标句词核查 [+wh] 特征,也可以核查 [-wh] 特征,而显性标句词 that 实际上就是 [-wh] 特征的词汇形式,只能核查 [-wh] 特征,因此不能与具有 [+wh] 特征的显性关系代词同现,否则会因为特征冲突而形成不合法的句子:*This is the book which [+wh] that [-wh] I bought *t* yesterday。依据 Timberlake 及其相关论著,俄语关系从句在中心语参数、标句词、接应代词、关系代词和深层表征等方面基本上与英语关系从句一致,只是标句词和关系代词在俄语中必须为显性形式(而在英语中则既可以为显性形式,也可以为隐性形式)。[①] 与上述英语关系从句大致对等的俄语关系从句(Вот книга какую я кубил вчера)中的关系从句(какую я кубил вчера)也位于中心语名词的右边,也是由关系代词(какую)引导。

Shlonsky 的研究显示[②],阿拉伯语关系从句的中心语置前,而且必须使用显性标句词 ɲilli,但阿拉伯语中的显性标句词 ɲilli 具有多种变体形式(应语法形式和语篇要求而不同)。此外,阿拉伯语和汉语的相似点在于,关系从句的生成并不依赖算子移位,因为阿拉伯语中也存在名词先行语约束基础生成的代词的句法操作,而且其运用范围非常广泛,因此阿拉伯语关系从

---

① Timberlake, A. *A Reference Grammar of Russian*. Cambridge University Press, 2004.

② Shlonsky, U. Resumptive Pronouns as a Last Resort. *Linguistic Inquiry*, 1992(23).

句所修饰的中心语名词和从句内使用的接应代词也都是基础生成的。不过，阿拉伯语中并不存在真正意义上的关系代词，这一点与汉语、英语都不同。比如，阿拉伯语中典型的宾语关系从句（*l-bint ʔilli sufti-ha*）中并无关系代词，而引导关系从句的标句词（*ʔilli*）则必须应中心语名词的人称、数特征呈现为第二人称单数的形态变化。

表 1-8 概括了上述 4 种语言中的关系从句在 5 项参数值方面的特点，而本节关注的研究焦点在于其中后 3 项（标句词、关系代词和接应代词）的二语习得状况：

表 1-8 关系从句的类型学特征细则表

|  | 汉语 | 英语 | 俄语 | 阿拉伯语 |
| --- | --- | --- | --- | --- |
| 中心语参数 | 置后 | 置前 | 置前 | 置前 |
| 算子移位 | 无 | 必有 | 必有 | 无 |
| 标句词 | 必有 | 可有可无 | 必有 | 必有 |
| 关系代词 | 必有 | 可有可无 | 必有 | 必无 |
| 接应代词 | 可有可无 | 可无 | 必无 | 可有可无 |

就目前的二语研究而言，大多数研究都涉及关系从句的中心语参数，其研究结论不仅数量众多而且也的确具有普遍适用性。[①] 此外，作为深层表征的算子移位具有理论假设的性质，缺乏相应的形态句法形式，而中介语表现更应该归于语言表现的范畴，因此本节不再涉及二语语法中中心语参数值的重新设定问题，也无关关系结构深层表征的二语习得问题，而是集中探讨母语为英语、

---

① Yip, V. & Matthews, S. *The Bilingual Child: Early Development and Language Contact.* Cambridge University Press, 2007.

俄语和阿拉伯语的汉语学习者在习得汉语关系从句中的标句词"的"、关系代词和接应代词的中介语表现是否与现有研究的结论一致,而现有研究成果基本上以学习者母语的类型学特征和少量习得关系从句的研究为主要依据。

## 二 研究设计和受试

### (一)统计考虑与受试信息

本研究选择了母语为英语、俄语和阿拉伯语的汉语学习者作为调查对象。这种选择主要是为了检验我们基于前文所述的类型学特征对二语习得(汉语关系从句)结果的预测。其次,现有的相关二语研究都是针对非目标语环境下(即学习者在其所在的母语国内)学习汉语的二语学习者,而这些研究的结论是否适用于在目标语环境下(即在中国国内)学习汉语的二语学习者尚不得知。因此本研究试图检验现有的二语习得研究结论是否与目标语环境下的调查结果一致。所有受试来中国之前在其所在国内学习汉语的时间均在 1 年左右,但他们在中国国内学习汉语的时间都在 2 年以上。我们对所有受试进行了汉语句子的问卷测试,试图发现其在判断汉语关系从句正确与否方面的特点,并尝试对学习汉语的所有二语学习者习得汉语关系从句的模式予以推断。虽然本研究可及的受试数量较为有限,但我们希望能从少量可及受试的习得表现中获得尽可能多的相关信息,因此本研究尝试利用少量样本数据对汉语学习者总体的习得特点进行推断,同时也试图检验我们所选择的受试在习得方面是否与现有的理论预测和研究结果相吻合。本研究采用单样本配合度非参数检验的统计方案正是出于上述考虑：通过样本表现与理论预测之间的一致性对总体分布进行推断。同时，考虑到关系从句的判断需要一定的语言基础，因此我们选择的受试学习汉语的时间都超过3年，其中有些已经通过了HSK考试的中级水平。如下是受试的基本信息（均由受试提供）：

表1-9 二语（汉语）关系从句习得实证调查受试信息表

| 受试组 | 人数 | 平均年龄 | 学习汉语时间 | HSK中级水平人数 |
| --- | --- | --- | --- | --- |
| 英语组 | 3个 | 25岁 | 3年 | 2个 |
| 俄语组 | 5个 | 31岁 | 4年 | 3个 |
| 阿拉伯语组 | 2个 | 22岁 | 4.5年 | 1个 |

（二）测试句型的设计

本研究测试工具的设计主要集中在汉语关系从句的标句词、关系代词和接应代词3个方面（其中的关系从句都用方括号标出，但是实际测试中所有测试句都不加方括号）。每个合法的测试句都有不合法的对应句，二者的区别要么在于是否使用标句词、要么在于是否使用关系代词、要么在于是否使用接应代词。测试后的非正式访谈中，没有受试表示遇到过过于生僻的词或字，而且也没有受试意识到测试的重点是汉语关系从句。本研究中的测试句分为标句词类测试句、关系代词类测试句和接应代词类测试句3类，每类中的A组和B组仅仅在是否具有标句词、关系代词或接应代词方面有所不同：

标句词类测试句由使用标句词的关系从句和不使用标句词的对应句组成。前者可以描述为：关系从句＋的＋中心语，标为A1，A2，A3……；后者可以描写为：关系从句＋中心语，标为

B1，B2，B3……。总共 16 个测试句，如下为标句词类测试句的样本：

A1 李四不喜欢［正在读书的那位女同学］
A2《非洲》是［李四喜欢读的小说］
B1 李四不喜欢［正在读书那位女同学］
B2《非洲》是［李四喜欢读小说］

关系代词类测试句由不使用关系代词的关系从句和使用关系代词的对应句组成。前者可以描述为：关系从句 + 的 + 中心语，标为 A1，A2，A3……；后者可以描写为：中心语 + 关系代词 + 关系从句，标为 B1，B2，B3……。总共 16 个测试句，如下为关系代词类测试句的样本：

A1 我们都喜欢［老师介绍的那位学者］
A2《非洲》是［李四喜欢读的小说］
B1 我们都喜欢［那位学者谁老师正在介绍］
B2《非洲》是［那本小说哪一个李四喜欢读］

接应代词类测试句由使用接应代词的关系从句和不使用接应代词的对应句组成，前者标为 A1，A2，A3……，后者标为 B1，B2，B3……。考虑到接应代词是否具有生命性的语义特征对于其能否使用于各个句法位置在语言学研究中尚存有争议，因此我们在所有测试句中都采用有生命性名词，以回避语义特征的干扰。如下为 16 个接应代词类测试句的样本：

A1 我们都认识［老师表扬的那位同学］
A2［李四想念的那个女孩］去了美国

B1 我们都认识［老师表扬他的那位同学］

B2 ［李四想念她的那个女孩］去了美国

所有48个测试句和另外72个无关干扰句形成本次调查的测试问卷。我们选择了5位汉语母语者（非语言专业的大学二年级学生）对此次问卷进行了信度一致性检验。由于该测试问卷对于5位汉语母语者的测量结果基本一致（其信度系数达到0.974），因此是适用于本次调查的有效测试问卷。另外，5位汉语母语者都表示每类测试句中A组和B组的差异点非常显著，因此可以认为3类测试句型都具有很高的内部效度，能够反映出受试对汉语关系从句3个参数特征的掌握情况。依据随机化数字表将所有句子随机排列后让受试在课堂环境下进行判断。语法判断的要求是：请您判断如下的汉语句子是否可以接受；可以接受的请打钩（√），不可以接受的请打叉（×）。最后我们统计了所有二语受试对所有3类2组48个测试句的判断结果，并记录了其判断结果与汉语母语组判断结果一致的测试句的总数。比如，某个受试认为A类测试句中可接受的测试句的数目为5，而认为B类测试句中不可接受的测试句的数目为6，那么其判断结果符合汉语母语语法的总数为11。为了保证所有受试都理解我们的测试指令，在测试开始之前，我们分别用英语和汉语向3位受试做了解释，并让其中2位受试对写在黑板上的3个例句进行判断，以便达到给所有受试予以示范的目的。所有受试均自愿参与测试问卷调查，事后获赠小礼品作为酬谢。

## 三 研究问题及理论预测

### （一）研究问题

研究问题一

英语组、俄语组和阿拉伯语组对标句词类测试句的判断结果是否与基于类型学特征的理论预测一致？他们是否能够明确区分含有标句词的汉语关系从句和不含标句词的汉语关系从句？

研究问题二

英语组、俄语组和阿语组对关系代词类测试句的判断结果是否与基于类型学特征的理论预测一致？他们能否明确区分含有关系代词的和不含关系代词的汉语关系从句？

研究问题三

英语组、俄语组和阿语组对接应代词类测试句的判断结果是否与基于类型学特征的理论预测一致？他们是否能够明确区分含有接应代词和不含接应代词的汉语关系从句？

### （二）统计方案的选择

本研究力图从 3 组独立样本（英语组、俄语组和阿语组）对外国学生总体学习汉语关系从句 3 个参数特征的状况做出推论，因此采用非参数检验的统计方案：单样本配合度检验的卡方设计。采用该统计方案的考虑是：本研究中的变量并非连续型的测量数据，因此无须考虑总体分布的正态性和多个样本的方差齐性等问题。另外，本研究采用单样本配合度检验是为了检验 3 组受试的实际判断结果与理论预测结果之间是否具有一致性的实验假设，因此我们首先基于学习者母语的类型学特征以及现有的相关研究，对 3 组受试可能的判断结果做出理论预测，然后针对其为

3类测试句型所做的判断结果中的频数执行一致性检验的统计分析。

（三）理论预测

我们首先基于与本节的研究问题相关联的研究结果[①]，以及英、俄、阿语在关系从句方面的类型学特征（详见表1-9）对3组二语受试可能的中介语表现加以分析：由于英语中的标句词和关系代词都具有可选性，因此英语受试对汉语关系从句的标句词类测试句和关系代词类测试句的判断并不会受两类代词有无的影响，因此可以预测其对16个测试句的判断结果与汉语母语语法的一致性应该为16。同时，英语中普遍不采用接应代词，而汉语关系从句中的接应代词也并非必须使用，因此，可以预见，英语组在接应代词类测试句中的判断正确率应该低于或然性水平。但是考虑到英语在双重嵌套的关系从句等复杂句法结构中也有可能采用接应代词作为某种句法挽救手段（这说明接应代词在英语中的使用至少具有可能性），因此我们对其在接应代词类测试句方面的预测值为4[②]。对于俄语组而言，由于俄语和汉语都必须使用标句词，因此俄语组在标句词类测试句上的判断结果也可以预测为16，但汉语中的关系代词具有可选性，而俄语中的关系代词为必选，因此可以预测俄语组对关系代词测试句的判断结果应该为8。此外，俄语中基本上没有采用接应代词的句法结构，

---

[①] Hawkins, R. & Chan, C.-Y. The Partial Availability of Universal Grammar in Second Language Acquisition: The "Failed Functional Features Hypothesis". *Second Language Research*, 1997(13).

[②] Yip, V. & Matthews, S. *The Bilingual Child: Early Development and Language Contact*. Cambridge University Press, 2007.

第三节 标句词、关系代词和接应代词的二语习得研究 59

因此俄语组仅仅会接受 B 组无接应代词类测试句,而其判断结果则可以预测为 8。对于阿语组而言,我们基于阿拉伯语中标句词必有、关系代词必无,而接应代词为可有可无的母语特征可以预测阿语组在这 3 类测试句上的判断结果的比率为 8:8:16。所有理论预测的结果概括在表 1-10 内:

表 1-10  二语语法与汉语母语语法一致性预测表

| 参数 / 受试 | 英语组 | 俄语组 | 阿语组 |
| --- | --- | --- | --- |
| 标句词参数 | 16 | 16 | 8 |
| 关系代词参数 | 16 | 8 | 8 |
| 接应代词参数 | 4 | 8 | 16 |

## 四 方案实施及其结果

本研究中唯一的因变量就是 3 组二语受试对 3 类 2 组 48 个汉语关系从句的判断结果,该变量具有 3 个值项(即 3 个参数特征值),因此符合单样本配合度检验对于变量的要求,可以据此分析受试判断结果的实际情况与理论预测是否一致。遵循常规的应用统计规范,该统计方案中的相伴概率值如果小于或等于显著性水平(应该拒绝零假设),那么就可以认为样本来自的总体分布形态与期望分布形态存在显著差异。如果相伴概率值大于显著性水平(不能拒绝零假设),那么就可以认为样本来自的总体分布形态与期望分布形态不存在显著差异。如下表 1-11 和表 1-12 分别是依据不同的测试句类型执行 3 次单样本配合度检验后所获得的统计结果。表 1-11 为描述性统计结果(针对 3 类测试句型的基本描述项均相同),而表 1-12 为卡方检验的推断性统计结果：

表 1-11　3次卡方检验的描述性统计结果表

| 描述项 | 样本数 | 平均分 | 标准差 | 最小值 | 最大值 |
|---|---|---|---|---|---|
| 3项参数数据 | 10 | 1.90 | 0.738 | 1 | 3 |

表 1-12　3次卡方检验的推断性统计结果表

|  | 标句词参数 ||| 关系代词参数 ||| 接应代词参数 |||
|---|---|---|---|---|---|---|---|---|---|
|  | 英语者 | 俄语者 | 阿语者 | 英语者 | 俄语者 | 阿语者 | 英语者 | 俄语者 | 阿语者 |
| 理论预测 | 16 | 16 | 8 | 16 | 8 | 8 | 4 | 8 | 16 |
| 观测值 | 3 | 5 | 2 | 3 | 5 | 2 | 3 | 5 | 3 |
| 期望值 | 4 | 4 | 2 | 5 | 2.5 | 2.5 | 1.4 | 2.9 | 5.7 |
| 差值 | -1 | 1 | 0 | -2 | 2.5 | -0.5 | 1.6 | 2.1 | -3.7 |
| 卡方值($x^2$) | 0.500 ||| 3.400 ||| 5.750 |||
| 自由度 | 2 ||| 2 ||| 2 |||
| 显著性（概率 $p$ 值） | 0.779 ||| 0.183 ||| 0.046 |||

表 1-12 提供了依据标句词参数、关系代词参数和接应代词参数执行单样本配合度检验的卡方统计值以及对应的相伴概率值（显著性）。表 1-12 的最下一行值显示 3 组二语受试对于 3 类测试句型的判断结果与理论预测结果之间一致性的相伴概率值分别为 $p_{标句词}$=0.779，$p_{关系代词}$=0.183 和 $p_{接应代词}$=0.046，其中只有关于接应代词类测试句的概率值小于显著性水平 0.05，因此可以认为本研究中的二语受试在接应代词类测试句上的判断结果与指定的期望分布有着明显的差异。就标句词测试句而言，3 组二语受试的习得表现基本符合基于类型学特征的理论预测，因为其显著性程度（$p$=0.779）>0.05；而就关系代词测试句而言，3 组二

语受试的习得表现也基本与基于类型特征的理论预测一致，其相伴概率值（$p=0.183$）>0.05。如下，我们基于相关语言的类型学特征以及有关汉语关系从句的二语习得研究对上述统计结果（特别是各个受试组在判断每类测试句型时的具体判断表现所提供的习得信息）予以讨论。

## 五　讨论

目前国内的相关研究普遍认为，不同类型语言的关系从句的习得结果会有所不同[1]，其加工策略也有所不同[2]，而且目前国内的多数研究要么以综述国外理论为主旨，要么以验证习得难度假设为主要目的，要么旨在提出失语症患者加工处理关系从句的理论。[3]但本研究的焦点在于探究母语类型学特征不同的汉语习得者对汉语关系从句中的3个参数选项的习得状况，同时也可以验证目前研究的现有结论在多大程度上适用于在目标语环境下习得汉语的学习者的习得状况。与本研究直接相关的研究是Hawkins & Chan[4]，他们认为，母语类型学特征与汉语迥异的学习者可以克服母语中算子约束 wh- 语迹的表征，并建立起目标语

---

　　[1]　戴运财、朱庆、叶志雄《二语习得中英汉关系从句的对比研究》，《西安外国语大学学报》2010年第3期。
　　[2]　张强、杨亦鸣《汉语宾语关系从句加工优势》，《语言科学》2010年第4期。
　　[3]　戴运财、朱庆、叶志雄《二语习得中英汉关系从句的对比研究》，《西安外国语大学学报》2010年第3期；周统权、郑伟、舒华、杨亦鸣《汉语宾语关系从句加工优势论》，《语言科学》2010年第3期。
　　[4]　Hawkins, R. & Chan, C.-Y. The Partial Availability of Universal Grammar in Second Language Acquisition: The "Failed Functional Features Hypothesis". *Second Language Research*, 1997(13).

中空话题约束空代词或接应代词的表征。但母语类型学特征与汉语相似的学习者反而不能准确地识别汉语关系从句的合法性，因为两种语言在某些参数上的相似性会抑制中介语重构。与该研究结果一致的是，本研究发现母语类型学特征不同的汉语学习者的确能够凭借显性标句词"的"识别两组不同的汉语关系从句测试句型。但我们也发现了英语组、俄语组和阿语组在习得汉语关系从句3项参数值方面的另外一些特点。如下，我们结合关系从句习得研究中的诸多理论观点探讨本研究中的3组二语受试的中介语表现。

首先，基于前文诸种语言关系从句的类型学特征细则表以及各组受试在每类测试句型上的具体表现，我们可以看出，英语组和俄语组受试都能够明确区分含有标句词"的"的关系从句和不含标句词的对应句，这一点与5位汉语母语受试的判断结果具有一致性，说明二语习得过程中，某个语法项目的类型学特征对于习得目标语中相对应的语法项目具有影响力。尽管阿语组对于具有标句词"的"的关系从句的判断结果基本与汉语语法一致，但是在不含标句词"的"的汉语关系从句的判断上与汉语母语语法出现较大的偏差。有一位阿语受试认为，类似"《非洲》是李四喜欢读小说"这样的关系从句是可以接受的。我们认为，这有可能是由于二语习得过程中，学习者往往仅仅凭借语义内容来判断句子可接受程度的倾向性，也就是说，当测试句的语义内容极易通达时，句法形式的影响力就退居其次。不过，就本次研究而言，阿语组受试的判断结果与研究实施之前的理论预测并无显著偏差。从影响习得程度的感知难度的视角来看，汉语关系从句引导词"的"的二语感知度非常高（可能与出现频率高密切相关），

### 第三节 标句词、关系代词和接应代词的二语习得研究

因此从认知语言学的感知难度假设,二语感知度高的语法项目的习得程度相应也高,英语组和俄语组受试的表现也因而得以解释。另外,汉语关系从句的标句词"的"与关系从句所修饰的中心语名词之间的距离非常短,因此依据最短距离的普遍性假设,也同样可以理解上述两组受试的判断结果。而产生阿语组的表现与理论预测不相符合的根本原因可能在于阿语中的标句词与中心语名词之间的距离并非总是最短,因为在很多情况下,阿拉伯语标句词和名词间可以插入其他句法成分。①

其次,对于3组二语受试在关系代词类测试句上的表现,我们认为,尽管关系代词在英语中是可有可无的,但可能是因为二语输入中的汉语关系从句通常都带有"那个""那些"之类的限定代词,因此该词项过高的输入频率使得以任何语言为母语的二语学习者都认为,"那个""那些"这样的限定代词是汉语关系从句中必须出现的引导词。我们认为,3组二语受试在关系代词类测试句方面的表现与前文的理论预测大致趋同的现象属于输入频率压制类型学特征的典型例证。再者,从认知语言学的典型图式假设来看,汉语关系从句中关系代词的使用频率如此之高,完全有可能在该类句型的频繁使用中成为该句式的标志性词汇项目,因此不论学习者的母语中是否使用关系代词,学习者都有可能机械地把"那个""那些"这样的代词视为汉语关系从句的标志语,从而有利于他们展示自己对汉语关系从句整体图式的掌握。此外,本研究中的二语受试基本上都能够区分有关系代词的测试

---

① Shlonsky, U. Resumptive Pronouns as a Last Resort. *Linguistic Inquiry*, 1992(23).

句和无关系代词的测试句,说明他们对汉语关系从句中的关系代词非常敏感。此外,从关系从句的篇章功能角度来看,习得关系从句中的关键性指代词项有助于习得者在具体篇章语言情景中把关系从句置于承前句和后续句之间,从而有助于更好地实现篇章整体功能的连贯。而本研究中,3组二语受试对关系代词"那个""那些"的习得表现说明二语受试极有可能是将此类词汇项目视作能够实现篇章功能的关键性词项的。

就本研究中接应代词的二语习得表现而言,3组二语学习者的表现并不符合基于类型学特征的理论预测。目前的相关研究中也有以汉语关系从句中的接应代词为研究材料的。为了使讨论具有参照性和继承性,我们需要先对有关汉语接应代词习得的两项研究内容加以概括,以利于下文的讨论。Hawkins & Chan 虽然针对的是中国学生习得英语关系从句的情况[1],但其关注的是普遍语法和母语特征对成年人习得二语复杂句法结构的影响,因此他们对汉语关系从句接应代词特征所做的语言学分析以及对习得结果的解释有利于我们的讨论。总括而言,Hawkins & Chan 认为,表面上看起来,中国学生习得了通过疑问算子移位生成英语关系从句的语法操作,但他们对接应代词的依赖则表明,其英语中介语采用的语法操作实质上为先行语名词约束代词($NP_i...pro_i/RP_i$)的句法操作手段,这和英语母语者所采用的算子约束 wh- 语迹的语法操作($Operator_i...t_i$)完全不同。我们认为,Hawkins & Chan 的观点不能完全解释本研究

---

[1] Hawkins, R. & Chan, C.-Y. The Partial Availability of Universal Grammar in Second Language Acquisition: The "Failed Functional Features Hypothesis". *Second Language Research*, 1997(13).

中3组二语受试习得汉语接应代词的习得表现，因为本研究中的3组二语受试对于含有接应代词的测试句的接受程度非常低。即便是母语中普遍使用接应代词的阿语组对于接应代词类测试句的判断结果与汉语母语语法的判断结果的一致程度也非常低。阿语组的表现不仅没有呈现出过度概括的特点，而且他们和俄语组的表现类似，不愿意接受使用接应代词的汉语关系从句。我们认为，这很有可能是本研究中的3组受试都没有能够建立汉语关系从句的深层表征所造成的结果。具体而言，由于使用空代词是汉语语法普遍采用的一种句法手段，而且在复杂句法结构中（比如话题句、疑问句和关系从句），空代词 pro 往往能够使得一些违反岛屿限制（Island constraints）的句法结构合法化，因此如果要对汉语中包括关系从句在内的复杂句法结构的各种变体的判断结果达到与汉语母语语法一致的要求，那么就必须习得汉语中有关空代词 pro 的深层表征。Hawkins & Chan 提出母语为粤语的英语习得者根本不能建立英语关系从句的深层表征，而本研究结果则昭示着母语为3种语言类型的汉语学习者也都不能真正习得汉语关系从句的深层表征，而这一点在他们对汉语接应代词的习得方面表现得尤为显著。

　　最后，戴运财等通过对英汉两种语言关系从句的二语习得研究发现：对英汉关系从句的习得支持不同的假设；对汉语关系从句的加工难度与基于英语的母语关系从句习得理论假设不吻合，原因在于从句的难度一方面受心理加工因素的制约，另一方面也取决于具体的语言因素，主要是目的语语言类型上的差异以及句子的复杂程度。① 我们在本研究的分析过程中发现，未来的关系从句习得和加工研究都应该意识到，母语特征与目标语特征的相似性程度往往有可能误导学习者，从而使他们仅仅习得句法结构的表层现象，忽略了关系从句的深层表征。本研究的缺憾之一是，相关的统计分析是基于小样本进行的，希望未来的研究能够在更大样本量的基础上探求更具普遍性的结论。

## 第四节　日本学生汉语空主语和空宾语的不对称现象研究②

近年来，论元结构备受基于生成语法理论的二语习得研究的关注，因为对论元结构的习得涉及句法与语义、句法与语用，甚至句法、语义和语用的接口知识。众多学者认为，接口知识的习得比纯句法知识的习得更难，并且外接口（句法与语用）知识的习得比内接口（句法与语义）知识的习得更难。③ 这就是接口假说。空论元一直是论元结构习得研究的一个热点，对它

---

① 戴运财、朱庆、叶志雄《二语习得中英汉关系从句的对比研究》，《西安外国语大学学报》2010 年第 3 期。
② 本节作者：常辉，原载《世界汉语教学》2014 年第 2 期。
③ Sorace, A. & Francesca, F. Anaphora Resolution in Near-native Speakers of Italian. *Second Language Research*, 2006(22); Sorace, A. Pinning down the Concept of "Interface" in Bilingualism. *Linguistic Approaches to Bilingualism*, 2011(1).

的使用涉及句法、语义和语用三个层面的语言知识。它指的是句子的主语或宾语因为某些原因没有语音表现形式，只有语法作用和语义内容。例如，在"他说昨天没喝醉"的宾语从句中，与主句主语"他"同指的从句主语没有显性的语音表现形式，出现了空主语。又如，在"现在他应该写完作文了，但他还没写完"的第二个分句中，与第一个分句宾语"作文"同指的宾语没有显性的语音表现形式，出现了空宾语。语言在空论元上存在参数差异，有些语言（如英语①和法语）既不允许空主语，也不允许空宾语，而有些语言（如汉语、日语和韩语）既允许空主语，又允许空宾语。前人研究显示，母语为英语的汉语或日语学习者使用的空主语远比空宾语多，出现了空主语和空宾语的不对称现象。②然而，这种不对称现象都出现在母语不允许空论元而目标语允许空论元的学习者身上。它会不会在母语和目标语都允许空论元的学习者身上出现？如果也出现，是什么原因导致了这种不对称现象？另外，这种不对称现象是否还会在不同的论元位置、论元性质和语言层面出现？汉语水平和母语在这种不对称现象中发挥什么样的作用？空论元的语义所指是怎样的？至今还都不太清楚。本研究将通过考察日本学生对

---

① 指的是在除祈使句外正式文体的定式句中。英语日记等非正式文体、祈使句和非定式句中是可以出现空主语的，但空宾语在英语中比较罕见。

② Jin, H.-G. Topic-prominence and Subject-prominence in L2 Acquisition: Evidence of English-to-Chinese Typological Transfer. *Language Learning*, 1994(44); Yamada, K. Acquisition of Zero Pronouns in Discourse by Korean and English Learners of L2 Japanese. Bowles, M. & Lonin, T. & Montrul, S. & Tremblay, A. (eds.) *Proceedings of the 10th Generative Approaches to Second Language Acquisition Conference (GASLA 2009)*. Cascadilla Proceedings Project, 2009.

汉语空主语和空宾语的使用，探讨这些问题。

## 一 汉语和日语中的空论元

根据 Huang 和 Biberauer，汉语和日语都是"语篇 pro 脱落语言"，既允许空主语，也允许空宾语，空论元的所指可以从语篇中得到恢复。[①] 根据 Huang[②] 和 Shi[③]，汉语和日语都是以语篇为中心的语言，含有"名词性短语话题删除规则"，能够将可以从语篇中得到恢复的话题删除，从而产生"话题链"（Topic Chain）[④]。只要话题能够在话题链内得到恢复，它就可以脱落，从而出现空主语或空宾语。但事实上，汉语和日语中的空论元既可以发生在句子层面，也可以发生在语篇层面，如例（1）～例（5）所示：

---

[①] Huang, C.-T. J. On the Distribution and Reference of Empty Pronouns. *Linguistic Inquiry*, 1984(15); Biberauer, T. & Holmberg, A. & Roberts, I & Sheehan, M. *Parametric variation: Null Subjects in Minimalist Theory*. Cambridge University Press, 2010.

[②] Huang, C.-T. J. On the Distribution and Reference of Empty Pronouns. *Linguistic Inquiry*, 1984(15).

[③] Shi, D.-X. Topic Chain as a Syntactic Category in Chinese. *Journal of Chinese Linguistics*, 1989(17).

[④] 根据 Tsao，话题链是一个语篇单位，由包含某个话题的若干个句子组成。参见 Tsao, F. F. *A Functional Study of Topic in Chinese: The First Step Toward Discourse Analysis*. Ph.D. dissertation of University of Southern California, 1977; Huang, C.-T. J. On the Distribution and Reference of Empty Pronouns. *Linguistic Inquiry*, 1984(15).

(1) 张三说（他）昨天没来这里。
張三さんは（自分は）　昨日　ここに　来ていない
と言う。
张三　　　（自己）　　昨天　这里　没来
说
(2) 如果去中国，最好看一下长城。
中国に行く　なら、　万里の長城に　行って　みた
ほうがいい。
中国　去　如果　长城　　　　去　　　看
最好
(3) 如果（我）不认识（他），（我）不会介绍（他）给你的。
（私が）彼のことを　よく　知らなかっ　たら、
（あなたに）　紹介したりしないよ。
（我）　　他　　　　好好地　不认识　　如果
（给你）　　　介绍　不会
(4) 昨天张三应该完成作业，但（他）没有完成。
昨日、張三さんは　宿題を　やらなければならなかった
のに、やっていない。
昨天　张三　　　把作业　应该完成
但是　没有完成
(5) 问：（你）收到那封信了吗？　答：（我）收到了。
その　手紙を　受け取りましたか。　受け取りました。
那　　信　　收到了吗　　　　　　收到了

例（1）表明，汉语和日语宾语从句中都可以省略与主句主

语同指的主语。例（2）表明，当主语不定指时，汉语和日语都要使用空主语。例（3）表明，在条件复句中，汉语和日语条件句或主句中的主语可以省略，当主语是"我"的时候，主从句中的主语甚至都可以省略。另外，例（3）还表明，汉语和日语条件句或主句中的宾语也可以省略，同时出现空主语和空宾语。例（4）表明，汉语和日语并列句的第二个分句可以省略与第一个分句宾语同指的宾语，同时可以省略与第一个分句主语同指的主语，同时出现空主语和空宾语。以上空论元都发生在句子层面。例（5）表明，在汉语和日语语篇层面，主语和宾语也经常省略。

## 二 文献回顾

目前有关二语汉语空论元的研究主要集中在对母语为英语的汉语学习者的研究。Yuan 是这方面研究的先驱，他通过语法判断任务发现，母语为英语的汉语学习者从一开始就允许汉语中出现空主语和空宾语。[1] 这表明，汉语空论元是可以习得的，空论元参数可以重设，普遍语法在二语习得过程中可及。Jin 发现，母语为英语的汉语学习者在访谈、故事复述和作文中使用的空主语比空宾语多，空主语的使用率随水平的升高而下降，而空宾语的使用率随水平的升高而升高，但他们空主语和空宾

---

[1] Yuan, B.-P. *Directionality of Difficulty in Second Language Acquisition of Chinese and English.* Unpublished Ph.D. dissertation of University of Edinburgh, UK, 1993.

### 第四节 日本学生汉语空主语和空宾语的不对称现象研究

语的使用率都比汉语母语使用者低。[1]Polio 发现，母语为英语和日语的汉语学习者在作文中空论元的使用率都随水平的升高而升高，但都比汉语母语者低，而且空论元主要指人。[2] 但该研究没有将空主语和空宾语分开考察，也没有探讨母语在汉语空论元使用中的作用。池杨琴通过判断和模仿任务发现，母语为英语的初级水平汉语学习者对汉语空宾语的习得早于空主语，对主句空主语的习得早于从句空主语，中级水平汉语学习者的表现接近汉语母语者。[3] 此研究表明，空论元在习得上存在不对称现象，而且二语汉语能够达到母语水平。Kong 通过判断任务发现，水平越高的母语为英语的学习者越接受汉语空主语，而且宾语从句中的空主语比主句中的空主语更难习得，说明母语和汉语水平都发挥了作用，空主语的习得在主从句上表现出不对称性。[4]Zhao 通过图片判断任务发现，母语为英语的不同水平汉语学习者都允许汉语中出现空主语和空宾语，也能够习得句子层面的空主语，但只有高水平汉语学习者能够习得语篇层面的空主语，说明外接口知识的习得更难、更晚，符合"接口

---

[1] Jin, H.-G. Topic-prominence and Subject-prominence in L2 Acquisition: Evidence of English-to-Chinese Typological Transfer. *Language Learning*, 1994(44).

[2] Polio, C. The Use of Zero Pronouns by Nonnative Speakers of Chinese and the Implication for the Acquisition of Nominal Reference. *Studies in Second Language Acquisition*, 1995(17).

[3] 池杨琴《汉语空论元的第二语言习得研究》，北京语言大学 2006 年硕士学位论文。

[4] Kong, S. English Speakers and the Asymmetrical Matrix-embedded Null Subjects in L2 Chinese. *Concentric Studies in Linguistics*, 2007(33).

假说"。① 相反，他们对语篇层面空宾语的习得较早，而只有高水平汉语学习者能够习得句子层面的空宾语，表明外接口知识的习得反而比纯句法知识容易，与"接口假说"不符。Zhao 对上述研究进行了扩展，通过图片判断任务考察母语为英语的汉语学习者对宾语从句中人称代词"他"和空论元的解释。② 人称代词属句法语义接口，空论元如果指代"自己"就是纯句法知识，如果指代语篇中的话题，就是句法语篇接口。她发现，被试在人称代词"他"上的表现达到了母语水平，高水平被试在空论元上的表现也达到了母语水平，但中高级水平被试在空论元上的表现没有达到母语水平。因此，她认为虽然外接口知识最终能够习得，但外接口知识的习得比纯句法和内接口知识的习得更难。

综上所述，目前探讨二语汉语空主语和空宾语不对称现象的研究只有 Jin、池杨琴和 Kong。③ Jin 发现了空主语和空宾语使用上的不对称现象；池杨琴发现了空主语和空宾语习得上的不对称现象；池杨琴和 Kong 都发现了主句空主语和从句空主语习得

---

① Zhao, L.-X. L2 Acquisition of the Interpretation of Embedded Null Arguments in Chinese. Melissa, B. (eds.) *Proceedings of the 10th Generative Approaches to Second Language Acquisition Conference (GASLA 2009)*. Cascadilla Proceedings Project, 2009.

② Zhao, L.-X. Interpretation of Chinese Overt and Null Embedded Arguments by English-speaking Learners. *Second Language Research*, 2012(28).

③ Jin, H.-G. Topic-prominence and Subject-prominence in L2 Acquisition: Evidence of English-to-Chinese Typological Transfer. *Language Learning*, 1994(44)；池杨琴《汉语空论元的第二语言习得研究》，北京语言大学 2006 年硕士学位论文；Kong, S. English Speakers and the Asymmetrical Matrix-embedded Null Subjects in L2 Chinese. *Concentric Studies in Linguistics*, 2007(33).

上的不对称现象。但这些研究的考察对象都是以不允许空论元的英语为母语的汉语学习者；而且，这些研究都没有考察有生性（animacy）[①]和语言层面对汉语空论元使用的影响，也没有考察汉语空论元的语义所指。本研究将填补这些空白。

## 三 实证研究

### （一）研究问题

第一，日本学生对汉语空主语和空宾语的使用是否存在不对称现象？如果存在，是什么原因导致了这种不对称现象？

第二，日本学生汉语中的空论元是否在论元位置（主句/从句）、论元性质（有生性/无生性）和发生的语言层面（句子/语篇）上存在不对称现象？他们空论元的语义所指是怎样的？

第三，汉语写作水平和母语在日本学生的汉语空论元使用上起着怎样的作用？

### （二）语料收集

本研究的语料是从"HSK动态作文语料库"中选取的日本

---

① 有生性是描述名词生物属性的一个维度，指名词所指是否具有生命性，如"小孩"是有生性名词；"桌子"是无生性名词。在几乎所有语言中，主语和施事都倾向于有生性名词。Li、Su 及董燕萍、刘玉花都发现，有生性对标记汉语的主语非常重要，其重要性比语序还大。Li, P. & Bates, E. & MacWhinney, B. Processing a Language Without Inflections: A Reaction Time Study of Sentence Interpretation in Chinese. *Journal of Memory and Language*, 1993(32); Su, I. R. Transfer of Sentence Processing Strategies: A Comparison of L2 Learners of Chinese and English. *Applied Psycholinguistics*, 2001(22); 董燕萍、刘玉花《英、汉语句子理解过程中的线索竞争》，《外语教学与研究》2006 年第 5 期。

留学生写的题为"父母是孩子的第一任老师"的作文。[①] 为了平衡男女比例，选取了编号 1～50 的男生作文和编号 201～250 的女生作文，再考虑到不同写作水平的分布，并去除分数极高和极低的作文，最后保留了 91 篇作文，其得分在 50 和 85 之间，并分为 3 组。得分为 50、55 和 60 的 30 篇作文为第一组，平均分为 54.5，男女生各 15 人；得分为 65 和 70 的 30 篇作文为第二组，平均分为 67.3，男生 14 人，女生 16 人；得分为 75、80 和 85 的 31 篇作文为第三组，平均分为 78.7，男生 8 人，女生 23 人。单向方差分析显示，3 组作文得分存在显著差异（$F=280.504$, $p<0.001$），Scheffe 事后检验显示任何两组作文的得分都存在显著差异（$p<0.001$）。

（三）数据处理

由于语料库本身只对主语缺失错误进行了标注，没有对主语和宾语进行全面标注，因此，笔者对语料中的主语和宾语（包括实际使用的主语和宾语，以及空主语和空宾语）进行了手工标

---

[①] 匿名评审专家提出："只选择一个题目的作文，是否会影响空主语和空宾语的使用率？空主语和空宾语是不是在所有话题中的出现率都一样？"笔者认为，不同的作文题目可能会对空主语和空宾语的使用率产生影响，但作文题目的影响应该不会太大。对汉语空主语和空宾语使用率影响较大的应该是文体，口语中空主语和空宾语的使用率会高一些。例如，Wang 发现操汉语的成人口语中空主语和空宾语的使用率分别为 36.1% 和 10.3%，可惜没有文献提供操汉语的成人书面语中空主语和空宾语的使用率。另外，由于在比较不同题目作文中空主语和空宾语的使用率时需要控制被试的汉语写作水平、学习汉语的起始年龄、汉语学习年限、性别等因素，而"HSK 动态作文语料库"没有提供这些信息，因而不能进行严格意义上的比较。在今后的研究中，可以通过实验设计的方式探讨作文题目对留学生汉语空主语和空宾语使用的影响。Wang, Q. & Diane, L.-M. & Best, C. T. & Levitt, A. Null Subject Versus Null Object: Some Evidence from the Acquisition of Chinese and English. *Language Acquisition*, 1992(2).

注，标注它们是否出现、出现的位置（即主句还是从句）、性质（即有生性还是无生性）及其空主语和空宾语发生的语言层面（即句子层面还是语篇层面）。祈使句、引用语、重复语、成语、未完成的句子，以及由于错误不能理解或有不同理解的句子都不计算。另外，"的"字结构做主语或宾语也不计算。以编号为200505109525100334的日本考生作文中的"如果我做不好事的话，就打我了，打得很厉害，我常常受伤了"为例。这个话题链共有4个分句，第一个是条件从句，主语"我"和宾语"事"都出现了；第二个是主句，省略了能够从语篇中得到恢复的主语"父母"；第三个也是主句，也省略了能够从语篇中得到恢复的主语"父母"，还省略了能够从前一个主句中得到恢复的宾语"我"；第四个也是主句，主语"我"和宾语"伤"都出现了。这样，这个话题链一共有4个主语环境，其中空主语2个，都出现在主句中，都是有生性的，发生在语篇层面；显性主语2个，1个出现在主句中，1个出现在从句中，都是有生性的。另外，这个话题链还有4个宾语环境，其中空宾语1个，出现在主句中，是有生性的，发生在语篇层面；显性宾语3个，2个出现在主句中，1个出现在从句中，2个是无生性的，1个是有生性的。标注时，每个主语或宾语环境都首先标注是显性主语或宾语还是空主语或空宾语，如果是显性主语或宾语，还标注其出现的位置和性质；如果是空主语或空宾语，还标注其出现的位置、性质和发生的语言层面，并记录其语义所指。例如，第一个分句主语"我"标注为（显性主语、从句、有生性），第二个分句主语标注为（空主语、主句、有生性、语篇、指"父母"）。将每篇作文所有标记相应项相加，就可以得到该作文的空主语和空宾语使用率、主句和从句中有生性和无生性空主语的使用率、主句和从句中有生性和无生性空宾语的使用率、空主语和空宾语发生的语言层面数，以及空主语和空宾语的具体语义所指。

（四）结果

为了考察日本学生对汉语空主语和空宾语的使用是否存在不对称现象，表 1-13 列出了 3 组作文中出现的空主语和空宾语数、主语和宾语环境数，以及空主语和空宾语的平均使用率。

表 1-13　日本学生作文中空主语和空宾语的使用情况

| 组别 | 空主语 | | 空宾语 | |
| --- | --- | --- | --- | --- |
| | 频数 | 平均使用率 | 频数 | 平均使用率 |
| 第一组 | 161/622 | 0.258 | 14/430 | 0.043 |
| 第二组 | 151/761 | 0.196 | 20/608 | 0.033 |
| 第三组 | 142/818 | 0.171 | 20/585 | 0.032 |

注：频数的前后两个数字分别指空主语或空宾语的出现次数和环境数；平均使用率指每组作文空主语或空宾语使用率的平均值。

表 1-13 显示，日本学生对汉语空主语和空宾语的使用呈现两个特点：一是空主语的使用率都远高于空宾语的使用率，配对样本 t 检验显示，每一组作文中空主语的使用率都显著高于空宾语的使用率（第一组：$t=9.262$，$p<0.001$；第二组：$t=7.610$，$p<0.001$；第三组：$t=8.034$，$p<0.001$）。这说明，日本学生对汉语空主语和空宾语的使用存在不对称现象。二是随着汉语写作水平的升高，3 组作文中空主语和空宾语的使用率越来越低。单向方差分析显示，3 组作文中空主语的使用率存在显著差异（$F=5.847$，$p=0.004$），Scheffe 事后检验显示，第一组与第二组

（$p=0.020$）和第三组（$p=0.001$）都存在显著差异，而第二组和第三组不存在显著差异（$p=0.355$）。但单向方差分析显示，三组作文中空宾语的使用率不存在显著差异（$F=0.207, p=0.814$），Scheffe 事后检验显示，每两组之间都不存在显著差异（$p>0.05$）。这说明，汉语写作水平对日本学生汉语空主语的使用产生了显著影响，但对空宾语使用的影响不显著。

总结起来，日本学生的汉语作文中出现了空主语和空宾语的不对称现象，他们使用了较多的空主语，但空宾语的使用相当有限；汉语写作水平对空主语的使用产生了显著影响，但对空宾语的使用没有显著影响。

为了考察日本学生汉语空主语是否在论元位置和性质上也存在不对称现象，表 1-14 列出了三组作文中主句和从句中有生性和无生性空主语的平均使用率。

表 1-14 主句和从句中有生性和无生性空主语的平均使用率

| 组别 | 主句 | | 从句 | |
|---|---|---|---|---|
| | 有生性 | 无生性 | 有生性 | 无生性 |
| 第一组 | 0.272 | 0.054 | 0.280 | 0.083 |
| 第二组 | 0.205 | 0.046 | 0.317 | 0.059 |
| 第三组 | 0.163 | 0.059 | 0.208 | 0.017 |

表 1-14 显示，三组作文中有生性空主语的使用率都远高于无生性空主语，而主句和从句对空主语的使用似乎没有产生较大影响，汉语写作水平对主句有生性空主语和从句无生性空主语的使用似乎产生了影响，而对主句无生性空主语和从句有生性空主语的使用似乎没有产生影响。以论元位置和性质为组内变量，以

组别为组间变量做 2×2×3 的重复测量方差分析，结果显示，只有主语性质具有主效应（$F=52.860$，$p<0.001$），而主语位置（$F=0.700$，$p=0.407$）和组别（$F=1.890$，$p=0.163$）都没有主效应，三者之间也都没有交互效应（主语位置 * 主语性质：$F=2.629$，$p=0.112$；主语位置 * 组别：$F=0.337$，$p=0.716$；主语性质 * 组别：$F=0.691$，$p=0.506$；主语位置 * 主语性质 * 组别：$F=1.106$，$p=0.340$）。Scheffe 事后检验显示，每两组之间也都没有显著差异（$p>0.05$）。这说明，只有论元性质对日本学生汉语作文中空主语的使用产生了显著影响，论元位置没有对他们空主语的使用产生显著影响，汉语写作水平也没有在论元位置和性质上对他们空主语的使用产生显著影响。

为了考察日本学生汉语空宾语是否在论元位置和性质上也存在不对称现象，表 1-15 列出了三组作文中主句和从句中有生性和无生性空宾语的平均使用率。

表 1-15　主句和从句中有生性和无生性空宾语的平均使用率

| 组别 | 主句 | | 从句 | |
| --- | --- | --- | --- | --- |
| | 有生性 | 无生性 | 有生性 | 无生性 |
| 第一组 | 0.021 | 0.027 | 0.048 | 0.059 |
| 第二组 | 0.029 | 0.062 | 0.005 | 0.040 |
| 第三组 | 0.035 | 0.041 | 0.007 | 0.039 |

表 1-15 显示，无论是在主句还是在从句中，三组作文中有生性和无生性的空宾语使用率都非常低，无生性空宾语的使用率似乎比有生性空宾语高一些，而空宾语在论元位置和写作水平上没有表现出明显的趋势。以论元位置和性质为组内变量，以组别

为组间变量做 2×2×3 的重复测量方差分析,结果显示,宾语位置($F=0.039$, $p=0.845$)、宾语性质($F=1.669$, $p=0.201$)和组别($F=0.118$, $p=0.889$)都没有主效应,三者之间也都没有交互效应(宾语位置*宾语性质:$F=0.184$, $p=0.669$;宾语位置*组别:$F=1.526$, $p=0.225$;宾语性质*组别:$F=0.209$, $p=0.812$;宾语位置*宾语性质*组别:$F=0.087$, $p=0.917$)。Scheffe 事后检验显示,每两组之间也都没有显著差异($p>0.05$)。这说明,宾语位置和性质都没有对日本学生汉语作文中空宾语的使用产生显著影响,汉语写作水平也没有在论元位置和性质上对他们空宾语的使用产生显著影响。

总结起来,论元性质显著影响日本学生对汉语空主语的使用,但对他们汉语空宾语使用的影响不显著,即日本学生汉语作文中出现了空主语在有生性和无生性上的不对称现象,有生性空主语的使用率显著高于无生性空主语,但空宾语没有出现这种不对称现象;论元位置没有显著影响日本学生对汉语空主语和空宾语的使用,即日本学生汉语作文中没有出现空主语或空宾语在主句和从句上的不对称现象;汉语写作水平也没有在论元位置和性质上显著影响他们对汉语空主语和空宾语的使用。

最后看日本学生汉语中的空论元是否在发生的语言层面上存在不对称现象,并考察他们使用的空论元的语义所指。从例(1)~例(5)可以看出,空主语可以不定指,空宾语都是定指,定指可以发生在句子层面或语篇层面,可以是有生性的或无生性的。表1-16列出了三组作文中空论元发生的语言层面及其语义所指情况。

表 1-16　空论元的语言层面及所指情况

| 组别 | 空主语 不定指 | 空主语 定指 句子层面 有生性 | 空主语 定指 句子层面 无生性 | 空主语 定指 语篇层面 有生性 | 空主语 定指 语篇层面 无生性 | 空宾语 定指 句子层面 有生性 | 空宾语 定指 句子层面 无生性 | 空宾语 定指 语篇层面 有生性 | 空宾语 定指 语篇层面 无生性 |
|---|---|---|---|---|---|---|---|---|---|
| 第一组 | 10 | 45 | 4 | 98 | 4 | 2 | 3 | 3 | 6 |
| 第二组 | 8 | 41 | 5 | 94 | 3 | 2 | 5 | 1 | 12 |
| 第三组 | 11 | 29 | 8 | 93 | 1 | 1 | 4 | 4 | 11 |
| 总数 | 29 | 115 | 17 | 285 | 8 | 5 | 12 | 8 | 29 |

表 1-16 显示，三组作文中的空论元呈现以下特点：

第一，发生在语篇层面的空论元比句子层面的多。具体而言，三组作文中句子层面和语篇层面的空主语分别为：49 vs. 102，46 vs. 97，37 vs. 94，卡方检验显示，每组作文中句子层面的空主语和语篇层面的空主语都存在显著差异（$p<0.001$），但每两组之间都不存在显著差异（$p>0.05$）；三组作文中句子层面和语篇层面的空宾语分别为：5 vs. 9，7 vs. 13，5 vs. 15，卡方检验显示，只有第三组作文中句子层面的空宾语和语篇层面的空宾语存在显著差异（$p=0.002$），另两组不存在显著差异（$p>0.05$），且每两组之间也都不存在显著差异（$p>0.05$）。这说明，日本学生汉语作文中空主语在句子层面和语篇层面上存在不对称现象，汉语写作水平对他们句子层面和语篇层面空主语的使用没有显著影响，空宾语只在高级汉语写作水平的作文中存在句子层面和语篇层面的不对称现象。

第二，三组作文中有生性空主语比无生性空主语多[①]（第一组：153 vs. 8，第二组：143 vs. 8，第三组：133 vs. 9），而无生性空宾语比有生性空宾语多（第一组：9 vs. 5，第二组：17 vs. 3，第三组：15 vs. 5）。另外，统计显示，在三组作文出现的 454 个空主语中，153 个是第一人称单数代词"我"，占总数的 33.7%。

## 四 讨论

下面结合研究结果和以往研究回答和讨论本节的研究问题。先看日本学生汉语中空主语和空宾语的不对称现象。本研究结果表明，日本学生汉语作文中空主语的使用率显著高于空宾语的使用率，出现了空主语和空宾语的不对称现象。Jin 发现，母语为英语的汉语学习者也存在这种不对称现象。[②] 这一方面说明，不管母语是否允许空论元，他们习得汉语时都会出现空主语与空宾语的这种不对称现象。另一方面说明，这种不对称现象应该不是母语迁移造成的，因为英语既不允许空主语，也不允许空宾语，不存在空主语和空宾语的不对称现象，母语迁移不会导致母语为英语的学习者汉语中出现空主语和空宾语的不对称现象。那么，是什么原因导致了这种不对称现象呢？笔者认为，原因是多方面的。

首先可能是目标语输入造成的。根据 Wang *et al.*，操汉语的儿童和成人空主语的使用率也远高于空宾语的使用率（儿童

---

① 不定指空主语是有生性的，在此以有生性计算。
② Jin, H.-G. Topic-prominence and Subject-prominence in L2 Acquisition: Evidence of English-to-Chinese Typological Transfer. *Language Learning*, 1994(44).

46.5% vs. 22.5%；成人 36.1% vs. 10.3%），[①] 这说明汉语本身就存在空主语和空宾语的不对称现象，学习者的汉语输入也存在空主语和空宾语的不对称现象，从而导致了他们二语汉语中空主语和空宾语的不对称性。

其次，根据 Kong，主语往往位于句首，其凸显度和认知度比宾语高，学习者处理主语时会投入更多的注意力，使得二语汉语学习者使用空主语的意识更强，对空主语的使用率也更高。[②]

最后，空虚主语[③]（null expletive）对二语汉语空主语和空宾语的不对称性可能也产生了一定的作用。当日本学生发现与日语空虚主语对应的汉语也是空虚主语，母语为英语的汉语学习者发现与英语虚主语对应的汉语是空虚主语时，他们就会意识到汉语允许空主语。Hyams 发现，虚主语是儿童习得母语英语主语的触发性材料；[④] 杨小璐发现，虚主语是中国学生习失（unlearn）英语空主语的触发性材料。[⑤] 本研究的三组作文中一共出现了 64 个空虚主语，说明日本学生已经有了"汉语存在空虚主语"的意识。

---

① Wang, Q. & Diane L.-M. & Best, C. T. & Levitt, A. Null Subject Versus Null Object: Some Evidence from the Acquisition of Chinese and English. *Language Acquisition*, 1992(2).

② Kong, S. English Speakers and the Asymmetrical Matrix-embedded Null Subjects in L2 Chinese. *Concentric Studies in Linguistics*, 2007(33).

③ 虚主语指的是具有语音形式，但只起到主语语法作用、没有实际意义的主语，如英语句子 There are three people. 中的 there 和 It is raining. 中的 it。不允许空主语的语言都有虚主语，允许空主语的语言都没有虚主语。在允许空主语的语言中，与虚主语对应的就是空虚主语。

④ Hyams, N. *Language Acquisition and the Theory of Parameters*. Reidel, 1986.

⑤ 杨小璐《中国学生英语习得中的触发性素材》，《外语教学与研究》2006 年第 1 期。

相反，语言中不存在虚宾语或空虚宾语，习得汉语空宾语缺乏像空虚主语这样的触发性材料，使得二语汉语学习者使用空宾语的意识没有空主语那么强。

如果从以往对空论元习失和习得的研究看，主语的高凸显度和认知度以及虚主语的触发作用在二语空主语和空宾语的不对称现象中是普遍发挥作用的两个因素，因为无论是以允许空论元为母语的学习者习失不允许空论元的英语（母语为汉语：Zobl，1994；Yuan，1997；Kong，2005；王月华、于善志，2012。母语为日语：Wakabayashi & Negishi，2003。母语为韩语：Park，2004；Kim，2007。母语为泰语：Meechanyakul & Singhapreecha，2013），还是以不允许空论元的英语为母语的学习者习得允许空论元的目标语（目标语为汉语：Jin，1994；目标语为日语：Yamada，2009），都会出现空主语和空宾语的不对称现象。①

---

① Zobl, H. Prior Linguistic Knowledge and the Conservation of the Learning Procedure: Grammaticality Judgments of Unilingual and Multilingual Learners. Gass, S. & Selinker, L. (eds.) *Language Transfer in Language Learning*, John Benjamins, 1994; Yuan, B.-P. Asymmetry of Null Subjects and Null Objects in Chinese Speakers' L2 English. *Studies in Second Language Acquisition*, 1997(19); Kong, S. The Partial Access of Universal Grammar in Second Language Acquisition: An Investigation of English Subjects by L1 Chinese Speakers. *Journal of East Asian Linguistics*, 2005(14); 王月华、于善志《中国学生英语句法中的零主语和零宾语研究》，《现代外语》2012 年第 1 期；Wakabayashi, S. & Negishi, R. R. Asymmetry of Subjects and Objects in Japanese Speakers' L2 English. *Second Language*, 2003(2); Park, H. A Minimalist Approach to Null Subjects and Objects in Second Language Acquisition. *Second Language Research*, 2004(20); Kim, S.-Y. Asymmetric Unlearning of Null Arguments in L2 English Acquisition by Korean Speakers. 『언어학』, 2007(15); Meechanyakul, N. & Singhapreecha, P. The Unlearning of Null-arguments by Thai Learners of English. In *The Third Foreign Language Learning and Teaching*

本研究还发现，论元位置没有显著影响日本学生对汉语空主语和空宾语的使用，即日本学生汉语中没有出现空论元在主句和从句上的不对称现象。这与池杨琴和 Kong 的研究结果都不一致。[①]原因很可能是他们使用了判断任务，属于理解型语料，而本研究使用的是产出性语料，而许多学者（如 Hendriks & Koster, 2010）发现，语言习得者的理解和产出也存在不对称现象。[②] 然而，本研究发现，日本学生汉语作文中的空论元在发生的语言层面上存在不对称现象，更多的空论元发生在语篇层面，其语义所指在语篇中可以得到恢复。这也体现了汉语以语篇为中心的特点。与论元位置和发生层面都不同，本研究发现，论元性质显著影响日本学生对汉语空主语的使用，但对他们汉语空宾语的使用影响不显著，即日本学生汉语中出现了空主语在有生性和无生性上的不对称现象，但空宾语没有出现这种不对称现象。这主要是因为，汉语和日语中的第一人称单数主语"我"经常省略。相反，宾语没有这种特性。

最后，写作水平对日本学生汉语空主语的使用产生了显著影

---

*Conference Proceedings* by the Language Institute of Thammasat University, Issue 2, 2013; Jin, H.-G. Topic-prominence and Subject-prominence in L2 Acquisition: Evidence of English-to-Chinese Typological Transfer. *Language Learning*, 1994(44); Yamada, K. Acquisition of Zero Pronouns in Discourse by Korean and English Learners of L2 Japanese. Bowles, M. & Lonin, T. & Montrul, S. & Tremblay, A. (eds.) *Proceedings of the 10th Generative Approaches to Second Language Acquisition Conference (GASLA 2009)*. Cascadilla Proceedings Project, 2009.

① 池杨琴《汉语空论元的第二语言习得研究》，北京语言大学 2006 年硕士学位论文；Kong, S. English Speakers and the Asymmetrical Matrix-embedded Null Subjects in L2 Chinese. *Concentric Studies in Linguistics*, 2007(33).

② Hendriks, P. & Koster, C. Production/Comprehension Asymmetries in Language Acquisition. *Lingua*, 2010(2).

响，但对空宾语的使用没有产生显著影响。具体而言，汉语写作水平越高的日本学生对空主语的使用率越低。这可能是日语空主语的比例比汉语更大造成的，因为日语第一和第二人称单数主语的省略比汉语更常见。根据"完全迁移假说""第二语言习得以第一语言为起点，第一语言的句法知识在第二语言习得初期会完全迁移到第二语言中去"的观点，低水平的日本学生在学习汉语时会更多地迁移日语的空主语句法知识，从而省略使用更多的主语。① 随着汉语水平的升高和汉语输入的不断增多，日本学生意识到汉语的空主语并没有日语那么频繁，于是就开始使用更少的空主语。然而，写作水平对日本学生空宾语的使用没有产生显著影响。这很可能是日本学生汉语作文中使用的空宾语太少造成的，虽然他们空宾语的使用率也呈下降趋势，但由于数量太少而显示不出对汉语写作水平的影响。当然，不管汉语写作水平高低，本研究中的日本学生汉语空论元（尤其是空宾语）的使用率都远没有达到 Wang et al.② 中汉语母语使用者的水平，这也说明语言接口知识的习得是二语习得的一个难点，符合"接口假说"。

## 五 结语

从目前的研究来看，空主语和空宾语的不对称性似乎是二语习得中的一个普遍现象。但是，空主语和空宾语是否在论元位置

---

① Bonnie, D. S. & Sprouse, R. A. L2 Cognitive States and the Full Transfer/Full Access Model. *Second Language Research*, 1996(12).

② Wang, Q. & Diane L.-M. & Best, C. T. & Levitt, A. Null Subject Versus Null Object: Some Evidence from the Acquisition of Chinese and English. *Language Acquisition*, 1992(2).

和论元性质及发生的语言层面上也存在不对称现象,空论元的语义所指有什么特点,仍需要更多的研究进一步证实。当然,影响空论元使用的因素还不止论元位置、性质、发生的语言层面、语言水平和母语,今后的研究还可以考察诸如空论元所在的句子类型等因素。另外,语言习得者的理解和产出也存在不对称现象,测试工具对研究结果也会产生较大影响,今后的研究还可以同时使用理解性任务和产出性任务,以保证研究结果更加可靠,并探讨空主语和空宾语在理解和产出上的不对称性。

## 第五节  从汉语二语习得中的界面问题看影响成人二语习得成功的因素①

在成人学习第二语言时,很少有人能最终达到说母语的人的水平,这是二语习得中一个极为普遍的现象。② 既然成人在二语习得中无法完全掌握目的语,二语习得研究者就应该设法找出其中的原因。本节报告了一项二语习得研究,该研究调查了说英语和说日语的人习得掌握汉语 wh- 词做不定代词的情况。这些说英语和说日语的人都是在英国和日本高校多年从事汉语教学或汉学研究的教授、博士生,以及在中国高校攻读硕士或博士学位的英国、美国和日本研究生,可以说他们代表了说英语的人和日本人

---

① 本节作者:袁博平,原载《外语教学与研究》2012 年第 6 期。
② 为了简便,本节对外语学习和二语习得不做具体区分,对所有的非母语的学习和习得统称为二语习得。

### 第五节　从汉语二语习得中的界面问题看影响成人二语习得成功的因素　*87*

学习汉语的最高水平。本节将详细讨论影响这些外国人习得掌握汉语 wh- 词做不定代词的因素，以及所涉及的界面问题。

## 一　*Wh- 词在汉语中做不定代词*

本节 wh- 词指英文里以 wh 开头的词，如：what、who、when、where、why 和 how，以及它们在汉语里的对应词，如："什么、谁、什么时候、哪里、为什么"和"怎么样"。英文中的 existential polarity word 在本节中被译成"不定代词"，指"某个人""某个东西""某个地方"，或"任何人""任何东西""任何地方"，等等。

汉语中的 wh- 词有歧义。它可以用作疑问词，如："你买了什么？"；也可以用作不定代词[①]，如："我没买什么。"，意思是说："我没买任何东西。"本节采用了 Huang、Li 和 Lin 的观点，认为当汉语的 wh- 词用作不定代词时，它必须受到句法和语义的制约。[②] 从表 1-17 中我们可以看到，汉语的 wh- 词，不论是做疑问词还是做不定代词，其词的形式都不发生变化。

---

　① 第三种歧义是当 wh- 词用在"我什么都吃"这类句子中时，表示全指，参见 Yuan, B. Non-permanent Representational Deficit and Apparent Target-likeness in Second Language: Evidence from Wh-words Used as Universal Quantifiers in English and Japanese Speakers L2 Chinese. Snape, N. & Leung, Y.-K. L. & Sharwood-Smith, M. (eds.) *Representational Deficits in SLA: Studies Honor of Roger Hawkins.* John Benjamins, 2009。

　② Huang, C.-T. J. *Logical Relations in Chinese and the Theory of Grammar.* Ph.D. dissertation. MIT, 1982; Li, A. Indefinite Wh in Mandarin Chinese. *Journal of East Asian Linguistics*, 1992(1); Lin, J.-W. On Existential Polarity Wh-phrases in Chinese. *Journal of East Asian Linguistics*, 1998(7).

表 1-17　用作疑问词或不定代词的汉语 wh- 词

| 汉语 wh- 词 | 英文中的疑问词 | 英文中的不定代词 |
|---|---|---|
| 谁 | who | somebody/anybody |
| 什么 | what | something/anything |
| 哪里 | where | somewhere/anywhere |
| 什么时候 | when | some time/any time |
| 为什么 | why | for some/any reason |

黄正德指出，当做不定代词时，汉语的 wh- 词受到严格的限制，这些词只能用在带有情感的上下文中。[①] 李艳惠和林若望对这些上下文做了详细的规定。[②] 他们认为，汉语的 wh- 词做不定代词时必须受到一个制约成分的制约，这些制约成分包括：是非问句中的小词"吗"，条件句中的"如果"或"假如"等，无确定意义的副词，表示推测的句末小词"了"，表示非事实的动词，等等。在语义方面，含有不定代词的这个上下文的命题必须是一个非事实命题，或者这个命题的真值没有得到完全的确定。在句法方面，不定代词必须在制约成分的 C- 统领辖域内。

我们先来看一下否定词做制约成分的例子。如例（1）所示，从语义角度来说，否定句符合非事实的要求，其中的否定是否定"见到任何人"这个命题。这里，对 wh- 不定代词的制约成分是否定词"没有"，这个否定词 C- 统领不定代词"什么人"。由于这个句子既符合语义上的要求，也符合句法上的要求，所以它

---

[①] Huang, C.-T. J. *Logical Relations in Chinese and the Theory of Grammar*. Ph.D. dissertation. MIT, 1982.

[②] Li, A. Indefinite Wh in Mandarin Chinese. *Journal of East Asian Linguistics*, 1992(1); Lin, J.-W. On Existential Polarity Wh-phrases in Chinese. *Journal of East Asian Linguistics*, 1998(7).

## 第五节 从汉语二语习得中的界面问题看影响成人二语习得成功的因素

符合汉语语法。然而例（2）却不同，虽然这也是一个否定句，但不定代词"什么人"不受制约词"没有"的 C- 统领，所以这个句子不符合汉语语法。

（1）我们没有看见什么人。
（2）*什么人没有看见我们。

同样，条件句里的连接词"如果"在语义上是一种假设，条件句真值没有得到完全的肯定，因此它符合汉语不定代词的语义要求。在例（3）和例（4）中，不定代词"什么东西"和"什么人"分别位于条件句的宾语和主语位置，受到连接词"如果"制约。由于它们既符合句法要求也符合语义要求，所以句子符合汉语语法。然而，例（5）中的不定代词"什么人"位于主句的主语位置，这个位置不受连接词"如果"的 C- 统领，因此此句不符合汉语语法。

（3）如果我们弄坏了什么东西，老师会很生气。
（4）如果什么人弄坏了计算机，老师会很生气。
（5）*如果我们弄坏了计算机，什么人会很生气。

以上讨论表明，汉语中的 wh- 词并无固定意思，它的意思取决于它由什么制约。如果它在"你想买什么呢？"句中受到小词"呢"的制约，它就会被识别为疑问 wh- 词。如果它被一个否定词或连接词"如果" C- 统领，如例（1）～例（5）所示，那么它们就是不定代词。这说明，汉语的 wh- 词的意思由其他一些成分决定，这些成分在结构上与 wh- 词发生界面关系。这种界面关系受句法和语义上的严格限制。

在英语中也有命题真值不确定的情况，然而英语的 wh- 词不能用作不定代词。这是由于英语和汉语 wh- 词内在结构的不同使得这两种语言在这个方面表现不同。英语 wh- 词的内部构词结构含有疑问语义，这个疑问语义由［wh-］特征表现在所有英语 wh- 词中。Cheng 采用了 Chomsky 和 Katz & Postal 的分析方法，认为英语 wh- 词 who 的内在词构是［wh+one］，what 的内在词构是［wh+thing］。① 换句话说，who 应被看作是［which+one/person］的组合体，what 应被看作是［which+thing］的组合体。正是由于其结构内部含有［wh-］这个特征，英语的 wh- 词才具有疑问含义；② 也正是由于这个内在的［wh-］特征，英语的 wh- 词不能用作不定代词。

## 二　汉语 wh- 词做不定代词的其他情况

### （一）是非问句小词"吗"做制约成分

我们可以把是非问句小词"吗"看作是位于例（6）树形图里的 C 点。这里，"吗"C- 统领整个句子，包括句子的主语和宾语。如例（7）和例（8）所示，这就使 wh- 不定代词有可能出现在汉语是非问句的主语或宾语位置上。因为这是疑问句，命题的真值显然还没确定，因此，疑问句中的 wh- 词符合汉语中对 wh- 不定代词的语义要求。就词义来说，汉语的 wh- 不定代词可以是肯定

---

① Cheng, L. *On the Typology of Wh-questions*. Ph.D. dissertation. MIT, 1991; Chomsky, N. *Current Issues in Linguistic Theory*. Mouton, 1964; Katz, J. & Postal, P. *An Integrated Theory of Linguistic Descriptions*. The MIT Press, 1964.

② 在这里，wh- 词做英语中定语从句关系词的情况除外。

### 第五节 从汉语二语习得中的界面问题看影响成人二语习得成功的因素

不定代词，表示"某一"的意思，如例（7）；也可以是否定不定代词，表示"任何"的意思，如例（8）。

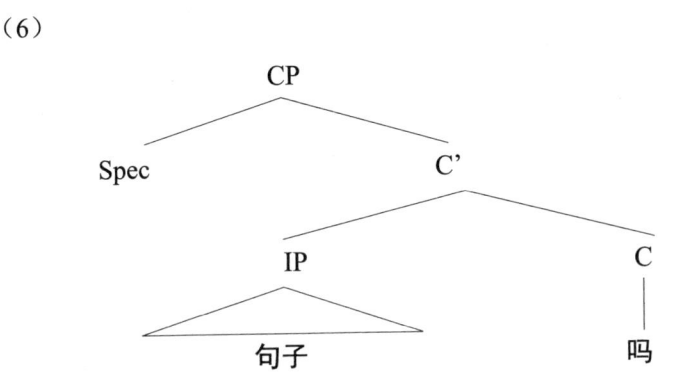

（6）

```
          CP
         /  \
      Spec   C'
            /  \
           IP   C
           |    |
          句子   吗
```

（7）你喜欢谁吗？

（8）谁喜欢你吗？

#### （二）"A-不-A"做制约成分

如例（9）所示，汉语中的wh-不定代词在"A-不-A"问句中，宾语位置处于"A-不-A"的C-统领辖域内，可以受"A-不-A"的制约。而在例（10）中，不定代词在主语位置上，位于"A-不-A"的C-统领辖域之外，就得不到制约。但是如果"A-不-A"出现在句首，主语位置就可得到适当的C-统领，如例（11）所示。

（9）你认不认识谁？

（10）*谁认不认识你？

（11）是不是谁认识你？

#### （三）无确定意义的副词做制约成分

汉语中表示尝试性意义和不确定意义的副词包括"可能""也许""大概""好像"，等等。由于这些副词创造了一种语境，在这种语境里命题的真值受到削弱,或者无法得到完全确定,因此,这些副词可以做 wh- 不定代词的制约成分。在例(12)中,wh- 词"什么"受到副词"可能"的 C- 统领,所以"什么"在句中可做不定代词。这里的"可能"也可以被"也许""大概""好像"等副词取代。但是如果 wh- 词的位置不在副词的 C- 统领辖域之中,如例(13),该句就不符合汉语语法。

(12)李明可能丢了什么。

(13)*什么人可能来了。

**(四)表示推测的句末小词"了"做制约成分**

李艳惠认为句末小词"了"可以制约不定代词。[①] 从例(14)和例(15)中我们看到,句末小词"了"用来表示说话人根据周围一些迹象在做推测,而不是对命题的真值做肯定的判断。我们可以认为句末小词"了"的位置与是非问句的小词"吗"位置相同(见例(6)),C- 统领句子的主语位置和宾语位置,因此,不定代词既可以出现在主语位置也可以出现在宾语位置。例(14)和例(15)中,说话者带着某种肯定口气在进行推测,但命题的真值仍未得到完全的肯定。

(14)(当注意到张红每个周末跟一个男人出去时,张红的父亲对张红的母亲说):张红爱上什么人了。

(15)(当注意到一个男人每个周末打电话来约张红出去时,张红的父亲对张红的母亲说):什么人爱上张红了。

---

① Li, A. Indefinite Wh in Mandarin Chinese. *Journal of East Asian Linguistics*, 1992(1).

### （五）表示非事实的动词做制约词

表示非事实的动词指的是像"认为""怀疑""猜""假装""（还）……以为"等这类词，表示说话者对命题真值的相信程度，或预先假定其从属小句的不真实性。例（16）和例（17）表示非事实的动词只表示说话人的主观评估而不是客观事实。由于汉语的谓语动词不能 C- 统领主语位置，所以 wh- 不定代词在这种情况下就不能出现在主句主语位置。

（16）我认为他偷了什么东西。

（17）他还以为什么人丢了手表。

## 三 不能使用 wh- 不定代词的情况

在汉语中有很多情况不能使用 wh- 不定代词，这包括例（18）中的简单肯定句和例（19）中的 wh- 特殊疑问句。另一种不能使用 wh- 不定代词的情况是表示事实的动词，如"后悔""懊恼""抱怨"等所带的从属小句。例（20）和例（16）中的句子是一个明显的对比，例（20）中的动词是表示事实的动词，表达的是已存在的事实，因此不能使用 wh- 不定代词。

（18）*李明丢了什么。

（19）他们不认识谁呢？ *"They don't know anybody." "Who do they not know?"

（20）*我抱怨他偷了什么东西。

以上例句说明，汉语 wh- 不定代词的使用和理解涉及语义和句法的界面，它们的分布受不同因素的制约。正如李艳惠指出的那样，从语义角度来说，wh- 不定代词存在的语境必须是命题的真值是否定的、没确定的、不太肯定的陈述，或尝试性的推测。[①]它们不能出现在真值已完全确定的语境里。按此观点，是由于命题的真值没有完全确定，汉语的 wh- 不定代词才得以存在。从句法角度来说，wh- 不定代词需要一个 C- 统领的制约成分。从词义上讲，wh- 不定代词可用作肯定不定代词（表示"某一"），也可用作否定不定代词（表示"任何"）。

## 四 日语中 wh- 词做不定代词的情况

日语中 wh- 词也可做不定代词，但与汉语不同的是，日语中 wh- 词做不定代词时并不受句法和语义界面关系的限制，它是在词法层面上构成的。[②] 如表 1-18（改自 Watanabe[③]）所示，做肯定和否定不定代词时，它们必须分别带上词缀 -ka 或者 -mo。

---

[①] Li, A. Indefinite Wh in Mandarin Chinese. *Journal of East Asian Linguistics*, 1992(1).

[②] Watanabe, A. Subjacency and S-structure Movement of Wh-in-situ. *Journal of East Asian Languages*, 1992(1); Watanabe, A. Wh-in-situ, Subjacency and Chain Formation. *MIT Occasional Papers in Linguistics*, 1992(2); Watanabe, A. Wh-in-situ Languages. Baltin, M. & Collins, C. (eds.) *The Handbook of Contemporary Syntactic Theory*. Blackwell, 2001; Tsai, W. T. D. On Economizing the Theory of A-bar Dependencies. Ph.D. dissertation. MIT, 1994; Tsai, W. T. D. On Lexical Courtesy. *Journal of East Asian Linguistics*, 1999(8).

[③] Watanabe, A. Subjacency and S-structure Movement of Wh-in-situ. *Journal of East Asian Languages*, 1992(1).

## 第五节 从汉语二语习得中的界面问题看影响成人二语习得成功的因素

表 1-18 日语 wh- 词做疑问词和不定代词的形式

| 做疑问词 | 做肯定不定代词（-ka） | 做否定不定代词（-mo） |
| --- | --- | --- |
| dare "who" | dare-ka "someone" | dare-mo "anyone" |
| nani "what" | nani-ka "something" | nani-mo "anything" |
| doko "where" | doko-ka "somewhere" | doko-mo "anywhere" |
| itsu "when" | itsu-ka "some time" | — |
| naze "why" | naze-ka "for some reason" | — |

Nishigauchi 认为，日语中的 wh- 词是个变量词，做不定代词时必须受到词缀 -ka 或 -mo 的制约。例（21）是 Nichigauchi 的一个例子。[①]

(21) <u>Dare-ka</u>　ga　<u>nani-ka</u>　o　tabe-te-iru.
somebody Nom something Acc eating-be
"某个人在吃什么东西。"

(22)

```
              DP
            /    \
          DP     particle
         /  \       |
        D   NP      ka
             |
            dare
            nani
```

---

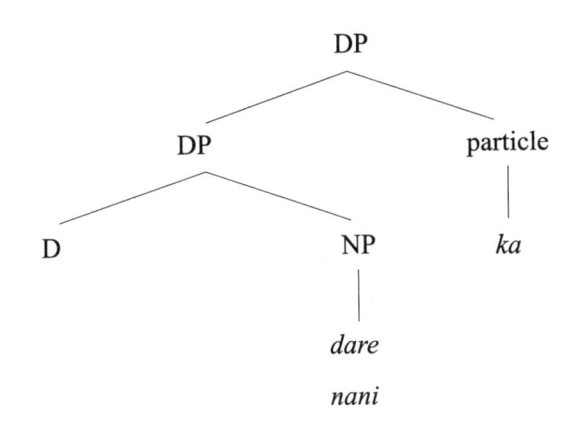

① Nishigauchi, T. *Quantification in the Theory of Grammar*. Kluwer, 1990.

Nishigauchi 认为，例（21）中的 wh- 词具有例（22）这样的结构。① 我们可以看到，日语与汉语中的 wh- 词有相似之处，即：它们都没有完全确定的语义，只有当它们与某个制约成分建立了制约和被制约关系时，才可以获得自己的语义。此外，在日语和汉语中，被制约成分必须受到制约成分的 C- 统领。但是，使用日语 wh- 词并没有什么语义限制。从例（21）中，我们可以看出这个日语句子的命题已经是一个事实，它的真值已经完全确定。

## 五　实验调查

### （一）研究问题

针对汉语、日语和英语在 wh- 词做不定代词方面的不同，笔者做了一项实证研究，调查说英语和说日语的人如何习得汉语 wh- 词做不定代词。本节将着重研究在说英语和说日语的人当中，那些汉语水平最高的人掌握汉语 wh- 不定代词的情况，以及汉语二语语法在这方面的最终状态。以下是提出的研究问题：

第一，在说英语和说日语的人的汉语二语语法的最终状态，wh- 不定代词在语义和句法的界面层次上能够与制约成分连接并得到妥善制约吗？第二，在汉语母语语法和汉语二语语法里，可以对汉语 wh- 不定代词制约的所有成分都会起同样作用吗？第三，它们都具有相同的制约能力吗？是否有的制约成分的制约能力比其他成分强？第四，在习得汉语 wh- 不定代词中，是否有第一语

---

① 在日语中，带 -mo 的 wh- 词用在否定句中时，充当带有"任何"意义的否定不定代词；用在非否定句中时，充当带有"每（个）"意义的全指称词。

言迁移现象?

## (二)实验对象

参加本次调查的受试有107名说英语的人、111名日本人和20名中国人(作为控制组)。鉴于本节关注的是说英语的人和日本人在汉语界面层次上最终能做什么,不能做什么,我们只讨论说英语的人和日本人汉语二语学习者中水平最高的一组。这两个组无论在汉语水平还是学习汉语的年限上都可被看作是代表汉语二语习得的最终状态。他们多数是在英国和日本高校多年从事汉语教学或汉学研究的教授、博士生,以及在中国高校攻读硕士或博士的英国、美国、加拿大和日本研究生。中国人多数是在中国的办公室人员或在校大学生或研究生。

表 1-19 各组情况

| 组别 | 人数 | 平均年龄 | 平均学习汉语月数 | 在中国平均逗留月数 | 汉语测试的平均得分(总分=40)(括号内是得分范围) |
| --- | --- | --- | --- | --- | --- |
| 英语最高组 | 14 | 36 | 207 | 44 | 36(35~39) |
| 日语最高组 | 22 | 29 | 95 | 28 | 37(35~39) |
| 中国人控制组 | 20 | 28 | 无关 | 无关 | 39(38~40) |

从表 1-19 中我们可以看到,英语最高组学习汉语的平均时间达17年之久,他们在中国平均逗留时间是3年8个月。日语最高组学习汉语的平均时间接近8年,他们在中国平均逗留时间是2年4个月。对各组汉语测试得分进行的单因素方差分析(ANOVA)结果表明,英语最高组、日语最高组和中国人控制组之间在汉语测试得分上没有显著差别。

## (三) 判断测试

每一个受试都要做一个句子判断测试，对每一个测试句的可接受程度做出判断。如表 1-20 所示，这个测试包括 7 大类，23 个句型。每个句型都有 4 个测试句，总共有 92 个测试句用来检测我们以上提出的研究问题。

**表 1-20　句子判断测试中的测试句类别和句型**

| 类别 | 句型 |
| --- | --- |
| 1. 否定词（参看例（1）、例（2）） | [否定词 + 宾语 wh- 不定代词] ↔ [*主语 wh- 不定代词 + 否定词] ↔ [带否定词的控制句] |
| 2. 表示非事实的动词（参看例（16）、例（17）、例（20）） | [非事实动词 +wh- 不定代词] ↔ [带非事实动词的控制句] ↔ [*事实动词 +wh- 不定代词] ↔ [带事实动词的控制句] |
| 3. 无确定意义的副词（参看例（12）、例（13）） | [无确定意义的副词 +wh- 不定代词] ↔ [*带 wh- 不定代词，但不带无确定意义的副词] ↔ [只带无确定意义副词的控制句] |
| 4. "如果" 条件句（参看例（3）、例（4）、例（5）） | [wh- 不定代词在条件句内] ↔ [*wh- 不定代词不在条件句内] ↔ [带条件句，但不带 wh- 不定代词的控制句] |
| 5. 是非问句中的小词 "吗"（参看例（6）、例（7）、例（8）） | [宾语 wh- 不定代词 + "吗"] ↔ [主语 wh- 不定代词 + "吗"] ↔ [带 "吗"，但不带 wh- 不定代词的控制句] |
| 6. 表示推测的句末小词 "了"（参看例（14）、例（15）） | [句子带宾语 wh- 不定代词和 "了"] ↔ [句子带主语 wh- 不定代词和 "了"] ↔ [*句子带宾语 wh- 不定代词但不带 "了"] ↔ [*句子带主语 wh- 不定代词但不带 "了"] ↔ [带 "了" 但不带 wh- 不定代词的控制句] |
| 7. A- 不 -A 问句（参看例（9）、例（10）、例（11）） | [A- 不 -A+ 宾语 wh- 不定代词] ↔ [A- 不 -A 的控制句] |

每一类别里都有一个控制句和若干测试句。控制句与其相对

### 第五节 从汉语二语习得中的界面问题看影响成人二语习得成功的因素

应的测试句在句子结构和词汇使用上都相同,唯一的区别是控制句只包含潜在的 wh- 不定代词的制约词,但不含有 wh- 不定代词;而测试句两者都包含。测试句之间的区别是 wh- 不定代词与潜在制约词的相对位置,动词是事实动词还是非事实动词,等等。所有句子都随机排列,并用汉字给出,但所有的说明解释都用受试者母语英语或日语给出。我们要求受试对每一个句子的可接受程度做出判断,并在例(23)所示的横线上圈示适当的号码。任何"+1"或"+1"以上的均值都被看作是接受那个句子,反过来,任何"-1"或"-1"以下的均值都被看作是不接受那个句子。"0"的选择被认为是受试者无法确定那个句子是否可以接受。

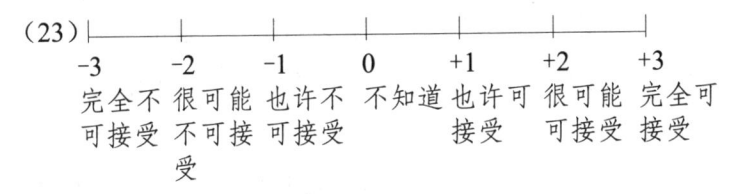

(23) ├────┼────┼────┼────┼────┼────┤
　　　 -3　　-2　　-1　　 0　　+1　　+2　　+3
　　 完全不 很可能 也许不 不知道 也许可 很可能 完全可
　　 可接受 不可接 可接受　　　 接受　 可接受 接受
　　　　　 受

为了减少词汇因素对句子判断的影响,测试句尽可能只包括日常生活中的常用词汇。此外,我们对受试可能不熟悉的词汇提供了英语或日语翻译和汉语拼音。对某些句子所需的情境,我们分别使用了英语和日语。另外,测试句中只使用可以做主语和宾语的"谁"和"什么",而没有使用"什么时候""哪里""怎么样"和"为什么",这是因为笔者在另一项研究里发现"谁"和"什么"的表现在汉语二语语法中相对稳定,[1] 因此比较适合

---

[1] Yuan, B. Superficial Native-likeness and Fossilization in Japanese Speakers L2 Chinese Wh-questions: A Lexical Morphological Feature Defect Account. *Second Language Research*, 2007(23); Yuan, B. Behaviors of Wh-words in English Speakers L2 Chinese Wh-questions: Evidence of No Variability, Temporary Variability and Persistent Variability in L2 Grammars. *Language and Cognition*, 2007(10).

用来测试汉语二语语法中 wh- 不定代词以及其限制成分的限制能力。

### (四) 实验结果

表 1-21 提供了判断汉语否定句的结果,其中包括 wh- 不定代词在句子里做主语和宾语的句子(即:测试句)和只包括否定词,不包括 wh- 不定代词的句子(即:控制句)。如表 1-21 所示,英语/日语最高组同中国人组一样,都接受 wh- 不定代词做宾语的句子和控制句,他们判断的均值都在"+1"以上。同时他们也不接受不符合汉语语法的"主语 wh- 不定代词 + 否定词"的句子。我们的单因素方差分析显示,英语最高组、日语最高组和中国人控制组在判断这三种句型中没有显著区别。这说明各组一样,都能够区别这类符合和不符合汉语的句子;wh- 不定代词在否定句里做宾语时,受到否定词的 C- 统领,所以可接受;wh- 不定代词在否定句中做主语时,不受否定词的 C- 统领,所以不符合汉语语法。

表 1-21 判断带 wh- 不定代词的否定句的各组平均值

|  | 否定词 + 宾语 wh- 不定代词 | *主语 wh- 不定代词 + 否定词 | 带否定词的控制句 |
|---|---|---|---|
| 英语最高组 | 1.67 | -2.13 | 2.75 |
| 日语最高组 | 2.06 | -1.83 | 2.88 |
| 中国人控制组 | 2.52 | -2.49 | 2.85 |

如前所述,表示非事实的动词在汉语中可以做 wh- 不定代词的制约成分,但表示事实的动词却不能,这一点可在表 1-22 中中国人控制组的判断均值上看出来,他们只接受主句动词是非事

实动词，从句带 wh- 不定代词的句子，英语/日语最高组的判断也是如此。单因素方差分析显示，这两组与中国人组在判断这两类句子时没有显著区别。我们在单因素方差分析后做的 Tukey 事后检验中同时发现，英、日、中各组在判断"非事实动词 +wh- 不定代词"和"事实动词 +wh- 不定代词"这两种句子时，都有显著区别。这说明在英语/日语最高组的汉语二语语法中，处于 C- 统领位置的非事实动词与 wh- 不定代词之间已经建立了制约和被制约的界面关系，同时，在他们的汉语二语语法中，事实动词对 wh- 不定代词却没有任何制约关系，因为这不符合语义要求。

表 1-22 判断带事实动词和非事实动词（wh- 不定代词位于宾语从句中）句子的各组均值

|  | 非事实动词 +wh- 不定代词 | 带非事实动词的控制句 | *事实动词 +wh- 不定代词 | 带事实动词的控制句 |
| --- | --- | --- | --- | --- |
| 英语最高组 | 1.86 | 2.34 | -1.13 | 1.77 |
| 日语最高组 | 2.07 | 2.23 | -1.07 | 1.69 |
| 中国人控制组 | 2.29 | 2.36 | -1.13 | 2.16 |

表 1-23 中的数据显示，英语/日语最高组和中国人控制组一样，都接受带无确定意义副词的控制句。在判断符合汉语语法的"无确定意义的副词 +wh- 不定代词"的句子时，3 个组的判断均值虽然分别是 1.83、1.79、2.35，但在我们的单因素方差分析中却没有显著区别。同时我们也看到，3 个组都不接受"带 wh- 不定代词，但不带无确定意义的副词"的句子。我们在单因素方差分析后做的 Tukey 检验中发现，这 3 个组在对"无确定意义的副词 +wh- 不定代词"的句子和"带 wh- 不定代词，但不带无确定

意义的副词"的句子进行判断时都有显著的区别。这说明，如同中国人的汉语语法一样，英语／日语最高组的汉语二语语法中无确定意义的副词对 wh- 不定代词有制约关系。如表 1-23 的第 3 栏所示，如果删去这些处于 C- 统领位置的无确定意义的副词，wh- 不定代词就无法生存，从而导致句子不符合汉语语法。

表 1-23　判断带无确定意义的副词和 wh- 不定代词句子时各组的均值

|  | 无确定意义的副词 +wh- 不定代词 | 带 wh- 不定代词，但不带无确定意义的副词 | 只带无确定意义副词的控制句 |
| --- | --- | --- | --- |
| 英语最高组 | 1.83 | -1.05 | 2.77 |
| 日语最高组 | 1.79 | -1.03 | 2.52 |
| 中国人控制组 | 2.35 | -1.33 | 2.93 |

在汉语二语语法中，像"如果"这类引导条件句的连接词能够制约 wh- 不定代词吗？如表 1-24 所示，各组都接受带"如果"条件句的控制句，也接受 wh- 不定代词位于条件从句内的测试句。虽然各组的均值分别是 1.55、1.73、2.10，但单因素方差分析显示这三个组在判断控制句时无显著区别。我们在单因素方差分析后做的 Tukey 检验中发现，这 3 个组在判断 wh- 不定代词位于条件从句内的句子和判断 wh- 不定代词位于条件从句之外的句子时都有显著的区别，他们都接受前者，不接受后者。这说明在英语／日语最高组的汉语二语语法中，如同在汉语母语语法中一样，位于条件从句之外的 wh- 不定代词是得不到连接词"如果"的制约的，因为位于条件从句之外的 wh- 不定代词处于连接词"如果"的 C- 统领之外。这同时说明，wh- 不定代词与连接词"如果"之间制约和被制约的界面关系，在英语／日语最高组的汉语二语语

## 第五节 从汉语二语习得中的界面问题看影响成人二语习得成功的因素

法中已经建立起来了。

表 1-24 各组判断位于条件句内的 wh- 不定代词的均值

|  | wh- 不定代词在条件句内 | wh- 不定代词不在条件句内 | 带条件句，但不带 wh- 不定代词的控制句 |
| --- | --- | --- | --- |
| 英语最高组 | 1.55 | -1.45 | 2.05 |
| 日语最高组 | 1.73 | -1.38 | 2.56 |
| 中国人控制组 | 2.10 | -2.09 | 2.75 |

以上结果显示英语/日语最高组的表现与中国人的表现在统计学上并无显著区别。那么这是否意味着在他们的汉语二语语法中，wh- 不定代词和它们的所有制约成分都建立了制约和被制约的界面关系呢？答案是否定的。下面我们来看汉语是非问句中疑问小词"吗"做 wh- 不定代词制约成分的情况。从表 1-25 中我们可以看到，各组都接受带疑问词"吗"的是非问句，因为他们对控制句的判断均值都远高于"+1"。然而，英语最高组不接受带 wh- 不定代词和疑问词"吗"的测试句。我们在单因素方差分析后做的 Tukey 检验中发现，英语最高组与中国人组有显著区别，而日语最高组与中国人组却没有显著区别。在这些测试句中，位于主语和宾语位置上的 wh- 不定代词都在疑问词"吗"的 C- 统领之内，符合汉语语法。但表 1-25 中的数据显示，英语最高组对这两类符合汉语语法的测试句要么表现出易变性，要么不接受。易变性具体表现在英语最高组的受试在判断这类句子时，有时接受，有时不接受；他们有时在"+1""+2"或"+3"上画圈，有时在"-1""-2"或"-3"上画圈，其结果是均值都在"0"左右。英语最高组对"宾语 wh- 不定代词 + 吗"和"主语 wh- 不定代词 +

吗"这两类句子的判断与中国人控制组都有显著区别。这意味着在英语最高组的汉语二语语法中，疑问词"吗"对 wh- 不定代词没有制约能力，而在日语最高组的汉语二语语法中，这种制约和被制约关系是存在的。鉴于英语最高组被视为汉语二语习得最终状态的代表，我们可以把这个组在判断这两类句子中所表现出的易变性和不接受性看作是他们的汉语二语语法在这方面出现的"石化"征兆。

表 1-25　判断带疑问词"吗"的是非问句中 wh- 不定代词的均值

|  | 宾语 wh- 不定代词 + "吗" | 主语 wh- 不定代词 + "吗" | 带"吗"，但不带 wh- 不定代词的控制句 |
| --- | --- | --- | --- |
| 英语最高组 | -0.63[+] | -1.25[+] | 2.65 |
| 日语最高组 | 1.17 | 0.46 | 2.83 |
| 中国人控制组 | 1.98 | 1.68 | 2.86 |

注：[+] = 与中国人控制组有显著区别，下同。

　　同样，表示推测的句末小词"了"在英语最高组的汉语二语语法中似乎也永远无法获得对 wh- 不定代词的制约能力，而且这种现象在日语最高组里也出现了。如表 1-26 所示，英语/日语最高组和中国人控制组一样，都接受控制句，即：带表示推测的句末小词"了"，但不带 wh- 不定代词。但当 wh- 不定代词出现在主语或宾语位置上时，英语最高组和日语最高组就出现了不定性和易变性的现象；他们有时接受这些测试句，有时不接受，其结果就是均值都在"0"左右。值得注意的是，这种不定性和易变性现象不仅出现在带句末小词"了"的测试句中，而且出现在不带句末小词"了"的测试句中。句末小词"了"在这些句子里制

### 第五节 从汉语二语习得中的界面问题看影响成人二语习得成功的因素

约并 C- 统领在主语或宾语位置上的 wh- 不定代词。不带句末小词"了"的这些句子是不符合汉语语法的。我们在单方面分类方差分析后做的 Tukey 检验中发现，除了日语最高组判断"*带主语 wh- 不定代词但不带'了'"的句子以外，英语最高组和日语最高组对这四种测试句的判断都与中国人组有显著区别。

这些结果表明，在说英语和说日语的人的汉语二语语法中，表示推测的句末小词"了"和 wh- 不定代词之间没有制约和被制约的关系，因为表 1-26 显示，是否有句末小词"了"对他们对测试句的判断没有什么影响；他们对句子的判断仍然是不定和易变的。英语最高组和日语最高组对这 4 种测试句的判断都没有显著区别。

从表 1-26 里中国人的判断数据可以看到，表示推测的句末小词"了"在汉语语法中对 wh- 不定代词是有制约能力的，因为中国人接受带句末小词"了"的正确汉语句子，不接受不带句末小词"了"的不正确的汉语句子。我们在单方面分类方差分析后做的 Tukey 检验中发现，中国人对前者和后者的判断有明显区别。

表 1-26 判断带 wh- 不定代词和句末小词"了"的句子的均值

|  | 句子带宾语 wh- 不定代词和"了" | 句子带主语 wh- 不定代词和"了" | *句子带宾语 wh- 不定代词但不带"了" | *句子带主语 wh- 不定代词但不带"了" | 带"了"但不带 wh- 不定代词的控制句 |
|---|---|---|---|---|---|
| 英语最高组 | 0.66+ | -0.17+ | -0.68+ | -0.73+ | 1.84 |
| 日语最高组 | 0.61+ | -1.00+ | -0.51+ | -1.05 | 2.41 |
| 中国人控制组 | 1.84 | 1.25 | -2.54 | -2.41 | 2.74 |

以上我们讨论过，汉语中的"A-不-A"如果处于C-统领位置上，也可以做wh-不定代词的制约词。但从表1-27中我们看到，"A-不-A"只在中国人的汉语语法中具有制约能力，在汉语二语语法中却没有制约能力。我们的单因素方差分析显示，在判断"A-不-A"的控制句中，英语最高组和日语最高组与中国人组没有显著区别。但是我们在单因素方差分析后做的Tukey检验中同时发现，在判断"A-不-A+宾语wh-不定代词"的测试句时，英语最高组和日语最高组都与中国人组有显著区别。从表1-27中我们可以看到，虽然英语最高组和日语最高组接受"A-不-A"的控制句，但他们在判断"A-不-A+宾语wh-不定代词"的测试句时，表现出明显的易变性和不定性。这说明英语最高组和日语最高组掌握了汉语中的"A-不-A"疑问句，但在他们的汉语二语语法中，"A-不-A"对wh-不定代词没有制约能力。如果我们把英语最高组和日语最高组看作是代表说英语的人和说日语的人的汉语二语习得的最终状态，那么我们可以说，在说英语和说日语的人的汉语二语语法中，"A-不-A"对wh-不定代词永远没有制约能力。

表1-27 判断"A-不-A"疑问句中wh-不定代词的均值

|  | A-不-A+宾语wh-不定代词 | *主语wh-不定代词+A-不-A | A-不-A的控制句 |
|---|---|---|---|
| 英语最高组 | -0.50[+] | -2.77 | 2.50 |
| 日语最高组 | -0.91[+] | -2.02 | 2.68 |
| 中国人控制组 | 1.20 | -2.45 | 2.80 |

表1-28提供了3个组就各个wh-不定代词制约成分的制约

能力进行的统计分析。我们的研究使用了 7 个 wh- 不定代词的制约成分。由于宾语 wh- 不定代词可以受到所有这 7 个制约成分的制约，所以表 1-28 的信息是以 3 个组判断宾语 wh- 不定代词的情况为基础的。

以上我们已经看到，英语/日语最高组与中国人组一样，接受所有控制句，也就是那些只有潜在 wh- 不定代词的制约成分，但没有 wh- 不定代词的句子。这说明在汉语二语语法的最终状态，所有 7 个 wh- 不定代词的制约成分都可以创造 wh- 不定代词所需的语义环境，即句子的命题必须是非事实，或者命题的真值没有完全确定。各组在判断所有控制句时都没有显著区别。然而，在比较各组对测试句判断的结果时，即 wh- 不定代词受到制约成分妥善制约的正确句子时，我们在单因素方差分析后做的 Tukey 检验中发现，3 个组的判断却有显著区别。我们的统计显示，可以把所使用的 7 个制约成分按它们对 wh- 不定代词制约的能力大体划分成 4 个级别。

在表 1-28 中，我们用一条虚线把每一栏分成了两部分。我们用"×"代表没有制约能力的制约成分，这些成分与带双钩号"√√"的制约成分有显著区别，但与其他带"×"的制约成分没有显著区别。在每一栏里，带双钩号"√√"的制约成分表示该制约成分具有很强的制约力，它与虚线以下带"×"的制约成分有显著区别，但与虚线以上的制约成分都没有显著区别。"√（√）"代表中度制约能力，它与虚线以上的制约成分都没有显著区别，与日语最高组的第六以及中国人组的第七制约成分也没有显著区别。在中国人组一栏里带单钩号"√"的"A- 不 -A"表示该制约成分具有较弱的制约能力，它与这一栏里的头四个制约成分有显著区别，但与第五和第六个制约成分没有显著区别。

表 1-28　在英语最高组、日语最高组和中国人组的汉语语法中，对七个制约成分的制约强度进行划分（括号内为均值）

| 英语最高组 | 日语最高组 | 中国人组 |
| --- | --- | --- |
| 1. √√否定词（1.67） | 1. √√否定词（2.06） | 1. √√否定词（2.52） |
| 2. √√非事实动词（1.86） | 2. √√非事实动词（2.07） | 2. √√非事实动词（2.29） |
| 3. √√无确定意义的副词（1.83） | 3. √√无确定意义的副词（1.79） | 3. √√无确定意义的副词（2.35） |
| 4. √√条件句连接词（1.55） | 4. √√条件句连接词（1.73） | 4. √√条件句连接词（2.10） |
| 5. ×是非问句小词"吗"（-0.63） | 5. √（√）是非问句小词"吗"（1.17） | 5. √（√）是非问句小词"吗"（1.98） |
| 6. ×句末小词"了"（0.66） | 6. ×句末小词"了"（0.61） | 6. √（√）句末小词"了"（1.84） |
| 7. ×A-不-A（-0.50） | 7. ×A-不-A（-0.91） | 7. √A-不-A（1.20） |

如表 1-28 所示，不同的制约成分具有不同的制约能力。在中国人的汉语语法里，否定词、非事实动词、无确定意义的副词，以及条件句的连接词都有很强的制约能力，然而，"A-不-A"却有较弱的制约能力，它与否定词、非事实动词、无确定意义的副词和条件句连接词在制约能力上有显著区别，但与中度制约成分的是非问句小词"吗"和句末小词"了"没有显著区别。

在汉语语法中，制约成分在制约强度方面的区别似乎也影响了汉语二语语法；"A-不-A"在中国人的汉语语法中制约能力较弱，在说英语／日语的人的汉语二语语法中就没有制约能力（参看表 1-28 最后一行）；是非问句小词"吗"和句末小词"了"在中国人的汉语语法中只有中度制约能力，在说英语的人的汉语二语语法中没有制约能力。在日本人的汉语二语语法中，是非问句小词"吗"具有中度制约能力，但句末小词"了"和"A-不-A"却没有制约能力。

## 六 讨论

我们的研究结果表明，说英语和说日语的人无法完全掌握汉语 wh- 不定代词在语义和句法层次上的界面关系，在他们的汉语二语语法中，并非所有的制约成分都能对 wh- 不定代词进行妥善制约。

那么是什么原因在汉语二语语法中造成这种缺陷的呢？笔者认为这是由于在这些说英语的人和说日语的人的汉语二语语法中，句法与语义之间的界面出现了断层或线路不通。他们有能力掌握汉语中的否定词、非事实动词、无确定意义的副词、条件句连接词、是非问句小词"吗"、句末小词"了"及"A-不-A"，他们能够使用这些成分创造 wh- 不定代词所需要的语义环境，但是他们的汉语二语语法无法使这些潜在的制约词与 wh- 不定代词进行句法连线，从而造成语义与句法之间在界面上的断层。汉语二语习得者会注意到 wh- 词可以出现在汉语的非 wh- 疑问句中，他们也会注意到 wh- 词在这些非 wh- 疑问句中有不定代词的意思，但在他们所接触的汉语语料中没有明显的标志向他们说明是什么因素使汉语的 wh- 词可以在这些汉语句子里存在。

这一分析支持了 Sorace & Filiaci 提出的"界面假设"，根据这个假设，凡是涉及句法与其他认知层面的界面都会成为二语习得的难点，并导致二语语法的缺陷，这是因为成人二语语法无法对句法和语义、句法和语篇、句法和语用之间进行协调和整合，从而造成了成人二语习得与儿童母语习得的差异。①

但是我们的实验结果显示，在说英语的人和说日语的人的汉语二语语法中，有些制约成分，如：否定词、非事实动词、无确定意义的副词、条件句连接词，是可以与 wh- 不定代词建立起语义和句法的界面关系的。如果我们采取 Sorace 和 Filiaci 提出的"界面假设"，那么我们就很难解释在说英语的人和说日语的人的汉语二语语法中，为什么 wh- 词只能成功地与上述制约成分进行句法和语义的界面协调和整合，而不能与疑问词"吗"、句末小词"了"及"A-不-A"进行句法和语义的界面协调和整合。这说明界面的内在复杂关系很可能只是二语习得界面问题的一个因素，而不是所有问题的所在。

值得注意的是，表 1-28 里的前四个制约成分都是独立的词（即：自由词素），而其他三个不是；小词"吗"和"了"不是独立的词，是黏着词素，属于功能/虚词范畴，"A-不-A"也可以说含有黏着词素，含有功能或虚词成分。② 如果这个分析成立，那么我们可以把表 1-28 中的前四个制约成分称为词语制约成分，把后三个称为词素制约成分。

我们的调查结果显示，小词"吗"和"了"及"A-不-A"

---

① Sorace, A. & Filiaci, F. Anaphora Resolution in Near-native Speakers of Italian. *Second Language Research*, 2006(22).

② Yuan, B. Negation in French-Chinese, German-Chinese and English-Chinese Interlanguages. *Transactions of the Philological Society*, 2004(102).

### 第五节 从汉语二语习得中的界面问题看影响成人二语习得成功的因素 111

在说英语的人和说日语的人的汉语二语语法中，可以像中国人的汉语语法一样，构成疑问句或者表示推测的句子，因为英语/日语最高组如同中国人组一样，接受含小词"吗"和"了"及"A-不-A"的控制句。这说明这些词素制约成分能够成功地创造汉语wh-不定代词所需要的语义环境，即：句子的命题是没有完全确定的。但是，他们所做不到的是与句子里的wh-不定代词建立语义和句法的界面关系，即使在他们的汉语语法最终状态也做不到这一点。在他们的汉语二语语法里，词语制约成分能够拥有对wh-不定代词的制约能力，但是词素制约成分似乎无法获得对wh-不定代词的制约能力。我们在这里对词语和词素制约成分的划分说明，制约成分的词类性质很可能也是影响二语习得界面问题的一个因素。

表1-28还显示，即使在中国人的汉语语法里也可以按制约成分的制约能力对制约成分进行划分。所有的词语制约成分对wh-不定代词都有很强的制约能力，如：否定词、非事实动词、无确定意义副词和条件句连接词。在词素制约成分中，是非问句小词"吗"和句末小词"了"具有中度制约能力，而"A-不-A"只有较弱的制约能力。至于为什么在中国人的汉语语法中会出现这种情况，笔者尚无具有说服力的解释，但这一现象说明，即使在中国人的汉语语法里，并非所有的制约成分都对wh-不定代词有相同的制约能力。制约成分在中国人的汉语语法里在制约能力上出现的差异，也会影响到汉语二语语法。我们的实验结果显示"A-不-A"在中国人的汉语语法中对wh-不定代词只有较弱的制约能力，在汉语二语语法中就没有什么制约能力；是非问句小词"吗"和句末小词"了"在中国人的汉语语法里

只有中度制约能力，在说英语的人的汉语二语语法里，就没有制约能力。这意味着，制约成分在中国人的汉语语法里的状况，也是影响二语习得语义和句法界面的一个因素，这是因为在中国人的汉语语法里，制约成分的中度制约能力和较弱的制约能力都会反映到汉语二语学习者所接触的汉语语料里。笔者利用北京大学汉语语言学中心的语料库做了调查，结果显示，语料库里"A-不-A"制约wh-不定代词的句子远远少于其他制约成分制约wh-不定代词的句子，并且其中绝大多数是使用"是-不-是"对wh-不定代词进行制约，而像"买-不-买""认-不-认识"这样使用"A-不-A"的实词形式对wh-不定代词进行制约的情况就更少了。这显然会对汉语二语学习者掌握"A-不-A"制约wh-不定代词产生影响。

　　以上我们对词语制约成分和词素制约成分进行了划分，并讨论了词素制约成分在汉语二语习得中造成的困难。但是应该指出的是，我们的调查结果似乎并不完全支持这一论点。在日本人的汉语二语语法中，虽然是非问句小词"吗"是一个词素制约成分，但它却有中度的制约能力，它的制约强度在统计学分析中显著高于"A-不-A"，在这一点上，日本人显然不同于说英语的人。在说英语的人的汉语二语语法中，没有一个词素制约成分具有制约能力，即使在他们的汉语二语习得的最终状态也是如此。这说明仅仅对词语和词素制约成分的划分并不能帮助我们全面地解释汉语二语语义和句法的界面问题。这里还有必要分析一下第一语言迁移是否也会对汉语二语语义和句法的界面产生影响。

　　我们已经看到，是非问句小词"吗"在日本人的汉语二语语

## 第五节　从汉语二语习得中的界面问题看影响成人二语习得成功的因素　　113

法中对 wh- 不定代词有制约能力，而在说英语的人的汉语二语语法中却没有。这很可能与日语也使用句末小词有关，虽然日语中没有像汉语那样的句末小词"了"，或者是非问句中的"A-不-A"，但日语的是非问句如例（24）使用句末小词 -ka 或者 -no[①]，这极有可能帮助日本人学习掌握汉语里的是非问句小词"吗"，并且识别是非问句小词"吗"可以做 wh- 不定代词制约成分的功能。这一分析可以帮助我们解释为什么日本人的汉语二语语法可以在小词"吗"和 wh- 不定代词之间建立起制约和被制约的关系，但说英语的人的汉语二语语法却不能。

（24）Kimura san wa　dareka　wo　sikattanodesu ka?
　　　Kimura Mr. topic someone accusative scold-past Q
　　　"Kimura 先生骂了某个人吗？"

日语没有像汉语那样的句末小词"了"，或者是非问句中的"A-不-A"，在这一方面，说日语和说英语的汉语学习者的情况相同，他们都无法在这两个词素制约成分与 wh- 不定代词之间建立起制约和被制约的关系，并且似乎永远也做不到这一点。这就是说，如果某个语素在学习者的母语里不存在，这个语素就可能永远无法获得制约汉语 wh- 不定代词的能力。根据这一分析，第一语言迁移也是影响二语学习者掌握汉语语义和句法界面的一个因素。

---

① 根据 Miyagawa 和 Yanagida 的分析，这两个小词在日语是非问句主句里的使用取决于动词的礼貌标志；Miyagawa, S. LF Affix Raising in Japanese. *Linguistic Inquiry*, 1987(18); Miyagawa, S. The EPP, Scrambling and Wh-in-situ. Kenstowics, M. (ed.) *Ken Hale: A Life in Language*. The MIT Press, 2001.

其实，说英语的人第一语言的迁移也有一定的体现。虽然是非问句小词"吗"、句末小词"了"及"A-不-A"在说英语的人的汉语二语语法中无法对 wh- 不定代词进行制约，但其他制约成分，如：否定词"不"或"没"、表示非事实的动词、表示无确定意义的副词以及条件句的引导词却可以做到。笔者认为这与第一语言迁移可能也有一定关系。在英语中，否定词 not、表示非事实的动词、表示无确定意义的副词及条件句的引导词都可以做制约词，并对带 any 的极性词（如：anything、anyone、any book 等）进行制约。我们从例（25）中可以看到这类英文例句。

（25）

a. Jane does <u>not</u> like anyone. （否定词做制约词）

b. I <u>doubt</u> that Jane likes anyone. （非事实动词做制约词）

c. Jane <u>hardly</u> likes anyone. （副词做制约词）

d. <u>If</u> Jane likes anyone, she will tell her mother. （"if"做制约词）

e. *Jane likes anyone. （没有制约词，句子不符合英语语法）

虽然英语中的这种语义与句法之间的界面连接在这里只适用于带 any 的否定极性词，不适用于带 some 的肯定极性词（如：somebody、something 等），但是这类语义与句法之间的连接线路是存在的。我们的实验结果显示，通过长期接触汉语语料和使用汉语，说英语的人是可以在他们母语的基础上，将这种句法与语义界面上的连接迁移到他们的汉语二语语法中。这种分析可以帮助我们解释为什么在英语最高组的汉语二语语法里，否定词"不"或"没"、表示非事实的动词、表示无确定意义的副词和条件句的引导词可以对 wh- 词进行制约，使其成为不定代词。这是因为它们之间在语义和句法界面上的线路畅通，从而使得在他们的汉语二语语法中建立制约和被制约的关系最终成为可能。

## 七 结语

以上我们讨论了 Sorace & Filiaci 提出的"界面假设"，根据这个假设，凡是涉及句法与其他认知层面的界面都会成为二语习得的难点，都会导致二语语法的缺陷，都可能成为成人二语学习者永远无法掌握的难点。而本节的研究结果显示，在二语语法中并非所有的界面连接都是不可能的。否定词"不"或"没"、表示非事实的动词、表示无确定意义的副词以及条件句的引导词在汉语二语语法中可以与 wh- 词构成界面关系，并对其进行制约，它们之间在语义和句法界面上的线路是畅通的。我们的调查结果还显示，在英语母语者和日语母语者的汉语二语语法中，词素制约成分（如"吗""了"及"A-不-A"）很难与 wh- 不定代词建立起语义和句法的界面关系，即使在汉语二语习得的最终状态也是如此，这就导致了在英语母语者和日语母语者的汉语二语语法中存在持久的不定性和易变性。造成这种现象可能有若干个原因，包括二语语法中界面关系的内在困难、界面关系中所涉及成分的词类性质、这些成分在中国人汉语语法里的状况、二语学习者所接触的汉语语料、第一语言迁移，等等。我们需要寻找可靠和有效的研究方法把这些因素分开研究，找出每个因素对第二语言界面影响的程度。这将有助于我们对第二语言语法机制的研究和理解。

## 第六节 以汉语为第二语言的学习者习得"任何"的研究[①]

### 一 引言

在现代汉语中，"任何"常常有两种解读，一种是否定极性词（negative polarity item，下文缩写为 NPI），另一种是自由选择（free choice，下文缩写为 FC）。"任何"在非否定句中的分布对语义的允准条件有着非常严格的标准。近几年，Sorace & Filliaci、White 和戴曼纯指出水平接近母语的学习者会在句法—语义界面出现问题，导致不能习得第二语言。[②]Yuan、史静儿、赵杨也探讨了相关问题，但意见并不完全一致。[③]Yuan &

---

[①] 本节作者：姚倩，原载《语言教学与研究》2016 年第 3 期。

[②] Sorace, A. & Filiaci, F. Anaphora Resolution in Near-native Speakers of Italian. *Second Language Research*, 2006(22); White, L. Second Language Acquisition at the Interfaces. *Lingua*, 2011 (121); 戴曼纯《语言接口与二语接口的习得》，《外国语》2014 年第 1 期。

[③] Yuan, B.-P. Domain-wide or Variable-dependent Vulnerability of the Semantics-syntax Interface in L2 Acquisition? Evidence from Wh-words Used as Existential Polarity Words in L2 Chinese Grammars. *Second Language Research*, 2010(26); 史静儿、赵杨《泰语母语者汉语疑问代词虚指用法习得研究》，《世界汉语教学》2014 年第 2 期。

Dugarova 提供了句法—语篇这一界面可以习得的证据。① 本节试图通过研究"任何"的习得来阐释汉语的第二语言习得是否真的存在句法—语义的界面问题。

### （一）"任何"的语义允准条件

一般来说，在非否定语境中，"任何"的出现有各种允准条件。张定指出，"任何"的用法和语义同重读疑问词"什么"有很多相似之处。② 汉语的重读疑问词可用于自由选择、比较标准、直接否定、间接否定、条件句、疑问句和非现实—非特指语境，但是在不同的情况下，解读并不相同。例如：

a. 自由选择：张三什么问题都能解决。（FC）
b. 比较标准：这个问题比什么问题都难。（FC）
c. 直接否定：张三什么问题都不能解决。（NPI）
d. 间接否定：我不相信张三什么问题都能解决。（FC）
e. 条件句：如果张三什么问题都能解决，他就会得奖。（FC）
f. 疑问句：张三什么问题都能解决吗？（FC）
g. 非现实—非特指：张三好像什么问题都能解决。（FC）

可以看出，汉语的重读疑问词用于直接否定功能时是否定极性词（NPI），而在其他语境中都表示自由选择（FC）。

"任何"用于自由选择、比较标准、直接否定和非现实—非特指语境时，解读与重读疑问词相同。用于条件句、间接否定时，

---

① Yuan, B.-P. & Dugarova, E. Wh-topicalization at the Syntax-discourse Interface in English Speakers' L2 Chinese Grammars. *Studies in Second Language Acquisition*, 2012(34).

② 张定《汉语疑问词任指用法的来源——兼谈"任何"的形成》，《中国语文》2013 年第 2 期。

在自由选择和否定极性之间有歧解,疑问句的情况更为复杂。总的来说,按照张定的说法,上述七种"什么"的语义允准条件同样适用于"任何"。同时,"任何"必须被允准语 C 统制。①

Kuo 指出,"任何"的分布相对于 any 和非特指的疑问词而言都是最狭窄的,他列举了如下八条语义允准条件:②

第一,否定句。例如:

(1)张三没有吃任何东西。

第二,条件句。例如:

(2)如果有任何人要买那一本书,请马上通知我。

第三,是非问句和正反问句。例如:

(3)有任何人在里面吗?
(4)有没有任何人在里面?

第四,全称量词的制约。例如:

(5)任何人都可以来。

用逻辑的方式可以解释为:$\forall x$(人($x$)$\rightarrow$可以来($x$))。

全称量词"都"量化了"任何","任何"在"都"的辖域之内,

---

① 按照邓思颖,统领(C-command),即如果 X 之上的第一个分叉节点支配 Y,而 X 和 Y 不互相支配,则 X 统领 Y。为了和"最大统领"区别,本节遵从 Huang et al. 的译本,翻译为 C 统制。参见邓思颖《形式汉语句法学》,上海教育出版社 2010 年版;Huang, C.-T. J. & Li, Y.-H. A. & Li, Y.-F. *The Syntax of Chinese*. Cambridge University Press, 2009;张和友译《汉语句法学》,世界图书出版公司 2013 年版。

② Kuo, C.-M. *The Fine Structure of Negative Polarity Items in Chinese*. Unpublished doctoral dissertation of University of Southern California, 2003.

"都"允准了"任何"。

第五，否定副词。例如：

（6）我从未驱逐任何外国记者。

此处，"任何"只能出现在强否定副词后，而非弱否定副词后。例如：

（7）*我很少买任何东西给他。

第六，隐性否定动词。例如：

（8）张三拒绝跟任何人说话。

类似的词还有"阻止""反对"。

第七，能愿动词。例如：

（9）你可以邀请任何人来参加宴会。

第八，祈使句。例如：

（10）摧毁任何证据。

Wang 还指出，"任何"可以出现在定语部分。[1] 例如：

（11）他不愿意接任何朋友的电话。

张定指出，"任何"可以出现在不确定的语境中，即，非现实—非特指语境中。[2] 例如：

---

[1] Wang, Y.-F. F. & Hsieh, M.-L. A Syntactic Study of the Chinese Negative Polarity Item Renhe. *Cahiers de Linguistique-Asie Orientale*, 1996 (25).

[2] 张定《汉语疑问词任指用法的来源——兼谈"任何"的形成》，《中国语文》2013 年第 2 期。

(12) 张三好像任何问题都能解决。

### (二) 与"任何"相关的习得问题

1. 语言习得的界面问题

有学者指出,句法—语义界面会导致学习者不能最终习得第二语言。① 袁博平指出,界面所需的信息处理量才是用来解释二语界面在多大程度上被习得成功(或失败)的有用变量。②

Yuan 以可接受度判断的方式分别考察了以日语和英语为母语的汉语学习者对表虚指的疑问词的习得情况。③ 结果显示,以英语为母语的高级学习者对有"了"的句子、是非问句和正反问句接受度较低,以日语为母语的高级学习者对有"了"的句子和正反问句接受度很低。他认为,句法—语义界面有差异,不涉及功能语类的界面可以习得,而涉及功能语类的界面难以成功习得,并且母语迁移也可能是导致句法—语义界面未能习得的因素。史静儿、赵杨以同样的方式考察了泰语母语者汉语疑问代词虚指用法的习得,对界面假说的预测力提出了质疑。④

---

① Sorace, A. & Filiaci, F. Anaphora Resolution in Near-native Speakers of Italian. *Second Language Research*, 2006(22); White, L. Second Language Acquisition at the Interfaces. *Lingua*, 2011 (121); 戴曼纯《语言接口与二语接口的习得》,《外国语》2014 年第 1 期。

② 袁博平《汉语二语习得中的界面研究》,《现代外语》2015 年第 1 期。

③ Yuan, B.-P. Domain-wide or Variable-dependent Vulnerability of the Semantics-syntax Interface in L2 Acquisition? Evidence from Wh-words Used as Existential Polarity Words in L2 Chinese Grammars. *Second Language Research*, 2010(26).

④ 史静儿、赵杨《泰语母语者汉语疑问代词虚指用法习得研究》,《世界汉语教学》2014 年第 2 期。

2. 关于"任何"的习得研究

Huang & Crain 的研究发现以汉语普通话为母语的五岁儿童已经能够成功解读"任何"。[1] 基于对产出的考察，认为儿童在表达任指或者全称量化时，倾向于使用存在极性词"什么"，并且早在两岁时就已经产出了"什么"，四岁就已经能和成人一样使用"什么"了。文章认为，"任何"在口语中使用不够频繁，在语料库中发现没有一个成人的句子中包含了"任何"，因而支持"任何"是儿童内在语言知识的一部分。

Tsai *et al.* 运用脑磁图 MEG 的手段考察了汉语母语者解读有 NPI"任何"时大脑的情况，发现母语者在解读不当语境下和正确语境下的"任何"时大脑的反应并不相同，同拼音文字的语言有相似之处，由此推断 NPI 的语义加工是语言加工中的普遍现象。[2]

## 二 研究方法

我们将采用可接受度判断的方式考察不同阶段的学习者习得"任何"不同的语义允准条件的情况，并且希望能继续探讨句法和语义习得的界面问题。

（一）测试材料和程序

我们选取了否定句、疑问句、肯定句、条件句四个句类。具

---

[1] Huang, A. & Crain, S. Acquisition of the Polarity Sensitive Item *Renhe* "any" in Mandarin Chinese. *Journal of Child Language*, 2014 (41).

[2] Tsai, P.-S. & Tzeng, J.-L. O. & Hung, L.-D. & Wu, H.-D. Using Magnetoencephalography to Investigate Processing of Negative Polarity Items in Mandarin Chinese. *Journal of Neurolinguistics*, 2013(26).

体句子类型见表 1-29。

此外,当"任何"同全称量词"都"共现时,测试句中既有肯定句,又有否定句。理由是,否定谓词只是 VP 修饰语,"任何"所构成的短语不在其辖域内,因此,非谓语位置的"任何"不会受到否定词的允准,此类句子中"任何"的允准语仍然是"都",[①]但是第一大类的否定句,"任何"都是在否定词的辖域之内,是受到否定词允准的。每个句类按照不同的允准语分为不同的小类,共 15 小类作为考察对象。

控制句分为几种类型,否定句、疑问句的控制句词汇同实验句完全相同,但是删去了"任何",检验被试是否对"任何"的出现敏感。

表 1-29 考察句式

| 大类 | 编号 | 小类 | 实验句 | 控制句 |
| --- | --- | --- | --- | --- |
| 否定句 | 1A | 不带数量短语的宾语位置 | 他不喜欢任何电影。 | 他不喜欢电影。 |
| | 1B | 主语位置 | 没有任何人喜欢考试。 | 没有人喜欢考试。 |
| | 1C | 介词宾语位置 | 我没把任何东西丢掉。 | 我没把东西丢掉。 |
| | 1D | 带数量短语的宾语位置 | 他不喜欢任何一部电影。 | 他不喜欢电影。 |
| | 1E | 定语位置 | 他不愿意接任何朋友的电话。 | 他不愿意接朋友的电话。 |

---

① 文卫平《英汉负极词 any 与"任何"的允准》,《外语教学与研究》2013 年第 2 期。

第六节 以汉语为第二语言的学习者习得"任何"的研究　123

（续表）

| 大类 | 编号 | 小类 | 实验句 | 控制句 |
| --- | --- | --- | --- | --- |
| 疑问句 | 2A | 正反问 | 有没有任何人在里面？ | 有没有人在里面？ |
| | 2B | 是非问 | 观众当中有任何女士吗？ | 观众当中有女士吗？ |
| 肯定句 | 3A | 能愿动词 | 他会说任何一种欧洲语言。 | 他说任何一种欧洲语言。 |
| | 3B | 推测副词 | 人的一生可能发生任何事情。 | 人的一生发生任何事情。 |
| | 3C | 隐性否定动词 | 他阻止我吃任何东西。 | 他阻止我吃东西。 |
| | 3D | 比较句 | 我比任何同学都喜欢看足球。 | 我比同学喜欢看足球。 |
| 条件句 | 4A | 条件分句主语位置 | 如果学校里的任何一个人欺负你，请告诉我。 | 学校里的任何一个人欺负你。 |
| | 4B | 条件分句宾语位置 | 如果他欺负了班里的任何人，请告诉我。 | 他欺负了班里的任何人。 |
| | 4C | 结论分句主语位置 | 如果学校里的人欺负她，任何人都可以告诉我。 | 任何人都可以告诉我。 |
| 与"都"共现 | 5A | "都" | 任何国家都有自己的特色。 | 任何国家有自己的特色。 |

肯定句的控制句与实验句词汇完全相同，但是删去了允准语，例如，实验句为"人的一生可能发生任何事情"，控制句为"人的一生发生任何事情"。通过比较被试对实验句和控制句的可接

受度，可以看出被试对语义允准条件是否敏感。

条件句中的控制句根据"任何"出现在分句的位置分为两种类型，如果"任何"出现在条件句分句中，那么控制句为删去了"如果"的条件分句。比如"如果学校里的任何一个人欺负你，请告诉我"，控制句为"学校里的任何一个人欺负你"。如果"任何"出现在结论分句中，那么控制句为去掉了"如果"这一条件分句的部分。比如"如果学校里的人欺负她，任何人都可以告诉我"，控制句为"任何人都可以告诉我"，这是考察被试是否习得了条件句这一允准条件。

上述每类实验句和控制句各 3 个句子，共计 87 个句子，其中 1A 和 1D 两类句子所对应的控制句相同。所有句子在问卷中随机排列。

测试以问卷形式进行。问卷第一部分是被试信息，实验组的信息包括姓名、性别、母语、年龄、在自己国家学习汉语的时间、在中国学习汉语的时间、HSK 成绩和考试时间。母语组信息为性别、方言、年龄。在正式测试部分，每个测试句的后面都有一个量表。如图 1-5：

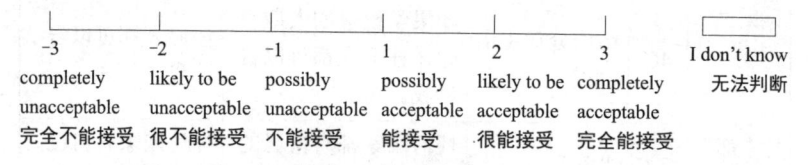

| -3 | -2 | -1 | 1 | 2 | 3 | I don't know |
|---|---|---|---|---|---|---|
| completely unacceptable | likely to be unacceptable | possibly unacceptable | possibly acceptable | likely to be acceptable | completely acceptable | 无法判断 |
| 完全不能接受 | 很不能接受 | 不能接受 | 能接受 | 很能接受 | 完全能接受 | |

图 1-5　测试量表

用"-3"到"+3"表示从"完全不接受"到"完全接受"，右边还有一个方框，表示"无法判断"，要求被试在认为合适的地方做出标识。

### （二）被试信息

我们向以汉语为第二语言的学习者发放测试卷 68 份，收回有效测试卷 62 份。同时，作为对照组，向汉语母语者发放测试卷 25 份，收回有效测试卷 22 份。所有学习者被试均来自中山大学国际汉语学院的中级 2 班、中级 3 班、中级 4 班和高级 1 班的学生。测试采用分级别集中测试的方式进行。问卷未完成或者答案有明显规律，例如都选 1 或者-1，视作无效问卷。中级 2 班为刚学完初级课程，即学时为一年的学生，中级 3 班、4 班学生学时比中级 2 班多一个学期，高级 1 班比中级 3 班、4 班的学生多一个学期的学时。其中，中级 2 班 20 人，中级 3 班、4 班共 22 人，高级 1 班 20 人。问卷对被试可能不认识的词，都标注了拼音和英文注释。测试前，主试告知被试如发现有不认识的词可以告诉主试，主试可以给予解答。在测试中，一旦发现有被试询问"任何"一词，待确认被试不认识"任何"一词后，立即停止测试。测试后，主试会跟被试确认是否认识"任何"一词，表示学过并且认识"任何"的被试的问卷作为有效问卷保留。

## 三 测试结果

我们计算出了不同组别对不同句类做出判断的平均值，并且计算出了曼惠特尼 U 系数，用以比较母语者和学习者对实验句和控制句的判断是否存在显著差异，见表 1-30。

表 1-30　被试对各类句式接受度的平均值

| 大类 | 编号 | 小类 | 实验句 母语者 | 实验句 高级 1 | 实验句 中级 3、4 | 实验句 中级 2 | 控制句 母语者 | 控制句 高级 1 | 控制句 中级 3、4 | 控制句 中级 2 |
|---|---|---|---|---|---|---|---|---|---|---|
| 否定句 | 1A | 不带数量短语的宾语位置 | 1.23 | 1.28 | 1.50 | 0.12 | 2.40 | 1.07** | 1.70* | 0.96** |
| | 1B | 主语位置 | 1.27 | 1.32 | 0.65 | 0.05 | 2.64 | 1.78* | 1.30** | 2.24 |
| | 1C | 介词宾语位置 | 1.24 | 0.95 | 0.09** | 0.05 | 2.20 | 1.22** | 0.67** | 1.13** |
| | 1D | 带数量短语的宾语位置 | 1.06 | 0.55 | 0.88 | -0.27 | | | | |
| | 1E | 定语位置 | 0.82 | 1.25 | 0.88 | 0.75 | 2.55 | 1.96 | 1.08** | 1.00** |
| 疑问句 | 2A | 正反问 | -0.53 | 0.33* | 0.02 | 0.61** | 2.60 | 1.65* | 0.97** | 1.86* |
| | 2B | 是非问 | -0.35 | 0.25 | 0.32 | 0.03 | 2.68 | 2.08* | 1.20** | 1.20** |

第六节 以汉语为第二语言的学习者习得"任何"的研究

（续表）

| 大类 | 编号 | 小类 | 实验句 |||| 控制句 ||||
|---|---|---|---|---|---|---|---|---|---|---|
| | | | 母语者 | 高级1 | 中级3、4 | 中级2 | 母语者 | 高级1 | 中级3、4 | 中级2 |
| 肯定句 | 3A | 能愿动词 | 1.64 | 0.70 | 0.65 | 0.31** | -0.90 | -0.13* | 0.56** | 0.32** |
| | 3B | 推测副词 | 1.71 | 0.93 | 1.06 | 0.73* | 0.42 | 0.75 | 0.98 | 1.19* |
| | 3C | 隐性否定动词 | 0.86 | 1.02 | 1.00 | 0.25 | 2.1 | 1.00** | 1.39* | 0.48** |
| | 3D | 比较句 | 1.95 | 1.08 | 0.86** | 0.27** | 1.27 | 1.17 | 1.03 | 1.13 |
| 条件句 | 4A | 条件分句主语位置 | 1.55 | 1.85 | 1.55 | 1.50 | -1.55 | -1.73 | -0.11** | -0.12** |
| | 4B | 条件分句宾语位置 | 1.62 | 2.12* | 1.05 | 1.12 | -2.13 | -0.90** | 0.62** | 0.02** |
| | 4C | 结论分句主语位置 | -0.42 | 0.72** | 1.02** | 1.20** | 0.20 | 1.20** | 0.86* | 1.43** |
| 与"都"共现 | 5A | "都" | 2.02 | 1.83 | 1.27* | 1.47 | 0.52 | 0.55 | 1.44** | 0.88 |

注：*表示均值同母语者的差异比较显著，即 $p<0.05$；**表示均值同母语者的差异非常显著，即 $p<0.01$。

由表 1-30 中母语者实验句的分值可以看出，几类允准语的允准能力是不同的。根据母语者的判断，我们把允准语的允准能力分为四个层次。平均分值是负值的允准语不具备允准能力。平均分值是 0～1 的，允准能力弱。平均分值是 1～1.5 的，允准能力较强。分值在 1.5 以上的，允准能力强。按照这样的标准，正反问、是非问不具备允准能力，这同 Kuo 的观点[①] 正好相悖。隐性否定动词允准能力很弱，这说明母语者对隐性否定动词的允准能力有些不确定，需要更多的语境支持。允准能力较强的情况是当允准语为否定词，"任何"位于不带数量短语的宾语、主语、介词宾语以及带数量短语的宾语位置时。允准能力最强的是能愿动词、推测副词、比较句、"都"及位于条件分句主语和宾语位置时。

当否定词做允准语时，母语者对实验句的接受度明显不及控制句（即对应的无"任何"的句子）高。我们推测，这是因为在否定情况下，"任何"的出现还应该有更多的语境来支撑。例如"他不喜欢任何电影"和"他不喜欢电影"相比，前面一句中的"任何"是否定极性表达形式，其中包含的语义更为丰富，要在特定的语境中使用；而"他不喜欢电影"就是一个简单的否定句。因此在孤立的情况下，后者比前者更易于接受。同样，隐性否定动词蕴含着隐性否定的意味[②]，因此在隐性否定动词允准下的实验句分值不如控制句也应该是出于语境不够充分的缘故。

---

[①] Kuo, C.-M. *The Fine Structure of Negative Polarity Items in Chinese*. Unpublished doctoral dissertation of University of Southern California, 2003.

[②] 袁毓林《隐性否定动词的叙实性和极项允准功能》，《语言科学》2014 年第 6 期。

### 第六节 以汉语为第二语言的学习者习得"任何"的研究

我们可以看到,学习者分值在-1～+1之间的句式明显多于母语者,这说明他们对一部分允准语的允准能力是非常不确定的。在控制句的判断上,学习者在很多句式的判断上同母语者有显著差异,这有很大一部分原因是因为他们给出的分数普遍低于母语者的分数,这体现了他们对自身语感不如母语者自信,但是从后面的表中可以看出,他们在很多情况下对"任何"和允准语的出现其实是敏感的。

控制句的判断上,中级2对1A的控制句判断有些不确定,经测试后回访,很多被试认为在无体标记的情况下,此处宾语需要修饰成分或者定指成分。

表 1-31 学习者同母语者在各类句式上的均值对比

| 大类 | 编号 | 小类 | 实验句 母语者 | 高级1 | 中级3、4 | 中级2 | 控制句 母语者 | 高级1 | 中级3、4 | 中级2 |
|---|---|---|---|---|---|---|---|---|---|---|
| 否定句 | 1A | 不带数量短语的宾语位置 | 1.23 | √√ | √√ |  | 2.4 | √ | √ |  |
| | 1B | 主语位置 | 1.27 | √√ |  |  | 2.64 | √ | √ | √√ |
| | 1C | 介词宾语位置 | 1.24 | √√ |  |  | 2.2 | √ |  |  |
| | 1D | 带数量短语的宾语位置 | 1.06 |  |  |  |  |  |  |  |
| | 1E | 定语位置 | 0.82 |  |  |  | 2.55 | √√ | √ | √ |
| 疑问句 | 2A | 正反问 | -0.53 |  |  |  | 2.6 | √ |  | √ |
| | 2B | 是非问 | -0.35 |  |  |  | 2.68 | √ | √ | √ |
| 肯定句 | 3A | 能愿动词 | 1.64 |  |  |  | -0.9 |  |  |  |
| | 3B | 推测副词 | 1.71 |  | √ |  | 0.42 |  |  |  |
| | 3C | 隐性否定动词 | 0.86 |  |  |  | 2.1 | √ | √ |  |
| | 3D | 比较句 | 1.95 | √ |  |  | 1.27 | √√ | √√ | √√ |

（续表）

| 大类 | 编号 | 小类 | 实验句 |||| 控制句 ||||
|---|---|---|---|---|---|---|---|---|---|---|
| | | | 母语者 | 高级1 | 中级3、4 | 中级2 | 母语者 | 高级1 | 中级3、4 | 中级2 |
| 条件句 | 4A | 条件分句主语位置 | 1.55 | √√ | √√ | √√ | -1.55 | √√ | | |
| | 4B | 条件分句宾语位置 | 1.62 | √√ | √√ | √√ | -2.13 | | | |
| | 4C | 结论分句主语位置 | -0.42 | | | | 0.2 | | | |
| 与"都"共现 | 5A | "都" | 2.02 | √√ | √ | √√ | 0.52 | | | |

注："√"表示母语者和学习者倾向性一致（同为正值或负值），而且达到"接受"（≥1）或"不接受"（≤-1）的标准；"√√"表示不仅满足倾向性一致的标准，而且两组无显著差异。

从表1-31看出，在对实验句的判断中，高级1的学习者比中级2学习者和中级3、4学习者更接近母语者的表现。总体来说，学习者同母语者表现最为一致的是句式1A、1B、1C、4A、4B和5A。允准语境分别为否定句中的一些句类、条件句和"都"。在3D句类，也就是比较句中同母语者比较一致。同高级学习者比较，中级3、4的学习者在1B和1C的句式上同母语者不一致，中级2的学习者在否定句的判断上同母语者都不一致。结合表1-30可以看出，中级学习者对这几类否定句是非常不确定的。从表1-31还可以看出，学习者和母语者表现最为不一致的是当能愿动词、推测副词做允准语的时候。学习者的分值大多在0～1之间，表现得很不确定，而这两类允准语的允准能力是比较强的。这说明学习者未能习得这两类允准语。由于在1E、2A、2B、3C和4C

的条件下,母语者的分值也很不确定,因此表 1-31 无法体现学习者和母语者是否一致,这几类允准语的允准能力还值得讨论。

我们对每组被试对实验句和控制句配对的接受度是否存在显著差异也做了曼惠特尼 U 系数检验,根据显著性的不同,得到了表 1-32。

表 1-32 控制句和实验句配对差异性检验结果

| 大类 | 编号 | 小类 | 母语者 | 高级 1 | 中级 3、4 | 中级 2 |
|---|---|---|---|---|---|---|
| 否定句 | 1A | 不带数量短语的宾语位置 | 0.00** | 0.993 | 0.024* | 0.013* |
| | 1B | 主语位置 | 0.00** | 0.115 | 0.064 | 0.00** |
| | 1C | 介词宾语位置 | 0.001** | 0.316 | 0.082 | 0.002** |
| | 1D | 带数量短语的宾语位置 | 0.546 | 0.026* | 0.089 | 0.361 |
| | 1E | 定语位置 | 0.00** | 0.006** | 0.352 | 0.236 |
| 疑问句 | 2A | 正反问 | 0.00** | 0.000** | 0.01* | 0.002** |
| | 2B | 是非问 | 0.00** | 0.000** | 0.011* | 0.001** |
| 肯定句 | 3A | 能愿动词 | 0.00** | 0.033* | 0.851 | 0.983 |
| | 3B | 推测副词 | 0.002** | 0.612 | 0.652 | 0.237 |
| | 3C | 隐性否定动词 | 0.000** | 0.797 | 0.119 | 0.540 |
| | 3D | 比较句 | 0.002** | 0.928 | 0.419 | 0.044* |
| 条件句 | 4A | 条件分句主语位置 | 0.00** | 0.00** | 0.000** | 0.000** |
| | 4B | 条件分句宾语位置 | 0.00** | 0.00** | 0.301 | 0.003** |
| | 4C | 结论分句主语位置 | 0.037* | 0.235 | 0.321 | 0.137 |
| 与"都"共现 | 5A | "都" | 0.00** | 0.009** | 0.610 | 0.114 |

注:* 代表差异比较显著,** 代表差异非常显著。

由表 1-32 看出，虽然学习者和母语者在某一些语境中表现不一致，但是学习者对允准语的出现是敏感的。以高级学习者为例，虽然实验句判断同母语者不一致，但是实验句和控制句的差异显著，例如 1D 和 3A。中级 3、4 和高级 1 的学习者对否定句控制句和实验句的判断差异普遍不显著。前面已经提到，这可能是母语者对"任何"在否定句中出现的语境要求更高，使得实验句和控制句差异很显著，而高级 1 和中级 3、4 的学习者对"任何"显然不如母语者敏感。中级 2 在否定句判断上出现显著差异是由于对实验句的判断极其不确定造成的。

　　除了"任何"处于带数量短语的宾语位置之外，母语者对其他句类的控制句和实验句接受度差异都是非常显著的；学习者对"都"、能愿动词的敏感度随着学时的提高而增强。总的说来，学习者对"任何"和允准语是否出现的敏感度呈上升趋势，说明中介语是在发展阶段。

　　综合整个测试结果，学习者习得最好的是否定句中的 1A、1B 和 1C 句式，条件句中的 4A 和 4B 句式，以及"都"做允准语的 5A 句式。一直到高级都尚未完全习得的是 3A 和 3B 句式，即能愿动词和推测副词做允准语的句式。

## 四　讨论

　　本节的主要发现有：语言系统中的允准语允准能力并不一致，有些允准语允准能力很强，有些则很弱甚至基本不具备允准能力。学习者能够习得一部分允准语和语境，例如，条件句和一部分否定句以及以"都"做允准语的句子；学习者未能习得一些允准语，例如肯定句中以能愿动词和推测副词做允准语时；从中级2到高级学习者的表现呈发展状态，最为接近母语者表现的是高级组的学习者。

首先，从测试结果可以看出，学习者能够习得一部分允准语。这说明句法—语义界面可能会给习得造成一定的困难，但是并非完全不可习得。例如条件句的习得，学习者从中级2开始就和母语者非常一致，说明这一句法和语义的界面并没给学习者造成困难。我们将允准语的允准能力按照强弱划分为四个等级，高级组学习者同母语者判断一致的允准语境中，其允准能力都是在较强以上。因此，高级学习者的表现同允准能力的强弱有着非常密切的关系。允准能力越强，学习者的敏感度越高。由此，句法—语义的界面是否能习得是不能泛化的。这些发现同Yuan、Zhao一致。[1]

然而，由表1-30可以看出学习者最为不确定的是当能愿动词、推测副词做允准语的时候，这说明句法—语义界面的确会给习得造成一定的困难。Yuan提到我们可以把允准语分为词汇语类和功能语类，学习者的习得同允准语属于哪一种语类有着密切的关系。[2] 功能语类做允准语会造成习得的困难。在一些学者看来，

---

[1] Yuan, B.-P. Domain-wide or Variable-dependent Vulnerability of the Semantics-syntax Interface in L2 Acquisition? Evidence from Wh-words Used as Existential Polarity Words in L2 Chinese Grammars. *Second Language Research*, 2010(26); Zhao, X.-L. Ultimate Attainment of Anaphora Resolution in L2 Chinese. *Second Language Research*, 2014(30).

[2] Yuan, B.-P. Domain-wide or Variable-dependent Vulnerability of the Semantics-syntax Interface in L2 Acquisition? Evidence from Wh-words Used as Existential Polarity Words in L2 Chinese Grammars. *Second Language Research*, 2010(26).

能愿动词是属于功能语类，本质上是语用的。①按照马庆株的分类②，我们列举的推测副词"可能""大概""好像"也可列入表可能的能愿动词。从表 1-30 中控制句的情况可以看出，当能愿动词不存在时，学习者的表现也是非常不确定的。这说明，学习者内在的语言知识使得他们判断这里可能有一个潜在的允准语，但是没有能够成功在能愿动词和被允准的"任何"之间建立起界面关系。我们支持 Yuan 的观点，功能语类会造成习得的困难。例句所用的能愿动词分别是"会""可以""能"。按照 Yuan 的说法，学习者所习得的可能是具体某个词的意思以及句法位置，但是他们不能在这些词和"任何"之间建立起联系。③

史静儿、赵杨的研究认为"了"这一允准语的习得失败有两个原因，一是"了"作为功能词给习得造成了困难，二是受到母语迁移的影响。④我们的研究结果支持第一个结论。由于我们没有严格控制被试的母语背景，因此不能轻易下结论说条件句的习得是来自母语的正迁移。我们只能提供英语的证据，英语中 any 也可以出现在条件句中。⑤例如：

---

① 温宾利、程杰《论轻动词 V 的纯句法本质》，《现代外语》2007 年第 2 期；徐杰《生成语法的"语类"与传统语法的"词类"比较研究》，载陈桂月、徐杰、钟奇主编《汉语研究与汉语教学》，北京语言大学出版社 2010 年版。

② 马庆株《能愿动词的连用》，《语言研究》1988 年第 1 期。

③ Yuan, B.-P. Domain-wide or Variable-dependent Vulnerability of the Semantics-syntax Interface in L2 Acquisition? Evidence from Wh-words Used as Existential Polarity Words in L2 Chinese Grammars. *Second Language Research*, 2010(26).

④ 史静儿、赵杨《泰语母语者汉语疑问代词虚指用法习得研究》，《世界汉语教学》2014 年第 2 期。

⑤ 文卫平《英汉负极词 any 与"任何"的允准》，《外语教学与研究》2013 年第 2 期。

(13) If you need any help, let me know.

如果否定极性词被条件句允准是大部分语言的共性，那这可能是使学习者习得条件句成功的原因，但是还需要区分母语者的背景以做进一步考察。

此外，输入不足可能也是造成学习者困难的原因之一。Zhao 也提到了输入可能是造成习得困难的原因之一。[①] 以《发展汉语》[②] 综合课教材为例，在初级Ⅱ、中级Ⅰ和中级Ⅱ中，"任何"一共出现了七次，在初级Ⅱ和中级Ⅰ各出现一次。其中五次都是否定句，两次是在介词后面，一次是在主语位置，两次是在宾语位置，两次是肯定句中与"都"共现。但是由于考察的教材不够完备，只能推测教材的输入不足，尤其是语境展现的不足造成了学习者没能习得某些允准条件。我们还推测，"任何"是一个书面语色彩比较浓的词，学习者在日常生活中同母语者进行口头交流时的输入也不够多，而且即使有输入，还有将"输入"是否转化为了"摄入"的问题。[③] 这有待于今后进一步的研究。

## 五 结论及对教学的启示

研究显示，学习者对"任何"位于否定句中主语位置、宾语位置、介词宾语位置、条件句中及"都"的允准下习得情况最好，

---

① Zhao, X.-L. Ultimate Attainment of Anaphora Resolution in L2 Chinese. *Second Language Research*, 2014(30).
② 李泉主编《发展汉语》，北京语言大学出版社 2012 年版。
③ Zhao, X.-L. Interpretation of Chinese Overt and Null Embedded Arguments by English-speaking Learners. *Second Language Research*, 2012 (28).

但是其他的允准条件特别是能愿动词和推测副词做允准语时同母语者存在着显著差异。这说明，学习者在句法—语义这一界面的习得上的确存在问题，但是这一界面并非完全不可习得。习得的困难还可能和功能语类、输入量的多少和母语背景有一定的关系。本研究只是对"任何"习得的一个初探，在今后的研究中，应该进一步控制被试的母语背景，探寻母语的影响。另外，还要挑选程度更高的被试，以证明句法—语义所形成的一些界面是否真的是不可习得。我们认为，学习者的习得同教学的关系也很密切。教学中，教师一般会强调"都"的重要性，以及"都"和表示任指的限定词一定要共现，这给学习者习得这一允准条件带来了积极的影响。这说明，教师在一定程度上可以帮助学生克服句法—语义的界面带来的困难。在教学和教材编写中，应该增加此类词语出现的语境。

# 第二章

# 基于社会语言学视角的汉语习得研究

## 第一节 美国学生习得第三声的声调情境变异研究①

对语言情境变异的研究始于20世纪60年代末社会语言学对母语者的语言研究。Labov提出语体变换理论，即说话人在能够加以注意的语体下，更频繁地使用享有声望的语音，而在很少或者不注意语音的语体中，更频繁地使用不那么有声望的语音。②

在第二语言习得研究中，Dickerson证实了Labov的语体变换理论：以英语为第二语言的日本学习者在自由发言、朗读对话、朗读词表三种情境语境下出现的目的语形式依次增加。③Tarone提出了第二语言学习者的"中介语风格连续体"理论。④她认为，

---

① 本节作者：严彦，原载《汉语学习》2010年第1期。
② 转引自 Dickerson, L. The Learner's Interlanguage as a System of Variable Rules. *TESOL Quarterly*, 1975(9).
③ Dickerson, L. The Learner's Interlanguage as a System of Variable Rules. *TESOL Quarterly*, 1975(9).
④ Tarone, E. Systematicity and Attention in Interlanguage. *Language Learning*, 1982 (32); Tarone, E. On the Variability of Interlanguage Systems. *Applied Linguistics*, 1983 (4).

学习者在不同的表达情境中，由于对语言输出注意的程度由少到多而形成了由"随便体"到"严谨体"的不同语体风格。这一理论在以汉语为第二语言的习得研究中得到了部分支持。袁博平通过对三个水平的英语母语者在五种情境语境下运用声调的情况的调查，发现在不同情境语境下学生随注意力不同，运用汉语声调的正误数据形成一个变化的连续统；但字、词、句三种情境任务之间差异都不显著，三个水平的被试对这三种情境任务都不敏感。[1] 梅丽调查了三个水平的日本学习者在两种情境语境下习得卷舌声母的情况，发现其中 zh 和 sh 的发音受到了情境语境影响，而 ch 的发音没受到影响。[2]

也有一些研究结果对这一理论提出了质疑。[3] 他们对学习者语体变换的复杂性有了进一步的认识，并提出：较强社会价值的上位规则、目的语特征的难度、任务的功能性需求、学习者的母语、学习者的心理过程、所掌握的知识类型以及不同任务对知识系统的不同要求等众多因素都会影响学习者的语体变换。可见第二语言习得研究的情境变异比母语者复杂得多。

汉语的四个声调[4]是留学生习得的重点和难点，也是美国学

---

[1] 袁博平 Variability and Systematicity in the Performance of the Four Chinese Tones by English SLA Learners of Chinese，《世界汉语教学》1995 年第 1 期。

[2] 梅丽《日本学习者习得普通话卷舌声母的语音变异研究》，《世界汉语教学》2005 年第 1 期。

[3] Ellis, R. *The Study of Second Language Acquisition*. Oxford University Press, 1994.

[4] 本节提到的"汉语的声调"皆为汉语普通话的声调，不涉及方言。

### 第一节 美国学生习得第三声的声调情境变异研究

生形成"洋腔洋调"的根源[①],其中以第三声的习得最困难[②]。对声调习得的研究经历了从对比分析到偏误分析再到中介语研究的过程,积累了大量经验,但仍存在以下不足:第一,忽视了习得过程中的声调变异现象;第二,忽略了学习者的声调动态发展变化;第三,被试范围在个体差异、数量以及语言水平方面不够理想;第四,实践与理论的结合还不够,尚未建立起对外汉语自己的声调理论。

本节试图对美国学生习得普通话第三声的声调情境变异现象做深入考察,需要进一步讨论的是:第一,声调变异是否受到情境语境影响?第二,美国学生在不同情境下运用第三声的语体变换是否符合Tarone"中介语风格连续体"理论?[③] 以期为第二语言习得理论提供一些新的实证材料,同时也可为对外汉语的语音教学、对美国学生的声调教学提供一些参考。

## 一 情境语境对美国学生第三声声调变异的影响

### (一)实验方法

实验设计:3×3重复测量一个因素的二因素混合实验设计。

---

① 林焘《语音教学和字音教学》,《语言教学与研究(试刊)》1977年第4期;林焘《语音研究和对外汉语教学》,《世界汉语教学》1996年第3期;张朋朋、徐鲁民《试析"洋腔洋调"问题》,《语言教学与研究》1981年第3期;朱川《对外汉语中介音类型研究》,《第五届国际汉语教学讨论会论文选》,北京大学出版社1997年版。

② 刘月华、刘广徽《谈对说英语的学生进行汉语语音教学的问题》,《语言教学与研究》1977年第3期。

③ Tarone, E. On the Variability of Interlanguage Systems. *Applied Linguistics*, 1983 (4).

被试间因素为美国学生的汉语水平（A），分为初级、中级、高级；被试内因素为情境任务，分为朗读单音节字、朗读双音节词和朗读句子。

实验被试：来华短期强化学习的非华裔美国大学生共 49 名，其中初级汉语水平 17 名，中级汉语水平 16 名，高级汉语水平 16 名。"初级汉语水平"学习者到本实验测试时学习了一年左右的汉语。"中级汉语水平"学习者学习了两年左右。"高级汉语水平"学习者学习了三年及三年以上。为了避免受方言声调的影响，本实验选择的被试均为非华裔。

实验材料：第一，字表：高频第三声单音节字 32 个，配上 10 个其他三个声调的干扰字，随机排列。第二，双音节词表：另选高频第三声单音节字 32 个，配上四个声调其他 32 个字，组成 32 个合乎词法的双音节词，随机排列。第三，句子表：另选高频第三声单音节字 32 个，平均分在 8 个句子中，随机排列。句长控制在 9～11 字之间。

每个实验材料中分别使用 32 个各不相同的第三声目标字，共 96 个，这 96 个目标字覆盖所有的声母、韵母。经前测，96 个目标字均为同等水平学生所熟识。

实验过程：49 名被试按拉丁方顺序朗读三个实验材料，在安静的教室里进行一对一的录音。

因变量的测量指标：美国学生第三声的发音得分。采用语音软件 Praat 分析和人耳听辨相结合。

（二）结果分析

对发音得分的方差分析结果如图 2-1 所示：

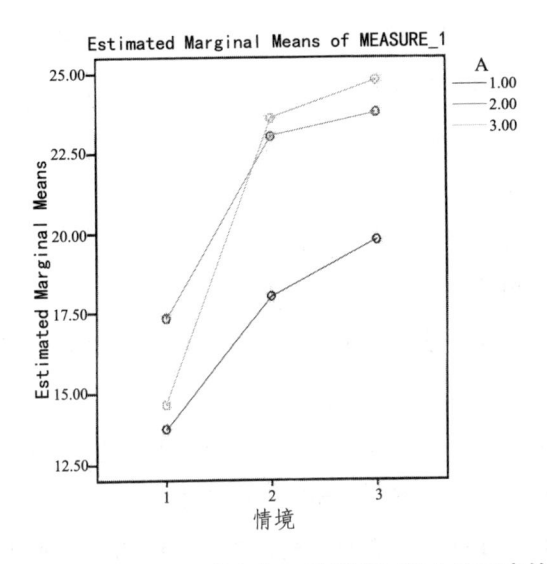

## 第一节 美国学生习得第三声的声调情境变异研究 141

**图 2-1 三个水平美国学生在三种情境语境中第三声的发音**

"被试水平"因素（A）的主效应差异显著（$F0.05_{(2, 46)}$=3.628，$p$=0.034）。经多重比较，中级水平明显好于初级水平，且差异显著（$p$=0.019）；高级水平与中级水平差异不显著（$p$=0.830）。"情境语境"因素的主效应非常显著（$F0.05_{(2, 92)}$=80.456，$p$=0.000），情境语境和被试汉语水平的交互作用显著（$F0.05_{(4, 92)}$=3.226，$p$=0.016）。经简单效应检验：在单字情境中，三个水平被试发第三声的正确率差异不显著（$F0.05_{(2, 46)}$=1.42，$p$=0.252）；在双音词和句子情境中，三个水平被试发第三声的正确率差异分别为显著（$F0.05_{(2, 46)}$=4.80，$p$=0.013）和非常显著（$F0.05_{(2, 46)}$=5.30，$p$=0.008）。由此我们认为，美国学生在双音节词和句子中读第三声，均受到了汉语水平的影响；而在单字中没有受到汉语水平的影响。

三个水平被试发第三声的正确率都呈现出相同的情况：句子

情境＞双音词情境＞单字情境；并且三个水平被试在三种情境下正确率差异也都非常显著：初级（$F0.05_{(2, 92)}$=15.82，$p$=0.000），中级（$F0.05_{(2, 92)}$=20.25，$p$=0.000），高级（$F0.05_{(2, 92)}$=50.07，$p$=0.000）。由此我们认为，初、中、高级美国学生读第三声均受到了情境语境的影响。

（三）讨论

方差分析结果表明，初、中、高级汉语水平的美国学生，对普通话第三声的发音均受到了情境语境的影响。为了进一步考察情境语境的影响，本节将初、中、高级美国学生的第三声声调变体在三种情境语境中的个数和比例做了比较。

经比较，在朗读字表时，初、中、高级的声调变体中标准变体（即正确发音）分别占43.38%、54.1%、45.7%；而在朗读词表时，标准变体分别占56.25%、71.88%、73.63%；在朗读句子时，标准变体分别占61.76%、74.22%、77.34%。可见，第三声的正确发音都一致表现为：在句子朗读中多于词表朗读中，更多于字表朗读中。至于朗读字表的正确率没能随汉语水平的提高而提高的复杂现象，我们将另文讨论。

由上面图 2-1 可见，虽然三种情境语境的主效应非常显著，但是三者之间的顺序却恰恰与 Tarone "中介语风格连续体"[①] 理论相反，为什么会出现这样的结果呢？

据 Homogenity of variances test 检测，单音字、双音词和句子这三种情境语境的总体方差是相等的，满足方差检验的前提条件。

---

① Tarone, E. On the Variability of Interlanguage Systems. *Applied Linguistics*, 1983 (4).

## 第一节 美国学生习得第三声的声调情境变异研究

实验材料的难度不一致而导致研究结果与假设相悖的可能性被排除之后，我们考虑从以下几点对研究结果做出解释：

第一，三种情境语境的特征：单音字、双音词和句子的语言长度不同，必然导致注意力分配不同，此外，还有其他方面的差异。单个汉字的意思有相当的模糊性，很多情况下，必须仰赖前后的文义和语境才能确定。① 词才是句法及语义分析中的重要功能运作单位，但其词性既不明显又不稳定。所以读者对中文的理解不能在阅读个别词汇时立即进行，而必须采用暂时储存的方式，直到词组或句尾才开始进行。② 而句子比较重视结构成分间在意义上的配合（即隐性的语义结构关系）。

对第二语言习得者而言，熟悉的语言环境（包括情境语境）对语言的感知起着至关重要的作用。Bialystock 认为中介语变体的自动化程度不同；越熟悉越熟练的变体，其自动化程度越高，需要的注意力也就越少。③ 可见，自动化程度有着可以超越注意力程度的影响力，且这一观点得到了声调变异研究的证明。从访谈中得知，这些美国学生认为句子提供了丰富的信息和熟悉的话题，而且最接近真实语境，所以发音难度最小。而双音节词提供的发音信息介于句子和单字之间，也符合学生最初记忆的组块化模式，所以发音难度居中。而单字在发音自然度、熟悉度、趣味性、记忆难度和提供信息量方面难度最大，所以发音难度也最大。

---

① 转引自彭聃龄《汉语认知研究》，山东教育出版社1997年版。
② 同上。
③ 转引自袁博平 Variability and Systematicity in the Performance of the Four Chinese Tones by English SLA Learners of Chinese,《世界汉语教学》1995年第1期。

第二，第二语言习得者的声调通达方式：目前对汉字的认知通达方式尚无定论。对汉语母语者的研究表明，对语音的处理是在到达字义之前发生的。[1] 然而这种观点并未说明语音处理是提取语义的一个必要且充分条件，而且神经心理学的某些发现也与之尚有矛盾。周晓林认为，汉字是表意文字这一特点决定了阅读中文时语义的激活主要是由字形而非语音决定的，直接的视觉通路比间接的语音通路更重要。[2] 我们认同汉语母语者的字词识别模式是从字形直接到达语义。

　　我们认为，对汉语作为第二语言的学习者而言，语义语境为声调的通达提供了声调线索。当字形作为输入信息和手段通达语义后，语境激活了语义信息，声调信息才随之被激活和提取。因为汉语中声调信息的相关特性暗示着，声调信息可能会在汉语字词识别的较晚阶段获得；[3] 对可懂度的研究也表明，声调信息映射到词汇表征是在口语识别过程的后期。[4] 而语义早在看到字形的时候就直接由视觉通路通达了，所以语义自然承担起通达声调的"桥梁"作用。从第二语言习得的角度来看，声调毕竟是美国学生母语里没有的语言特征，最初习得时，声调是和声韵母、语义一同接触、组块记忆的。所以，语义对第二语言习得者声调的通达起着至关重要的作用。随着语义的明确性和丰富性从句子到双音词到单字递减，习得者对语义信息的提取难度递增，因而声

---

[1]　转引自彭聘龄《汉语认知研究》，山东教育出版社1997年版。
[2]　同上。
[3]　同上。
[4]　Best, J. B. *Cognitive Psychology*. 黄希庭主译《认知心理学》，中国轻工业出版社2000年版。

调信息的激活也越来越难，声调的通达也越来越差。我们的研究结果表明：在句中对第三声的通达最好，在双音词中减弱，在单字中最差。

第三，语境效应：语境提供了自上而下的信息，相关的句子语境可以促进对目标词或目标字的识别。[①]语言加工中，较高水平加工对较低水平加工或先前加工对后续加工的促进作用就是语境效应。[②]语境效应中有一种"词优效应"，即被试对出现在其他单词背景中的单词的识别优于该单词单独出现时的识别。[③]同理，我们推论，被试在明确语义的句子背景中识别一个词优于在模糊语义的背景中识别或单独识别该词，即具有"句优效应"。随着语境丰富性和明确性的强度从句子到双音节词到单字递减，被试对第三声字在这些语境中的识别能力也递减。

第四，美国汉语速成教学的模式：本研究中的被试均来自美国的汉语强化速成班，其特点是：短期、量大；教学任务由讲解老师和操练老师担任；分小班上课；每天都有一对五、一对一的口语操练机会。教学模式一般是听说领先，先语后文，从一开始就注重学生的口头表达能力。本研究初级汉语水平被试所学习的教材，开篇就是长段对话，长度达3～4页（16开）之多。句子有长有短，贴近日常生活，并以口语为主。

第五，学习者个体因素：本研究的被试都是非华裔的美国学生，其中最晚开始学习汉语的被试也始于2004年。当时美国的"汉

---

① 转引自彭聃龄《汉语认知研究》，山东教育出版社1997年版。
② 同上。
③ Best, J. B. *Cognitive Psychology*. 黄希庭主译《认知心理学》，中国轻工业出版社2000年版。

语热",远不如现今的功利性强。我们认为,对这些来中国仅学习一个暑假就回国的非华裔美国学生而言,其学习动机大多是内在型和融合型。非华裔的美国大学生,性格大多外向活泼,喜欢与人交流,更乐于练习口语。所以其接触汉语真实语境,即成句表达的时间更早,机会更多,口语提高更快。随着情境语境从句子到双音节词再到单字,发音的真实性和趣味性逐渐下降,被试觉得单字没意思,很乏味,早已遗忘这种发音的语境了。在访谈中,我们还发现被试把发音的精神状态看得非常重要。接受访谈的20名美国学生一致认为他们的声调在课下与朋友聊天时远远好于课堂上与老师与同学的对话,原因是前者很放松,后者比较紧张,影响发挥。可见焦虑的情感因素对美国学生说汉语的影响大大超过了注意力程度。一些观察结果表明焦虑感越强烈的学生外语成绩往往越低,[1] 这一点在口语上尤为明显。[2] 有统计结果表明,不同学习阶段的学生,其焦虑平均值并没有显著差异。[3] 这也可以解释我们的研究结果:不管是初、中还是高级汉语水平的学生,他们的声调变异都存在相同的情境效应,都统一地表现为第三声的发音正确率与焦虑感呈负相关。

第六,汉字和声调的特殊性:众多的实验证明在中文及拼音文字系统中,由于文字建构原则(表意或表音)的差异对文字加

---

[1] 转引自余心乐《成人学生英语课堂焦虑感与听力理解成绩的关系》,《语言教学与研究》1999 年第 2 期。

[2] Ellis, R. *The Study of Second Language Acquisition*. Oxford University Press, 1994.

[3] 钱旭菁《外国留学生学习汉语时的焦虑》,《语言教学与研究》1999 年第 2 期。

工可以产生根本的影响。[1] 因此，在探讨有关问题时，可以参考，但不能过分依赖以西方语言文字为对象的思考方式、研究方法及研究成果。在汉语作为第二语言的习得中，我们要充分了解汉语的特点。众所周知，汉字是表意文字，对外国学生来说，见形知音比较困难。所以对表音文字起监控作用的注意力程度不一定对表意文字起作用，或不一定起等量的作用。声调不仅是汉语中的难点，而且还容易与英语（被试的母语）中的语调混同，发生负迁移，很可能造成被试对声调输出注意的程度与其他语言特征注意程度的差异。

由此我们得出对情境效应本质的再认识。Tarone 提出的第二语言学习者的"中介语风格连续体"理论[2]，借鉴了 Labov 的语体变换理论，她认为第二语言学习者的语言变异中存在情境效应是由注意力程度决定的。我们的研究结果表明，美国学生第三声的声调变异的确存在情境效应，但顺序恰恰相反，而且这种情境效应不完全是由注意力程度决定的。那么，如何认识情境效应的本质呢？

第一，Labov 的语体变换理论是用社会语言学的方法在社会情境语境下研究语言变异，研究者希望同时了解学习者的语言能力和社会语言能力。他们定义的"情境语境"涉及变异来源、变体的声望性、环境权重、听话人的重要性及说话人对听众群体的

---

[1] 转引自彭聃龄《汉语认知研究》，山东教育出版社 1997 年版。
[2] Tarone, E. Systematicity and Attention in Interlanguage. *Language Learning*, 1982 (32); Tarone, E. On the Variability of Interlanguage Systems. *Applied Linguistics*, 1983 (4).

态度等主观的社会心理方式。[①]而我们的研究只关心学习者的语言能力,对"情境语境"的定义非常客观,仅仅是目标声调出现的文本语境或在什么样的语言任务中输出目标声调。

第二,对成年母语者而言,母语所有语言特征的区别性都较弱。而当研究对象从母语者转变为第二语言习得者之后,语言特征因为有了对比而加剧了其区别性。有的语言特征是习得者母语中已有的,有的是全新的,有的是相似却不完全相同的;有的语言特征针对习得者而言是简单的,有的是困难的,其间也存在一个难易度连续体。Tarone 和 Labov 都曾声明,并非所有的语言特征都会发生语体转换,要看其是否对社会因素敏感。然而社会因素也不一定对许多第二语言习得者都起作用。[②]

第三,既然不是所有第二语言特征的变异都可用"中介语风格连续体"理论来解释,那么还有哪些因素可以对此做出解释呢?Schmidt 和 Major 认为严谨体并非总是最接近目的语。[③]Beebe 认为语言声望性对语言变异的影响先于情境语境。[④]Bialystock 认为学习者掌握的知识类型和不同任务对知识系统的不同要求也造成了中介语的变异。[⑤]Sato、梅丽都认为对于那些语言难度比较大的第二语言特征,即使情境改变,学习者也无法改变自己的表

---

① 转引自 Ellis, R. *The Study of Second Language Acquisition*. Oxford University Press, 1994.
② 同上。
③ 同上。
④ 同上。
⑤ 转引自袁博平 Variability and Systematicity in the Performance of the Four Chinese Tones by English SLA Learners of Chinese,《世界汉语教学》1995 年第 1 期。

现。[1]Tarone、Tarone & Parrish 认为任务的功能性需求会增加学习者的注意。[2]Ellis 补充说明了学习者的母语和学习者的发展阶段等因素都会影响中介语的变异。[3] 我们的研究结果表明，对于声调这样的语言特征，虽然其输出表现随着情境语境的改变而改变，但顺序却与以往的理论相反。本研究中被试的母语虽没有与目的语相对应的声调，却有与声调属于同一声学范畴的语调。由于声调这一语言特征的难度和它在两种语言中的不完全一致性，就会产生情境效应与语言特征本身或者语言表达任务本身的难度问题。换句话说，语言特征的某种特性与情境效应之间有交互作用。以我们了解到的语音特征的变异情况为例（见图 2-2）：

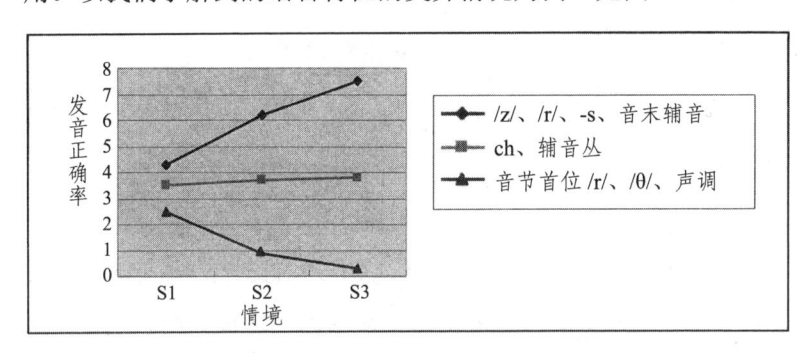

**图 2-2 不同语音特征在变异中的情境效应**

第四，对某些研究对象或者某些语言特征而言，情境语境会

---

[1] 梅丽《日本学习者习得普通话卷舌声母的语音变异研究》，《世界汉语教学》2005 年第 1 期。

[2] Tarone, E. Variability in Interlanguage Use: A Study of Style-shifting in Morphology and Syntax. *Language Learning*, 1985(35); 转引自袁博平 Variability and Systematicity in the Performance of the Four Chinese Tones by English SLA Learners of Chinese，《世界汉语教学》1995 年第 1 期。

[3] Ellis, R. *The Study of Second Language Acquisition*. Oxford University Press, 1994.

引起发音者主观的注意力程度不同(见图2-3中途径①),从而监控自己的语言输出,最终导致输出语体的不同。其中情境语境的主观程度与发音者的注意力程度成正比,也与语言输出的监控性成正比。但是注意力程度并不是产生语言变异的充要条件,对一些特殊的研究对象(如第二语言习得者),对一些特殊的语言特征(如汉语声调),情境语境越客观(如文本语境,而非社会情境),越容易使发音者略过注意力程度引起的语言监控,而直接通达输出语体(见图2-3中途径②)。正如Beebe所认为的那样,不要把"对言语的注意力程度"作为对中介语变异的终极解释,它只是一个"中间因素"。我们用图2-3来表示:

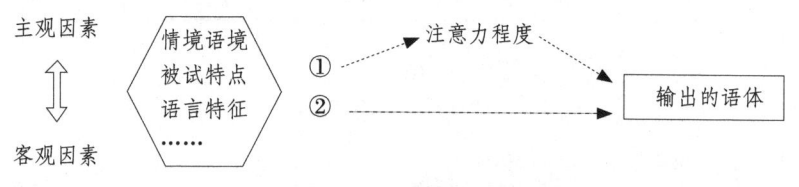

图2-3 情景效应对输出语体的影响

Tarone认为,无法核实那些影响中介语变异的因素,因为在实证材料中它们不是直接可见的,甚至也不间接出现。[①]所以我们要在不断的证实和证伪中发掘更多的影响因素,深入了解丰富多彩的跨语言现象,立足于汉语作为第二语言的教学研究,完善第二语言习得的理论。基于上述几个方面的解释,我们认为学习者的声调变异不仅仅受言语交际的情境制约,还受其他因素的制约。我们提出了下面三条思路,以丰富中介语风格连续体:

---

① 转引自袁博平 Variability and Systematicity in the Performance of the Four Chinese Tones by English SLA Learners of Chinese,《世界汉语教学》1995年第1期。

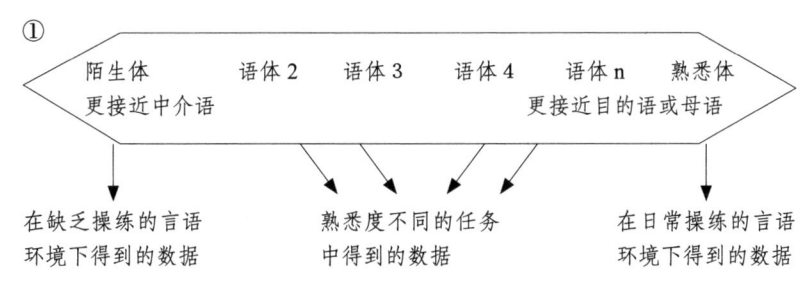

## 第一节 美国学生习得第三声的声调情境变异研究

① 
```
陌生体    语体2    语体3    语体4    语体n    熟悉体
更接近中介语                              更接近目的语或母语
```

在缺乏操练的言语　　熟悉度不同的任务　　在日常操练的言语
环境下得到的数据　　中得到的数据　　　　环境下得到的数据

**图2-4　学习者中介语风格连续体（1）**

我们认为，第二语言习得者的中介语受到情境效应制约，还表现在受到言语环境熟悉度的影响。越是日常接触到的真实情境，学习者越熟悉，发音也就越接近标准体。相反，越是脱离真实情境，学习者对这种发音语境越陌生，表现越牵强，反而影响了其发音效果，变异也就越接近中介语。

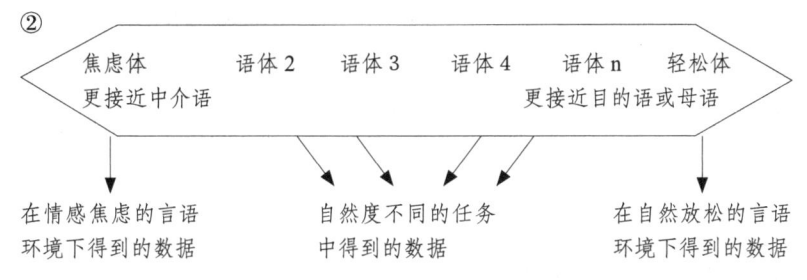

② 
```
焦虑体    语体2    语体3    语体4    语体n    轻松体
更接近中介语                              更接近目的语或母语
```

在情感焦虑的言语　　自然度不同的任务　　在自然放松的言语
环境下得到的数据　　中得到的数据　　　　环境下得到的数据

**图2-5　学习者中介语风格连续体（2）**

我们认为，中介语受到情境效应制约，还表现在受到言语环境轻松度的影响。发音的情境语境越自然放松，学习者越适应越主动，越能正常发挥习得水平，发音越接近标准体。相反，发音的情境语境越紧张越有压力，学习者越感焦虑被动，越干扰正常发挥，变异也就越接近中介语。

③

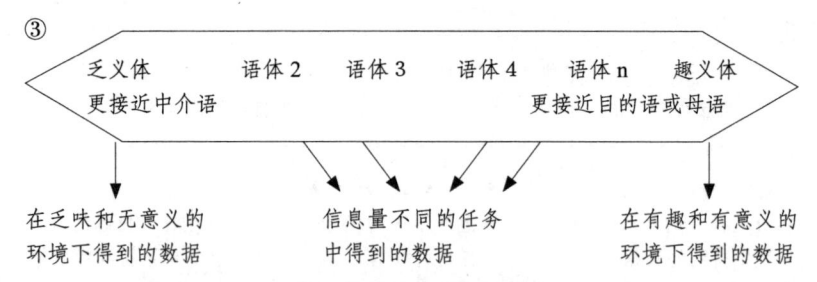

```
乏义体      语体2    语体3    语体4    语体n    趣义体
更接近中介语                                更接近目的语或母语
```

在乏味和无意义的　　　信息量不同的任务　　　在有趣和有意义的
环境下得到的数据　　　中得到的数据　　　　　环境下得到的数据

图 2-6　学习者中介语风格连续体（3）

我们认为，中介语受到情境效应制约，还表现在受到言语环境趣味性和信息量的影响。在没有意义的语境里，学习者记忆只能靠死记硬背，容易记漏记错。而在有意义的语境里，语境能起到提醒、暗示和线索的作用，有效信息量越大越能帮助学生丰富其联想、深刻其记忆、明晰其输出。所以言语环境的趣味性和信息量越大，学习者的学习兴致越高，学习气氛越愉快，发音也就越接近标准体。相反，言语环境的趣味性和有效信息量越小甚至没有，学习者的学习兴致越低，学习气氛越压抑，发音也就越接近中介语。

## 二　结论及其对教学的意义

从本节研究中可以得出以下结论：

第一，美国学生习得普通话第三声的声调变异在一定程度上受到了情境语境的影响，具有一定的系统性。

第二，美国学生在句子情境中第三声的发音好于在双音节词情境，在双音节词情境中第三声的发音好于单字。结果与 Tarone "中介语风格连续体" 理论恰好相反，可见注意力程度并非情境语境的唯一要素，也并非引起语言变异的充要条件。[①] 情境语境的其他因素，如言语的熟悉度、真实度、自然度的强弱，提供有效信息量和相互提示度的大小等均会不同程度地影响语言变异。由此我们提出对情境效应本质的重认识，讨论了语言特征与情境效应之间的交互作用，并试图对"中介语风格连续体"理论做三方面的补充。

上述结论对于汉语作为第二语言的声调教学具有一定意义，主要是：

第一，情境语境有助于声调教学。语言学习本来是个枯燥乏味的过程，若要提高学生的学习兴致，增强教学效果，我们应该在导入、示范、练习等课堂教学环节中，在分技能训练的汉语教材中，尽量发挥教师的主观能动性，创造贴近日常生活的真实情境，便于学生活学活用，反复强化。这样既增进了师生情感，也优化了记忆和习得的效果。

第二，教师和教材应更尊重第二语言学习者的学习心理。尽量创造一个放松舒适的心理环境，减轻跨语言的焦虑感，有利于学习者在第二语言习得中正常发挥和健康发展其习得水平。针对欧美学习者有主动表达自我的心理状态、轻松与人交流的言语诉求，我们应该给予足够重视。

第三，教师面对学习者不同阶段的声调变异，应客观对待：首先把它看作声调习得的一个过程，要对学生有信心；其次仔细分析学生声调变体的数量和分布情况，预测声调变异的趋势。通

---

[①] Tarone, E. On the Variability of Interlanguage Systems. *Applied Linguistics*, 1983 (4).

过声调变异来了解学习者不断变化的声调系统；再次，不对学生求全责备，只要针对核心变体调整教学方案，对症下药，就能掌握特定学习对象在特定学习阶段的特定习得规律，这将对第二语言教学和习得研究具有更强的指导性。

## 第二节　华裔学习者跨文化族群认同及其传承语习得研究[①]

近些年来，"华裔传承语"的习得与"族群认同"研究引起第二语言习得研究领域的极大关注。原因是，亚洲移民特别是移居欧美国家的华人华侨数量急剧增长。[②] 据统计，目前世界各国的华侨达到4800万，而移居欧美国家的新移民达600多万。[③] 此外，学者们对移民族群认同及其传承语习得的认识发生了变化。有些学者已经认识到，"多语""多文化"并不会引起社会分裂与政治动荡，相反，"多语""多文化"无论是对传承语学习者还是对国家都是不可缺少的文化、经济和政治资源。[④]

---

[①] 本节作者：王建勤，原载《台湾华语教学研究》2013年总第7期。

[②] Kondo-Brown, Kimi. *Heritage Language Development: Focus on East Asian Immigrants*. John Benjamins Publishing Company, 2006.

[③] 郭招金、陈建、谢萍、张冬崟、蔺安稳，《2008年世界华商发展报告》，中国新闻社《世界华商发展报告》课题组。网址：http://www.docin.com/p-22360338.html，2009年2月2日。

[④] Krashen, S. Introduction. Krashen, S. & Tse, L. & McQuillan, J. (eds.) *Heritage Language Development*. Language Education Associates, 1998; Fishman, J. A. Empirical Explorations of Two Popular Assumptions: Interpolity Perspective on

## 第二节 华裔学习者跨文化族群认同及其传承语习得研究

较早的少数族裔的传承语研究可以追溯到 20 世纪六七十年代。但是，直到 20 世纪 80 年代，少数族裔学习者的族群认同及其传承语习得研究才逐渐成为第二语言习得研究学者关注的领域。研究的问题主要包括，少数族裔传承语的习得、发展以及传承语的丧失与转用，① 少数族裔的族群认同建构及其传承语发展，② 以及影响传承语习得的态度、动机等情感因素。③

相较而言，有关华裔族群认同与传承语习得研究则比较少。

---

the Relationships Between Linguistic Heterogeneity, Civil Strife, and per Capita Gross National Product. Imhoff, G. (ed.) *Learning in Two Languages*. Transaction Publishers, 1990; Peyton, J. K. & Ranard, D. A. & Mcginnis, S. Charting a New Course: Heritage Language Education in the United States. Peyton, J. K. & Ranard, D. A. & Mcginnis, S.(eds.) *Heritage Language in America: Preserving a National Resource*. Center for Applied Linguistics, 2001.

① Cho, G. & Krashen, S. The Negative Consequences of Heritage Language Loss and Why We Should Care. Krashen, S. & Tse, L. & McQuillan, J. (eds.) *Heritage Language Development*. Language Education Associates, 1998; Kondo-Brown, K. Differences in Language Skills: Heritage Language Learner Subgroups and Foreign Language Learners. *The Modern Language Journal*, 2005(89); Montrul, S. Introduction: Spanish Heritage Speakers: Bridging Formal Linguistics, Psycholinguistics and Pedagogy. *Heritage Language Journal*, 2011(8).

② Tse, L. Ethnic Identity Formation and its Implications for Heritage Language Development. Krashen, S. & Tse, L. & McQuillan, J. (eds.) *Heritage Language Development*. Language Education Associates,1998.

③ Shin, F. & Krashen, S. Do People Appreciate Benefits of Advanced First Language Development? Attitudes Towards Continuing First Language Development After "Translation". Krashen, S. & Tse, L. & McQuillan, J. (eds.) *Heritage Language Development*. Language Education Associates, 1998; McQuillan, J. The Use of Self-selected and Free Voluntary Reading in Heritage Language Programs: A Review of Research. Krashen, S. & Tse, L. & McQuillan, J. (eds.) *Heritage Language Development*. Language Education Associates, 1998.

已有的研究主要包括华裔的传承语保持与发展,[①] 华裔传承语学习者的族群认同。[②] 然而,目前关于华裔学习者的族群认同研究大都限于母语族群的认同研究及其对传承语习得与保持的影响,而很少涉及华裔传承语学习者的"双向认同"研究,即学习者对母语族群和主流族群的认同研究,以及"双向认同"对学习者传承语习得与保持和发展的影响。华裔传承语学习者作为一个特殊的群体,在主流社会要应对两种截然不同甚至相互矛盾的生活方式:一方面,他们要面对母语族群语言与文化传承的压力,另一方面又要尽快融入主流社会,以免被视为另类。换句话说,华裔传承语学习者既要面对华裔族群的认同,同时还要面对主流社会族群的认同。有学者称其为生活在"两种文化夹缝中"的群体。有鉴于此,本节主要探讨以下三个问题:

第一,华裔传承语学习者的双向族群认同倾向与策略;

---

[①] Li, G.-F. The Role of Parents in Heritage Language Maintenance and Development—Case Studies of Chinese Immigrant Children's Home Practices. Kondo-Brown, K. (ed.) *Heritage Language Development: Focus on East Asian Immigrants*. John Benjamins Publishing Company, 2006; Man, E. Y. First Language Use and Language Behavior of Chinese Students in Toronto, Canada. Kondo-Brown, K. (ed.) *Heritage Language Development: Focus on East Asian Immigrants*. John Benjamins Publishing Company, 2006;魏岩军、王建勤、魏惠琳、闻亭、李可《影响美国华裔母语保持的个体及社会心理因素》,《语言教学与研究》2012年第1期。

[②] 王爱平《文化与认同:印度尼西亚华裔青少年调查研究》,《中国人民大学学报》2004年第6期;王爱平《汉语言使用与华人身份认同——对400余名印度尼西亚华裔学生的调查研究》,《福州大学学报》(哲学社会科学版) 2006年第4期;石维有《华裔国家认同与泰国1932年立宪革命》,《广西师范大学学报》(哲学社会科学版) 2009年第4期;Wong, K.-F. & Yang, X. Diversity and Difference: Identity Issues of Chinese Heritage Language Learners from Dialect Backgrounds. *Heritage Language Journal*, 2010(7).

第二,华裔传承语学习者双向族群认同对其传承语习得的影响;

第三,华裔传承语学习者族群认同的跨文化视角及教学对策。

## 一 华裔传承语学习者双向族群认同倾向与策略

"族群认同",按照 Roberts *et al.*[1] 的观点,是指个体对一种文化、社团及群体的依附感、归属感,以及基于这种归属感所表现出的行为倾向。因此,无论是哪种族裔背景的传承语学习者,在不同的社会情境对族群认同都会做出不同的选择,如选择"同化策略""保留策略"或者是"适应策略"[2]。但是,与传统的第二语言学习者或外语学习者不同的是,华裔传承语学习者将面对双向族群认同,在这种情境下,他们将会做出何种选择,采取何种策略是本研究拟探讨的首要问题。

### (一)研究目的

本研究选择了北美和东南亚两个地区中美国、印度尼西亚和泰国三个国家具有相同的华裔族群背景的传承语学习者双向认同选择倾向进行比较,目的是为了考察不同地区和国家的社会环境对华裔传承语学习者在族群认同上的影响,以及族群认同建构的

---

[1] Roberts, R. E. & Phinney, J. S. & Masse, L. C. & Chen, R. Y. & Roberts, C. R. & Romero, A. The Structure of Ethnic Identity of Young Adolescents from Diverse Ethnocultural Groups. *The Journal of Early Adolescence*, 1999(19).

[2] Schumann, J. H. The Acculturation Model for Second Language Acquisition. Gingras, R. C. (ed.) *Second Language Acquisition and Foreign Language Teaching*. Center for Applied Linguistics, 1978.

策略和特点。

（二）研究方法

1. 调查对象

为了考察华裔传承语学习者在族群认同上的策略选择，本研究于2009年分别对美国爱荷华大学、卡耐基梅隆大学、纽约州立大学等五所高校和一所高中，印度尼西亚慈育大学、建国大学、马拉纳达基督教大学和国立第十九高中，以及泰国朱拉隆功大学、皇太后大学的华裔传承语学习者的族群认同及语言保持的现状进行了较大规模的调查研究。因受调查条件限制，受试者未经随机选择，均采取整班测试。调查对象的具体情况如表2-1所列。

表2-1 华裔传承语学习者的基本情况

| 分类 | | 美国 | 印度尼西亚 | 泰国 |
| --- | --- | --- | --- | --- |
| 总人数 | | 296 | 111 | 120 | 65 |
| 年龄范围 | 16～20 | 70 | 75 | 25 |
| | 20以上 | 41 | 45 | 40 |
| 性别 | 男 | 50 | 40 | 13 |
| | 女 | 61 | 80 | 52 |
| 出生地 | 移居国 | 63 | 119 | 65 |
| | 非移居国 | 48 | 1 | 0 |
| 教育背景 | 高中 | 11 | 57 | 39 |
| | 大学 | 100 | 63 | 26 |

（续表）

| 分类 | | 美国 | 印度尼西亚 | 泰国 |
|---|---|---|---|---|
| 学汉语时间 | 1年以下 | 37 | 31 | 13 |
| | 1～3年 | 37 | 70 | 19 |
| | 3年以上 | 37 | 19 | 33 |

注：表2-1中"移居国"指被调查者在父辈所移民的国家，如美国、印度尼西亚和泰国出生；"非移居国"指被调查者在父辈移民前所在国出生。

2. 测量方法

本研究主要采取问卷调查的方法。问卷设计根据 Zea et al.[①] 设计的"多维文化适应量表"做了适当的修改。如原量表主要是面向其他母语背景的学习者，本研究一律修改为面向华裔学习者。因此本研究的问卷包括"两个维度"的测量，即母语族群认同维度与所在国主流族群认同维度。每个认同维度包括6个题目，两个维度共12个题目，从不同角度测量学习者对两个族群的认同程度。施测要求调查对象在填写本人的背景情况后，在所给题目对应的六点量表上画出自己的选择。为便于三个国家的华裔学习者准确理解题目的内容，题目分别用英语、印度尼西亚语和泰语译出。问卷举例：

母语族群认同：

I have a strong sense of belonging to my own ethnic （Chinese） group.

---

① Zea, M. C. & Asner-Self, K. K. & Birman, D. & Buki, L. P. The Abbreviated Multidimensional Acculturation Scale: Empirical Validation with Two Latino/Latina Samples. *Cultural Diversity and Ethnic Minority Psychology*, 2003(9).

（我对自己所属的族群社团具有强烈的依附感。）1—2—3—4—5—6

主流族群认同：

I feel a strong sense of attachment towards the local ethnic group.（我对本地主流社团具有强烈的依附感。）1—2—3—4—5—6

1=strongly disagree　　2=moderately disagree
3=slightly disagree　　4=slightly agree
5=moderately agree　　6 = strongly agree

这个量表与学习者不同的认同倾向和认同程度相对应。"不认同倾向"包括："高度不认同"（1点，strongly disagree）、"中度不认同"（2点，moderately disagree）和"低度不认同"（3点，slightly disagree）；"认同倾向"包括："低度认同"（4点，slightly agree）、"中度认同"（5点，moderately agree）和"高度认同"（6点，strongly agree）。本研究依据调查对象的选择对其认同倾向和认同程度进行统计分析。

3. 实施过程

本次调查从美国6所学校共回收问卷176份，有效问卷111份；从印度尼西亚部分高校和高中回收问卷151份，有效问卷120份；从泰国部分高校回收问卷65份，有效问卷65份。

为了保证问卷调查的可靠性，我们对本次问卷的信度进行了检验。母语族群认同总量表信度系数为0.887，分量表信度系数为0.86；当地主流族群认同总量表信度系数为0.877，分量表信度系数为0.824。信度检验表明，本次调查采用的族群认同量表的信度系数是相当高的。

（三）结果与讨论

为了考察华裔传承语学习者双向族群认同策略，本研究对三个国家的华裔学习者母语族群和主流族群的认同倾向进行了统计分析。

1. 华裔学习者双向族群认同倾向分析

表 2-2　双向族群认同倾向差异比较

|  | 美国 | 印度尼西亚 | 泰国 |
| --- | --- | --- | --- |
| 母语族群 | 24.87 | 23.07 | 22.49 |
| 主流族群 | 25.22 | 19.83 | 27.16 |

以国别为被试间变数，认同倾向为被试内变数的 3×2 的方差分析显示，国别的主效应差异显著（$F_{(2, 293)}$=18.516, $p$=0.001），即三个国家的华裔学习者族群认同倾向不同；双向族群认同倾向主效应差异不显著（$F_{(1, 293)}$=2.862, $p$=0.092）；但是，认同倾向与国别交互作用显著（$F_{(2, 293)}$=39.3, $p$=0.001），进一步简单效应检验显示，印度尼西亚华裔学习者双向认同倾向差异显著（$F_{(1, 120)}$=43.202, $p$=0.001），即母语族群认同好于主流族群认同；泰国华裔学习者双向认同差异显著（$F_{(1, 64)}$=48.916, $p$=0.001），但与印度尼西亚华裔学习者不同的是，泰国华裔学习者对主流族群的认同明显好于对母语族群的认同。详见图 2-7。

美国印度尼西亚泰国双向族群认同倾向比较

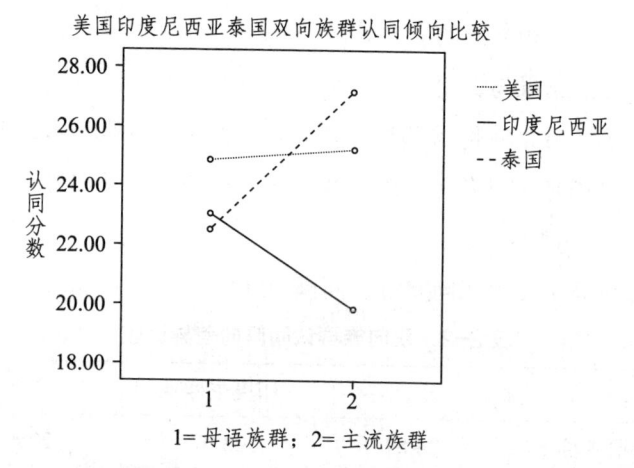

1= 母语族群；2= 主流族群

**图 2-7　美国、印度尼西亚、泰国华裔学习者族群认同倾向比较**

从图 2-7 可以看出，三个国家的华裔学习者跨族群认同的不同倾向反映了不同的认同策略。按照 Schumann 的理论[①]，美国华裔学习者采取了"适应策略"，即学习者不仅保留了母语族群的生活方式和价值观，而且能够适应主流族群的生活方式和价值观，因此他们对母语族群的认同程度和主流族群的认同程度相对而言都比较高（母语族群认同分数 24.87，主流族群认同分数 25.22，如图 2-7 虚线所示）；与美国华裔学习者不同的是，印度尼西亚华裔学习者更倾向于"保留策略"，即倾向于保留母语族群的生活方式和价值观，而在某种程度上拒绝接受主流族群的生活方式和价值观。因此，其母语族群认同程度高于主流族群认同程度（母语族群认同分数 23.07，主流族群认同分数 19.83，如图 2-7 实线所示）；但是，同为东南亚地区的华裔传承语学习者，泰国华裔

---

① Schumann, J. H. The Acculturation Model for Second Language Acquisition. Gingras, R. (ed.) *Second Language Acquisition and Foreign Language Teaching*. Center for Applied Linguistics, 1978.

学习者则显示了与印度尼西亚学习者完全不同的认同倾向，即采取了"同化策略"。换句话说，泰国华裔学习者更倾向于主流族群的认同，在三个国家中认同程度最高，而对母语族群的认同程度相对比较低（主流族群认同分数27.16，母语族群认同分数22.49，如图2-7点画线所示）。

上述分析表明，美国、印度尼西亚和泰国华裔学习者在双向族群认同上采取了完全不同的策略。造成这种差异的原因有多种，但是，除了情感因素，即华裔学习者的态度和动机外，我们认为，这种认同策略的差异主要与华裔学习者所在国的社会文化环境、政府对待华人华侨的政策以及对待华裔传承语教育的政策密切相关。

首先，在我们调查的范围内，美国华裔传承语学习者大约50%左右是出生后移民美国的。（见表2-1）这些新移民移居美国后，首要任务是融入主流社会，因而对主流族群具有较高认同倾向。与此同时，来自家庭和华人社区的影响，华人社团正面评价的增加，以及美国政府对少数族裔传承语教育政策的变化，在某种程度上使华裔学习者对母语族群认同得到鼓励和加强。因此，美国华裔学习者对双向族群认同采取"适应策略"，应是符合情理之事。

其次，印度尼西亚和泰国华裔学习者虽然同属东南亚国家，但却采取了截然相反的认同策略。这种差异显然与印度尼西亚和泰国对华人华侨采取的政策有关。有研究表明，印度尼西亚华裔学习者之所以具有强烈的"华人认同意识"是印度尼西亚政府推行强制同化政策的必然结果，或者说是政府排华政策促成了印度尼西亚华人的"华人身份认同"。[①] 与印度尼西亚华裔学习者形成鲜明对照的是，泰国华裔学习者在族群认同上被称作"泰国、菲律宾型"认同模式[②]。相比较而言，泰国政府对华人采取宽待政策，因此，泰国华人长期以来在泰国落地生根，融入泰国社会，被自然同化。[③] 由于这些因素的影响，印度尼西亚华裔学习者采取"保留策略"，泰国华裔学习者采取"同化策略"亦是合情合理之事。

2. 双向族群认同程度分析

表 2-3 反映的是华裔学习者在母语族群和主流族群两个维度上认同程度分布情况。表中的数字显示的是三个国家的华裔学习者在双向认同尺度上认同分数的分布频次。

表 2-3　双向族群认同分数分布频次（%）

| | 认同维度 | 低度认同 | 中度认同 | 高度认同 |
|---|---|---|---|---|
| 美国 | 母语族群 | 52 | 30 | 15 |
| | 主流族群 | 49 | 37 | 15 |
| 印度尼西亚 | 母语族群 | 64 | 32 | 4 |
| | 主流族群 | 76 | 22 | 2 |
| 泰国 | 母语族群 | 78 | 20 | 2 |
| | 主流族群 | 48 | 44 | 8 |

从表 2-3 我们发现，三个国家的华裔学习者在双向族群认同

---

[①] 王爱平《汉语言使用与华人身份认同——对 400 余名印度尼西亚华裔学生的调查研究》，《福州大学学报》（哲学社会科学版）2006 年第 4 期。

[②] 向大有《"大框架下多模式"的走向——兼论海外华人的国家认同与民族同化》，《八桂侨史》1992 年第 2 期；石维有《华裔国家认同与泰国 1932 年立宪革命》，《广西师范大学学报》（哲学社会科学版）2009 年第 4 期。

[③] 同注①。

分数的分布上显示出一些值得关注的特点和倾向。为了便于观察，我们用图 2-8 来展示表 2-3 的资料。

美国

印度尼西亚

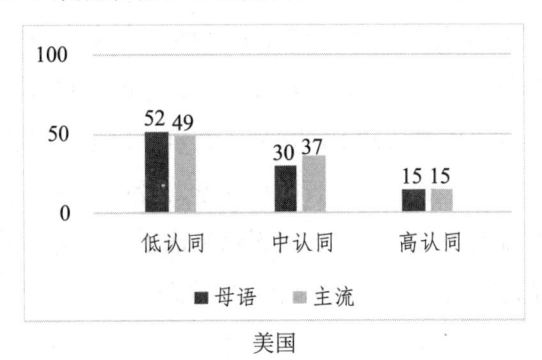

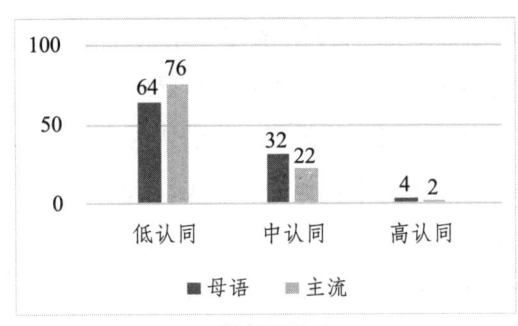

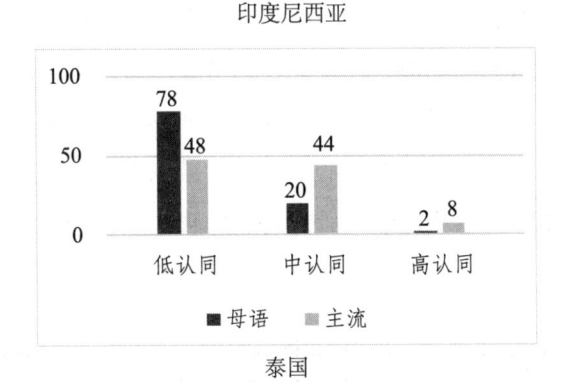

泰国

图 2-8　三个国家华裔学习者族群认同程度差异比较

从图 2-8 我们看到，三个国家的华裔学习者在双向族群认同分数分布上有两个明显的特点，一是三个国家的学习者都程度不同地存在着"低认同"倾向，美国在双向族群认同上选择"低认同"的学习者分别占总数的52%和49%，印度尼西亚高达64%和76%，泰国分别占78%和48%；二是这种"低认同"倾向，不仅表现在母语族群认同上，在主流族群认同上也同样存在这种"低认同"倾向。这一倾向表明华裔学习者在双向族群认同上处于一种"两难境地"。换言之，无论母语族群还是主流族群，对许多华裔学习者来说，不容易倾向认同哪一种。

华裔学习者面临的这种两难选择，许多学者都做过类似的调查。Wong的研究发现，美国华裔学习者对自己族群身份的认同常常处于一种游离状态，他们有时称自己中国人，有时称自己美国人，有时称自己中国—美国人。他们认为，相对美国人，他们更像中国人，相对中国人，他们更像美国人。[①] 王爱平在对印度尼西亚华裔学习者身份认同的调查中也发现，许多学习者谈到自己的身份认同常常感到痛苦和困惑，甚至有相当一部分学习者说不清楚自己身份。[②] 这也许能够说明华裔学习者在双向族群认同上选择"低认同"的原因。华裔学习者这种特定的认同模式，一方面反映了学习者对两个族群都缺少归属感，另一方面，反映了华裔学习者族群认同的矛盾心态，他们难以面对"我是谁"的现实问题。很显然，华裔学习者这种认同模式具有一定的普遍性，而且在一定程度上阻碍了华裔学习者双向族群认同建构与发展。

---

① Wong, K. F. & Yang, X. Diversity and Difference: Identity Issues of Chinese Heritage Language Learners from Dialect Backgrounds. *Heritage Language Journal*, 2010(7).

② 王爱平《汉语言使用与华人身份认同——对400余名印度尼西亚华裔学生的调查研究》，《福州大学学报》（哲学社会科学版）2006年第4期。

因此，华裔学习者将不得不面对双向族群认同建构带来的挑战。

（四）小结

上述分析表明，华裔学习者双向认同的两难选择在一定程度上反映出族群认同与建构的复杂性，双向族群认同似乎并不能为华裔学习者族群认同问题提供一个理想的解决方案。因此，学习者不得不在双向族群认同之外寻找新的精神家园，以解决族群认同的两难困境。正如有学者指出的那样，或许存在一个"第三族群"——"跨文化族群认同"也许会为他们展现一个更为宽广的世界。

## 二 华裔学习者族群认同策略对传承语习得的潜在影响

有研究表明，传承语能力的获得和发展是族群认同建构的重要途径，传承语习得水平的提高有助于族群认同的发展；也有研究表明，族群认同的建构为传承语的习得和保持提供了良好的动机，族群认同的发展也同样会促进传承语的习得和发展。[1] 然而，族群认同是以何种方式促进语言习得的发展，族群认同在多大程度上会促进传承语的习得和发展，仍然是有待进一步探讨的问题。

（一）研究目的

本研究旨在考察美国、印度尼西亚、泰国华裔学习者不同族

---

[1] Brown, C. L. Heritage Language and Ethnic Identity: A Case Study of Korean-American College Students. *International Journal of Multicultural Education*, 2009(11); Tse, L. The Effects of Ethnic Identity Formation on Bilingual Maintenance and Development: An Analysis of Asian American Narratives. *International Journal of Bilingual Education and Bilingualism*, 2000(3).

群认同策略对其传承语习得与保持的影响；此外，分别考察美国、印度尼西亚和泰国华裔学习者母语族群认同程度对其传承语习得与保持的影响。

(二) 研究方法

1. 调查对象

为考察母语族群认同策略对华裔学习者传承语习得的影响，本研究根据认同平均分数将调查对象分为"低认同组"（平均分 3.5 分～4.5 分的学习者）和"高认同组"（平均分 4.5 分～6 分的学习者）。（详见表 2-4，表 2-5）

2. 测量方法

同样，为考察族群认同对传承语习得的影响，本研究要求被调查者根据"汉语水平自测量表"对自己的汉语水平进行自测。该量表根据《欧洲语言共同参考框架：学习、教学、评估》中"语言水平自测表"修改而成。自测内容包括听、说、读、写四项技能指标，每项技能分为"三等六级"，即"初级使用者"（A 等），包括"入门级"（A1 级）和"初级"（A2 级）；"独立使用者"（B 等），包括"中级"（B1 级）和"中高级"（B2 级）；"精通者"（C 等），包括"高级"（C1 级）和"精通级"（C2 级）。每个级别都有对应的语言水平的描述。为了保证"汉语水平自测量表"的可靠性，我们对该量表的信度进行了检验。本次语言水平自测信度系数为 0.827。说明本次语言水平自测信度非常可靠。

(三) 结果与讨论

1. 华裔学习者母语族群认同策略对其传承语习得水平的影响

为了便于比较，本研究将三个国家的华裔学习者按其认同策略分为"双向认同组"（美国）、"母语认同组"（印度尼西亚）

和"主流认同组"(泰国)。见表 2-4。

表 2-4 三国华裔学习者传承语习得分数比较

|      | 双向认同 | 母语认同 | 主流认同 |
| --- | --- | --- | --- |
| 听说水平 | 3.01 | 2.75 | 3.02 |
| 读写水平 | 2.29 | 2.68 | 2.94 |

以认同组类型为被试间变量,听说水平和读写水平为被试内变量的 3×2 的多因素方差分析显示,不同认同类型组的传承语水平的主效应差异不显著($F_{(2, 151)}$=1.178,$p$=0.311);听说水平与读写水平的主效应差异显著($F_{(1, 151)}$=16.393,$p$=0.001);听说读写水平与认同类型交互作用显著($F_{(2, 151)}$=12.298,$p$=0.001),进一步简单效应检验显示,"双向认同类型"华裔学习者在听说水平与读写水平上差异显著($p$=0.001),听说能力好于读写能力。

这些分析结果表明,三种不同类型的华裔学习者认同策略的选择对其传承语的总体习得水平并没有产生直接的影响。但三个国家的学习者在听说习得水平和读写习得水平上表现不同。这种不同主要表现在"双向认同类型"学习者在听说能力和读写能力上发展不平衡,但这些传承语技能习得水平上的差异可能并不完全是由其采取的不同认同策略类型造成的,很可能是由不同语言技能使用的范围和需求造成的。换言之,华裔学习者族群认同策略类型对其传承语习得的影响可能是潜在的、间接的。

2. 华裔学习者母语认同程度对其传承语习得水平的影响

本研究表明,华裔学习者普遍存在着"低认同"的选择倾向。那么这种认同程度上的差别是否会对华裔学习者的传承语习得产生影响呢?为了探讨这一问题,我们对"低认同组"和"高认同组"

传承语习得的分数进行比较。详见表 2-5。

表 2-5 华裔学习者认同程度对语言水平的影响

| 认同程度 | 语言水平 | 美国 | 印度尼西亚 | 泰国 |
| --- | --- | --- | --- | --- |
| 低认同 | 听说水平 | 2.97 | 2.34 | 2.89 |
|  | 读写水平 | 2.23 | 2.19 | 2.88 |
| 高认同 | 听说水平 | 3.24 | 3.03 | 3.35 |
|  | 读写水平 | 2.48 | 3.03 | 3.30 |

方差分析结果显示,美国华裔学习者认同程度高低对其传承语习得水平的影响不显著($F_{(1, 84)}=1.491$,$p=0.225$);听说水平与读写水平差异显著($F_{(1, 84)}=57.355$,$p=0.001$),即美国华裔的听说水平好于读写水平;认同程度与语言水平的交互作用不显著($F_{(1, 84)}=0.031$,$p=0.86$)。显然,方差分析的结果并没有显示出我们所预期的效应。这一结果很可能与美国华裔学习者对母语族群较高的低认同倾向有关。族群认同对传承语习得的影响往往是间接的,族群认同程度不高便不会激发较高的学习动机,因而对传承语习得便不会产生直接的影响。

对印度尼西亚华裔学习者的方差分析显示,其母语族群认同程度的主效应非常显著($F_{(1, 82)}=11.962$,$p=0.001$),即高认同组的传承语习得水平好于低认同组;但其听说水平与读写水平差异不显著($F_{(1, 82)}=0.982$,$p=0.352$);听说读写水平与认同程度的交互作用也不显著($F_{(1, 82)}=0.982$,$p=0.352$)。这说明,印度尼西亚华裔学习者母语族群认同程度对其传承语习得产生了显著的影响,即认同程度越高,其传承语习得水平也越高。我们认为,这与印度尼西亚华裔对母语族群的高度认同策略密切相关。高认同激发了积极的学习动机,积极的动机促进了传承语的习得水平。关于印度尼西亚华裔学习者听说水平和读写水平并没有明显差异的原因,我们很难从认同高低上给出解释。可能与东南亚华裔传承语使用的范围和教学环境有关。其原因有待进一步研究。

关于泰国华裔学习者母语族群认同程度效应的方差分析显示,泰国华裔学习者母语认同程度对传承语习得的影响差异不显著($F_{(1, 44)}$=1.698,$p$=0.199),即泰国华裔学习者母语认同程度对其传承语习得没有产生直接的影响。这一点似乎与泰国华裔学习者在族群认同上采取"同化策略"有关。对主流族群高度认同,对母语族群认同相对比较低,因此在传承语习得水平上没有显示出族群认同效应。此外,泰国华裔学习者在听说水平和读写水平上差异不显著($F_{(1, 44)}$=0.097,$p$=0.757),与认同程度的交互作用也不显著($F_{(1, 44)}$=0.031,$p$=0.861)。这一点与印度尼西亚华裔学习者相似。

(四)小结

从上述三个国家的华裔学习者母语族群认同程度对其传承语习得影响的分析可以看出,尽管三个国家的华裔学习者族群认同效应各不相同,但是,我们仍然能够看出两个重要潜在影响:一是族群认同的高低对学习者的传承语习得都存在程度不同的影响,有的影响是直接的,有的影响是间接的;二是华裔学习者族群认同策略对其传承语习得具有潜在影响,华裔学习者传承语习得水平的差异,基本上都可以从学习者采取的认同策略中得到解释。

## 三 华裔传承语学习者族群认同的跨文化视角及教学对策

### （一）族群认同的理论导向及面临的困境

按照传统的族群认同理论，华裔学习者面对双向族群认同可以有三种策略选择，即"适应策略""保留策略"和"同化策略"。但是，这三种认同策略仍然无法解决华裔学习者普遍存在的两难选择。"适应策略"似乎给华裔学习者提供了解决双向族群认同问题的途径，但事实上，正如有学者指出的那样，如果学习者面对的是两种完全不同甚至是对立的文化，学习者很难在两者之间游刃有余。[①]在我们的调查中，即使美国华裔学习者采取了"适应策略"，采取这种策略的也大都表现出低认同倾向。在面对"我是谁"的身份认同问题时，许多学习者认为自己是"中国—美国人"，"中国—印度尼西亚人"，"中国—泰国人"，对自己的身份认同依然感到很纠结。

另外，有学者认为，族裔学习者族群认同建构的过程是一个动态的发展过程。[②]按照这种理论，如果我们把华裔学习者族群认同的建构过程看作一个连续体的话，无论是美国、印度尼西亚还是泰国的华裔学习者在族群认同的连续体上，最终要向主流族群认同过渡，最终实现对主流族群的认同。问题是，有研究表明，有相当一部分学习者可能终生都会停留在认同建构过程的某个阶

---

[①] Epstein, M. Transculture: A Broad Way Between Globalism and Multiculturalism. *American Journal of Economics and Sociology*, 2009(1).

[②] Tse, L. Ethnic Identity Formation and Its Implications for Heritage Language Development. Krashen, S. & Tse, L. & McQuillan, J. (eds.) *Heritage Language Development*. Language Education Associates, 1998.

段，如两难选择阶段。因此，华裔学习者在族群认同上面临的两难困境仍然无法解决。

（二）族群认同的跨文化视角

针对上述问题，有学者提出了族群认同的"跨文化视角"。"跨文化"是20世纪80年代初出现的概念，90年代中期，这一概念在西方落地生根。"跨文化"意味着，"当跨越不同文化的边界并吸收这些文化时，个体最初的文化认同开始扩散"。换句话说，"跨文化就是使每个人摆脱赖以生存的文化范围，或者说，超越自己文化认同的界限"。[1] 按照这种理论，华裔学习者似乎应采取开放的心态，接受不同的文化。跨文化被看作扩展自己已有文化和族群认同限制的一种方式。通过多种文化的融合，每一种已有文化的内涵都得到扩展和丰富，而不再局限于用种族和肤色来定义文化传统。

按照族群认同的跨文化观点，对于华裔学习者来说，在族群认同上不必再纠结于双向族群的"二选一"。事实上，华裔学习者已经不同程度地融合了两种甚至是多种文化和族群的特点，那么，族群认同为什么不可以有第三种选择？带有两个族群文化特点的身份认同，事实上已经是客观存在的"第三族群"，他们需要一个更为包容的、更为广阔的精神家园。"第三族群"认同不仅有利于双向认同，而且有利于双语或多语的习得与保持。

（三）族群认同的力量与传承语教学策略

Krashen在研究中发现，按照常理，多数移民都不愿意放弃

---

[1] Tse, L. Ethnic Identity Formation and Its Implications for Heritage Language Development. Krashen, S. & Tse, L. & McQuillan, J. (eds.) *Heritage Language Development*. Language Education Associates, 1998.

自己的传承语。[①] 但是，事实恰好相反，传承语没有得到保持和发展，这些移民成为语言转用的牺牲品。Krashen 的发现从反面证明了族群认同对传承语习得的影响。由此我们必然得出这样一个结论，即传承语教学要借助族群认同的力量促进传承语的习得与保持。但是，我们的研究发现，母语族群认同程度的高低并不是促进传承语习得的直接因素。因此，传承语教学应该充分利用族群认同的力量来激发华裔学习者积极的学习动机。因为动机是促进传承语习得和保持的直接因素。

其次，在族群认同导向上，鼓励跨文化族群认同。如果只强调融入主流文化社团，放弃母语族群认同，语言转用便不可避免。华裔传承语学习者只有以开放的心态接受不同文化，才能从根本上解决族群认同两难选择的困境。跨文化族群认同有利于学习者成为"附加式双语者"，而不致成为语言转用的"牺牲品"。

第三，华语社团以及政府的语言政策是促进华裔学习者传承语习得与保持的重要因素。有研究表明，当少数族群受到正面的评价比较高时，其族群凝聚力便得到加强，更容易使族群认同得到加强。政府的语言政策越有利于少数族群传承语的传播，越能激发华裔学习者传承语习得的动机，越有利于传承语的保持。这些外在环境为华语传承语教学创造了良好的条件。

第四，家庭、父母对待传承语的态度也是影响传承语习得的重要因素，父母的坚持是传承语习得与保持的前提。如果父母鼓励学习者在家庭和华裔社团坚持使用传承语，会极大地促进传承

---

[①] Krashen, S. Introduction. Krashen, S. & Tse, L. & McQuillan, J. (eds.) *Heritage Language Development*. Language Education Associates, 1998.

语的习得和保持。

第五，我们的研究表明，不同地区、不同国家的社会文化环境不同，华裔学习者会采取不同的认同策略，传承语的水平和技能也有差异。因此，华语教师应将跨文化族群认同的观念融入传承语教学中，并设计"基于社团的传承语教学课程"，为学习者提供更多的接触母语族群、运用传承语进行交际的机会，才能更好地促进学习者族群认同的构建与发展。

## 第三节 美国华裔母语保持与转用调查研究[①]

语言保持和语言转用是一对相对的概念。语言保持指的是某一言语社团代内和代际母语的继续使用以及语言能力的保持。[②]相反，语言转用指的是一个社团所使用的语言从甲语言向乙语言的转换。在这一转换过程中，当甲语言丧失最后一位使用者的时候，就会成为死语言。[③]

自 Fishman 的开山之作发表以来，世界各国的学者们一直试

---

[①] 本节作者：魏岩军、王建勤、魏惠琳，原载《华文教学与研究》2013年第1期。

[②] Winford, D. *An Introduction to Contact Linguistics*. Blackwell Publishing, 2003.

[③] 邓佑玲《谈少数族群的语言转用和语言保持》，《中央民族大学学报》（哲学社会科学版）2003 年第 1 期；Winford, D. *An Introduction to Contact Linguistics*. Blackwell Publishing, 2003.

图总结家庭环境母语保持和语言转用的模式。[1] 大量研究证实，第一代移民主要说母语，第二代成为双语者，第三代当地语已成为其第一语言。其中第二代处在核心位置，决定着母语能否被保持住。这一发现被后来的学者称为"三代移民语言模式"[2]。这一模式在多种语境下都得到了验证：夏威夷日本二代移民从日语到英语[3]、马来西亚从旁遮普语到英语[4]、美国纽约州的哥伦比亚一代移民从西班牙语到英语[5]、韩裔加拿大人从韩语到英语[6]、白俄罗斯大学生家庭四代之间从白俄罗斯语到俄语[7]都发生了类似的语言转用。

华人移民母语保持同样得到了世界各地学者的关注，其中

---

[1] Fishman, J. Language Maintenance and Language Shift as a Field of Inquiry. *Linguistics*, 1964(9).

[2] Thomason, S. G. *Language Contact :An Introduction*. Georgetown University Press, 2001.

[3] Kondo, K. Social-psychological Factors Affecting Language Maintenance: Interviews with Shin Nisei University Students in Hawaii. *Language & Education*, 1997 (9).

[4] David, M. K. & Naji, I. M. H. & Kaur, S. Language Maintenance or Language Shift Among the Punjabi Sikh Community in Malaysia? *International Journal of the Sociology of Language*, 2003 (161).

[5] Ramírez, D. B. *Language Attrition and Language Maintenance: The Case of Colombian Immigrants in New York State*. Ph.D. dissertation of State University of New York, 2007.

[6] Park, S. M. & Sarkar, M. Parents' Attitudes Toward Language Maintenance for Their Children and Their Efforts to Help Their Children Maintain the Heritage Language: A Case Study of Korean-Canadian Immigrants. *Language, Culture and Curriculum*, 2007(20).

[7] Brown, N. A. Language Shift or Maintenance? An Examination of Language Usage Across Four Generations as Self-reported by University Age Students in Belarus. *Journal of Multilingual and Multicultural Development*, 2008(29).

## 第三节 美国华裔母语保持与转用调查研究

对美国华人移民母语保持和转用的研究较多。Kuo 为之拉开了序幕,他调查了明尼苏达州双子城 44 名移民家庭中儿童的双语使用模式。⑧研究发现,随着年龄增长,移民儿童逐渐从使用汉语转向了英语。该研究在方法上是描写性研究,缺少定量分析,其样本数量小,范围也比较窄。其中,移民儿童英语水平的提高,是促进了双语使用,还是加速了语言转用?作者并没有给出令人信服的说明。Li 进行了更为系统的研究,并采用了定量和定性相结合的方法,第一次通过数据说明了语言转用趋势:第一代移民汉语使用率为 100%,到第二代降为 88%,第三代在 50% 左右。②从 Li 和 Zeng 的研究始,家庭场合下的母语使用在语言保持中的作用受到越来越多的重视。③Luo & Wiseman 对家庭场合下的母语保持进行了更为细致的考察,发现父母对母语保持的积极态度、父子和祖孙关系的紧密程度等都对母语保持有着正面作用。④随后,Zhang 研究的是家庭场合下的二代移民

---

⑧ Kuo, E. C. Y. Bilingual Pattern of a Chinese Immigrant Group in the United States. *Anthropological Linguistics*, 1974 (16).

② Li, W.-L. The Language Shift of Chinese-Americans. *International Journal of the Sociology of Language*, 1982(38).

③ Li, J.-J. *Heritage Language Retention in Second-generation Chinese Americans*. Ph.D. dissertation of University of California, 1995; Zeng, D.-M. *Language Maintenance and Language Shift among Chinese American Young Adults in the Greater New York City Area*. Ph.D. dissertation of State University of New York, 1997.

④ Luo, S.-H. & Wiseman, R. L. Ethnic Language Maintenance Among Chinese Immigrant Children in the United States. *International Journal of Intercultural Relations*, 2000(24).

儿童，①Hu 则聚焦于移民语言学校，②他们的研究同样发现了代际明显的语言转用，他们认为这一方面由移民儿童面对的同化压力和社会对少数族群语言的消极态度所致，另一方面也与学校教学时间不足和方法落后有关。

　　移民语言保持情况也因使用场合的差异而有所不同。Fishman 提出语言使用的语域分析，试图通过问卷调查来描写双语或多语者在各种场合下的语言使用情况。③其中家庭场合母语的使用对母语保持有重要作用，但这并不充分。学校场合，尤其是移民语言学校也起着不可替代的作用，它弱化了移民被边缘化的感觉，加深了民族自豪感和族群认同，最重要的是促进了母语保持和文化传承。④Tannenbaum 的研究也发现：移民在家庭等私人场合偏向于使用母语；而在公共场合当地语使用占绝对优势。⑤

　　综上所述，美国华人社团的母语保持研究既涉及家庭场合代内和代际的语言转用，也有不同场合下的语言使用。然而，美国华人社团母语保持在世界华人母语保持中的地位如何，尚未有研究涉及。同时，本研究力图在新的语境条件下对 Fishman 提出的"三

---

　　① Zhang, D. *Home Language Maintenance and Acculturation Among Second-generation Chinese Children*. Ph.D. dissertation of University of Pennsylvania, 2004.

　　② Hu, Y.-C. *Bilingual Maintenance and Bicultural Identity Development: Chinese Heritage Language School Communities in Southern California*. Ph.D. dissertation of Texas A & M University-Kingsville, 2006.

　　③ Fishman, J. Language Maintenance and Language Shift as a Field of Inquiry. *Linguistics*, 1964(9).

　　④ Jia, L. *Language Socialization of the Children of Chinese Immigrants to the United States*. 河南大学出版社 2008 年版。

　　⑤ Tannenbaum, M. The Multifaceted Aspects of Language Maintenance: A New Measure for Its Assessment in Immigrant Families. *International Journal of Bilingual Education and Bilingualism*, 2003(4).

代移民语言模式"进行验证。另外,前人研究将语域分为私人和公共场合是比较粗略的。在弥补以往研究不足的基础上,本研究以美国华裔汉语学习者为对象(以下简称"美国华裔"),力图回答以下三个问题:第一,与东南亚华裔相比,美国华裔母语听说读写保持水平如何?四项技能是否平衡发展?第二,美国华裔代内与代际语言使用情况及转用过程如何?第三,不同场合下语言使用是否存在差异?

## 一 调查对象与研究方法

### (一)调查对象的基本情况

本研究的调查时间为 2009 年 7 月至 11 月,在爱荷华大学、卡内基梅隆大学、纽约州立大学等美国东部和中部六所大学和高中展开调查,调查发放问卷 210 份,剔除信息多项残缺问卷 4 份,最终筛选出有效问卷共 206 份。同时,为了将美国华裔与东南亚华裔做比较,本研究另外收集了东南亚华裔问卷 72 份,调查对象来自泰国和印度尼西亚,年龄、性别和教育背景等因素与美国华裔基本一致,问卷调查均在国外实施。调查问卷中关于被试的祖辈和父辈的语言使用情况由直接参与本次问卷调查的被试负责填写[①]。调查对象的基本情况见表 2-6。

---

① 尽管祖辈和父辈的数据收集可能存在偏差,经研究证明,该方法仍是具有较高效度且实用的母语保持和转用研究方法。参见 De Vries, J. Language Maintenance and Shift Problems of Measurement. In Fase, W. & Jaspaert, K. & Kroon, S.(eds.) *Maintenance and Loss of Minority Languages.* John Benjamins Publishing Company, 1992.

## （二）问卷设计

本次调查采取问卷调查的方法，语言根据调查对象不同翻译为英文、泰文和印尼文，具体包含以下内容（见附录）：

表2-6　调查对象的基本情况[①]

| 国籍 | | | 性别 | | 教育背景 | | 汉语学习时间 | | | 在华时间 | | 年龄 |
|---|---|---|---|---|---|---|---|---|---|---|---|---|
| 中国 | 美国 | 其他 | 男 | 女 | 高中 | 大学 | ≤1年 | 1～6年 | ≥6年 | <3年 | ≥3年 | 16～29岁 |
| 92 | 88 | 26 | 84 | 122 | 19 | 187 | 65 | 88 | 39 | 149 | 36 | |

调查对象的基本情况，包括国籍、性别、年龄、教育背景、汉语学习时间、在华时间和祖父辈母语等。

语言使用环境的调查，包括三代人代内、代际语言使用和转用情况以及语言使用的场合调查。问卷的设计参照了Zeng、Ramírez、Brown和Mucherah的研究，[②]并进行了适当的改编。具体来说，代内语言使用包含三种情况：祖辈之间、父辈之间和我辈之间。代际分别为祖与父，父与祖，祖与孙，孙与祖，父与子，子与父六种情况，语言场合有家庭、学校、工作单位和其他场合。

---

[①] 本研究问卷部分数据有缺失，缺失的数据因不是本研究的重点，不在统计之列。

[②] Zeng, D.-M. *Language Maintenance and Language Shift Among Chinese American Young Adults in the Greater New York City Area*. Ph.D. dissertation of State University of New York, 1997; Ramírez, D. B. *Language Attrition and Language Maintenance: The Case of Colombian Immigrants in New York State*. Ph.D. dissertation of State University of New York, 2007; Brown, N. A. Language Shift or Maintenance? An Examination of Language Usage across Four Generations as Self-reported by University Age Students in Belarus. *Journal of Multilingual and Multicultural Development*, 2008(29); Mucherah, W. Immigrants' Perceptions of Their Native Languages: Challenges to Actual Use and Maintenance. *Journal of Language, Identity & Education*, 2008(7).

语言使用包括三种情况，即母语、当地语、母语和当地语。本调查所说的"母语"指汉语普通话和方言。"当地语"指调查对象移居国家的官方语言。

语言水平自测[①]，包括听说读写四项技能。本节所用自测表是根据《欧洲语言共同参考框架：学习、教学、评估》中"语言水平自测表"的四项语言技能评测标准修改而成。

## 二 美国华裔母语保持和转用的调查结果

### （一）美国与东南亚华裔母语保持水平比较

与东南亚国家相比，美国离中国比较远，华裔群体小且比较分散，语言使用环境也差，美国华裔母语保持着自己独有的特点。以东南亚华裔为参照，表2-7列举了两地华裔汉语听说读写四项技能的保持水平。

表2-7 美国和东南亚华裔母语听说读写水平自测平均分

| 族群背景 | 听 | 说 | 读 | 写 |
| --- | --- | --- | --- | --- |
| 美国华裔 | 3.19 | 3.01 | 2.31 | 2.42 |
| 东南亚华裔 | 3.17 | 2.92 | 2.93 | 2.94 |

通过SPSS 12.0进行方差分析，结果显示：族群背景的主效应显著（$F_{(1,271)}=4.24$，$p=0.040$），东南亚华裔群体的母语保持要好于

---

[①] 在语言保持和转用研究中，水平自测是少数族群语言能力的有效评估方式。参见 David, M. K. & Naji, I. M. H. & Kaur, S. Language Maintenance or Language Shift Among the Punjabi Sikh Community in Malaysia? *International Journal of the Sociology of Language*, 2003 (161). 自测表参见 Council for Cultural Cooperation Education Committee (ed.) *Common European Framework of Reference for Languages: Learning, teaching and assessment*. Cambridge University Press, 2001.

美国。四项语言技能的主效应显著（$F_{(3, 813)}$=24.78，$p<0.0005$）。族群背景和汉语技能之间的交互作用显著（$F_{(3, 813)}$=12.427，$p<0.0005$）。经过简单效应检验，美国华裔听和说技能与东南亚华裔之间没有显著性差异（$F<1$；$F<1$），读和写技能与东南亚差异显著（$F_{(1, 271)}$=20.89，$p<0.0005$；$F_{(1, 271)}$=13.62，$p<0.0005$）东南亚国家明显好于美国。

通过方差分析发现，对美国华裔来说，四项技能的主效应显著（$F_{(3, 600)}$=65.06，$p<0.0005$）。多重比较发现，听说之间差异显著（$p=0.034$），读写之间差异不显著（$p=0.170$），听与读写、说与读写之间的差异均非常显著（皆为$p<0.0005$）。以上分析显示，美国华裔听力水平略好于口语水平，阅读和写作水平上没有显著区别，听说水平高于读写水平。

## （二）美国华裔语言使用和转用情况调查结果分析

### 1. 美国华裔家庭代内语言使用情况分析

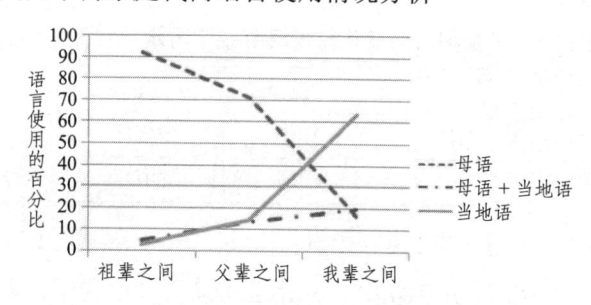

**图 2-9 三代人代内语言使用情况**

图 2-9 描述了祖辈、父辈和我辈三代人在语言交流时使用语言的情况。从列联表的卡方检验和关联系数可以看出，辈分

与语言使用情况关联较高，且关联显著[①]（Cramer's $V$=0.464，$p$<0.0005）。其中，祖辈之间母语使用高达91.8%，父辈有所减少，到了我辈母语使用急速下滑，降到16.7%，此时当地语的使用占优势，祖辈基本不使用，到我辈上升至63.7%。由此可见，祖辈母语保持情况最好，父辈介于中间，我辈语言转用最明显，而且语言转用的速度是非常快的，几十年的时间，母语的使用仅隔了一代就表现出急速下滑的趋势。

2. 美国华裔家庭代际语言使用情况分析

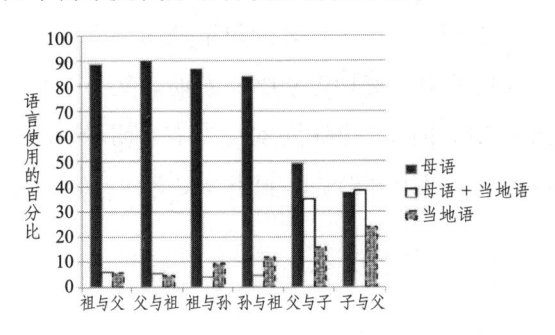

**图2-10 三代人代际语言使用情况（一）**

美国华裔家庭代内的语言使用已凸现语言转用的变化之快，图2-10显示了代际语言使用双向交流的情况。从列联表的关联系数可以看出，祖与父和父与祖之间的语言使用情况关联不显著（Cramer's $V$=0.027，$p$>0.05）；同样，祖与孙和孙与祖之间关联也不显著（Cramer's $V$=0.045，$p$>0.05）。然而，父与子和子与父之间的语言使用情况关联显著，尽管关联强度并不大（Cramer's $V$=0.130，$p$=0.033），也就是说，双方彼此交流时，语言使用的

---

① 经过列联表的卡方检验发现，三代内两两之间，使用的语言两两之间，都存在显著性差异。

不平衡开始显现。从父对子转到子对父的交流方向，与之对应的是，语言的使用也从母语向当地语转变。通过列联系数 Cramer's $V$ 的对比发现，三种情况下列联强度逐渐增强，代际和语言使用的关系越来越密切。

经列联表的卡方检验验证，图 2-11①的四种条件下，前两者之间和后两者之间在母语使用上关联显著（Cramer's $V$=0.102，$p$=0.004；Cramer's $V$=0.130，$p$=0.043），从一二代之间到二三代之间母语的使用逐渐降低。其中，一二代之间高度倾向于使用母语，使用频率达 95%，一三代之间母语使用频率比一二代之间有所下降，但使用频率仍然接近 90%。然而，父与子和子与父之间母语使用频率大幅下降，均降至 80% 左右。而母语的转用（即完全不使用母语）则呈上升趋势，到子与父之间已经超过 20%。

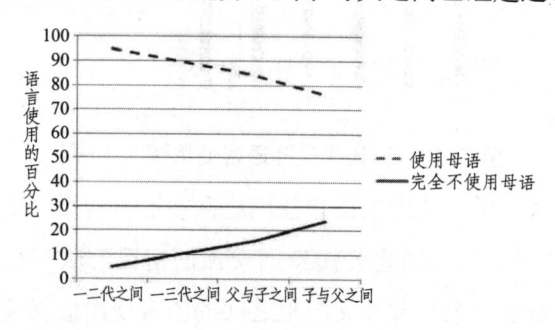

**图 2-11 三代人代际语言使用情况（二）**

3. 美国华裔语言使用场合调查结果分析

家庭为华裔母语使用提供了良好的环境，但是母语的使用

---

① 本图从初始表开始经过了列联表的多次合并，合并的条件需要满足独立性卡方检验虚无假设成立的条件，其中母语和母语+当地语之间 6 种条件下满足条件，进行合并；祖与父和父与祖、祖与孙和孙与祖代际语言的使用上满足条件，进行合并。经过两次合并，得到图 2-11。

可能不限于家庭场合，因此本研究同时还考察了在学校、工作单位等场合的语言使用情况。卡方检验显示，三种场合下，前两场合之间、后两场合之间与是否使用母语关联均显著（Cramer's $V$=0.573，$p$<0.0005；Cramer's $V$=0.135，$p$=0.008）。从图 2-12[①] 中，我们看到家庭场合下母语的使用比例非常高，使用母语的百分比总共近 80%，而到了学校和工作单位，母语使用分别降至 20% 和 10% 左右。

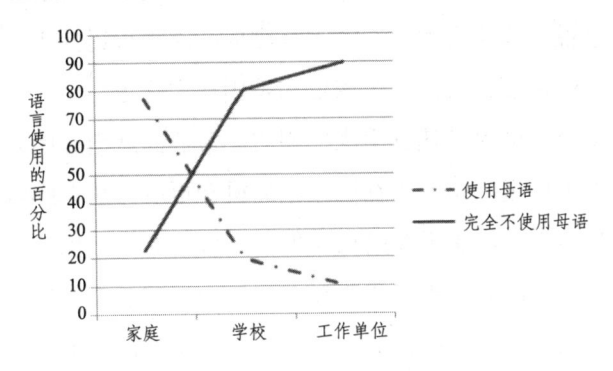

图 2-12　三种场合下的语言使用情况

## 三　美国华裔母语保持和转用调查结果的讨论

总体来看，美国华裔母语保持不如东南亚。华人移居美国，带来了母语与当地语言的接触，语言接触是一把双刃剑，既是语言多样性存在的根源之一，又为语言同化创造了先决条件。美国学者 Schumann 的"文化适应模式"通过"社会距离"来分析和

---

① 图 2-11 三种场合下母语和母语+当地语之间满足合并条件，合并后得到图 2-12。

阐述文化适应程度，其中"社会主导模式""融入策略""紧密程度""群体大小"和"文化相似性"是影响语言习得的关键因素。[①]这对母语保持同样适用。首先，相比于东南亚，美国华裔所属群体在政治、经济、文化等方面的社会地位处于更大的劣势，其采用的是"融入策略"：虽然其面临着母语族群语言和文化传承的压力，但是他们更迫切的任务是尽快融入主流社会，以免被视为异类[②]，因而母语的保持程度偏低；其次，美国华裔群体，相对东南亚来说，群体人数少，紧密程度低，因而母语使用环境不能得到很好的保证。再次，东南亚和美国在文化上的巨大差异，也使美国华裔母语保持遇到更大的困难。最后，从地缘因素上看，美国离中国更远，与母语社团接触的机会更少，从而影响了母语保持。具体来说，由于家庭语言使用环境的原因，优先发展的是听说能力，东南亚和美国华裔在家庭场合下存在类似情况，而且口语能力受汉语学习时间影响较小[③]，所以听说水平上没有表现出差异。但是，由于读写技能的交际需求低于听说，在家庭场合又得不到充分使用，对美国华裔来说，其他场合母语接触的机会少、使用频率低，因而读写能力逊于东南亚。

美国华裔母语保持四项技能之间发展不平衡。其中，口语能

---

[①] Schumann, J. H. Social Distance as a Factor in Second Language Acquisition. *Language Learning*, 1976(26); Schumann, J. H. Second Language Acquisition: The Pidginization Hypotheses. *Language Learning*, 1976(26); 王建勤《第二语言习得研究》，商务印书馆 2009 年版。

[②] 王建勤《华裔学习者跨文化族群认同及其传承语习得研究》，台湾师范大学"第二届汉语作为第二语言研究国际研讨会"会议论文，2012 年。

[③] 魏岩军、王建勤、魏惠琳、闻亭、李可《影响美国华裔母语保持的个体及社会心理因素》，《语言教学与研究》2012 年第 1 期。

力低于听力能力，听说好于读写。这与 Zeng、Jen 和 Zhang 的研究结论一致。① 在自然语言习得中，听力是语言习得的第一步，然后过渡到说，最后是读和写。② 另一方面，家庭长辈为子女提供了良好的汉语输入环境，而输出机会要少于输入，例如长辈对子女说汉语时，子女常常以英语回应。③ 本研究父与子和子与父之间双向交流中语言使用的显著差异就证明了这一点。另外，读写技能在使用范围上的限制也使其不如听说能力。语言环境的差异最终导致了四项技能的不均衡发展。

家庭是母语习得的出发点，也是移民环境下母语保持的最后堡垒。④ 代内语言转用速度非常快，从祖辈到我辈，由主要使用汉语到主要使用英语。Tannenbaum 认为，一方面这是由英语的官方语言地位所致，另一方面，移民儿童希望像其美国朋友一样，不想被边缘化，不想被认为是外国人，不想被排斥在主流社团之

---

① Zeng, D.-M. *Language Maintenance and Language Shift among Chinese American Young Adults in the Greater New York City Area*. Ph.D. dissertation of State University of New York, 1997; Jen, T. C. Expanding Visions of American Learners of Collegiate Chinese: Heritage Students, 《世界汉语教学》2001 年第 3 期；Zhang, D. *Home Language Maintenance and Acculturation among Second-generation Chinese Children*. Ph.D. dissertation of University of Pennsylvania, 2004.

② Packard, J. L. Effects of Time Lag in the Introduction of Characters into the Chinese Language Curriculum. *Modern Language Journal*, 1990(74).

③ Jen, T. C. Expanding Visions of American Learners of Collegiate Chinese: Heritage Students, 《世界汉语教学》2001 年第 3 期；Hu, Y.-C. *Bilingual Maintenance and Bicultural Identity Development: Chinese Heritage Language School Communities in Southern California*. Ph.D. dissertation of Texas A & M University-Kingsville, 2006.

④ 于善江《从奥克兰华人日常对话看语码转换和母语保持》，《语言教学与研究》2006 年第 4 期。

外,那么语言就是其融入当地主流社团的首要工具。[1]

代际语言传承是挽救语言转用的重心,而父母在养育子女时使用母语是语言传承中的核心。本研究家庭环境下一二代之间母语保持较好,一三代之间语言转用出现,二三代之间语言转用非常明显。原因有三,首先,在本研究对祖辈父辈的母语调查中,其中祖辈母语为汉语的占98.7%,父辈占91.9%。如此高的比率促使一二代和一三代之间不得不使用母语进行交流,否则代际的家庭关系将会瓦解。[2] 经过一代的时间,父辈更熟悉当地语言,二三代之间的交流中语言转用比较明显,到第三代我辈之间交流时,语言转用变化非常大,他们已经是基本使用当地语言进行交流。其次,第二代在母语保持中的作用至关重要。[3] 于善江研究发现,日常对话中,如果父母使用英语,孩子的英语使用量将急

---

[1] Tannenbaum, M. The Multifaceted Aspects of Language Maintenance: A New Measure for Its Assessment in Immigrant Families. *International Journal of Bilingual Education and Bilingualism*, 2003(6).

[2] Luo, S.-H. & Wiseman, R. L. Ethnic Language Maintenance Among Chinese Immigrant Children in the United States. *International Journal of Intercultural Relations*, 2000 (4); Park, S. M. & Sarkar, M. Parents' Attitudes Toward Language Maintenance for Their Children and Their Efforts to Help Their Children Maintain the Heritage Language: A Case Study of Korean-Canadian Immigrants. *Language, Culture and Curriculum*, 2007(20); Mucherah, W. Immigrants' Perceptions of Their Native Languages: Challenges to Actual Use and Maintenance. *Journal of Language, Identity & Education*, 2008(7).

[3] Li, J.-J. *Heritage Language Retention in Second-generation Chinese Americans*. Ph.D. dissertation of University of California, 1995; Kondo, K. Social-psychological Factors Affecting Language Maintenance: Interviews with Shin Nisei University Students in Hawaii. *Language & Education*, 1997 (9).

剧增加。①父母对母语使用的减少，标志着语言转用的开始，他们与祖辈仍使用母语，但与我辈转向使用当地语。因此，加强父辈与子女的语言传承非常重要。最后，美国华裔大都为新移民，相比东南亚，移民时间晚，因此长辈母语保持得要好，对子辈母语保持的要求更高。代际语言使用的差异显示了祖辈比父辈更为坚持的母语使用态度。

家庭场合下三代人之间的交流为母语使用提供了良好的语言环境，因此家庭场合下母语使用率最高，然而在学校、工作单位等其他公共场合母语使用率非常低。这与 Zeng 和 Tannenbaum 的研究发现一致。②语言是交际的工具，交际发生在一定的社会网络之中，联系紧密的社会网络因提供了大量语言使用的机会，从而可以延缓或逆转语言转用的方向。③家庭场合下三代之间网络联系密切，母语使用频率高，所以得到了很好的保持，而在其他场合，尤其是学校，母语保持不容乐观。首先，除了移民学校，教学语言大都为英语，其次华裔群体所在的社会网络是面向同辈的，同辈之间交际的压力迫使他们主动学习当地主流语言，④另

---

① 于善江《从奥克兰华人日常对话看语码转换和母语保持》，《语言教学与研究》2006 年第 4 期。

② Zeng, D.-M. *Language Maintenance and Language Shift Among Chinese American Young Adults in the Greater New York City Area*. Ph.D. dissertation of State University of New York, 1997; Tannenbaum, M. The Multifaceted Aspects of Language Maintenance: A New Measure for Its Assessment in Immigrant Families. *International Journal of Bilingual Education and Bilingualism*, 2003(6).

③ Li, W. Towards a Critical Evaluation of Language Maintenance and Language Shift. *Sociolinguistica*, 2000(14).

④ Mucherah, W. Immigrants' Perceptions of Their Native Languages: Challenges to Actual Use and Maintenance. *Journal of Language, Identity & Education*, 2008(7).

外在英语强大的政治、经济和文化影响下,母语处于弱势地位,华裔自身母语不流利使他们更加羞于使用自己的母语,努力躲避和抵触母语的使用,而转向了有着丰富语言环境的当地语言,从而导致了语言转用。

## 四 研究结论和启示

从上述分析可以看到,美国华裔母语保持的现状并不乐观,主要结论和存在的问题有以下几个方面:第一,美国华裔群体比较小,紧密程度低,其母语保持水平相对东南亚华裔而言,总体偏低。汉语听说读写四项技能的发展也不平衡,尤其是读写水平比较差。第二,母语转用现象比较严重。第一代语言保持良好,第二代语言转用开始出现,到第三代语言转用非常明显。在不到三代的时间里,母语转用非常明显,母语保持非常困难。第三,母语使用场合非常狭窄。母语使用大都局限在家庭环境,学校、工作单位等场合基本不使用其母语。

为了解决华裔母语保持的上述问题,汉语国际传播应该根据华裔汉语学习者母语保持的特点采取相应对策,如充分利用家庭环境,发挥长辈在母语保持中的重要角色;加强华人社团凝聚力,紧密联系华人社团交际网络;扩大汉语使用范围和功能,提高汉语的使用价值;促进母语保持,增进华裔对母语和中华文化的认同感等等。总之,国家应该重新审视华裔在汉语国际传播中的战略地位,尽快为华裔的母语转用问题制定合理的对策,建立行之有效的母语保持策略,使华裔在汉语国际传播中发挥更为关键的作用。

## 附录：调查问卷

### For Chinese descent

### Questionnaire

Hello！The purpose of this questionnaire is to learn about your Chinese learning. It will take about 20 minutes to finish this questionnaire. There is no right or wrong answer. If you have any questions about the questions, please ask your teacher. It is for academic purposes and your info will be kept confidential. Thank you!

Instruction：
Please answer the following questions. You may use either Chinese or your local language.

0. Nationality：＿＿＿＿＿＿＿＿＿＿＿＿

1. Gender：male □ female □ ; Age：＿＿＿＿

2. Education background：high school □ undergraduate □ graduate □

3. How long have you studied Chinese：＿＿＿＿＿＿＿

4. Have you ever been to China：Yes □ how long：＿＿＿＿＿＿；No □

5. Place of birth：① mainland of China □ ② Taiwan □
   ③ Hongkong □ ④ Macao □
   ⑤ other country or specify：＿＿＿＿＿＿＿＿＿＿

6. Current country of residence : _____

7. Your parent's and grandparent's mother tongue :

Your grandfather's mother tongue : _____ ;
not applicable □

Your grandmother's mother tongue : _____ ;
not applicable □

Your father's mother tongue : _____ ; not applicable □

Your mother's mother tongue : _____ ;
not applicable □

**What language do they use? (8-16)**

8. Grandparent to grandparent :

Chinese mandarin □ ; dialect □ ; local language [①] □ ;
not applicable □

9. Parent to parent :

Chinese mandarin □ ; dialect □ ; local language □ ;
not applicable □

10. You to your brothers or sisters :

Chinese mandarin □ ; dialect □ ; local language □ ;
not applicable □

11. Grandparent to parent :

Chinese mandarin □ ; dialect □ ; local language □ ;
not applicable □

---

① "local language" here refers to the official language of the country you are living.

12. Parent to grandparent :

Chinese mandarin □ ; dialect □ ; local language □ ;
not applicable □

13. Grandparent to you :

Chinese mandarin □ ; dialect □ ; local language □ ;
not applicable □

14. You to grandparent :

Chinese mandarin □ ; dialect □ ; local language □ ;
not applicable □

15. Parent to you :

Chinese mandarin □ ; dialect □ ; local language □ ;
not applicable □

16. You to parent :

Chinese mandarin □ ; dialect □ ; local language □ ;
not applicable □

**What language do you use? (17-20)**

17. At home :

Chinese mandarin □ ; dialect □ ; local language □ ;
not applicable □

18. At school :

Chinese mandarin □ ; dialect □ ; local language □ ;
not applicable □

19. At working place :

Chinese mandarin □ ; dialect □ ; local language □ ;
not applicable □

20. In other situation :
Chinese mandarin □ ; dialect □ ; local language □ ;
not applicable □

## 第四节　短期来华美国留学生课外语言接触及其影响因素分析[①]

### 一　研究背景

随着中国国际地位的提高、汉语热在全球的升温，越来越多的外国人对汉语和中华文化产生兴趣，尤其是随着中美两国政府鼓励美国学生来华学习与交流政策的推出，来华留学的美国学生数量迅速增长。美国国际教育协会执行副会长佩姬2010年2月指出，"近年来美国赴中国留学的人数增长惊人。2009学年度留学中国的美国学生超过1.5万人，而在1995年，这一数字只有1396人，来中国学习的美国留学生每年的增长率都在20%，甚至30%。奥巴马总统提出美国将在未来4年送10万名美国青年到中国留学"[②]。这些数字都表明美国正日渐成为来华留学生的重要来源国，因此，如何针对美国学生的汉语学习特点进行教学设计，

---

[①] 本节作者：冯丽萍、步延新、Li Hong，原载《语言文字应用》2013年第3期。

[②] 新浪网刊登文汇报消息《美国际教育协会：这是留学中国的最好年代》，2010年2月3日。

如何提高他们对汉语和中华文化的兴趣以及学习效果，这些研究课题也日益突显出其必要性与实践价值。

关于第二语言习得，近年来受到普遍关注的社会文化理论认为：人类固然先天具有思维与认知机制，但这种机制必须在一定的社会文化环境中，通过与社会输入的交互作用才能实现语言的习得与发展；语言习得是个体在特定的社会环境中、在与他人交往的过程中进行的，因此环境对语言习得的过程及结果均有重要影响。[1] 该理论提出后，在第二语言学习与教学领域，社会环境不再仅仅被作为语言学习发生的背景，而是作为学习系统的一个因素加以全面、深入的研究。大家发现，了解课堂之外所发生的事情，对于更好地设计课堂之内的教学，是不可缺少的，因此研究方式逐渐从单一的关注认知因素、语言因素转向将这些因素与社会文化环境相结合。关于成人的第二语言学习环境，一般认为主要有以下三种：国内正规的课堂学习、国内强化沉浸式学习、在海外目的语环境中学习。[2] 来华美国学生所处的就是第三种 SA 环境，其与学生国内母语环境的一个最大不同，是在课外可以利用大量的与目的语人群、社会文化接触的机会来学习。但目的语环境促进第二语言习得的前提条件是学习者在课外对语言和文化

---

[1] Firth, A. & Wagner, J. On Discourse, Communication, and (Some) Fundamental Concepts in SLA Research. *The Modern Language Journal*, 1997(81); Lantolf, J. Sociocultural Source of Thinking and Its Relevance for Second Language Acquisition. *Language and Cognition*, 2007(1).

[2] Collentine, J. & Freed, B. Learning Context and Its Effects on Second Language Acquisition. *Studies in Second Language Acquisition*, 2004(26); 冯丽萍《不同环境下的第二语言习得研究述评》，《不同环境下的汉语教学探索》，外语教学与研究出版社 2009 年版。

的接触,有关英语、法语、西班牙语等作为第二语言的课外语言接触研究发现:学习者在课堂之外的活动受到其学习动机、语言水平、社会文化认同等诸多因素的影响,多种因素之间存在着交互作用。[①]但目前已有的关于第二语言学习者课外语言接触的研究主要从英语、法语、西班牙语等欧美语言和文化的视角进行,而汉字、汉语、中华文化与西方语言文化之间的距离远远大于上述语言文化内部各成员之间的差异,因此,来华留学生在课外语言文化接触方面所表现出的特点就成为一个值得研究的问题。本节将借鉴相关领域的研究方法,以美国学生这一重要的学习群体为对象,通过问卷调查和数据分析探讨以下三个问题:第一,美国短期来华留学生在课外语言接触的时间、途径、对象方面表现出哪些规律?第二,这些学生的学习动机、社会文化认同、交际观念具有什么特点?第三,学习者的个体因素如何影响其课外语言接触?探讨这些问题,对我们更加科学有效地设计各种暑期来华语言文化培训项目,更好地指导学生安排课外活动以促进其汉语学习的兴趣与效果,采用更加多样的方式将中华文化传播与语言教学相结合,具有实用参考价值。

## 二 研究设计与实施

问卷设计:针对本节所要探讨的学生课外语言接触及其与学

---

[①] De Bot, K. Introduction: Second Language Development as a Dynamic Process. *The Modern Language Journal*, 2008(92); Sasaki, M. A Multiple-data Analysis of the 3.5-year Development of EFL Student Writers. *Language Learning*, 2004(54).

习动机、文化认同、交际观念的关系等问题，以已有的研究成果为基础，我们设计了以下 4 份问卷：

第一，汉语接触问卷。参照课外语言接触研究中普遍采用的 Freed 等设计的语言接触问卷（LCP, language contact profile）[①]，我们设计了汉语接触问卷。除学习者基本信息外，问卷包括课外接触汉语的平均时间、课外主要的汉语交际对象、听说读写与看影视作品五种途径的接触时间等 13 个题目，最后是一个关于课外语言接触的开放性问题。该问卷的目的是了解学生在课外接触汉语的时间、途径与交际对象。

第二，汉语学习动机问卷。参照 Dörnyei 的语言学习动机问卷[②] 及以往关于外国学生汉语学习动机的研究成果[③]，我们设计了包括内部动机（如：对汉语和中国文化感兴趣）、外部动机（如：父母希望我学习汉语）、工具动机（如：学习汉语对找工作非常有用）在内的 6 个关于汉语学习动机的题目，采用量表方式请学生进行评定，并在最后设计了一个关于汉语学习动机的开放性问题。

第三，文化认同问卷。参照 Norton 关于社会文化认同的概念及其研究方法[④]，我们设计了包括文化认同（如：中国文化，例如历史、传统、风俗，是世界文明中很重要的一部分）、中国人

---

① Freed, B. & Segalowitz, N. Context of Learning and Second Language Fluency in French: Comparing Regular Classroom, Study abroad, and Intensive Domestic Immersion Programs. *Studies in Second Language Acquisition*, 2004(26).

② Dörnyei, Z. Motivation in Second l and Foreign Language Learning. *Language Teaching*, 1998(31).

③ 丁安琪《汉语作为第二语言学习者研究》，世界图书出版公司 2010 年版；江新《对外汉语教学的心理学探索》，教育科学出版社 2007 年版。

④ Norton, B. Social Identity, Investment, and Language Learning. *TESOL Quarterly*, 1995(29).

认同（如：中国人很友好、让人感到愉快）、认同行为（如：在中国期间我花时间了解更多的中国文化，例如历史、传统、风俗）三个维度的 10 个题目，采用量表方式请学生评定。

第四，语言交际观念问卷。针对研究问题，我们设计了包括交际动机（如：来中国后，给了我一个美国没有的汉语学习和使用环境，我应该多跟当地人交流）、交际途径（如：来到中国，我认为与母语者交流比在宿舍学习更重要）、交际效果（如：跟中国人交流时，如果他们听不懂我的汉语，会让我觉得很尴尬）三个维度的 10 个题目，同样采用量表方式。

为了避免被试使用答卷策略，问卷中凡采用量表方式进行评定的题目均使用 6 点量表。对部分题目采用反向陈述，这些题目在计算结果时被反向计分。为了加强结果的可靠性和稳定性，问卷采用多项目设计方式。在实测之前，我们对与被试同质的部分来华美国学生进行了预测和访谈，并根据结果对问卷进行了修订。为了保证所有学生理解问卷，问卷全部内容均翻译成英语，并请英语母语者校读，保证语义表达正确、无歧义。完成全部问卷大约需要 15 分钟。

被试：暑期来华学习汉语的美国大学生 78 人，其中男生 27 人，女生 51 人，他们来自美国不同的大学，在华项目的时间为 6～8 周。在项目开始时我们用新 HSK 试题对被试进行了测试，根据测试结果将被试分为初级和中高级，其中初级水平学生 43 人，中高级水平学生 35 人。

调查方式：采用纸质问卷方式发放并现场回收。为保证被试自由、真实地填写，所有问卷均为匿名。

## 三 问卷结果与分析

### （一）课外语言接触时间与途径分析

我们首先计算了不同性别和不同汉语水平学生每周在课外采用听、说、读、写、看影视作品等方式接触汉语的平均时间，结果见表 2-8[①]。

表2-8 不同性别和汉语水平的学生课外接触汉语时间（单位：小时/周）

|  | 周平均时间 | 口语 | 阅读 | 听力 | 影视 | 书写 |
| --- | --- | --- | --- | --- | --- | --- |
| 女 | 7.68 | 7.92 | 1.22 | 5.30 | 3.63 | 4.44 |
| 男 | 6.21 | 9.40 | 1.33 | 4.32 | 3.52 | 3.92 |
| 初级 | 6.27 | 7.70 | 1.32 | 4.20 | 3.23 | 5.08 |
| 中高级 | 8.26 | 9.05 | 1.19 | 6.05 | 4.11 | 3.16 |
| 平均 | 7.12 | 8.52 | 1.27 | 4.97 | 3.62 | 4.15 |

用 SPSS13.0 对不同组别的数据进行检验，结果显示：第一，学生每周在课外通过不同途径接触汉语的时间差异显著，其中，口语接触的时间显著多于其他途径，而阅读的时间显著少于其他途径。第二，在性别方面，女生的课外接触汉语平均时间显著多于男生，但口语接触时间显著少于男生，其他途径之间的男女生差异不显著。第三，在水平方面，中高级学生每周平均的课外语言接触时间显著多于初级水平学生；在接触途径上，初级水平学生的口语和听力接触时间显著少于中高级学生，而书写时间显著多于中高级学生；不同水平学生课外阅读汉语、看中文影视作品的时间差异不显著。

---

① 表中"周平均时间"一列的数据来自问卷中学生自评填写的时间，非右侧 5 列数据的平均值。

从上述数据及分析结果我们可以发现，在课外语言接触途径和时间方面，来华美国学生表现出下述规律：第一，在每周平均的接触时间上由多到少的顺序是口语＞听力＞书写＞看影视作品＞阅读，这与学生在语言接触观念问卷中关于交际动机的回答是一致的。对于"在短期汉语课程中，提高听说能力比读写能力更重要"一题，学生在6点量表上的平均认可度为4.77。该结果与汝淑媛等[1]关于短期来华美国学生的调查结果也相一致，其研究发现：学生对教学内容和课外作业中书写和阅读的兴趣最低，而听说汉语的兴趣最高。对于短期项目中听说重于读写的观点我们在一定程度上表示赞同。首先，在学生的母语环境中，以听说汉语的方式与中国人进行交际的机会是更难创造的；其次，与读写相比，听说能力提高的速度相对更加明显，而且，听说技能在日常交际中的作用也更为重要。因此，通过大量的听说接触，使学生能快速提高其口语交际水平，对于增强其汉语学习的成就感、提高其交际意愿是非常有益的。这也是许多来华项目教学模式设计中的考虑因素之一。而且，从上面的数据我们可以看到：学生在主动的"说汉语"上花的时间多于被动的"听汉语"，说明在汉语环境中，他们主动交际的意愿是较强的。第二，性别是影响学生课外接触汉语时间和途径的重要因素。女生在课外更多地利用不同途径接触汉语，但是与男生相比，她们用汉语进行口语交际的时间相对较少，而花在书写方面的时间稍多。这与汝淑媛等[2]研究所得到的男生对书写的兴趣度低于女生的结果相同，与

---

[1] 汝淑媛、冯丽萍、李红《对短期来华美国大学生的汉语教学调查及教学策略探讨》，《语言文字应用》2011年第5期。

[2] 同上。

我们在暑期项目中的教学经验也相吻合。例如，许多项目中都会采用让学生课堂表演并在课后撰写表演脚本的任务，如"根据你在中国购物的经历编写一段对话"。男同学在课堂表演此类对话时往往非常积极、活跃，但是所提交的书面作业质量却不如女同学。不过总体来说，男女生课外语言接触途径的趋势相同，都是较多地利用口语交际，而阅读汉语的时间非常少。第三，汉语水平也是影响学生课外语言接触的一个重要因素。初级水平学生课外接触汉语的时间显著少于中高级水平学生，尤其是在口语和听力方面，但是他们比中高级水平学生花更多的时间去书写。这与初级阶段学生的口语交际能力有限、汉字学习任务较重应该是密切相关的。第四，关于问卷中的开放性题目"除上述方式外，你在课外还通过哪些途径用汉语与他人交际"，许多学生填写的是"用MSN或SKYPE与中国朋友、家人联系"。这说明现代交流方式的发展为拓宽学生的交际范围与空间、增强教师教学手段与资源的多样化提供了更多的可能。

（二）课外语言接触对象分析

在语言接触问卷中，我们设计了1个题目，询问学生在课外与哪些人用汉语交际最多，提供的选项包括：老师、中国朋友、同学、其他。调查结果见表2-9。

表2-9 不同性别和汉语水平的学生课外汉语交际对象数据表（%）

|  | 老师 | 中国朋友 | 同学 | 其他 |
| --- | --- | --- | --- | --- |
| 女 | 31.1 | 13.3 | 20.0 | 35.6 |
| 男 | 13.7 | 21.6 | 17.6 | 47.1 |
| 初级 | 22.0 | 12.2 | 22.0 | 43.9 |
| 中高级 | 15.4 | 27.7 | 13.8 | 43.1 |

(续表)

|  | 老师 | 中国朋友 | 同学 | 其他 |
| --- | --- | --- | --- | --- |
| 平均 | 19.0 | 19.0 | 18.4 | 43.5 |

从上述数据可以看出：第一，不论男生还是女生，不论何种汉语水平，学生在课外用汉语交际最多的都是"其他"类，根据学生所填写的内容，这一类主要包括宿舍、商场、餐馆的服务员。第二，除"其他"类以外，男生接触最多的是中国朋友，与老师的接触相对较少；而女生更倾向于与老师交流，他们与中国朋友的接触比例最低。第三，在水平方面，初级水平学生与中国朋友的交流最少，而中高级水平学生与中国朋友的交流最多。

总体来说，短期来华留学的美国学生都已充分意识到利用中国这样的语言环境，在课外平均每天利用1小时左右的时间接触汉语，尤其是在听说方面；而且他们也能够主动与身边的中国人交流，例如中国朋友、服务员等等。但需要引起我们关注和思考的是：第一，对汉字阅读环境的利用不可忽视。虽然短期项目中听说技能非常重要，但我们如何引导学生利用身边几乎随处可见的汉字，例如街边的路牌、店名、广告，房间或餐馆等各种场所的书面提示，以引导学生更多地学习汉字，提高汉字阅读和识别能力？第二，教学目标与要求的多元化。不同性别和汉语水平的学生在课外语言接触方式与途径方面表现出了不同的倾向，那么，我们如何依据语言学习与教学的规律，针对不同学生的兴趣和学习特点设计个性化、多元化的教学内容与课外活动，使学生更加有效地利用汉语环境，最大程度地提高其学习兴趣和效果？例如，如何引导男同学在书写汉字方面投入更多的精力？如何让初级水平学生敢于更多地与当地人交流？虽然课外语言接触的时间、途径并没有一个客观、科学的标准，但是如果能根据学生的学习特点，有针对性地通过教学内容或课外作业等方式引导他们更多地利用中国这样一个几乎可以随处听、说、读汉语汉字的环境，而不止是根据自己倾向的或单一的方式来使用汉语，对于提高其汉语综合技能将会是大有益处的。

### （三）汉语学习动机、文化认同与交际观念结果分析

我们首先采用因素分析法对学习动机、文化认同、交际观念三部分问卷的数据分别进行分析，根据分析结果删除相关度不高的项目，并将同一因子内的数据进行了合并计算。所得结果见表2-10。

表2-10 不同水平和性别学生的学习动机、文化认同与交际观念数据表（6点量表的平均数）

|  | 汉语学习动机 ||| 社会文化认同 ||| 交际观念 |||
| --- | --- | --- | --- | --- | --- | --- | --- | --- | --- |
|  | 交际效果 | 内部动机 | 外部动机 | 工具动机 | 文化认同 | 中国人认同 | 认同行为 | 交际动机 | 交际途径 |
| 女 | 5.33 | 3.27 | 5.14 | 4.95 | 4.81 | 5.12 | 5.07 | 4.84 | 3.95 |
| 男 | 5.42 | 3.17 | 5.33 | 5.02 | 4.80 | 4.56 | 5.09 | 4.37 | 4.20 |
| 初级 | 5.29 | 3.08 | 5.12 | 4.90 | 5.01 | 5.01 | 5.22 | 4.85 | 4.01 |
| 中高级 | 5.46 | 3.43 | 5.32 | 5.07 | 4.54 | 4.81 | 4.90 | 4.85 | 4.08 |
| 平均 | 5.38 | 3.24 | 5.23 | 4.99 | 4.79 | 4.88 | 5.07 | 4.73 | 4.06 |

用SPSS13.0对数据进行分析，结果显示：

第一，在汉语学习动机方面，学生对内部动机和工具动机的认可度显著高于外部动机，不同性别、不同汉语水平的学生表现出了相同的趋势。也就是说，这些美国学生学习汉语在很大程度上是由于对中国语言和文化感兴趣，而对获得学分需要或因父母要求而学习汉语等外部动机的认可程度较低。以往关于外国学

生汉语学习动机的研究发现：美国学生出于对汉语和中国文化的兴趣而学习的内部动机较高，其职业动机、外部动机远低于亚非学生。[1] 本节的结果一方面验证了美国学生在汉语学习方面较高的兴趣和较强动机；另一方面也发现，美国学生对于"学习汉语对未来找工作很有帮助"这样的工具动机也有较高的认可程度（5.23），说明随着中国经济的发展和多边贸易、文化关系的建立，汉语在就业与职业发展方面的价值正吸引着越来越多的美国学生学习汉语。

第二，在文化认同方面，学生对中国文化、中国人以及实际的认同行为三个维度上的平均认可度没有显著差别，但是女生的认同行为（5.12）显著高于男生（4.56），她们在课外花更多的时间去了解或体验中国文化，这与前面课外语言接触时间的分析结果相同。在汉语水平方面，初级水平的学生对中国人的认同程度（5.01）显著高于中高级水平学生（4.54），前者对中国人的好感程度更高，更倾向于认为"中国人很友好、让人感到愉快"。

第三，在交际观念方面，美国学生对在目的语环境中使用汉语进行交际的动机较强，他们普遍认可"来到中国给了我一个美国没有的汉语学习和使用环境"等观点，认为应当花更多的时间与当地人交流。由于意识到了汉语环境的交际优势，他们在交际途径方面，对"与中国人交流比自己看书更有效""来到中国，我更喜欢找母语者说汉语，而不是周围的同学"等观点的认同程度也较高（平均4.73，在6点量表中居79%）。而关于交际效果，学生们对于"即使自己的汉语不好，也要多跟中国人交流""与

---

[1] 江新《对外汉语教学的心理学探索》，教育科学出版社2007年版。

母语者交流时，即使自己的汉语有错，也不必觉得尴尬"这样的观点认同度为 4.06（居 6 点量表的 68%）。这说明美国学生与中国人交流的意愿和主动性较强，但担心出错、害怕交际不畅也在一定程度上成为他们与中国人交流时所顾虑的因素。

## （四）学习动机、文化认同、交际观念与课外语言接触的关系分析

为了考察学习者的学习动机、文化认同、交际观念因素如何影响他们在课外的语言接触，我们以这三个维度中各因素的分值为自变量，以课外语言接触的周平均时数为因变量，采用 stepwise 法对数据进行了回归分析。分析结果显示：中国人认同、交际效果、内部动机三个因素进入方程，$r^2$=0.460，回归方程显著（$F_{(3, 141)}$=12.595，$p<0.01$），这意味着上述三个因素对课外语言接触时间起关键作用。为何这三个变量成为决定美国学生课外语言接触数量的直接因素？如果我们对三个因素的内涵做进一步的深层分析，可以发现：三者的共同点在于都体现了学生用汉语与中国人交际时的社会心理距离。交际的对象是人，根据我们问卷中的题目内容，对中国人的认同度高意味着他们感觉中国人很友好、愿意与外国人进行交流；交际效果认同意味着他们认为"与中国人交流时，即使我的汉语经常有错，也不会使我感到很尴尬"；内部动机体现的是学生学习汉语是由于对中国语言和文化感兴趣。中国人认同、交际效果、内部动机直接决定学生的课外语言接触数量，说明只有当他们从内心对中国社会与文化感兴趣，并且在社会心理角度感觉中国人易交流，认为与中国人的交流友好、顺畅时，才愿意在课外花更多的时间去接触中国社会和中国人。

## 四 结论与建议

本节通过问卷调查与数据分析，探讨了短期来华的美国学生在课外接触汉语的时间、途径、交际对象方面的特点，研究结果发现，学生的性别、汉语水平、汉语学习动机、中国文化认同、交际观念在不同层面和角度对学生的课外语言接触产生影响，学习者对目的语社会文化的兴趣、与目的语社团的心理距离决定他们对课外语言接触时间和方式的选择。从这一角度讲，无论在第二语言教学还是在研究中，对学习者与环境关系的探讨比单纯探讨学习者本身都更有意义。根据这些研究结果，我们认为在来华汉语项目设计与教学中应关注以下问题：

（一）教学模式的设计应该引导学生对目的语和社会文化环境的综合利用

目前许多来华留学生已经意识到利用各种媒介或通过与中国人的交流来学习汉语，但他们中的不少人还停留在被动地接受语言输入，或者将这些方法仅作为语言学习的途径，而没有真正地将语言作为一种工具，深入了解或体验目的语文化，充分培养在目的语环境中运用汉语解决问题的综合能力，而后者对于提高学习者对自身语言能力的信心、促进他们对语言交际功能的意识会更有帮助。这就需要教师在教学中选择恰当的任务，引导学生主动利用这种环境。例如，本研究发现学生普遍认为与中国朋友的交流是有效、愉快的，那么在课堂上学习了"认识朋友"的话题以后，教师就可以在帮助学生掌握相关的词汇、语法结构、语言功能的基础上，引导学生去结交一位中国朋友，并交换其电话号码、电子邮件地址、MSN等各种联系方式。又比如，我们的研究发现学生在课外并没有很好地利用随处可见的汉字阅读机会，因此教师就可以根据教学内容让学生在所见之处找到若干个认识的汉字、词组、句子或同音字、形近字等，记录下来与全班同学分享。这些任务让学生结交了中国朋友、练习了汉字，更重要的是培养了他们关注身边汉语汉字环境的意识。

### （二）教学指导与要求应考虑学生的个性化特点

既然学生的学习特点与观念不同，那么在集体指导之外，教师就需要有针对性地设计不同的教学方式或要求，根据学生的个性化特点而采取多样化的指导方式。例如，研究发现男生对书写的兴趣度低于女生，他们在课外花在书写方面的时间较少，那么在同一个班级内，教师是否可以通过巧妙的方式让男同学更多地提交一些书面作业？又比如，学生们的兴趣爱好各有不同，那么是否可以让喜欢摄影的同学在课外拍摄一些照片，而让喜欢历史的同学收集与中国历史有关的建筑、风俗等信息，或者让不同兴趣的同学结成小组，从不同角度共同完成一份课外作业并与全班分享？或者让学生们集体讨论、设计课外活动的内容与方式？这些都是短期项目教学中可以思考和尝试的。

### （三）注重培养学生的跨文化适应意识与能力

本研究发现，学生对中国人的认同程度、他们与中国人交流时的感觉直接影响着他们的课外语言接触，但调查所得到的这两个维度的认同度并不是特别高。这一方面固然与部分中国人与外国人交往时的方式或态度不妥有关，但另一方面，也许缘于学生对中国人交往方式的不理解、不适应。例如，中国人在日常交往中出于关心或好奇而询问的"你多大了？""你家有几口人？"等，有时就会被外国人误解为对个人隐私的窥探，这样的误解会在很大程度上减弱外国学生与中国人的交流意愿。因此，如果在教学中采取恰当的方式引导学生了解各种现象背后的文化的含义与渊源，引导他们进行文化对比的意识，提高其跨文化意识与能力，将会在很大程度上促进他们更加主动、顺畅地与中国人交流。

**（四）项目的教学与活动内容设计应该引导学生关注对文化的深层分析**

提高跨文化交际能力的前提之一是具有多元文化意识，愿意尊重、理解不同文化和文化群体。文化具有不同层次，在目前的短期来华项目中，一般都有组织学生参观、游览、考察、体验的内容，但这些内容使学生接触更多的是文化的习俗或产品层面，而对于成年学习者来说，观念文化的了解也是必不可少，甚至是更为重要的。因此，短期项目的设计应注意培养学生的文化分析意识与能力。例如，在保证可操作性的前提下，可以设计与中国人的访谈、交流；或者让学生走入中国社会、深入中国人的日常生活，拍摄他们最为感动/有印象/有趣/吃惊的人、事、物，并在全班讲解、讨论。这种讨论对于培养学生分析各种现象之后的文化内涵、以客观的态度进行不同文化的对比，进而促进其文化理解、文化包容的意识及跨文化适应能力将会是非常有益的。

本节通过对短期学生的调查研究了来华美国学生的课外语言接触特点及其影响因素，短期班的暂时性会使学生因新鲜感等原因而表现出与长期生不同的特点，因此关于来华长期生的课外语言接触、长短期学生的异同等都是今后可以继续深入研究的问题。本节的研究结果提示我们：成人的第二语言是在一定的社会文化环境中通过课堂的教学指导与课外的自主学习而习得的。对于来华留学项目的设计者与教师来说，如果能通过有效的教学与引导，使学生的学习从课堂延伸至课外,从与教师和同学的交流拓宽到与目的语环境的多方位接触,从参观、体验文化现象深入到思考、分析文化内涵,对于激发学生的学习兴趣、提高其跨文化适应能力、实现语言学习与文化学习的相互促进将会有非常重要的意义。

## 第五节 不同文化背景汉语学习者跨文化认同研究[①]

### 一 引言

语言的基本功能在于交际,除此之外,语言学习也是学习者认同建构的一部分。按照建构主义的观点,第二语言学习者在与目的语社团使用语言进行交际的过程中,会逐渐地建立起对目的语社团的跨文化认同。然而,这种认同并非是自然而然建立的。语言如果与其所承载的文化等因素剥离,即作为一种纯粹的交际工具,它就可以为任何政治目的服务。如今,随着中国的崛起,汉语正逐渐成为世界各国了解和学习中国文化的工具,但仍然存在着另外一种可能,即汉语也可能成为世界霸权国家与中国抗衡的武器。

因此,关注汉语第二语言学习者,特别是非华裔的跨文化认同问题,应该是汉语国际传播的宗旨。为此,本研究试图通过对

---

① 本节作者:魏岩军、王建勤、朱雯静,原载《华文教学与研究》2015年第4期。

美国、印度尼西亚和韩国的非华裔汉语学习者进行问卷调查,考察不同文化背景和汉语水平对学习者跨文化认同的影响,以便为国家制定有针对性的汉语国际传播策略和对策提供依据。

## (一)认同理论:从结构主义到建构主义

在 Gardner 的社会教育模式中,认同作为一种语言学习的"非语言成果",指的是"我是谁"的基本问题。[1] 具体来说,是指语言学习者对自我语言能力、价值取向以及社团归属感的主观评价。

早期的经典研究主要是从"语言与认同之结构观"探讨语言学习和认同的关系。[2]Lambert 发现,双语者的认同变化有两种类型:附加性双语者和削减性双语者。[3] 前者所带来的认同"不给学习者带来取代或削减第一语言重要性的压力"。[4] 后一种学习现象则会给"第一语言带来威胁",使学习者"产生文化身份丧失及疏离的感觉"。[5] 在"语言与认同之建构观"的视角下,高一虹借用 Fromm 的"生产性取向"概念,以"最佳外语学习者"为研究对象,提出了"生产性双语者"模式。这是一种"增值的、整体大于部分之和的学习""母语和目的语水平的提高相得益彰,对母语与目的语文化的理解相互促进"。[6] 认同研究的理论视角

---

[1] Gardner, R. C. *Social Psychology and Second Language Learning: The Role of Attitudes and Motivation.* Edward Arnold, 1985.

[2] 高一虹、李玉霞、边永卫《从结构观到建构观:语言与认同研究综观》,《语言教学与研究》2008 年第 1 期。

[3] Lambert, W. E. Culture and Language as Factors in Learning and Education. Aboud, F. E. & Meade, R. D.(eds.) *Cultural Factors in Learning and Education.* Washington State College, 1974.

[4] 同注[1]。

[5] 同上。

[6] 高一虹《生产性双语现象考察》,《外语教学与研究》1994 年第 1 期。

从"结构观"到"建构观"的转变，反映了语言学习不再是社会结构决定的行为复制，而是复杂的社会现象和个人特质发展相互作用的结果，从而更好地解释了认同建构的复杂性。[1]

近年来，建构主义视角下的认同概念逐渐完善。加拿大学者 Norton 基于对 5 位移民女性在加拿大英语学习经历的长期跟踪研究，借用 Bourdieu 的概念，提出语言学习同时也是一种"投资"，从而取代了"动机"的概念。[2] 学习者希望通过"投资"得到更好的回报，这包括象征性（如语言、教育、友谊等）和物质性资源（资本货物、房地产、金钱等），来提高自己文化资本的价值。[3] 在该理论框架下，学习者的认同建构不再被看作是单一的，而是处于特定的社会文化历史情境中，同时也是多元的、动态的、多变的。

Epstein 的"跨文化"概念同样是建构主义的。[4] 他认为，若是将认同仅仅依据学习者所在社团的种族、宗教和意识形态而定，那么往往会产生文化冲突。认同建构并不一定是非此即彼的关系，完全存在第三种可能，那就是"跨文化"。该理论主张认同建构应从自己的本土文化中解放出来，超越其文化堡垒，通过与不同

---

[1] 高一虹、李玉霞、边永卫《从结构观到建构观：语言与认同研究综观》，《语言教学与研究》2008 年第 1 期。

[2] Norton, P. B. *Language Learning, Social Identity, and Immigrant Women*. Ph.D. dissertation of University of Toronto, 1993; Norton, P. B. Social Identity, Investment, and Language Learning. *TESOL Quarterly*, 1995(29); Norton, P. B. *Identity and Language Learning: Gender, Ethnicity and Educational Change*. Pearson Education, 2000.

[3] 芮晓松、高一虹《二语"投资"概念述评》，《现代外语》2008 年第 1 期。

[4] Epstein, M. Transculture: A Broad Way Between Globalism and Multiculturalism. *American Journal of Economics and Sociology*, 2009 (68).

文化的接触，穿越于多种文化之间。由此可见，"跨文化"更强调开放性，主张文化自身的"不自足性"，因而需要与其他文化互动而弥补自身文化的缺陷。

## （二）相关研究

在上述理论框架下，跨文化认同的相关研究涉及不同的内容和层次。高一虹及其课题组对大学本科生和研究生英语学习和自我认同的关系进行了全面细致的研究。在其研究中，自我认同包括6个类别：自信心变化、附加性变化、削减性变化、生产性变化、分裂性变化和零变化，其中附加性、削减性、生产性和分裂性变化归为英语学习者的文化认同。其中，高一虹、周燕和高一虹等在一定程度上证明了语言学习带来的"附加性变化"和"生产性变化"的上升。[1] 边永卫、高一虹通过考察英语学习自传性文本，总结了双语认同的发展路径：工具性双语认同、削减性/附加性双语认同、生产性双语认同。[2]

除上述研究外，Zea et al. 的研究对象是少数族群，将文化认同界定为少数族群对其母语社团文化及所在国主流社团文化的依附感、归属感以及基于这种归属感所表现出的行为倾向。[3] 在上述两种不同文化的互动中，认同也随之逐渐融合。Robert et al. 和

---

[1] 高一虹、周燕《英语学习与学习者的认同发展——五所高校基础阶段跟踪研究》，《外语教学》2008年第6期；高一虹、周燕、战凤梅《英语学习与学习者的认同发展——五所高校高年级阶段跟踪研究》，《外语研究》2011年第2期。

[2] 边永卫、高一虹《英语学习自传性文本中的自我认同建构》，《外国语言文学》2006年第1期。

[3] Zea, M. C. & Asner-Self, K. K. & Birman, D. & Buki, L. P. The Abbreviated Multidimensional Acculturation Scale: Empirical Validation with Two Latino/Latina Samples. *Cultural Diversity and Ethnic Minority Psychology*, 2003(9).

Phinney 研究的是族群认同，指的是学习者对自己所属社团的认同，主要体现在学习者对自己所属社团的依附感和归属感。[①] 文化认同和族群认同侧重于认同建构的行为倾向，价值观认同涉及的层次更深，Kim et al. 从服从社会规范、通过成就获得家族认可、情感自我控制、集体主义、谦虚、孝道等 6 个方面进行了考察，研究发现价值观认同相比前两者变化得更为缓慢，学习者在融入当地主流文化的同时，却始终固守自己本土文化的价值观念。[②]

综上所述，文化、族群和价值观是学习者认同建构的主要要素，所学语言的使用范围和频率也是影响因素之一。因此，本研究增加了语言认同，拓展到"跨文化认同"的语言、文化、族群和价值观等 4 个层面，以期从浅至深依次考察汉语学习者的跨文化认同效应。此外，本研究选取不同文化背景的学习者，力求补充印证在非目的语语言环境下的跨文化认同理论。最后，以往研究通常证明的是社会心理因素对汉语习得水平的影响，而本节试图探究汉语习得为跨文化认同带来的积极变化，以此进一步完善语言学习和认同变化之间的双向作用。

---

① Robert, R. E. & Phinney, J. S. & Masse, L. C. & Chen, Y. R. & Roberts, C. R. & Romero, A. The Structure of Ethnic Identity of Young Adolescents from Diverse Ethnocultural Groups. *The Journal of Early Adolescence*, 1999(19); Phinney, J. S. The Multigroup Ethnic Identity Measure: A New Scale for Use with Diverse Groups. *Journal of Adolescent Research*, 1992(7).

② Kim, B. S. K. & Atkinson, D. R. & Yang, P. H. The Asian Values Scale: Development, Factor Analysis, Validation, and Reliability. *Journal of Counseling Psychology*, 1999(46); 魏岩军、王建勤、魏惠琳、闻亭、李可《影响美国华裔母语保持的个体及社会心理因素》，《语言教学与研究》2012 年第 1 期。

## 二 调查对象与研究方法

### （一）调查对象的基本情况

本研究的调查对象分别来自美国、印度尼西亚和韩国[①]，问卷调查均在其所在国实施，调查对象均处于非目的语语言环境下。美国调查对象来自爱荷华大学、卡内基梅隆大学、纽约州立大学等美国东部和中部的6所大学和高中，印度尼西亚数据来自慈育大学、建国大学、玛拉拿达基督教大学、国立第十九高中等。韩国数据来自启明大学。不同国家的调查对象在年龄、性别和教育程度等因素上基本保持了一致。问卷在课堂发放，当堂回收，共发放456份，回收425份，其中有效问卷406份。调查对象的基本情况见表2-11。

表2-11 调查对象的基本情况[②]

| 国籍 ||| 性别 || 教育程度 |||年龄|
|---|---|---|---|---|---|---|---|---|
| 美国 | 印尼 | 韩国 | 男 | 女 | 高中 | 本科 | 研究生 | 16～29岁 |
| 199 | 147 | 60 | 171 | 235 | 134 | 257 | 12 | 406 |

### （二）问卷设计

本次调查采取问卷调查的方法，语言根据调查对象的不同翻译为英文、印尼文和韩文，具体包含以下内容：

第一，调查对象的基本情况，包括国籍、性别、年龄、教

---

[①] 根据石定果、万业馨的研究，汉语学习者文化背景大概可分为日韩、东南亚和欧美三类，本文每类地区各选一个国家以考察具有较大差别的文化背景因素对跨文化认同的影响。石定果、万业馨《关于对外汉字教学的调查报告》，《语言教学与研究》1998年第1期。

[②] 本研究部分问卷数据有些许缺失，缺失的数据不在统计之列。

育程度、汉语学习时间、在华时间等。

第二,汉语学习者跨文化认同的调查。跨文化认同测量依据 Zea et al. 的简明多维度文化适应量表,同时参照 Robert et al. 和 Kim et al. 分别关于族群认同和价值观认同的研究,[1] 将学习者对目的语社团认同分为语言、文化、族群和价值观认同4个方面,每方面8道题目,共32道题目。"语言认同"题目自编,主要体现为汉语学习者在不同环境下汉语的使用范围和使用频度;"文化认同"指汉语学习者对华人社团的文化依附感、归属感以及基于这种归属感所表现出的行为倾向;[2] "族群认同"指学习者对华人社团的认同,主要表现为学习者对华人社团的依附感和归属感;[3] "价值观认同"包括6个因素,即服从社会规范、通过成就获得家族认可、情感自我控制、集体主义、谦虚和孝道等。[4]

---

[1] Zea, M. C. & Asner-Self, K. K. & Birman, D. & Buki, L. P. The Abbreviated Multidimensional Acculturation Scale: Empirical Validation with Two Latino/Latina Samples. *Cultural Diversity and Ethnic Minority Psychology*, 2003(9); Robert, R. E. & Phinney, J. S. & Masse, L. C. & Chen, Y.-R. & Roberts, C. R. & Romero, A. The Structure of Ethnic Identity of Young Adolescents from Diverse Ethnocultural Groups. *The Journal of Early Adolescence*, 1999(19); Kim, B. S. K. & Atkinson, D. R. & Yang, P. H. The Asian Values Scale: Development, Factor Analysis, Validation, and Reliability. *Journal of Counseling Psychology*, 1999(46).

[2] Zea, M. C. & Asner-Self, K. K. & Birman, D. & Buki, L. P. The Abbreviated Multidimensional Acculturation Scale: Empirical Validation with Two Latino/Latina Samples. *Cultural Diversity and Ethnic Minority Psychology*, 2003(9).

[3] Robert, R. E. & Phinney, J. S. & Masse, L. C. & Chen, Y.-R. & Roberts, C. R. & Romero, A. The Structure of Ethnic Identity of Young Adolescents from Diverse Ethnocultural Groups. *The Journal of Early Adolescence*, 1999(19).

[4] Kim, B. S. K. & Atkinson, D. R. & Yang, P.-H. The Asian Values Scale: Development, Factor Analysis, Validation, and Reliability. *Journal of Counseling Psychology*, 1999(46).

认同测量指标采用 Likert Scale 6 点量表,并统一为积极的表述方式。(见附录)

第三,语言水平自测,包括听、说、读、写四项技能。自测表是根据《欧洲语言共同参考框架:学习、教学、评估》中"语言水平自测表"的 4 项语言技能评测标准修改而成(Council for Cultural Co-operation Education Committee)。[1]

为了保证问卷调查的可靠性,[2] 我们对本部分问卷的信度进行了检验。跨文化认同总量表信度系数为 0.834,语言认同分量表信度系数为 0.824,文化认同分量表的信度系数为 0.884,族群认同分量表的信度系数为 0.770,价值观分量表的信度系数为 0.848。因此,本跨文化认同量表的信度系数是相当高的。

## 三 文化背景对汉语学习者跨文化认同的影响

汉语走向世界首先影响的就是我们周边的邻国,因此,了解邻国汉语学习者跨文化认同问题对制定国家语言战略至关重要。

### (一)不同文化背景的汉语学习者跨文化认同的统计结果

表 2-12 列举了来自美国、印度尼西亚和韩国等不同文化背景的汉语学习者对华人社团语言、文化、族群和价值观的跨文化认同情况。

---

[1] Council for Cultural Cooperation Education Committee (ed.) *Common European Framework of Reference for Languages: Learning, Teaching and Assessment*. Cambridge University Press, 2001.

[2] "文化认同""族群认同"和"价值观认同"问卷量表的信效度在 Zea *et al.*、Robert *et al.*、Kim *et al.* 等文章中均已得到较好的验证。文献参见上页脚注①。

表 2-12 不同文化背景的汉语学习者跨文化认同程度的平均分

|  | 语言认同 | 文化认同 | 族群认同 | 价值观认同 |
| --- | --- | --- | --- | --- |
| 美国 | 2.57 | 4.50 | 3.98 | 4.01 |
| 印度尼西亚 | 2.05 | 3.10 | 3.15 | 4.99 |
| 韩国 | 3.37 | 3.93 | 3.19 | 4.42 |

方差分析显示：文化背景的主效应显著（$F_{(2, 403)}$=20.13，$p<0.005$），4 项认同的主效应显著（$F_{(3, 1209)}$=328.03，$p<0.005$），文化背景和四项认同之间的交互作用显著（$F_{(6, 1209)}$=96.43，$p<0.005$）。

经简单效应检验，在语言认同、文化认同和价值观认同上，不同文化背景之间差异显著（皆为 $p<0.005$）。事后多重比较显示，美国、印度尼西亚和韩国两两之间差异均显著（皆为 $p<0.005$）。对族群认同来说，印度尼西亚和韩国差异不显著（$p=0.99$）。具体来说，在语言认同上，韩国最好，其次是美国，最后是印度尼西亚；美国的文化认同和族群认同最高，韩国文化认同程度高于印度尼西亚，族群认同与印度尼西亚无差别；价值观认同印度尼西亚最高，美国最低。

从以上的分析中可以看出，美国和韩国对华人社团认同的总体情况要好于印度尼西亚。在价值观认同上，美国和韩国明显不如印度尼西亚，而在语言、文化和族群认同上，印度尼西亚并不占优势。

（二）对不同文化背景汉语学习者跨文化认同的讨论

Gardner 于 20 世纪 70 年代提出的"社会教育模式"以社会文化环境为起点，将影响第二语言习得的因素构成了一条习得效果的链条，这包括社会环境、学习者的个体差异、习得环境和习得效果。本节的调查对象分别来自美国、印度尼西亚和韩国等非目的语语言学习环境中，其社会大环境也各不相同，与中国的文化差异大小也不相同，同时各地区与中国有着不同的地缘关系，其汉语学习者对华人社团的认同取向体现出社会文化以及地缘政治影响的明显烙印。[①]

语言认同指的是学习者在不同环境下汉语的使用范围和使用频度，体现的是汉语学习者在汉语和其母语之间的竞争和选择。韩国学习者属于汉字文化圈，汉语使用的机会较多，其认同程度较高是必然的。比较而言，美国和印度尼西亚学习者所处的外在语言文化环境不能提供足够的汉语学习机会。所以，语言认同上韩国要好于美国和印度尼西亚。另一方面，不同文化背景的学习者语言认同相对其他3类认同普遍较低，这说明虽然近年来汉语的国际地位日益上升，但是汉语的使用范围和频度仍需进一步提升。

文化和族群认同上，美国学习者程度最高。虽然美国学习者对中国文化和中国人接触较少，但这种陌生和神秘的东方文化，却使他们对中国文化产生了更浓厚的兴趣，愿意去了解中国文化，对中国文化的态度也更为亲和。此外，美国文化本身的多族裔、多文化背景使得美国学习者更容易接受和理解中国文化，呈现出文化开放和包容的特点。相比之下，虽然印度尼西亚和韩国与中国紧邻，但在文化认同和族群认同上却低于与中国地理位置更远的美国。根据地缘政治中的地理与冲突理论，政治实体相邻为冲突创造了机会，享有共同边界的国家之间比不相邻的国家之间更

---

[①] Zhou, M. Language Identity as a Process and Second Language Learning. Chan, W. M. & Chin, K. N. & Bhatt, S. K. & Walker, I. (eds.) *Perspectives on Individual Characteristics and Foreign Language Education*. Walter de Gruyter, 2012.

易爆发冲突。正因处于同一利益圈,韩国和印度尼西亚在与中国有更多交流的同时,其文化竞争乃至冲突也更为突出。印尼华人社团的存在使其具有了一定的目的语文化环境,印尼的学习者接触中国文化和中国人的机会增多,但与此同时,非华人与华人的利益冲突使非华人对华人社团又更易产生抵触情绪。而韩国民族情绪较为强烈,对自身历史和文化有非常强的认同感,致使他们对其他民族的文化存在或多或少的排斥心理。

价值观认同的评定是基于 Kim et al. 提出的测量价值观的 6 大因素:服从社会规范、通过成就获得家族认可、情感自我控制、集体主义、谦虚和孝道。[1] 同属汉字文化圈的亚洲国家,因儒家文化的深刻影响,使他们在价值观上对华人社团有着高度的认同,而美国秉承的西方文明与中国存在很大差异。

社会心理学家认为,认同存在两种需求,其一是通过寻找"我"与"我们"的差异而获得"自我认同",这是个体追求一种与众不同的独特性和唯一性的表现;其二是通过寻找"我们"与"他们"的差异而获得"社会认同",这使得个体总是趋向于与众相同的一致性和同一性。个体总是在寻找二者之间的平衡。[2] 语言学习同样如此,它并不仅仅是掌握一种工具,其中蕴含着学习者的认同建构,有社会的,也有自身的,这种建构摆脱不了社会文化的大环境,同时也体现着个人在特定社会情境的互动中对语言学习及自我

---

[1] Kim, B. S. K. & Atkinson, D. R. & Yang, P. H. The Asian Values Scale: Development, Factor Analysis, Validation, and Reliability. *Journal of Counseling Psychology*, 1999(46).

[2] 杨宜音《文化认同的独立性和动力性:以马来西亚华人文化认同的演进与创新为例》, 张存武、汤熙勇(主编)《海外华族研究论集(第三卷):文化、教育与认同》,华侨协会总会 2002 年版。

的重新审视和认识,最终流露出个人的选择倾向。地缘政治和社会环境引起的对华人社团认同上的差异便深刻地体现了这一点。[①]

## 四 汉语水平对学习者跨文化认同的影响

### (一)不同汉语水平的学习者跨文化认同的统计结果

Lambert 提出的"社会心理模式"主张,第二语言学习影响学习者跨文化认同的转变,从而产生附加性或削减性双语现象。由此可见,学习者的汉语水平是影响其对华人社团认同的重要因素。本研究分别考察了美国、印度尼西亚和韩国学习者的汉语水平对其跨文化认同的影响。

表 2-13 不同汉语水平的学习者跨文化认同程度的平均分

| | | 语言认同 | 文化认同 | 族群认同 | 价值观认同 |
|---|---|---|---|---|---|
| 美国 | 初级[②] | 2.37 | 4.22 | 3.77 | 3.96 |
| | 中高级 | 2.74 | 4.74 | 4.16 | 4.05 |
| 印度尼西亚 | 初级 | 1.92 | 3.03 | 3.09 | 4.98 |
| | 中高级 | 2.79 | 3.53 | 3.53 | 4.99 |
| 韩国 | 初级 | 2.99 | 3.77 | 3.18 | 4.29 |
| | 中高级 | 3.72 | 4.04 | 3.21 | 4.54 |

表 2-13 描述了美国、印度尼西亚和韩国学习者汉语水平与其跨文化认同之间的关系。

方差分析表明:美国、印度尼西亚和韩国汉语学习者汉语水

---

[①] 魏岩军、王建勤、朱雯静、闻亭《影响汉语学习者跨文化认同的个体及社会心理因素》,《语言文字应用》2015 年第 2 期。

[②] 汉语水平以语言水平自测中听、说、读、写的平均分为标准,1 到 2 分为初级,2 分以上为中高级。

平的主效应均显著（$F_{(1, 197)}=17.49$，$p<0.005$；$F_{(1, 145)}=6.14$，$p=0.014$；$F_{(1, 55)}=5.09$，$p=0.028$）；4项认同的主效应均显著（$F_{(3, 591)}=257.39$，$p<0.005$；$F_{(3, 435)}=124.89$，$p<0.005$；$F_{(3, 165)}=51.23$，$p<0.005$）；汉语水平和4项认同之间的交互作用均显著（$F_{(3, 591)}=3.15$，$p=0.025$；$F_{(3, 435)}=3.22$，$p=0.023$；$F_{(3, 165)}=3.59$，$p=0.015$）。

对美国学习者来说，简单效应检验显示，语言、文化和族群认同3个水平上，初级和中高级之间都存在差异，中高级好于初级（$p=0.002$；$p<0.005$；$p<0.005$）；价值观认同上差异不显著（$p=0.486$）。印尼学习者的简单效应检验显示，语言认同初级和中高级之间认同程度差异显著（$p=0.012$），中高级好于初级；文化和族群认同差异边缘显著（$p=0.079$；$p=0.073$），价值观认同差异不显著（$p=0.969$）。对韩国学习者来说，简单效应检验显示，语言认同上初级和中高级之间差异显著（$p<0.0005$）；文化、族群和价值观认同3个水平差异不显著（$p=0.236$；$p=0.872$；$p=0.174$）。

总之，美国、印尼和韩国学习者汉语水平对其跨文化认同的影响趋势大体一致。随着其汉语水平提高，对华人社团持有更为强烈的认同态度。具体到每一项认同来说，汉语水平对各类认同的影响程度是不同的，在语言认同的水平上，中高级学习者都好于初级。然而，汉语水平对美国、印尼和韩国学习者的价值观认同、对韩国学习者的文化认同和族群认同并没有产生影响。

（二）对不同汉语水平学习者跨文化认同的讨论

为了掌握一种语言，学习者痛下苦功，此时学习者是客体，语言是主体；但语言学习反过来会引起学习者自身社会心理上的变化，此时语言是主体，学习者是客体。① 第二语言学习的过程是学习者自我身份重新认定的过程，学习者的语言水平也会影响这种认定。② 学习者汉语水平越高，其投入的精力越多，可能产生的对华人社团的认同越多，而认同取向大部分是积极的。与此同时，积极的认同取向又反过来促使学习者学习这门语言，形成了一种良性循环。高一虹等关于中国大学生英语学习努力程度和自我认同之间的关系研究就证实了这一点。③ 刘文辉、宗世海对东南亚华文学习者的调查也说明了华文学习有助于增加其对中华文化的认同程度。④

作为语言使用程度的标志，语言认同受到汉语水平的影响自然最大。价值观认同不受语言学习的影响，这是因为价值观认同作为不依赖于语言、种族，从文化中最活跃的因素独立出来的文化内核，是个体态度、观念的深层结构，伴随着一个人的成长逐渐形成，一旦形成便难以改变。⑤ 本次调查的对象为成年人，语

---

\* ① 王宗炎《中国大学生英语学习社会心理·序》，高一虹等（编）《中国大学生英语学习社会心理——学习动机与自我认同研究》，外语教学与研究出版社 2004 年版。

② Zhou, M. Language Identity as a Process and Second Language Learning. Chan, W. M. & Chin, K. N. & Bhatt, S. K. & Walker, I. (eds.) *Perspectives on Individual Characteristics and Foreign Language Education*. Walter de Gruyter, 2012.

③ 高一虹、周燕《英语学习与学习者的认同发展——五所高校基础阶段跟踪研究》，《外语教学》2008 年第 6 期；高一虹、周燕、战凤梅《英语学习与学习者的认同发展——五所高校高年级阶段跟踪研究》，《外语研究》2011 年第 2 期。

④ 刘文辉、宗世海《华文学习者华文水平及其与中华文化的认知、认同关系研究》，《东南亚研究》2015 年第 1 期。

⑤ 杨宜音《文化认同的独立性和动力性：以马来西亚华人文化认同的演进与创新为例》，张存武、汤熙勇（主编）《海外华族研究论集（第三卷）：文化、教育与认同》，华侨协会总会 2002 年版。

言学习不仅改变不了其价值观念，也难以得到其认可。

韩国学习者文化认同和族群认同上没有变化，很大程度上是和中韩两国的历史关系和文化争端有关。韩国更为倾向认可自己国家的文化，而对与自身文化有着密切关系的中华文化持有排斥态度。另外，本研究来自韩国的调查对象，其平均在华时间比其他两国要长很多，他们在中国的生活经历让他们对中国人群体有更多更深入的了解，因而对之可能持有更为批判的态度。①

Norton 从社会建构主义的理论视角，强调语言学习的"投资"效应。② 学习者汉语水平的提高是学习者不断投资的结果，最终导向了对华人社团的认同。同时，这个过程是双向的，高一虹的"生产性双语现象"强调在目的语学习中，母语和目的语文化的认同相得益彰、积极互动，最终产生"1+1>2"的效果。③ 投资语言学习带来的语言水平的提高，不断地转化为交际能力的增强、自我意识的重塑、最终能跨越不同文化，变得更为开放、批判、进步，从而走向最高层次的自我实现。然而，这个过程并不是线性的，上述结果中的反常现象说明，对华人社团的认同随着语言水平的提高有一个停滞乃至螺旋往复的过程。汉语学习为学习者提供的独特而巨大的探索空间之下，学习者跨文化的认同建构也是动态的、多元的，深刻地体现着个人在与社会互动过程之中个人视角

---

① Svanes, B. Attitudes and Cultural Distance in Second Language Acquisition. *Applied Linguistics*, 1988 (9).

② Norton, P. B. Social Identity, Investment, and Language Learning. *TESOL Quarterly*, 1995(29).

③ 高一虹《生产性双语现象考察》，《外语教学与研究》1994 年第 1 期。

下独特的选择。①

## 五 基本结论及对汉语国际传播的启示

### (一) 基本结论

本研究以语言、文化、族群、价值观认同为视角,以美国、印度尼西亚和韩国3种不同文化背景下的406名非华裔汉语学习者为调查对象,通过对影响学习者跨文化认同的文化背景和语言水平的考察,本研究得出以下结论:第一,美国和韩国汉语学习者对汉语和中华文化的认同均好于印度尼西亚,语言认同韩国好于美国,文化认同美国则优于韩国;美国学习者对华人社团的族群认同程度比韩国和印度尼西亚要强;在价值观认同上,印度尼西亚最强,其次是韩国,最后是美国。第二,总体来说,随着汉语水平的提高,学习者表现出更为强烈的跨文化认同程度。然而,汉语水平对美国、韩国和印尼学习者的价值观认同无明显影响,汉语水平的提高也没有带来韩国学习者族群认同和文化认同的变化。

### (二) 对汉语国际传播的启示

把语言看成工具,就会注重不同语言使用者的沟通;站在认同建构的立场上,就会强调语言的文化内涵。语言作为工具,作为文化,每一种视角都有其合理性。② 然而如果只注重工具性,

---

① Epstein, M. Transculture: A Broad Way Between Globalism and Multiculturalism. *American Journal of Economics and Sociology*, 2009 (68).

② 郭熙《多元语言文化背景下母语维持的若干问题:新加坡个案》,《语言文字应用》2008年第4期。

中国的经济成就便难以转化为真正的文化吸引力。① 如何将经济资本转化为在全球范围内被认可并且受到尊重的文化资本？汉语学习兼有工具和认同建构的两重性，是当前汉语国际传播迫切需要去实践的一大主题。建议如下：

第一，有效结合各地域与中国的地缘政治关系以及社会文化环境现状，因地制宜制定相应的语言传播策略。

无论何种地缘政治，都是在一国与周边的利益关系下，来考虑国家战略问题。② 语言的传播也不例外。美国学习者对中国的文化认同很高，汉语传播就应迎合这一趋势，以文化为契机开展针对美国的汉语传播。印尼学习者认同程度普遍很低，他们对中国社会、中国人以及中国文化的态度和情感掺杂了很多不确定因素，因此，印度尼西亚的汉语传播首先应对传播现状有充分了解，同时借助华人、华侨数量和运作实力的优势，推进汉语在印度尼西亚传播的广度和深度。韩国紧邻中国，但对中国缺乏认同感，因此应该加强韩国汉语学习者与中国社会的沟通，以语言传播为平台，通过语言学习让他们更深入地了解中国，消除一些固有印象中的误解，促使其认同感逐渐上升。

第二，充分开发汉语价值，赋予汉语传播文化内涵，加强汉语教与学在汉语国际传播中的核心地位。

要想成为语言强国，首先必须是文化强国和经济强国。唐朝

---

① Kumaravadivelu, B. *Global mandarin: Promoting Chinese Language and Culture in an Age of Globalization*. Paper presented at the 4th International Symposium on Teaching Chinese as a Second Language for Young Scholars, Peking University, 2012.

② 王国梁《中国周边安全环境与地缘战略构想》，《世界地理研究》2003 年第 2 期。

的兴盛是对语言强国和文化强国关系最好的说明。在汉语传播中,语言传播和文化传播要互相结合。语言是文化的载体,学习一种语言同时意味着学习一种文化。从传播的角度看,传播一种语言也是在传播一种文化。汉语学习的同时,也是获得汉语所承载的中华文化的生活方式、历史传统和价值观念的过程,这个过程进而会影响外国人对中国的认同,改变对中国社会群体的态度,拉近与中国人之间的社会距离。值得注意的是,文化传播并不是停留在中华饮食、节日、功夫等零碎的信息。五千年的文化传统,其复杂和深刻不应该被简化为静止的产品和平淡的数字,而是要赋予其文化价值。[①]

面对价值观差异,应该以"和而不同"的心态,互相尊重和理解。如果语言传播不能深入到互相的理解和认同,不仅难以形成合作交流,反而可能会因对方掌握了自己的语言而成为文化侵略的工具。中国在迅速崛起,美国主流社会对中国的认识却相对滞后,甚至出现倒退、敌视的现象,形成了横亘于中西之间的"认知鸿沟"。本研究发现,美国汉语学习者对汉语和中华文化的认同程度相对来说是很高的,汉语学习促进了其对中国的认同,在一定程度上弥合了这条鸿沟。因此,汉语国际传播应该加大力度,使汉语学习人数越来越多,汉语水平越来越高,对中国的认同程度越来越强,从而形成一股合力,顺利跨越这条无形的鸿沟。

---

① Kumaravadivelu, B. *Global mandarin: Promoting Chinese Language and Culture in an Age of Globalization*. Paper presented at the 4th International Symposium on Teaching Chinese as a Second Language for Young Scholars, Peking University, 2012.

## 附录：调查问卷

For non-Chinese descent

## Questionnaire

Hello! The purpose of this questionnaire is to learn about your Chinese learning. It will take about 15 minutes to finish this questionnaire. There is no right or wrong answer. If you have any questions about the questions, please ask your teacher. It is for academic purposes and your info will be kept confidential. Thank you!

### Part One

Instruction:

Please answer the following questions. You may use either Chinese or your mother tongue.

0.Nationality: _____

1.Gender: male □ female □ ; Age _____

2.Education background: high school □ undergraduate □ graduate □

3.How long have you studied Chinese（year）: _____

4.Have you ever been to China: Yes □ how long: _____; No □

## Part Two

> Instruction:
>
> There are some statements below with which you may agree or disagree. There is no right or wrong answer to each of them. Please give your own opinion by circling just one number for each question.
>
> Note: Your natural and instant reaction is expected.
>
> 1 = strongly disagree   2 = moderately disagree   3 = slightly disagree
> 4 = slightly agree   5 = moderately agree   6 = strongly agree

5. I often take the initiative to speak Chinese at school.　　1  2  3  4  5  6

6. I prefer speaking Chinese in public.　　1  2  3  4  5  6

7. I often read Chinese newspapers and magazines.　　1  2  3  4  5  6

8. I prefer watching Chinese movies with Chinese soundtracks.　　1  2  3  4  5  6

9. I am willing to try to write diary in Chinese.　　1  2  3  4  5  6

10. I speak Chinese as much as I can when I talk to my Chinese friends.　　1  2  3  4  5  6

11. At present, when I speak in my mother tongue, I sometimes can't help speaking Chinese.　　1  2  3  4  5  6

12. In general, I speak more Chinese than my native language.　　1  2  3  4  5  6

| | |
|---|---|
| 13. I want to travel around China to know local characteristics. | 1 2 3 4 5 6 |
| 14. I like reading books introducing Chinese culture. | 1 2 3 4 5 6 |
| 15. I am interested in Chinese historical figures. | 1 2 3 4 5 6 |
| 16. I like Chinese traditional festivals and customs. | 1 2 3 4 5 6 |
| 17. I would like to watch Chinese TV programs and movies. | 1 2 3 4 5 6 |
| 18. I love Chinese songs after learning Chinese. | 1 2 3 4 5 6 |
| 19. I become more tolerant of other cultures after learning Chinese. | 1 2 3 4 5 6 |
| 20. I want to know more about Chinese literature and art as my Chinese improves. | 1 2 3 4 5 6 |
| 21. The ethnic characteristics of Chinese are distinctive. | 1 2 3 4 5 6 |
| 22. I would like to make Chinese friends. | 1 2 3 4 5 6 |
| 23. It is fine for me to marry a Chinese. | 1 2 3 4 5 6 |
| 24. China is a friendly country. | 1 2 3 4 5 6 |
| 25. I would like to live in China for a long time. | 1 2 3 4 5 6 |

26. I have a Chinese name besides my name, and both are used according to circumstances.    1 2 3 4 5 6

27. I am a little against some of the traditions of my country after learning Chinese.    1 2 3 4 5 6

28. I become more "Chinese" in terms of behavior and thought after learning Chinese.    1 2 3 4 5 6

29. Modesty is an important quality for a person.    1 2 3 4 5 6

30. Children should not place their parents in retirement homes.    1 2 3 4 5 6

31. One should think about one's group before oneself.    1 2 3 4 5 6

32. Young persons should not confront their elders.    1 2 3 4 5 6

33. Following familial and social expectations are important.    1 2 3 4 5 6

34. One's achievements should be viewed as family's achievements.    1 2 3 4 5 6

35. One should consider the needs of others before considering one's own needs.    1 2 3 4 5 6

## 第六节 影响汉语学习者跨文化认同的个体及社会心理因素[①]

## 一 引言

在 Gardner 的社会教育模式中,认同作为一种语言学习的"非语言成果",指的是"我是谁"的基本问题,具体来说,是指语言学习者对自我语言能力、价值取向以及社团归属感的主观评价。[②]

早期的经典研究主要是从"语言与认同之结构观"探讨语言学习和认同的关系。[③] 近年来,建构主义视角下的认同概念逐渐完善。加拿大学者 Norton 基于对五位移民女性在加拿大英语学习经历的长期跟踪研究,借用 Bourdieu 的概念,提出语言学习同时也是一种"投资",从而取代了"动机"的概念。[④] 学习者希望通过"投资"得到更好的回报,这包括象征性(如语言、教育、

---

[①] 本节作者:魏岩军、王建勤、朱雯静、闻亭,原载《语言文字应用》2015年第2期。

[②] Gardner, R. C. *Social Psychology and Second Language Learning: The Role of Attitudes and Motivation*. Edward Arnold, 1985.

[③] 高一虹、李玉霞、边永卫《从结构观到建构观:语言与认同研究综观》,《语言教学与研究》2008年第1期。

[④] Norton, P. B. *Language Learning, Social Identity, and Immigrant Women*. Ph.D. dissertation of University of Toronto, 1993; Norton, P. B. Social Identity, Investment, and Language Learning. *TESOL Quarterly*, 1995(29); Norton, P. B. *Identity and Language Learning: Gender, Ethnicity and Educational Change*. Pearson Education, 2000.

友谊等）和物质性资源（资本货物、房地产、金钱等），从而提高自己文化资本的价值。① 在该理论框架下，学习者的认同建构不再看作是单一的，而是处于特定的社会文化历史情境中，同时是多元的、动态的、多变的。

　　Epstein 的"跨文化"概念同样是建构主义的。② 他认为，若是将认同仅仅依据学习者所在社团的种族、宗教和意识形态而定，那么往往会产生文化冲突。认同建构并不一定是非此即彼的关系，完全存在第三种可能，那就是"跨文化"。该理论主张认同建构应从自己的本土文化中解放出来，超越其文化堡垒，通过与不同文化的接触，穿越于多种文化之间。由此可见，"跨文化"更强调开放性，主张文化自身的"不自足性"，因而需要与其他文化互动而弥补自身文化的缺陷。

　　在上述理论框架下，跨文化认同的相关研究涉及不同的内容和层次。高一虹及其课题组对大学本科生、研究生英语学习和自我认同的关系进行了全面细致的研究，其研究自我认同包括六个类别：自信心变化、附加性变化、削减性变化、生产性变化、分裂性变化和零变化。其中附加性、削减性、生产性和分裂性变化归为英语学习者的文化认同。其中，高一虹、周燕和高一虹等在一定程度上证明了语言学习带来的"附加性变化"和"生产性变化"的积极效应。③

---

　　① 芮晓松、高一虹《二语"投资"概念述评》，《现代外语》2008 年第 1 期。
　　② Epstein, M. Transculture: A Broad Way Between Globalism and Multiculturalism. *American Journal of Economics and Sociology*, 2009 (68).
　　③ 高一虹、周燕《英语学习与学习者的认同发展——五所高校基础阶段跟踪研究》，《外语教学》2008 年第 6 期；高一虹、周燕、战凤梅《英语学习与学习者的认同发展——五所高校高年级阶段跟踪研究》，《外语研究》2011 年第 2 期。

除上述研究外，Zea et al. 的研究对象是少数族群，将文化认同界定为少数族群对其母语社团文化及所在国主流社团的文化依附感、归属感以及基于这种归属感所表现出的行为倾向。在上述两种不同文化的互动中，认同也随之逐渐融合。[①]Robert et al. 和 Phinney 研究的是族群认同，指的是学习者对自己所属社团的认同，主要体现在学习者对自己所属社团的依附感和归属感。[②] 文化认同和族群认同侧重于认同建构的行为倾向，价值观认同涉及的层次更深，Kim et al. 从服从社会规范、通过成就获得家族认可、情感自我控制、集体主义、谦虚、孝道等六个方面进行考察，研究发现，价值观认同相比前两者变化得更为缓慢，学习者在融入当地主流文化的同时，却始终固守自己本土文化的价值观念。[③]

关于态度、动机与语言学习结果的关系研究已相当丰富。大部分研究证明，态度通过动机间接影响第二语言习得水平。[④]Gardner 一系列实证研究大都证实了动机对语言习得的促进

---

① Zea, M. C. & Asner-Self, K. K. & Birman, D. & Buki, L. P. The Abbreviated Multidimensional Acculturation Scale: Empirical Validation with Two Latino/Latina Samples. *Cultural Diversity and Ethnic Minority Psychology*, 2003(9).

② Robert, R. E. & Phinney, J. S. & Masse, L. C. & Chen, Y. R. & Roberts, C. R. & Romero, A. The Structure of Ethnic Identity of Young Adolescents from Diverse Ethnocultural Groups. *The Journal of Early Adolescence*, 1999(19); Phinney, J. S. The Multigroup Ethnic Identity Measure: A New Scale for Use with Diverse Groups. *Journal of Adolescent Research*, 1992(7).

③ Kim, B. S. K. & Atkinson, D. R. & Yang, P. H. The Asian Values Scale: Development, Factor Analysis, Validation, and Reliability. *Journal of Counseling Psychology*, 1999(46); 魏岩军、王建勤、魏惠琳、闻亭、李可《影响美国华裔母语保持的个体及社会心理因素》，《语言教学与研究》2012 年第 1 期。

④ Oller, J. & Hudson, A. J. & Liu, P. F. Attitudes and Attained Proficiency in ESL: A Sociolinguistic Study of Native Speakers of Chinese in the USA. *Language Learning*, 1977(27); Snow, M. A. & Padilla, A. M. & Campbell, R. N. Patterns of

作用，尤其是融合型动机更有利于第二语言习得，[①]然而，态度、动机与跨文化认同之间的关系研究却较少涉及。

综上所述，文化、族群和价值观是影响学习者认同建构的主要要素，所学语言的使用范围和频率也是影响因素之一。因此，本研究的"跨文化认同"将从语言、文化、族群和价值观等四个层面进行考察，一方面考察来华经历和汉语学习时间对汉语学习者跨文化认同的影响，另一方面探讨学习者态度和动机与跨文化认同的关系，最后提出汉语国际传播的策略和对策。

## 二 调查对象与研究方法

### （一）调查对象的基本情况

本研究的调查对象分别来自美国、印度尼西亚和韩国，问卷调查均在国外实施，调查对象均处于外语学习情境下。美国调查对象来自爱荷华大学、卡内基梅隆大学、纽约州立大学等美国东部和中部六所大学和高中，印度尼西亚数据来自慈育大学、建国

---

Second Language Retention of Graduates of a Spanish Immersion Program. *Applied Linguistics*, 1988(9); Svanes, B. Attitudes and Cultural Distance in Second Language Acquisition. *Applied Linguistics*, 1988 (9); 倪传斌、王志刚、王际平、姜孟《外国留学生的汉语语言态度调查》，《语言教学与研究》2004 年第 4 期；闻亭《不同文化距离下的态度与习得水平调查研究》，《语言教学与研究》2009 年第 3 期。

[①] Gardner, R. C. & Lalonde, R. N. & MacPherson, J. Social Factors in Second Language Attrition. *Language Learning*, 1985(35); Gardner, R. C. & Lalonde, R. N. & Moorcroft, R. The Role of Attitudes and Motivation in Second Language Learning: Correlational and Experimental Considerations. *Language Learning*, 1985(35); Masgoret, A. M. & Gardner, R. C. Attitudes, Motivation and Second Language Learning: A Meta-analysis of Studies Conducted by Gardner and Associates. *Language Learning*, 2003(53).

大学、玛拉拿达基督教大学、国立第十九高中等,韩国数据来自启明大学。不同国家的调查对象在年龄、性别和教育程度等因素上基本保持一致。问卷在课堂发放,当堂回收,共发放456份,回收425份,有效问卷406份。调查对象的基本情况见表2-14[1]。

表2-14 调查对象的基本情况

| 国籍 | | | 性别 | | 教育程度 | | | 年龄 |
|---|---|---|---|---|---|---|---|---|
| 美国 | 印尼 | 韩国 | 男 | 女 | 高中 | 本科 | 研究生 | 16～29岁 |
| 199 | 147 | 60 | 171 | 235 | 134 | 257 | 12 | 406 |

（二）问卷设计

本次调查采取问卷调查的方法,语言根据调查对象不同翻译为英文、印尼文和韩文,具体包含以下内容:

第一,调查对象的基本情况,包括国籍、性别、年龄、教育程度、汉语学习时间、在华时间等。

第二,汉语学习者跨文化认同的调查。跨文化认同测量依据 Zea et al. 的简明多维度量表,同时参照 Robert et al. 和 Kim et al. 关于族群认同和价值观认同的研究,[2] 将学习者对母语社团认同分为语言、文化、族群和价值观认同四个方面,每个方面8道

---

[1] 本研究部分问卷数据有些许缺失,缺失的数据不在统计之列。

[2] Zea, M. C. & Asner-Self, K. K. & Birman, D. & Buki, L. P. The Abbreviated Multidimensional Acculturation Scale: Empirical Validation with Two Latino/Latina Samples. *Cultural Diversity and Ethnic Minority Psychology*, 2003(9); Robert, R. E. & Phinney, J. S. & Masse, L. C. & Chen, Y.-R. & Roberts, C. R. & Romero, A. The Structure of Ethnic Identity of Young Adolescents from Diverse Ethnocultural Groups. *The Journal of Early Adolescence*, 1999(19); Kim, B. S. K. & Atkinson, D. R. & Yang, P.-H. The Asian Values Scale: Development, Factor Analysis, Validation, and Reliability. *Journal of Counseling Psychology*, 1999(46).

题，共32道题。"语言认同"题目自编，主要体现为汉语学习者在不同环境下汉语的使用范围和使用频度；"文化认同"指汉语学习者对华人社团的文化依附感、归属感以及基于这种归属感所表现出的行为倾向；[1] "族群认同"指学习者对华人社团的认同，主要表现为学习者对华人社团的依附感和归属感；[2] "价值观认同"包括六个因素，即服从社会规范、通过成就获得家族认可、情感自我控制、集体主义、谦虚和孝道等。[3] 各类认同题目举例如下：

语言认同：I speak Chinese as much as I can when I talk to my Chinese friends.

文化认同：I like reading books introducing Chinese culture.

族群认同：I would like to make Chinese friends.

价值观认同：Modesty is an important quality for a person.

第三，汉语学习者对华人社团态度的调查。本研究关于态度的问卷借鉴 Gardner 和 Gardner *et al.* 关于态度量表的设计，并进行适当改编，具体包括学习者对中国（尤指中国的政治、经济和文化）、对中国人以及汉语学习的态度，共24道题，每

---

[1] Zea, M. C. & Asner-Self, K. K. & Birman, D. & Buki, L. P. The Abbreviated Multidimensional Acculturation Scale: Empirical Validation with Two Latino/Latina Samples. *Cultural Diversity and Ethnic Minority Psychology*, 2003(9).

[2] Robert, R. E. & Phinney, J. S. & Masse, L. C. & Chen, Y.-R. & Roberts, C. R. & Romero, A. The Structure of Ethnic Identity of Young Adolescents from Diverse Ethnocultural Groups. *The Journal of Early Adolescence*, 1999(19).

[3] Kim, B. S. K. & Atkinson, D. R. & Yang, P.-H. The Asian Values Scale: Development, Factor Analysis, Validation, and Reliability. *Journal of Counseling Psychology*, 1999(46).

类 8 道。①

第四，汉语学习者学习动机的调查。动机的测量依据 Gardner 提出的融合型和工具型动机进行分类，同时参考了 Gardner、Gardner et al. 和 Svanes 的动机量表的设计，② 并进行适当改编，最终形成 16 道题，每类 8 道。态度、动机与认同测量指标均采用 Likert Scale 6 点量表，并统一为积极的表述方式。

第五，语言水平自测，包括听说读写四项技能。自测表是根据《欧洲语言共同参考框架：学习、教学、评估》中"语言水平自测表"的四项语言技能评测标准修改而成。③

为了保证问卷调查的可靠性④，我们对本部分问卷的信度进

---

① Gardner, R. C. *Social Psychology and Second Language Learning: The Role of Attitudes and Motivation*. Edward Arnold, 1985; Gardner, R. C. & Lalonde, R. N. & MacPherson, J. Social Factors in Second Language Attrition. *Language Learning*, 1985(35).

② Gardner, R. C. *The Attitude/Motivation Test Battery: Technical Report*. http://publish.uwo.ca/~gardner/docs/AMTBmanual.pdf. 1985; Gardner, R. C. & Lalonde, R. N. & MacPherson, J. Social Factors in Second Language Attrition. *Language Learning*, 1985(35); Svanes, B. Motivation and Cultural Distance in Second-language Acquisition. *Language Learning*, 1987(37).

③ Council for Cultural Cooperation Education Committee (ed.) *Common European Framework of Reference for Languages: Learning, Teaching and Assessment*. Cambridge University Press, 2001.

④ "文化认同""族群认同"和"价值观认同"问卷量表的信效度在 Zea et al.、Robert et al.、Kim et al. 等文章中均已得到较好的验证。参见 Zea, M. C. & Asner-Self, K. K. & Birman, D. & Buki, L. P. The Abbreviated Multidimensional Acculturation Scale: Empirical Validation with Two Latino/Latina Samples. *Cultural Diversity and Ethnic Minority Psychology*, 2003(9); Robert, R. E. & Phinney, J. S. & Masse, L. C. & Chen, Y.-R. & Roberts, C. R. & Romero, A. The Structure of Ethnic Identity of Young Adolescents from Diverse Ethnocultural Groups. *The Journal of Early Adolescence*, 1999(19); Kim, B. S. K. & Atkinson, D. R. & Yang, P.-H. The Asian Values Scale: Development, Factor Analysis, Validation, and Reliability. *Journal of Counseling Psychology*, 1999(46).

行了检验。跨文化认同总量表信度系数为 0.834，语言认同分量表的信度系数为 0.824，文化认同分量表的信度系数为 0.884，族群认同分量表的信度系数为 0.770，价值观分量表的信度系数为 0.848。因此，本次跨文化认同量表的信度系数是相当高的。

## 三 个体因素对汉语学习者跨文化认同的影响

### （一）来华经历对汉语学习者跨文化认同影响的统计分析

正所谓"百闻不如一见"，汉语学习者对华人社团的认同不能只凭空想象。因此是否来华会对学习者的认同产生非常大的影响。表 2-15 列出了是否来华两种条件下美国汉语学习者认同程度的平均分。[①]

表 2-15 不同来华经历的汉语学习者认同程度的平均分

|  | 语言认同 | 文化认同 | 族群认同 | 价值观认同 |
| --- | --- | --- | --- | --- |
| 未曾来华 | 2.47 | 4.45 | 3.86 | 4.00 |
| 曾来华 | 2.92 | 4.69 | 4.40 | 3.99 |

方差分析验证，来华经历的主效应显著（$F_{(1, 196)}$=9.25，$p$=0.003），四项认同的主效应显著（$F_{(3, 588)}$=181.55，$p$<0.0005），交互作用显著（$F_{(3, 588)}$=4.09，$p$=0.007）。简单效应检验发现，在语言和族群认同的水平上，是否来华之间差异显著（$p$=0.002；$p$<0.0005）；在文化认同上，曾来华和未曾来华差

---

[①] 本部分主要考察是否来华对跨文化认同的影响，印尼学习者大都未曾来华，韩国学习者大都曾来华，经历相对单一，不做考察。下文汉语学习时间印度尼西亚和韩国数据也较为集中，做同样处理。

异边缘显著（$p=0.100$），价值观认同不显著（$p=0.933$）。总体来看，曾来华的学习者比未曾来华的认同程度高，具体每一项认同来看，曾来华的学习者在语言、文化和族群认同上比未曾来华的认同程度更高。价值观认同上，是否来华对其没有影响。

### （二）汉语学习时间对学习者跨文化认同影响的统计分析

汉语学习时间的长短体现了学习者与汉语的接触程度，也在一定程度上反映了其汉语学习的持久力。这种语言经历上的不同会带来其跨文化认同的差异。表2-16列出了不同汉语学习时间美国学习者认同程度的平均分。

表2-16 不同汉语学习时间的学习者认同程度的平均分

|  | 语言认同 | 文化认同 | 族群认同 | 价值观认同 |
| --- | --- | --- | --- | --- |
| 2年以下 | 2.44 | 4.39 | 3.89 | 4.00 |
| 2年以上 | 2.86 | 4.75 | 4.18 | 4.01 |

方差分析验证，汉语学习时间的主效应显著（$F_{(1, 195)}=9.45$，$p=0.002$），四项认同的主效应显著（$F_{(3, 585)}=235.12$，$p<0.0005$），交互作用显著（$F_{(3, 585)}=2.91$，$p=0.034$）。简单效应检验发现，在语言、文化和族群认同上，不同汉语学习时间之间差异显著（$p=0.001$；$p=0.003$；$p=0.012$）。汉语学习时间越长，认同程度越高。价值观认同不受汉语学习时间影响（$p=0.950$）。

### （三）对影响汉语学习者跨文化认同个体因素的讨论

学习者的认同并不是固定的，认同建构也不是一朝一夕完成的，而是要经历持续渐变的过程。来华经历和汉语学习时间为这个过程提供了认同建构的时间，也为学习者提供了大量输入目的语及其文化的机会。① 美国学习者来华经历和汉语学习使得他们更容易适应中国文化,而根据 Schumann 的"文化适应模式",第二语言习得是文化适应的一部分,学习者始终处于从不适应过渡到适应的连续统中。② 曾来华和汉语学习时间长的学习者在社会和心理两方面比另一方更能融入目的语文化和族群之中去,因而更易产生对华人社团的认同。③

基于"语言与认同之建构观"的视角,曾来华的学习者、汉语学习时间更长的学习者对汉语的"投资"更多,即"支付的成本"和付出的精力越大,学习者所获得的文化资本就会越多。④ 另一方面,语言学习带来了学习者"跨文化"能力的发展,在语言、文化和族群认同取向上变得更为开放。⑤

---

① 孙乐岑、冯江平、林莉、黄筱杉《在华外国留学生的文化适应现状调查及建议》,《语言教学与研究》2009 年第 1 期。

② Schumann. J. H. The Acculturation Model for Second Language Acquisition. Gingras, R. (ed.) *Second Language Acquisition and Foreign Language Teaching*. Center for Applied Linguistics, 1978.

③ Zea, M. C. & Asner-Self, K. K. & Birman, D. & Buki, L. P. The Abbreviated Multidimensional Acculturation Scale: Empirical Validation with Two Latino/Latina Samples. *Cultural Diversity and Ethnic Minority Psychology*, 2003(9).

④ Norton, P. B. *Language Learning, Social Identity, and Immigrant Women*. Ph.D. dissertation of University of Toronto, 1993; Norton, P. B. Social Identity, Investment, and Language Learning. *TESOL Quarterly*, 1995(29); Norton, P. B. *Identity and Language Learning: Gender, Ethnicity and Educational Change*. Pearson Education, 2000.

⑤ Epstein, M. Transculture: A Broad Way Between Globalism and Multiculturalism. *American Journal of Economics and Sociology*, 2009 (68).

## 四 社会心理因素与汉语学习者跨文化认同

### （一）汉语学习者态度、动机与跨文化认同关系的统计结果

社会心理学领域认为，第二语言学习者的态度、动机和认同，共同发挥作用对语言学习产生影响。这些因素影响语言学习的同时，彼此之间也互相影响。本节的汉语学习者的态度包括对中国的态度、对中国人的态度和对学习汉语的态度，动机则分为融合型动机和工具型动机。我们采用 Spearman 等级相关分析，对不同文化背景学习者的态度、动机和认同之间进行了相关分析。

表 2-17　汉语学习者的态度和跨文化认同之间的相关系数

|  | 语言认同 | 文化认同 | 族群认同 | 价值观认同 |
| --- | --- | --- | --- | --- |
| 美国 | 0.39** | 0.61** | 0.70** | 0.10 |
| 印尼 | 0.58** | 0.75** | 0.78** | 0.17* |
| 韩国 | 0.63** | 0.76** | 0.79** | 0.09 |

注：** 在 0.01 水平上显著（双尾），* 在 0.05 水平上显著（双尾）。

表 2-17 列出了汉语学习者的态度和认同之间的相关程度[①]。从总体情况来看，三国学习者的态度和认同之间是存在相关的，但是相关程度高低不同。其中，学习者文化和族群认同与态度之间存在强正相关，语言认同相关较低，价值观认同相关程度更低乃至不相关。

---

① 因学习者的三种态度，与各项认同之间的相关系数差别不大，此处将其合并为对中国、中国人和学习汉语的总态度，与各项认同之间进行相关分析。

**表 2-18 汉语学习者对华人社团动机和认同之间的相关系数**

|   |   | 语言认同 | 文化认同 | 族群认同 | 价值观认同 |
|---|---|---|---|---|---|
| 美国 | 融合型动机 | 0.40** | 0.62** | 0.61** | 0.14* |
|   | 工具型动机 | 0.27** | 0.34** | 0.37** | 0.24 |
| 印尼 | 融合型动机 | 0.53** | 0.68** | 0.67** | 0.13 |
|   | 工具型动机 | 0.49** | 0.60** | 0.61** | 0.09 |
| 韩国 | 融合型动机 | 0.62** | 0.70** | 0.69** | 0.11 |
|   | 工具型动机 | 0.61** | 0.64** | 0.62** |   |

注：** 在 0.01 水平上显著（双尾），* 在 0.05 水平上显著（双尾）。

表 2-18 数据说明的是学习者汉语学习动机和认同之间的相关关系。与态度和认同相关结果一致的是，学习者的文化和族群认同与两类动机之间表现出更强的相关，语言认同次之，价值观认同上存在弱相关或不相关。另外，从动机类型来看，三种文化背景的学习者，融合型动机与认同的相关程度普遍高于工具型动机。

### （二）对汉语学习者态度、动机与跨文化认同关系的讨论

社会心理学领域一般把态度界定为个体对待他人或事物的反应方式，这种消极或积极的反应是可以进行评价的，它通常体现在个体的信念、感觉或者行为倾向中。学习者的态度由三方面组成，认知是基础，情感是核心，意动是学习者的实际行为。而文化认同，基于 Zea et al. 的定义，指的是对一种文化、社团及群体的依附感、归属感，以及基于这种归属感所表现的行为倾向。[①] 态度中的"意动"是认知和情感在行动上的表现和倾向，这正好

---

① Zea, M. C. & Asner-Self, K. K. & Birman, D. & Buki, L. P. The Abbreviated Multidimensional Acculturation Scale: Empirical Validation with Two Latino/Latina Samples. *Cultural Diversity and Ethnic Minority Psychology*, 2003(9).

与认同的内涵相合,因而相关程度比较高。另外,Lambert 的"社会心理模式"认为态度对社会身份自我认定的影响是通过动机和语言熟练程度来实现的。当学习者群体对华人社团持肯定态度时,就会逐渐形成对自己的社会身份的认定,向华人社团靠拢,因而态度和族群认同之间也表现出非常强的相关性。

Gardner 等的经典动机模式区分了融合型动机和工具型动机,与"社会心理模式"不同的是,该模式认为对目的语文化的态度和认同共同决定学习者的动机。[1] 关于态度、动机和认同三者之间关系的讨论一直莫衷一是[2],然而,不可否认的是,三者之间存在着非常密切的关系。本研究发现,与工具型动机相比,融合型动机与认同的相关程度更高,这得从两类动机的内涵来解释。Lambert 和 Gardner 将融合型动机看作学习者所表现出来的对目的语社团积极肯定的态度,对另一语言群体的文化或成员纯粹的、自身的兴趣,乃至融入该社团成为其一员的愿望。工具型动机更多的则是把第二语言用作工具的实际目的。可见,融合型动机与认同建构存在更大的一致性,Gardner 也提出了类似的观点,即融合性动机与附加性双语现象相关,工具型动机与削减性双语相关。[3] Lambert 的研究也证实,对于中级以下水平的学习者来说,融合型动机更容易激发其在语言上努力达到并保持与目的语社团

---

[1] Gardner, R. C. *Social Psychology and Second Language Learning: The Role of Attitudes and Motivation*. Edward Arnold, 1985.

[2] 魏岩军、王建勤、魏惠琳、闻亭、李可《影响美国华裔母语保持的个体及社会心理因素》,《语言教学与研究》2012 年第 1 期。

[3] Gardner, R. C. Social Psychological Aspects of Second Language Acquisition. Giles, H. & Clair, R. S. (eds.) *Language and Social Psychology*. Blackwell, 1979.

成员一致。[①] 本研究的结果显示，无论是融合型动机，还是工具型动机，都表现出了与认同取向比较高的相关，而融合型动机与认同之间的关系更为密切。

由此可见，工具型动机强烈的学习者更多地持有"语言工具观"，而融合型动机为"语言认同建构观"。"语言工具观"把语言看作交流的工具，学习一种语言就是掌握一种工具。而语言认同建构主张，语言学习和使用的过程同时也是自我不断被建构的过程，就是在自己特有的兴趣、爱好和潜能等条件下与现有的社会环境相互作用，最终建构自己的世界观，重塑自我意识。态度、动机和认同的关系探究，无处不渗透着一种语言工具之外的学习者个体在社会心理上的有意识选择，体现着"语言是世界观；语言是文化；语言是自我建构；语言是元世界观、元文化"的理念。[②]

## 五 基本结论与汉语国际传播策略

### （一）基本结论

本研究以语言、文化、族群、价值观认同为视角，以美国、印度尼西亚和韩国三种不同文化背景的 406 名非华裔汉语学习者为调查对象，通过对影响非华裔学习者跨文化社团认同因素的考

---

[①] Lambert, W. E. *Psychological Aspects of Motivation in Language Learning*. The Bulletin of the Illinois Foreign Language Teachers Association (May), 1969.
[②] 田贵森、郑月莉《大学生英语名字的获取和使用》，高一虹《中国大学生英语学习社会心理——学习动机与自我认同研究》，外语教学与研究出版社 2004 年版。

察，得出以下结论：（1）对美国学习者来说，汉语学习时间和在华时间越长，语言、文化和族群认同程度越高，价值观认同不受影响。（2）四类认同中，文化认同和族群认同与态度和动机之间的相关程度更高，其次是语言认同，价值观认同最低。（3）融合型动机与认同的相关程度普遍高于工具型动机。

（二）对汉语国际传播的启示和对策

把语言看成工具，就会注重不同语言使用者的沟通；站在认同建构的立场上，就会强调语言的文化内涵。语言作为工具，作为文化，每一种视角都有其合理性。[1] 如果只注重工具性，中国经济成就再大，也难以转化为真正的文化吸引力。[2] 如何将经济资本转化为在全球范围内被认可并且受到尊重的文化资本？汉语学习兼有工具和认同建构的两重性，是当前汉语国际传播迫切需要去实践的一大主题。

第一，在大步实施"走出去"战略的同时，不能忽视"请进来"的重要作用。

近年来，伴随着孔子学院的创建，汉语国际传播大力提倡从"请进来"到"走出去"。然而，调查数据显示，曾来华的汉语学习者对中国的认同程度普遍比未曾来华者高，因此汉语传播很有必要在提倡"走出去"传播战略的同时，再把"请进来"战略贯彻起来，在国内努力营造学习中国语言与文化的氛围与环境，

---

[1] 郭熙《多元语言文化背景下母语维持的若干问题：新加坡个案》，《语言文字应用》2008 年第 4 期。

[2] Kumaravadivelu, B. *Global mandarin*: *Promoting Chinese Language and Culture in an Age of Globalization*. Paper presented at the 4th International Symposium on Teaching Chinese as a Second Language for Young Scholars, Peking University, 2012.

也可以通过建立完善的奖学金制度,吸引外国汉语教师和学生到中国留学;大力发展旅游产业,让更多的外国人来中国参观游览;组织多种形式的讲习班、夏冬令营等活动,促进中外的交流与合作。"请进来"和"走出去"都是为了让世界人民更好地认识中国,了解一个客观真实的中国。两者之间彼此结合,共同促进其汉语的学习,加深了世界对中国的理解和认同。

第二,加强语言教与学的核心地位,激发学习者内在兴趣和动机,增强其对中国的肯定态度,提升学习者对华人社团的跨文化认同。

汉语教与学不能只培养学习者使用语言进行交际,更应该触及学习者深层次的认同建构。积极的语言学习者和认同构建者总是秉承着多元、开放的社会心理和追求,主动去吸收本民族之外目的语社团合理的文化因素,不断地超越自我,积极发展自己的人文取向。高一虹的"生产性双语现象"就体现了认同建构下学习者母语和目的语的语言文化之间积极互动、相得益彰,最终使学习者的认知、情感和行为能力都得到提高。跨文化认同的提升,同样会作用于学习动机的激发、正面态度的增强,从而对中国以及其语言和文化产生好感。

Rose 提出了国际交往的"相互作用模型"。[1] 他认为,如果双方对彼此的理解是对称的,那么任何一方都不会占有优势。只有在彼此理解不对称的情况下,一方才可能因其对对方更多的理解而获益。因此,汉语传播不能只传播语言,更是为了获得汉语

---

[1] Rose, R. *Language, Soft Power and Asymmetrical Internet Communication*. Oxford Internet Institute, Research Report No.7, 2005.

学习者的认同，这并不是一种文化侵略，而是培养和壮大中国的国际友好人士的队伍；这也不是文化霸权，而是积极倡导在多元文化下和谐共存、保持语言文化生态平衡下每一个民族应有的责任。同时，这也体现了国家的可持续发展战略，语言传播带来的文化认同等蕴含着巨大的潜在收益，为国家后续的发展提供源源不断的动力。仅仅停留在语言工具层面的语言传播是远远不够的，必须上升层次，提升到认同建构上来，才是站在语言战略的高度去审视当前的语言传播问题。

# 第三章

# 基于社会文化理论视角的汉语习得研究

## 第一节 调控理论视角下汉语学习者词汇习得的认知机制研究[①]

## 一 引言

社会文化理论是由苏联心理学家维果茨基提出的,自20世纪60年代被引入西方后,备受西方学者关注。80年代后期至今,国外运用社会文化理论来研究第二语言习得问题已取得了不少研究成果。国内关于维果茨基社会文化理论的介绍和研究起步较晚。近年来,有学者开始尝试将社会文化理论引入汉语作为第二语言教学研究领域,但这些文章大多是介绍社会文化理论的构成和内容的。[②] 迄今,在汉语作为第二语言教学领域还没有见到直接运用社会文化理论来研究习得效果的实证研究。本研究尝试从这个新的视角探讨汉语作为第二语言的词汇习得过程以及影响汉语词

---

① 本节作者:蒋荣,原载《语言教学与研究》2013年第1期。
② 张国荣《"支架"理论在英语写作教学中的应用》,《外语与外语教学》2004年第9期;马俊波《社会文化理论及二语习得研究的社会文化视角》,《天津外国语学院学报》2008年第3期;陈忠《汉语作为第二语言"脚手架"教学法初探》,《世界汉语教学》2009年第2期;祖晓梅《汉语课堂的师生互动模式与第二语言习得》,《语言教学与研究》2009年第1期。

汇习得过程的内在机制。

社会文化理论强调社会文化因素在人类认知功能发展中的核心作用，维果茨基认为，人的心理机能本质上是一个由文化产品、活动和概念充当中介，并受中介调节的过程。其中语言是首要的调节手段。人类的高级心理机能正是在语言等心理工具的中介下最终被个体控制的，而个体获得对高级心理功能的控制是逐步实现的。儿童获得对高级心理功能的控制必须经历三个阶段：客体调控、他人调控、自我调控。

"客体调控"是指在具体的环境中具体的"文化展示"所起的作用。维果茨基认为，社会是学习者的起点，因为学习者都是从环境中提取线索来掌握知识的。如实物与工艺品、礼仪、惯例、日常生活实践这些"文化展示"都是学习的中介符号系统。这些"文化展示"的价值在于以一种可见的物质形式来说明文化中最重要的价值观。幼儿园儿童的角色扮演游戏就是一种儿童理解社会环境的客体调控形式。换言之，客体调控就是学习者通过可见的、物质的、此情此景的方式获得知识。

儿童经历的第二个调控阶段是他人调控阶段。他人调控是指学习者在完成学习任务或交际任务遇到困难时，"他人"通过谈话或其他方式为学习者提供引导和帮助，这种引导可能是外显的，也可能是内隐的。在"他人调控"阶段，语言成为最重要的调控手段，它不仅是专家和学习者之间的信息交流工具，而且有助于学习者对关键概念的捕捉和保持。

儿童最后达到的是自我调控阶段。自我调控，是指儿童已经逐渐掌握大部分策略功能，实现了语言调控的自动化。[1]而自我调控的实现过程正是对一种带有文化内涵的符号系统的认知掌握过程。

依据社会文化理论，儿童在成长过程中，这三个阶段是不能跨越的，儿童正是通过前两个阶段中的符号的中介作用最终获得对完全独立的策略性功能的控制，实现自我调控。[2]国外第二语言习得研究者认为母语习得如此，第二语言的获得也应如此。因此，国外已有的基于社会文化理论的关于第二语言习得过程研究大都沿用了三个调控阶段的理论。如 Frawley & Lantolf 用调控理论来研究和解释英语作为第二语言的初中级学习者的口语表达。[3]Ohta 对 7 个把日语作为第二语言学习的成人学习者的学习情况进行了长时间的纵向考察。[4]他们的研究设计都是把第二语言学习者的学习过程分为三个调控阶段进行考察。由此，本研究也依据该理论推论：第一，不同水平的汉语学习者在学习时将采用不同调控方式；第二，依据汉语学习者采用的调控方式，可以大体推测他们所处的习得阶段，即如果被试处于客体调控阶段，那么他们采用客体调控方式时的词汇习得成绩应该是最好的，余者亦然。

---

[1] Lantolf, J. P. & Appel, G. (eds.) *Vygotskyan Approaches to Second Language Research*. Ablex Publishing Corporation, 1994.

[2] Vygotsky, L. S. *Mind in Society: The Development of Higher Psychological Processes*. Havard University Press, 1978.

[3] Frawley, W. & Lantolf, J. P. Second Language Discourse: A Vygotskyan Perspective. *Applied Linguistics*, 1985 (6).

[4] Ohta, A. S. *Second Language Acquisition Process in the Classroom: Learning Japanese*. Lawrence Erlbaum, 2001.

## 二 实验研究

### （一）实验目的

本研究拟通过考察不同水平的汉语学习者在采用不同的调控方式学习汉语词汇时的表现，探讨第二语言学习者不同调控方式的转化过程以及经历的发展阶段。

### （二）实验设计

本研究采用3（被试的汉语水平）×3（调控方式）的混合实验设计。被试的汉语水平为被试间变量，分为初、中、高三个水平。调控方式为被试内变量，分为客体调控、他人调控和自我调控三个水平。因变量为目标词产出的数量。

本研究对操控方式的操作性定义是："客体调控"指通过图片展示生词的含义，然后再通过范文的展示帮助学习者完成口语产出任务；"他人调控"指当学习者遇到产出障碍时，教师用言语进行引导；"自我调控"指被试独立完成口语产出任务。

### （三）被试

本实验选择了北京语言大学汉语速成学院的44名非汉字文化圈的学习者作为实验被试。44名学习者中，25名男生，19名女生。其中初级、中级水平的汉语学习者各15名，高级水平的汉语学习者14名。

### （四）实验材料

言语任务的选择：本实验依据国家汉办颁发的《国际汉语教学通用课程大纲》和学习者的教材，选择了8个主题的言语任务。8个主题的言语任务再采用同一主题、不同调控方式进行组合，共构成24个实验任务。每个实验任务都包含一个词表，每个词表包含10个目标词。

8个主题的言语任务为：询问经历；介绍一个人；介绍一个地方；介绍名胜古迹；介绍个人爱好；介绍你对情感的看法；介绍饮食文化。

24个实验任务：客体调控的任务8个，他人调控的任务8个，自我调控的任务8个。以主题"询问经历"为例，客体调控的任务为"介绍个人的学习经历"，范文主题相同，目标词10个，如"抵达""进修""愉悦"；他人调控的任务为"询问朋友的工作经历"，目标词10个，如"有益""经验""沮丧"等；自我调控任务为"询问朋友的旅行经历"，目标词为"新奇""感触""天堂"等。

目标词：目标词是以被试使用的教材和HSK词汇等级大纲为依据选择的。所有的目标词都是三个水平的被试尚未学习过的丙级词或者丁级词。因为初级水平的被试汉语水平较低，本实验所选择的目标词以实词为主。每个目标词后都提供了拼音、中文和英文注释。

阅读材料：每个客体调控部分都包含10个目标词，每个目标词都配备了一张相应的图片，以帮助被试理解词义。然后把10个目标词组织成一段表达相应的言语任务的叙述体小短文，提供给被试做范文。这篇小短文中除了目标词以外，其余的词和语法都是初级水平的被试已经学习过的内容，以排除其他词汇的影响。因为被试都来自非汉字文化圈，为排除汉字的影响，所有的短文都添加了拼音。

第一节　调控理论视角下汉语学习者词汇习得的认知机制研究　253

（五）实验过程

实验开始前，每个被试从 8 个主题的言语任务中随机抽取 2 个，再搭配三种调控方式，共需完成 6 个实验任务。

客体调控任务。被试首先从电脑显示器上看到生词和相应的图片。10 个生词逐个呈现。生词呈现完毕后，被试会看到一篇用这个生词组织成的范文。范文阅读完后，要求被试用 10 个目标词完成一项与范文主题相关的口头表达任务。如："请介绍一位你熟悉的中国朋友"。客体调控任务完成时间为 15 分钟。

他人调控任务。由教师和学习者共同完成。电脑显示器上会呈现 10 个目标词，一个口头表达任务，要求被试用这 10 个目标词完成这项口头表达任务。10 个目标词不配备图片，目标词后也不提供范文。但在被试完成任务的过程中，如果遇到词汇理解困难，合作的教师用言语进行讲解说明，但只能以示例展示的方式，不能直接说明词义。他人调控任务完成的时间为 15 分钟。

自我调控任务。显示器直接呈现 10 个目标词（包括拼音、中文和英文注释）和一个口头表达任务，指导语显示：请用目标词独立完成这个口头表达任务。自我调控部分完成的时间也是 15 分钟。

为控制相同的实验顺序可能产生的顺序效应，实验采用拉丁方的方法对被试接受的实验条件进行排序。

（六）实验结果

本研究利用 SPSS 分析软件对三组被试采用三种调控方式产出的目标词成绩进行了方差分析。统计结果见表 3-1。

表 3-1　三组被试三种调控方式的目标词产出数量的平均值

|  | 客体调控 | 他人调控 | 自我调控 |
| --- | --- | --- | --- |
| 初级水平 | 3.93 | 3.36 | 2.6 |
| 中级水平 | 5.03 | 4.86 | 4.23 |
| 高级水平 | 6.35 | 6.85 | 6.5 |

1. 汉语水平对被试词汇习得效果的影响

被试汉语水平因素的主效应显著 $F_{(2, 41)}=125.669$，$p=0.000$。即随着学习者的汉语水平的提高，目标词产出数量相应增多。多重比较的结果显示，高级水平的汉语学习者目标词产出成绩显著好于中级水平的汉语学习者（$p=0.000$），中级水平的汉语学习者的成绩显著好于初级水平的汉语学习者（$p=0.000$）。以上实验结果表明，汉语学习者的词汇习得能力随着他们汉语水平的提高而不断发展。这与已有的关于词汇习得与语言水平的关系的研究结论一致。[1]

2. 调控方式与汉语水平的相互影响

方差分析表明，调控方式的主效应显著 $F_{(2, 82)}=9.201$，$p=0.000$。即不同水平的汉语学习者在采用不同的调控方式时，词汇产出成绩差异显著。多重比较的结果表明，采用客体调控和他人调控方式的目标词产出成绩差异不显著（$p=1.000$）；采用客体调控和自我调控方式的目标词产出成绩差异显著（$p=0.003$）；采用他人调控和自我调控方式时的目标词产出成绩差异显著

---

[1] Jiang, N. Lexical Representation and Development in a Second Language. *Applied Linguistics*, 2000(21).

（$p$=0.004）。这说明采用他人调控方式和客体调控方式时的目标词产出成绩显著高于采用自我调控方式时的成绩。

调控方式因素和被试汉语水平因素的交互作用显著（$F_{(4, 82)}$=3.411，$p$=0.012）。而汉语水平在调控方式因素三个水平上的简单效应检验分析发现：

初级水平的汉语学习者，采用客体调控方式和采用他人调控方式时词汇产出成绩的差异不显著（$p$=0.091）；而采用他人调控方式和采用自我调控方式时，词汇产出成绩的差异显著（$p$=0.038）。这说明初级学习者主要采取客体调控和他人调控辅助词汇习得。

中级水平的汉语学习者，采用客体调控方式和采用他人调控方式时词汇产出成绩的差异不显著（$p$=1.000）；采用客体调控方式和采用自我调控方式时词汇产出成绩的差异显著（$p$=0.047）；而采用他人调控方式和采用自我调控方式时，词汇产出成绩的差异不显著（$p$=0.113）。这说明，中级水平的汉语学习者处于过渡阶段，但仍然以客体调控和他人调控为主。

高级水平的汉语学习者，采用客体调控方式、他人调控方式和自我调控方式时词汇产出成绩的差异均不显著。即，高级水平的汉语学习者采用不同的调控方式习得汉语词汇时，习得效果的差异缩小。这说明，高水平的汉语学习者已经能够通过自我调控习得词汇，在这个阶段，客体调控和他人调控也同样是其词汇习得的手段。

## 三 讨论与分析

### （一）实验结果分析

1. 不同汉语水平学习者采用的调控方式

本实验结果表明：

初级水平的汉语学习者在词汇习得上更多地依靠客体调控和他人调控的方式。在三种调控方式中，客体调控方式显示出一种优势效应。

中级水平的汉语学习者依然保持了这种优势效应。因此，他们在采用客体调控方式时词汇产出的成绩也是最好的。另一方面，中级水平的汉语学习者在采用客体调控和他人调控方式时，词汇产出的成绩差异不显著，这说明他们依然主要依赖客体调控和他人调控的方式。但随着汉语水平的提高，中级水平汉语学习者的自我调控能力也得到了一定的发展，因此，在采用他人调控和自我调控的方式时，他们的词汇产出成绩没有显示出显著差异。

高级水平的汉语学习者采用三种调控方式时，词汇产出成绩没有显著差异，客体调控的优势效应消失了。这说明随着汉语水平的提高，学习者运用自我调控方式获得生词的能力进一步发展，高级阶段的学习者已经进入到自我调控的发展阶段，具备了自我调控的能力。而且随着汉语水平的发展，高水平汉语学习者的其他两种调控能力也同时得到发展，三种调控方式都成为他们词汇习得的渠道，其习得效果已不存在差异。换言之，随着第二语言水平的提高，高级水平的学习者对三种调控方式的调控能力都得到了发展。

## 2. 不同汉语水平的学习者所处的调控阶段

在以上实验结果中，学习者的词汇习得水平和调控阶段并不是简单地一一对应的，因此我们还不能从不同汉语水平的学习者所采用的不同调控方式所显现出的词汇产出能力的差异，清晰地推断出他们所处的习得阶段。尽管如此，我们还是可以根据他们采用的主要调控方式，大致推断他们所处的调控阶段。

初级水平被试采用客体调控和他人调控方式时的成绩优势说明，这两种方式是他们词汇习得的主要认知方式。而在采用自我调控方式时，词汇习得的平均成绩仅为2.6个，说明他们还没有发展到自我调控阶段。因此，初级水平汉语学习者应处于客体调控或者他人调控阶段。

中级水平被试采用客体调控方式仍然显示出优势效应表明，虽然中级水平的汉语学习者在采用三种调控方式时词汇习得水平都得到提高，但他们可能和初级水平的被试一样，还没有脱离客体调控或者他人调控阶段。

高级水平的被试在三种调控方式上词汇习得成绩差异显著性消失，这表明高级水平的学习者已经达到自我调控阶段。

### （二）第二语言词汇习得过程的阶段性

本研究的实验结果显示，汉语学习者在采用客体调控、他人调控、自我调控方式时的阶段性并不是整齐划一的。与母语儿童不同，成人第二语言学习者并没有显示出清晰明确的三个发展阶段。初、中级水平的汉语学习者都主要依赖客体调控和他人调控方式，这说明初、中级水平汉语学习者的发展阶段有一部分彼此重合。依据本研究结果，我们推论成人第二语言的词汇习得过程可能与儿童的母语词汇习得过程不尽相同。这与儿童母语词汇习得过程研究和已有的依据社会文化理论进行的成人第二语言习得过程研究的结论不太一致。[1]我们认为可能的原因有以下两个方面。

首先,儿童语言的获得过程就是其逻辑思维和认知能力、情感意识发展的过程,而成人是一个认知、思维、情感的发展都完全成熟的个体,成人第二语言的习得过程是对已有的逻辑思维和概念结构进行重构的过程,因此,影响成人第二语言习得过程的因素(包括文化因素、情感因素、认知策略、母语影响等)大大多于儿童,这些因素都可能对成人的第二语言习得过程产生作用,从而使成人个体的第二语言习得过程发生改变。因此,成人第二语言学习者表现出的个体差异就可能远高于儿童。

其次,这还可能和成人的认知过程有关。因为无论是客体调控还是他人调控,本质上都是借助外因的调控方式。虽然这两种调控方式的中介不同,客体调控借助物质,他人调控依靠言语,但它们都是通过媒介为学习者提供词汇的概念信息,是与词汇的语义相关的。心理语言学的研究证实,词汇的语义信息是超语言的,[2]即人类有一个相同的语义表征系统。所以对成人学习者来说,物质的调控或者言语的调控只是中介方式不同,其最终目的都是为了激活心理词典中的语义表征系统。因此,在成人第二语言学习者的词汇习得过程中,客体调控和他人调控阶段可能合并成为一个习得阶段——外因调控阶段。在这个阶段中,第二语言学习

---

[1] Frawley, W. & Lantolf, J. P. Second Language Discourse: A Vygotskyan Perspective. *Applied Linguistics*, 1985 (6); Ohta, A. S. *Second Language Acquisition Process in the Classroom: Learning Japanese.* Lawrence Erlbaum, 2001.

[2] Jiang, N. Lexical Representation and Development in a Second Language. *Applied Linguistics*, 2000(21); Jiang, N. Form-meaning Mapping in Vocabulary Acquisition in a Second Language. *Studies in Second Language Acquisition*, 2002 (24).

者主要依靠外部媒介来习得词汇。而进入自我调控阶段就意味着学习者语言能力发展的飞跃，实现了对第二语言这种符号工具的自主调控。

### （三）第二语言词汇习得过程的倾向性

尽管成人第二语言学习者没有显示出三个清晰的发展阶段，但依据实验结果，学习者在采用三种调控方式时的词汇习得过程仍然表现出一定的倾向性。虽然初、中级水平的汉语学习者都主要依赖客体调控和他人调控方式，但中级水平的学习者在采用他人调控和自我调控方式时词汇产出成绩的提高显示出他们自我调控能力的发展，高级水平的汉语学习者能自如地使用三种调控方式说明，成人第二语言词汇习得的过程中依然表现出一种从依靠媒介到自我调控的发展趋势，呈现出明确的倾向性。

## 四 教学建议

依据本研究的结果，不同汉语水平的学习者主要依赖的调控方式是不同的，所以在课堂教学中，在不同阶段，词汇教学的内容和方法都应该与学习者的习得方式相适应，针对学习者的词汇教学策略也应该各有侧重。

初级阶段，学习者词汇学习主要采用依赖物质的、依赖外物的客体调控的方式，辅以他人调控方式。特别是在入门阶段，宜多采取直观的、可见的方法呈现词汇，多使用图片、多媒体等教学手段。在积累了一定数量的词语（如200左右的词语），学习了一些表达方式（句式）之后，可以增加通过呈现例句、简单问答、复述等教师主导的方式，保证学习者在课堂教学中通过足够的范式输入，了解词语的意义、用法，学会使用。

到了中级阶段，学习者词汇习得的他人调控和自主调控能力逐步成熟，在词汇教学中，可主要采用他人调控的方式，即通过呈现例句、随文讲解等方式指导学生理解和掌握词汇的意义、用法，一些优秀中级汉语教材（如《桥梁》《汉语教程》等）采取的正是这种词汇教学策略。同时，在这个阶段应当开始培养学习者学习和使用自我调控的学习策略。中级汉语教学后期的词汇教学，应当设计一些练习和作业，让学习者通过分析语素、构成方式、汉字字形、上下文语境和分析归纳用法等方式，在教师的指导下，自主学习词汇，帮助学习者形成自我调控能力。

高级阶段的词汇学习，应当以自我调控的学习策略为主要手段，在教学过程中，应当把帮助学习者形成和发展自我调控学习策略作为重要的教学内容，所谓"授之以鱼不如授之以渔"。这个阶段的词汇教学更应该从分解走向整合，由孤立走向整体，弱化单一的词汇教学环节，把词汇教学和语段、语篇教学有机地结合起来，注意纵向和横向的结合。从纵向来看，高级阶段的学习者对汉语词汇的认知应该更理性、更全面，不只能理解和运用词汇的概念意义，而且能掌握词汇的全部理性意义，察觉词义之间的细微差异，特别是词汇的语用义、语体义、情感义以及包含的文化内涵，使汉语词语的运用准确、得体。从横向来看，高级阶段的词汇教学应该注重词汇的关联性，从单个词的教学走向词汇网络的拓展，依据词汇的语义关系，通过同义、反义、相关等语义场帮助学习者建构汉语词汇网络。

## 第二节　第二语言学习者"自我言语"功能研究[①]

当前第二语言课堂教学中，教师更多地侧重将学习者的语言知识转化为语言功能的表达，评价学习者完成的结果如何，而对学习者的心理过程关注不够。同时，语言教学的新理念已不再是简单的"学以致用"，而是越来越强调语言使用，强调在"做中学，用中学，体验中学"，强调语言学习是在人类主体与客观环境的互动中逐步涌现的过程。[②]

苏联心理学家维果斯基提出的社会文化理论认为，人的心理机能从根本上说是一个由文化产品、活动和概念充当中介、并受中介调节的过程，其中，语言是首要的调节工具。这个过程源自人们之间的社会互动，使得人类心理发展从人际心理逐渐到个体心理水平，同时人类自我调控的能力也会逐渐增强以至达到自动的状态。根据该理论，自我言语指的是指向自我而非说话对象的话语，此类话语并不需要听话人作答，而是学习者自身语言学习的个体心理过程。自我言语具有一定的隐蔽性，因而不太容易引起语言教师的注意。然而，自我言语，这种外化的言语形式，为探究语言学习开启了一个更为自然的窗口，从中可以窥探学习者语言学习的心理世界。

---

　　① 本节作者：魏岩军、王建勤、贾琳，原载《汉语应用语言学研究》（第3辑），商务印书馆2014年版。
　　② 赵金铭《汉语作为第二语言教学：理念与模式》，《世界汉语教学》2008年第1期。

## 一 文献回顾

根据 Diaz 的研究,[①] 自我言语的功能指的是话语的产出对个人随后发生的行为可能产生的影响作用。Furrow 的研究致力于考察家庭环境下的两对母子互动游戏过程,将自我言语的功能分为九类:参与/调整、自我调整、表达、指代、自我活动描述、搜索信息、想象、告知及其他不可理解的成分。[②]

在第二语言习得领域,对自我言语功能的研究不多,主要有几位研究者在不同的教学环境下对其进行了分类总结。Centeno-Cortés 的研究中,自我言语的功能判定不仅以学习者的个性及其学习风格为参照,同时借助了自我言语产出的语言环境。[③] 而且自我言语的功能分类是动态的、多元的,功能之间可有重合,其中最为重要的是自我言语的内化功能,除此之外,自我言语还具有个人演练、任务控制和参与等功能。Smith 通过游戏设计考察了双语儿童自我言语的功能,并总结为七类,见表 3-2。[④]

---

① Diaz, R. M. Methodological Concerns in the Study of Private Speech. Diaz, R. M. & Berk, L. E.(eds.) *Private Speech: From Social Interaction to Self-regulation*. Erlbaum, 1992.

② Furrow, D. R. Developmental Trends in the Differentiation of Social and Private Speech. Diaz, R. M. & Berk, L. E.(eds.) *Private Speech: From Social Interaction to Self-regulation*. Erlbaum, 1992.

③ Centeno-Cortés, B. *Private Speech in the Second Language Classroom: Its Role in Internalization and Its Link to Social Production*. Unpublished Ph.D. dissertation of Pennsylvania State University, 2003.

④ Smith, H. J. The Social and Private Worlds of Speech: Speech for Inter-and Intramental Activity. *The Modern Language Journal*, 2007(91).

表 3-2　双语儿童自我言语的功能分类

| 功能 | 语言形式 | 特征说明 |
| --- | --- | --- |
| 自我评估 | 词或词组 | 对自己话语的自我评价。 |
| 启动/集中思考已产出或即将产出的句子的形式和意义 | 句子（可能是问题） | 本研究语境下指的是最终组成的句子的语法形式和意义一时难以理解，通过自我言语集中注意力理解这个句子。 |
| 试图选择合适的语言形式和意义，以进行恰当表达 | 句子成分 | 在语言表达过程中，一时忘了将要使用的词语或语言表达形式，通过自我言语来试想。 |
| 表达意义的同时留出思考的机会 | 句子成分或词 | 一般在句子开头，通过元音拉长，或重复，来缓冲时间，让自己更好地思考接下来说什么。 |
| 试图回忆已学的或者记住不熟悉的词语 | 词 | — |
| 表示回忆成功 | 词或词组 | — |
| 通过造句来理解和验证词语意义 | 词组或句子 | — |

　　Smith 对功能的考察分类主要是基于自我言语的认知和元认知功能，该研究的不足在于其功能分类依据的语料太少，一共只有 16 例自我言语。这很可能会导致功能框架存在遗漏的情况。Yoshida 对两个学期的日语课堂学习进行研究，通过对课堂观察、录音录像和刺激回忆访谈等，重点考察了自我言语频率最高的类型——重复。其研究发现，重复类的自我言语除了具有已证实的认知和元认知功能外，还具有社会和参与功能。每类功能的具体表现见表 3-3。[①]

---

① Yoshida, R. Functions of Repetition in Learners' Private Speech in Japanese Language Classrooms. *Language Awareness*, 2008(17).

表 3-3 "重复"类自我言语的功能

| | |
|---|---|
| 认知和元认知功能 | 加工、记忆或者监控目的语形式或者表达。<br>将学习者已有的语言知识与新学习的知识进行比较,并进行重构。<br>基于重复的新的语言表达的产出。<br>对于重难点问题集中注意力,或缓和时间压力,以思考解决方式。 |
| 社会和情感功能 | 赋予学习者一种课堂参与意识。<br>增加学习者对作为课堂成员的认同而不失其面子。<br>给学习者创造自娱自乐的机会。 |

综上所述,自我言语的功能研究涉及的语料较少,同时语料分析仅仅依靠转写的文本,而未能从外部的社会语境和内在的心理认知机制去考察。本节在已有研究基础上,通过任务设计的方式,改进研究方法,试图探究自我言语所发挥的功能作用。

## 二 研究方法

### (一)参与者

本研究参与者包括汉语教师和汉语作为第二语言的学习者。汉语教师共 4 名,2 男 2 女,均为北京语言大学速成学院教师,有 2～5 年丰富的汉语教学经验;汉语学习者共有 10 名,为北京语言大学速成学院留学生,汉语为准中级水平。

### (二)数据收集工具

根据 McCafferty、Frawley & Lantolf 和 Lantolf & Frawley 研究证实,图片故事叙述任务中,学习者自我言语的产出较为丰富。① 本节同样采用图片故事叙述任务，故事取自中国经典趣味故事"猴子捞月"，故事图片从周克勤1981年美术电影截图而成，共有16张，每张图片可以用1～2个汉语句子进行描述，所有句子组成一个完整的叙述故事。语言项目以学习者未曾学习的生词为词汇考察对象，以具有一定难度的汉语结果补语和趋向补语作为主要的语法考察对象。

图片故事叙述的学习指导文本的形成主要按照以下程序：首先，由研究者根据图片内容自行编写文本，文本完成后由研究者请参与者所在班级的两位老师，对学习者可能尚未接触到的生词和语法结构进行预测，最终预测出30个生词和12个包含动结式和动趋式语法结构的短语。其次，选取参与者所在班级的其他同学进行预实验，增加了4个生词和2个包含上述语法点的短语。最后，研究者根据学习难度和学习内容增加了4个生词，最终形成的生词共有38个，其中名词12个、动词17个、形容词3个、量词3个、连词2个、介词1个；短语14个，其中动结式6个、动趋式8个。学习指导包含对生词的英文解释和语法结构的说明，注释参考《汉语口语速成》，学习者在课堂学习和师生互动过程中可以参考使用。

（三）数据收集程序

本研究数据收集历时三周，第一周是预测，第二周是前测，

---

① McCafferty, S. G. The Use of Private Speech by Adult Second Language Learners: A Cross-cultural Study. *The Modern Language Journal*, 1992(76); Frawley, W. & Lantolf, J. P. Second Language Discourse: A Vygotskyan Perspective. *Applied Linguistics*, 1985 (6); Lantolf, J. P. & Frawley, W. *Second Language Performance, and Vygotskyan Psycholinguisitcs: Implications for L2 Instruction*. The 10th LACUS Forum, 1983. Manning, A. & Martin, P. & McCalla, K. (eds.) Hornbeam Press, 1984.

从第三周开始进行图片故事叙述任务。第三周,第一天为课堂教学的师生互动,分别由4名和6名学习者完成,在北京语言大学汉语国际教育研究院语言教学实验室进行,该实验室摄像机隐藏处理,学习者无须面对镜头压力,自然状态下完成任务。第二天为师生两两互动阶段,单独在语言实验室中完成互动任务,学生在教师辅助下对故事图片逐个进行叙述。互动过程中学习者可以使用相关语言学习材料。前两天的任务中,学习者提前被告知在师生互动结束后,将由学习者单独对整个故事进行完整复述,以加强其语言学习动机。第三天为学习者故事复述阶段,由学习者在不依赖任何辅助材料的情况下对16张图片进行故事复述。第四天进行后测。

为了考察自我言语的功能,本研究进一步对汉语学习者进行刺激回忆访谈。刺激回忆访谈指的是学习者之间的互动完成后,由研究者播放其音频或视频,并对相关内容进行访谈,通过内省的方式来引发互动参与者当时的心理与思维。[1] 对于自我言语研究来说,刺激回忆访谈是一种有效的方法,探究参与者对自我言语产出的感知以及心理过程。刺激回忆访谈对访谈时间要求较高,但为了该访谈不干扰后测的成绩,访谈在后测之后的第二天马上进行。访谈内容包括任务实施过程中的自我言语产出的部分。

### (四)数据分析

各阶段任务实施完成后,立即对录音材料进行转写,转写

---

[1] Gass, S. M. & Machey, A. *Stimulated Recall Methodology in Second Language Research*. Erlbaum, 2000.

软件为 Transcribe Version 7.0，本研究录音文本的转写主要依据刘虹的转写符号，并参照 Centeno-Cortés、DiCamilla & Antón、Centeno-Cortés & Jimébez、Smith、Yoshida 等关于自我言语的研究，[1] 附加了与自我言语密切相关的转写符号（见附录）。

自我言语的判定借鉴了 Ohta 和 Saville-Troike 研究中所使用的标准：说话时无眼神交流以及无明显的对回应的期待。[2] 其中大部分自我言语都是以低的音量呈现。所有对自我言语存在疑问的话语将被排除在自我言语之外。

本研究功能分析基于两方面的证据：一是通过任务实施的文本语境考察，二是通过刺激回忆访谈录音进行的转写文本。访谈转写文本需标记好对应的录音和视频片段，通过转写的相关信息对视频片段中自我言语的功能从社会文化的视角加以阐释。这比单纯的通过上下文语境更能充分了解学习者的心理活动。

---

[1] 刘虹《会话结构分析》，北京大学出版社 2004 年版；Centeno-Cortés, B. *Private Speech in the Second Language Classroom: Its Role in Internalization and Its Link to Social Production*. Unpublished Ph.D. dissertation of Pennsylvania State University, 2003; DiCamilla, F. J. & Antón, M. Private Speech: A Study of Language for Thought in the Collaborative Interaction of Language Learners. *International Journal of Applied Linguistics*, 2004(14); Centeno-Cortés, B. & Jiménez, A. F. Problem-solving Tasks in a Foreign Language: The Importance of the L1 in Private Verbal Thinking. *International Journal of Applied Linguistics*, 2004(14); Smith, H. J. The Social and Private Worlds of Speech: Speech for Inter-and Intramental Activity. *The Modern Language Journal*, 2007(91); Yoshida, R. Functions of Repetition in Learners' Private Speech in Japanese Language Classrooms. *Language Awareness*, 2008(17).

[2] Ohta, A. S. *Second Language Acquisition Process in the Classroom: Learning Japanese*. Lawrence Erlbaum, 2001; Saville-Troike, M. Private Speech: Evidence for Second Language Learning Strategies During the "Silent" Period. *Journal of Child Language*, 1988(15).

## 三 研究结果

功能研究一直是自我言语研究的主要问题。明确了其功能，自我言语的价值才得以更好地把握和理解。本节在图片叙述故事任务下，对出现的自我言语的功能进行总结概括，试图建立一个新的功能框架。研究共收集到近 10 万字语料，其中发现自我言语 560 例。除 33 例难以鉴定其具体功能外，其余 527 例中：认知与元认知功能 435 例，占 81.2%；情感与参与功能各 57 例和 35 例，分别占 10.3% 和 8.5%。

### （一）认知与元认知功能

认知和元认知功能是自我言语最为重要的功能，这与自我言语的内化直接相关。这一功能主要体现在七个方面。

第一，自我言语有助于学习者加工和记忆目的语语言形式。

(1) T：这样的我们可以说围（·）着（·）围着葫芦瓢

　　S：哦（·）啊（·）它们围着葫芦瓢（·）⁰围着葫芦瓢⁰（·）⁰⁰欢呼（1.0）欢呼⁰⁰（·）啊（·）⁰⁰然后⁰⁰（·）啊（·）欢呼起来。

由例(1)可以看出，学习者已经能够产出"围着葫芦瓢"和"欢呼起来"这两个词组，其仍然通过自我言语的重复对这个目的语形式进行加工，以求记住这两个词语。

第二，学习者将现有的知识与已有的知识进行比较，这包含在语音、词汇、语法以及话语表达等各个层面。

（2）S：一个猴子抓紧（·）一个抓紧一个（1.3）⁰chuan⁰？chuan 出了一个

（3）S：哦（·）猴子们（·）听着（·）听见（1.6）听见以后（0.8）他们跟着领头的猴子（1.5）啊（0.8）爬（·）啊（·）等一下（·）我（·）（（老师在跟别人说话，他一个人在练习下面的话））⁰⁰⁰山（·）山（·）山顶（·）往山顶⁰⁰⁰。往山顶（·）我昨天没有"往"。怎么说？往山顶（·）爬上了。

（4）T：想出什么？

　　S：⁰⁰想出⁰⁰（·）⁰⁰想出是什么？⁰⁰

　　T：然后他想（·）然后出来了。

（5）T：摘下来（·）非常好（·）非常好。我们再一起来说一下（·）从月亮又

　　SS：月亮又圆又大，

　　T：对。

　　S1：哦：：

　　S2：⁰又大又圆。⁰

　　例（2）中 S 一时忘了"串"的正确发音，随即通过自我言语将自己头脑中的发音言语化，以社会言语的形式再次发"串"，可是依然没有发对。对比之后，还是以头脑中错误的发音发出。例（3）中，学习者明确地告诉老师"我昨天没有往"。学习者通过自我言语"山顶"和"往山顶"将两天的新旧学习内容进行了比较，最后以社会性的表达告诉老师比较的结果，而且显然比较之后新的语言点对学习者来说仍然是困难的。因为学习者在正确地产出"往山顶"之前，又一次表达了自己的怀疑"怎么说？"。

例（4）是关于语法的新旧对比，在前一天的学习中，学习者已经学习了"想出"这个语法结构，而当再次遇到时，学习者一时忘了，首先以自我言语的形式"想出"，试图与已学会的词语进行对比，当这种对比不成功时，学习者再次借助一个问题"想出是什么？"试图与已经接触过的语言知识进行对比。可是自我言语的自我调节并没有实现，教师还是实施了一定的辅助。例（5）中，S2的语感比较强，在学生集体说"又圆又大"时，他意识到了这种表达是不合习惯的，此时其采取了自我言语的形式将输入的"又圆又大"和自己头脑中原有的"又大又圆"进行了对比。

第三，学习者倾向于利用自我言语将注意力集中在要学习的生词和语法上。"口哨"这个词是学习者第一次接触的词语，可能生活中的常用性又激发了其学习的兴趣，因而这个词自我言语的产出特别多。仅在第一次学习中，在自我言语产出中我们发现了 21 次 30 个"口哨"的表达。这显示了 S2 对这一新的词语集中了很大一部分注意力，来练习这个词的语音和语义，试图记住这个词的心理活动。学习者产出"口哨"自我言语的文本如下（仅截取其第 1、11 和 21 次）：

（6）T：做什么呢？做什么呢？

　　　S1：〔他声口哨（1.0s）口

　　　S2：⁰一声口⁰

　　　T：一个动词（·）verb（·）是什么？

　　　S2：⁰口哨⁰（·）⁰⁰what is the verb?⁰⁰

（7）T：〔吹了一声口哨。

　　　S1：〔吹了一声口哨。

　　　　S2：[⁰吹了一声口哨⁰。⁰口哨⁰

（8）S1：哦（·）听到 koush（·）听到了口 sh

　　　　S2：⁰口哨。⁰

　　　　S1：koushou

　　　　S2：⁰⁰口哨⁰⁰

　　　　S1：口哨。Sorry（·）口哨。就跟着领头（1.6）领头（·）啊（·）往山顶

　　第四，自我言语具有自我评估的认知功能。当学习者意识到自己的语言输入有错误时，常通过自我否定的形式对自己的言语进行评估，如下例中的"不是不是"表示对以"挂"开头的语言表达的否定，而改换成"看见月亮在天上挂着了"的语言表达形式。

（9）S：[哦（·）对对对。有一群猴子们（·）猴子们（1.5）啊（0.8）挂（·）不是不是（·）看见月亮在天上挂着了。

　　　　T：对对。很好。

　　第五，学习者试图去搜寻第二语言词语表达。例（10）中的图片内容是一群猴子"搭成了一个梯子"。教师展示图片，向学习者询问时，S2搜寻了一个词语"排队"来检验自己的答案是否正确。

（10）T：[不是看（·）他们看见了（·）但是他们这是，

　　　　S1：他们

　　　　T：一个猴子

　　　　S2：嗯。

　　　　S1：一

S2：⁰排队？⁰

第六，试图回忆已学的词语。本功能与上一个功能的区别在于在这种情况下，学习者已经知道了采用哪种语言形式进行表达，但一时之间忘了其语音形式或语义内容，这时往往通过自我言语以实现通达语音或者语义。

（11）S1：在（0.7）一棵树（1.0）旁边的：⁰一（1.5）朝？一个月亮？⁰朝其他的同学？其他的，

（12）S2：哦（·）伸出双手（1.0）⁰伸出双手⁰（·）这个吗？⁰伸出双手⁰（1.0）⁰⁰使⁰⁰（·）⁰使劲是什么？⁰

T：使劲就是很努力。

S2：哦（·）伸出双手（·）使劲（1.0）⁰伸出双手⁰（·）⁰使劲⁰（·）⁰月亮⁰

（13）S1：欢呼起来（3.8）没想（2.0）为得到（·）月（·）一个月亮（1.8）贪心的猴子（0.7）争（2.0）⁰⁰wo？（1.5）夺？（1.8）争我夺？⁰⁰

T：你争，

S1：你争我夺

T：起来。

S1：起来（·）夺起来（·）但是不幸的是（1.6）一个月亮捞（·）什么起来？

例（11）中S1忘了"朝"的语音形式，例（12）中S2忘了"使劲"的语义内容，例（13）中S1忘了"你争我夺"的固定表达。三者皆在自我言语的自我调控或者教师一定的辅助下完成了故事的进一步复述。

第七，表示学习者回忆成功。例（14）中"串"的回忆出现了困难，一连两次语音都是错误的，接着是学习者的主观放弃"这个不知道"，然而此时学习者仍在继续回忆，一个"啊"告诉我们学习者回忆成功，并在其后以社会言语和自我言语两种形式交替操练"串"这个词。

（14）S：一个猴子抓紧（·）一个抓紧一个（1.3）⁰chuan⁰？chuan 出了一个（·）⁰这个不知道⁰（2.0）啊（·）一个抓紧一个（·）⁰串⁰（·）⁰串了⁰（·）串出一个梯子（·）⁰⁰不是梯子⁰⁰（·）⁰串⁰（·）垂到湖面

（二）情感功能

自我言语的情感功能常常被学习者用来进行情感控制，这使得学习者在借助"情感策略"的同时，有效地降低焦虑感，从而更好地投入到学习中来。[1] 本研究发现了情感功能的表现如下：

第一，学习者借助自我言语的评论式表明自己习得了某个语言知识。S4 在理解了"湖里"的含义后，以自我言语但是音量很大的形式表达了自己的喜悦。此时小声的自我言语已经满足不了其释放自己情感的要求。

（15）T：好（·）湖里。

　　　S1：啊（·）湖？

　　　S2：[湖里。

　　　S3：[湖里

　　　S4：哦（·）对对。

---

[1]　McCafferty, S. G. The Use of Private Speech by Adult Second Language Learners: A Cross-cultural Study. *The Modern Language Journal*, 1992(76).

第二，成功习得某语言知识后表达出的喜悦和成就感。与第一种类型不同的是，这种类型的自我言语以词语本身或者"哦！"的形式呈现，而不是评论式。以下诸例以学习时间为线索展示了"终于"一词的学习过程。

（16）T：［捞上来（·）捞出来了。

　　　S1：［$^{00}$月亮终于$^{00}$（（笑））

（17）T：葫芦瓢终于（·）终于捞

　　　SS：［葫芦瓢终于捞出来了猴子都欢呼起来了。

　　　S2：［（……）

　　　S1：［$^{000}$终于（·）终于是什么？$^{000}$

　　　T：对（·）猴子们欢呼起来了。好（·）我们看一下这个葫芦瓢（·）他们在葫芦瓢的两边（·）两边（·）我们可以怎么说？

（18）T：好（·）我们可以再说一下啊。月亮终于

　　　SS：［月亮终于捞出来了。猴子们围着葫芦瓢欢呼起来了。

　　　S1：［$^{00}$终于$^{00}$捞出来了。$^{00}$猴子们$^{000}$围着$^{000000}$围着葫芦瓢$^{000}$

（19）T：终于捞出来了。

　　　S1：终于是什么意思？

　　　S2：不知道。

（20）T：对（·）月亮终于，

　　　S1：$^{00}$终于$^{00}$（1.0）月亮终于［捞出来（·）捞出来了。

　　　T：［捞出来

　　　S1："终于"是什么意思？

T：Finally（·）最后的。

S1：哦：：：（·）月亮（·）月亮终于（·）捞出来了（1.0）他们在葫芦瓢旁边？是吗？

从上述语料可以看出：第一次"终于"的自我言语是学习者在试图通达语义，然而学习者在失败后无奈地笑了。第二次继续以"终于是什么？"问句的自我言语类型试图理解语义，又失败了。第三次在学生集体说的同时，"终于"仍然没有转化为社会产出。第四次学习者明确地通过社会言语询问同伴，但这次仍然是失败的。直至第二天的师生单独互动中，S1在互动过程中才最终获得了"终于"的语义。这时经历四次尝试、历时两天的对"终于"这个词的死结终于打开，学习者长叹一声"哦"并加以元音的大力延长抒发了自己长久积压的情感和释然后的喜悦。

第三，学习者通过自我言语表露出自己对语言学习的某种失望。此种情况学习者常常会产出"忘了"这种话语形式。

（21）S：⁰⁰⁰忘了。⁰⁰⁰

T：他这是（·）这是什么？

S：看见（·）（……）

（22）S：可是不幸的是：（·）葫芦瓢掉地上（·）⁰掉⁰⁰⁰掉了⁰⁰（·）忘了（·）（（笑））月亮也没有。

第四，学习者面对某些学习内容和任务的困难时，表现出来的感觉和态度。

（23）T：[这个也比较长（·）比较长。

S：[哇哦。

(刺激回忆访谈)

T：你这儿"哇哦"是什么意思啊？
S：你说了那个词组很长（·）我也觉得。
T：哦。你发了一下感叹（·）是对我说的吗？
S：嗯：
T：是对自己。

S此处自我感叹"哇哦"表达自己的情感，在刺激回忆访谈中学习者提到这是对自己说的话，而且是在老师做出了一个在他看来别人不可能做到的要求时，他表达了自己对这个任务难度的情感和态度。

（三）参与功能

体现参与功能的自我言语主要有两种互动类型：学习者的代替回答和集体回答。根据 Ohta 的研究，代替回答指的是在老师提出问题时，学习者私下小声回答老师的问题或者修改、纠正别人话语中的错误。[1]Centeno-Cortés 也证实了上述自我言语类型的存在，并细分成代替其他学生回答老师的问题、回答其他学生的问题、纠正其他学生的错误和小声回答老师问题四类。[2] 本研究发现了其中三类：

一是代替其他学生回答老师的问题。

（24）T：好（·）S1（·）别人说的时候，你要听。第二遍了，

---

[1] Ohta, A. S. *Second Language Acquisition Process in the Classroom: Learning Japanese*. Lawrence Erlbaum, 2001.

[2] Centeno-Cortés, B. *Private Speech in the Second Language Classroom: Its Role in Internalization and Its Link to Social Production*. Unpublished Ph.D. dissertation of Pennsylvania State University, 2003.

要更快了。

　　S1：嗯（2.1）什么？小猴子们（·）听：：：到：（·）听到

　　S2：$^{ooo}$口哨$^{ooo}$

　　S3：[口哨，（1.5）跟

　　S4：[$^{ooo}$口哨（·）跟着$^{ooo}$（·）$^{ooo}$口哨$^{ooo}$

二是小声回答老师的问题。

（25）T：对（·）看见月亮（·）他们是这样的（·）一个在一个上边（·）我们说是什么？一个在一个的上边（·）我们用这个词语。

　　S1：（……）

　　S2：$^{oo}$搭在$^{oo}$

三是纠正其他学生的错误。

（26）T：伸出双手，呵呵。

　　S2：[哦：：他伸（·）双手。

　　S3：[$^{o}$伸出（1.0）双手$^{o}$。

　　本研究课堂录像仅有2次，每次大约40分钟。数据收集范围有限，尚未发现有学生"回答其他学生的问题"这一代替回答的自我言语类型。

　　更为重要的是，Centeno-Cortés认为除了代替回答之外，还有一种更为隐蔽的自我言语类型集体回答，其体现了学习者对课堂学习的积极参与。在课堂学习的集体回答过程中，学习者的个性差异和学习风格不同，其回答参与的形式是不同的。或者积极参与到与教师的互动中,或者以隐蔽的形式参与集体回答。不同的学习者在不同的学习情境下表现并不相同。具体采取何种方式参与,这是由学习者自身的心理因素来决定的,当学习者认为大声地回答会对自己带来不好的影响且危害到自己语言学习的时候,其更愿意后退一步,以自我言语的形式参与到课堂中,在练习中其并不愿意让老师听到自己的话语。

(27) T: 好 (·) 这个比较难 (·) 我们再来一遍 (·) 再来一遍。好 (·)

    S1: [于是,他 (·) 他在一棵树旁边吹了一声口哨。

    SS: [于是 (·) 他在一棵树旁边吹了一声口哨。

    S4: 于是,领头 (2.0)⁰⁰ 一棵树旁边吹了一声口哨⁰⁰。

(28) T: 所以说 (·) 猴子们听到 (·) [听到口哨。

    S1: [猴子们听到他的口哨。

    S2: [猴子们听到口哨。

    S3: [⁰听到⁰ (·) ⁰口哨⁰以后,

    T1: 然后就

    S1: [然后就⁰爬::⁰

    S2: [⁰然后他们⁰ (·) 然后他们跟着

    S3: [然后就爬上山顶

    T1: 就就 (·) 对 (·) 跟着

    S2: [跟着⁰领头的猴子⁰爬上山顶

    S1: [跟着领头猴子

    S3: [⁰跟着领头的猴子爬上山顶。⁰

本例说明在学习者一起大声回答时,S3 和 S4 更愿意以自我言语的形式参与到课堂学习中,而不是像其他学习者那样大声回答。然而,这种集体回答是以自我言语形式参与,还是大声与其他同学齐唱,并不是固定不变的。我们从上例中看到,S3 的话语"听到""口哨"以自我言语的形式出现,而接下来的"以后""然后就爬上山顶"则是大声回答,之后又转入自我言语"跟着领头的猴子爬上山顶"。S2 也出现了这样的现象。

自我言语出现的条件必须满足本研究提出的三个标准。如果不满足的话,即使是代替回答,我们也不能认为是自我言语。例(29)正好展示了 S3 主动替另外一个学生回答问题,虽然此处并没有引起代替回答的人的反感,但这种情况持续发生,就会剥夺他人回答问题参与课堂学习的机会,从而引起学习者之间话语权的竞争。因而,在代替回答这种情况下,以隐蔽的自我言语的形式进行课堂学习将是更好的课堂参与方式。

(29) T:[好(2.0)S1。(2.0)你练习了很久了(·)我看你。

S1:于是

T:((老师听到很多学生想尝试去说,开心地笑了))然后那个词语,我们可以说,

S3:[于是它在一棵树旁边吹了,

T:((S3 在代替 S1 回答,老师笑着帮忙))吹了,

S3:吹了(·)一声口哨。

T:好(·)S3 已经帮你回答了(·)你再说一遍吧。(·)呵呵(·)S1(·)你还得说。

学习者通过这种隐蔽的参与方式,其实是增加其作为课堂参与者积极主动构建自己在课堂教学中的地位的表现。一方面,自

我言语是指向自我的，参与性的自我言语是由老师的辅助所引发，同时其指向也是面向互动对象的，尽管这种话语不希望被听话者听到，但是这也反映了学习者一种社会性的言语取向。学习者是主动的社会性参与，还是隐蔽的个体性参与，其实两者之间并没有明显的界限，学习者的参与过程中话语的呈现将会根据话语情景、语言知识的熟练程度以及师生和生生关系等诸多方面来决定。这些因素共同作用形成了不同人之间、不同话语情景之间从社会言语到自我言语的连续统。

## 四 讨论

对自我言语功能的考察，Centeno-Cortés 认为自我言语的主要功能是内化，除此之外还具有情感、参与、个人演练和任务相关等功能。[1] 内化是所有功能的核心，其他功能都为内化服务。本研究认为内化更多体现的是一个过程，指的是学习者的语言输出从人际心理过渡到个体心理的过程。在这个过程中自我言语发挥了至关重要的作用。内化不能算作自我言语的功能，同时任务相关体现的是学习者通过控制任务内容实现认知的目的，但是任务相关的提法也不是功能的体现，因而本研究将两者合并为认知和元认知功能。个人演练是自我言语的类型，指的是在语言表达之前的小声演练，尽管这种演练可以缩小学习者最近发展区，更快地实现自我调节，从而学得知识。但是个人演练应该属于类型

---

[1] Centeno-Cortés, B. *Private Speech in the Second Language Classroom: Its Role in Internalization and Its Link to Social Production*. Unpublished Ph.D. dissertation of Pennsylvania State University, 2003.

而非功能上的分类。综上所述，本研究保留了其自我言语的情感和参与功能，并将内化和任务相关合并为认知和元认知功能，总结出自我言语功能的三大组成部分，即认知和元认知功能、情感功能和参与功能。这个分类框架部分符合了 Yoshida 对重复作为自我言语的功能分类：认知和元认知、情感和社会功能。本研究的参与功能与 Yoshida 的社会功能是一致的。[①]

Smith 对自我言语的认知和元认知功能进行了更为细致的分类，有以下七类：自我评估、启动／集中思考已产出的语言形式和意义、试图搜寻第二语言词语表达、表达意义的同时给思考创造机会、试图回忆已学的词语、表示回忆成功、通过造句来理解和验证词语意义。[②]Smith 的研究是针对双语儿童在完成一个语言游戏时产出的自我言语，其本来目的也不是为了研究自我言语，总语料数也只有 16 条。因而其自我言语的功能框架是有局限的。本研究根据大量语料，保留了其自我评估、试图搜寻第二语言词语表达、试图回忆已学的词语和表示回忆成功等功能，增加了加工和记忆目的语语言形式、将现有的语言知识与原有的语言知识进行比较、将注意力集中在要学习的生词和语法上等功能。

情感功能的分类参照了 Centeno-Cortés 的分类[③]，但是删

---

① Yoshida, R. Functions of Repetition in Learners' Private Speech in Japanese Language Classrooms. *Language Awareness*, 2008(17).

② Smith, H. J. The Social and Private Worlds of Speech: Speech for Inter-and Intramental Activity. *The Modern Language Journal*, 2007(91).

③ Centeno-Cortés, B. *Private Speech in the Second Language Classroom: Its Role in Internalization and Its Link to Social Production*. Unpublished Ph.D. dissertation of Pennsylvania State University, 2003.

去了其自我提问表达情感一类。我们认为自我提问属于自我言语的类型，不是功能的分类，自我提问可能表达的功能内涵有很多，并不是情感功能下的小类。综上，最终形成以下四小类：（1）借助自我言语的评论式表明知识的习得；（2）成功习得某语言知识后而来的成就感；（3）表露自己对语言学习的某种失望；（4）面对较难的学习内容和任务时的感觉和态度。

Centeno-Cortés认为自我言语的参与功能体现在代替回答和集体回答中，本研究也证实了这一点，但值得注意的是，代替回答和集体回答是基于自我言语的类型分的，如果考虑功能框架，两小类体现的同样是参与功能。[1]

社会文化的理论视角为本研究通过自我言语窥测学习者的心理世界提供了强有力的解释。研究方法上，一方面，数据收集加入刺激回忆访谈的方法，克服了仅靠上下文语境判定自我言语功能的弊端；另一方面，本研究一改过去自然的课堂观察的方法，克服了其数据收集分散、无法得到语言知识内化过程需要的完整数据的弊端，而采用任务设计的方式集中一段时间进行学习，这样便非常集中地收集到了特定生词和语法结构学习的全过程。另外，本研究与已有研究进行对比，在吸收已有结论的基础上，经过语料的转写分析和数据的整理归类，提出了新的功能分类框架：认知和元认知功能、情感功能和参与功能。

---

[1] Centeno-Cortés, B. *Private Speech in the Second Language Classroom: Its Role in Internalization and Its Link to Social Production*. Unpublished Ph.D. dissertation of Pennsylvania State University, 2003.

## 附录：本文所使用的转写符号

| 符号 | 含义 | 符号 | 含义 |
|---|---|---|---|
| [ | 表示两个或两个以上的人同时说话时的重叠起始点 | [ [ | 表示两个或两个以上的人同时说话时的重叠起始点（用于单括号内） |
| ? | 表示升调，不同于问号 | ， | 表示语调小幅度的上升 |
| 。 | 表示降调，不同于句号 | ! | 表示感叹语气 |
| ：：：<br>：：： | 表示语音的延长，每增加一个冒号，就表示多延长一拍 | - | 表示突然中断 |
| (·) | 表示0.2秒以内的瞬时停顿 | (0.0) | 表示大于0.2秒的计时停顿或沉默 |
| = | 表示等号下面的话轮与等号上面的话轮中间没有停顿 | (……) | 表示根本听不清楚的话语 |
| （xxxx） | 表示听不确切的、好像如此的话语 | ( ( ) ) | 注释性话语 |
| - | 下划线表示语音加强和重读音节 | " " | 表示话语或词语的引用 |
| >…< | 表示语速较快的话语 | 〈…〉 | 表示慢速度话语 |
| º  º | 低的声音 | ºº  ºº | 更为小声的低语 |
| ººº  ººº | 极低的私语 | bold | 个体话语 |
| T | 汉语教师 | SS | 全体学生 |
| S1、S2、S3… | 汉语学习者 | | |

# 第三节　基于实践社区的汉语第二课堂语用习得教学模型 ①

## 一　引言

作为汉语教师,在对留学生的语言错误进行纠正时,有时会遇到这样的情况:单独看一个句子,可能存在语法上的错误,但是如果结合到具体语境中,那个句子又是合法的了。或者,单看句子是对的,但是结合上下文一起看,句子就显得"怪异"。其实,这都可以归为语用方面的问题。比如"他都吃了一个馒头"这个句子,凭一般语感来说,是不成立的。"都"作为全称量化算子,要求后面的数量大于等于二,而这里的数量为"一",所以句子不成立。② 但是,如果句中的"他"指的是一个两岁左右的孩子时,这个句子是成立的,因为两岁左右的孩子食量很小,一个馒头超出了人们对两岁孩子食量的预期,表示多量。这里涉及说话人对语境的判断。

汉语作为第二语言教学的目标是学习者能够运用汉语流利、得体地进行交际。汉语能力既包括语言能力,又包括语用能力。语用能力的培养包括对语境敏感性和表达得体性两方面的发展。③

---

① 本节作者:丁存越,原载《语言教学与研究》2015年第6期。
② 此例源自潘海华在第12届全国语言学暑期高级讲习班上所讨论的内容(2014年8月,南开大学)。
③ 何自然《语用学与英语学习》,上海外语教育出版社1997年版;刘绍忠《语境与语用能力》,《外国语》1997年第3期;何兆熊主编《新编语用学概要》,上海外语教育出版社2000年版。

儿童语言习得研究也表明，语言的获得不仅需要先天的机制，还需要在实际交际中发挥语言的功能。[1] 刘润清、刘思通过理论和实证研究指出，语用能力与语言能力同等重要，到高级阶段也许比语言能力更重要。[2] 目前对二语语用习得的研究主要集中在外语学界，而汉语学界的研究成果则集中于语法习得方面。

众所周知，由于第一课堂时间紧、任务多，因此教师关注更多的是语音教学和字、词、句的语法语义教学，研究成果也多。而第二课堂可以弥补第一课堂在语用教学上的不足，尤其是在目的语国家的语言环境中。吕必松、刘士勤认为重视第二课堂教学是对外汉语教学的一条重要原则。[3] 李同路把它比作课堂学习与独立交际之间的接口。[4] 刘珣指出，在汉语的故乡进行汉语作为第二语言的教学，如果能充分利用汉语的社会环境这一条件，应该能取得更好的效果。[5] 可以说，第二课堂为二语学习者的语用习得提供了空间。现有的汉语第二课堂存在组织不成模式、学生

---

[1] Bates, E. & MacWhinney, B. Competiton, Variation and Language Learning. MacWhinney, B. (ed.) *Mechanisms of Language Acquisition*. Lawrence Erlbaum Associates, 1987.

[2] 刘润清、刘思《语用习得的认知特性和影响因素述评》，《外语教学与研究》2005 年第 3 期。

[3] 吕必松《对外汉语教学研究》，北京语言学院出版社 1993 年版；刘士勤《关于中高级对外汉语教学的社会语言实践问题》，《汉语学习》1993 年第 2 期。

[4] 李同路《语言实践：课堂学习与独立交际之间的接口》，《语言教学与研究》2012 年第 3 期。

[5] 刘珣《语言学习理论的研究与对外汉语教学》，《世界汉语教学》编辑部等编《语言学习理论研究》，北京语言学院出版社 1994 年版。

参与不够广等问题。[1]Ellis 指出教学对习得的影响是二语习得四个主要研究问题之一。[2] 本研究立足于"学",以第二课堂为例,尝试从实践出发构建一个操控性强、效果可见的语用教学模型,以促进留学生汉语语用习得,提升汉语运用能力,加深我们对教学与习得关系的认识。

## 二 社会文化理论与语用习得

社会文化理论来自心理学界,其中一个重要概念就是"最近发展区"。它是该派代表人物 Vygotsky 针对儿童发展所提出的。Vygotsky 认为儿童的发展有两种水平:一种是已经达到的发展水平;一种是可能达到的发展水平,表现为儿童不能独立地完成任务,但是在他人的帮助下,在集体活动中,通过模仿,能够完成这些任务。两种水平之间的距离就叫"最近发展区"。[3] 该理论反对传统的以教案为中心、以教材为主线的教学模式,强调在学生习得知识的过程中,教师的任务是负责搭起"脚手架",帮助学生达到目标。对于二语学习者来说,掌握了语言知识并不代表会正确、得体地运用语言知识,由于语用造成的偏误比比皆是。

---

[1] 贾放《利用社会环境进行口语教学的几点设想及实践》,《世界汉语教学》2000 年第 4 期;李玉军《留学生课外语言实践过程中的几个问题》,《暨南大学华文学院学报》2006 年第 4 期;王磊《任务型教学法运用于汉语"第二课堂"的探索》,贺向民、林凡、张国增主编《北京高校来华留学生教育研究》,北京语言大学出版社 2008 年版。

[2] Ellis, R. *The Study of Second Language Acquisition*. Oxford University Press, 1994.

[3] Vygotsky, L. S. *Mind in Society: The Development of Higher Psychological Processes*. Harvard University Press, 1978.

因此，我们认为语言知识和语言运用之间存在"最近发展区"。

Vygotsky 的观点得到了心理学、社会学、人类学、认知学界的极大关注与发展，但是人们也注意到其理论的不足之处，尤其是知识"内化"这一主张的缺陷，继而指出知识应该是"转化"，而非"内化"，进而提出了引导性参与的学习模式。[1]Lave & Wenger 通过对学徒制的反思，进一步提出学习过程是在共同实践背景下"合法的边缘性参与"的著名论断，强调了社会实践中知识的"默会"性。高文指出，合法的边缘性参与是用新的方式观察和理解学习的透镜。[2]

基于以上论点，我们可以把二语学习者第二课堂语用习得过程看作是一个"合法的边缘性参与"过程，分为旁观、参与、默会三个阶段，条件是情境，关键是实践参与。以"把"字句的语用习得为例：首先，学习者虽然了解甚至较好掌握了"把"字句的句式特征，但是在运用方面还是新手，因此在既定活动中暂且是一个旁观者的身份；然后，学习者开始模仿教师（母语者）的语言和行为，参与到活动之中，体验语言的使用；最后学习者在反复实践操作中默会，获得在既定活动中自如地运用"把"字句的能力，成为熟手。教师（母语者）在整个过程中从最初的示范

---

[1] Rogoff, B. *Apprenticeship in Thinking: Cognitive Development in Social Context.* Oxford University Press, 1990; Lave, J. K. & Wenger, E. *Situated Learning: Legitimate Peripheral Participation.* Cambridge University Press, 1991; Cobb, P. & Yackel, E. Constructivism, Emergent, and Sociocultural Perspectives in the Context of Developmental Research. *Educational Psychology*, 1996 (31).

[2] Lave, J. K. & Wenger, E. *Situated Learning: Legitimate Peripheral Participation.* Cambridge University Press, 1991; 高文《情境学习与情境认知》，《教育发展研究》2001 年第 8 期。

者变为最后的旁观者，主要作用是安排实践场所、设计环节、引导学生。基于实践社区的第二课堂教学模型符合上述语用习得的要求，下面将对此进行阐述。

## 三 基于实践社区的第二课堂语用习得教学模型

### （一）可行性分析

实践社区[①]概念是认知人类学家 Jean Lave 和 Etienne Wenger 提出的。该概念最初是针对情境学习而言的。Lave & Wenger 指出实践参与是学习的基本形式，学习者在实践社区里共享知识、交互学习。实践社区的核心就是为参与共同活动而聚在一起的一群人，[②]能够以一种非正式和创造的方式，分享各自的经验和知识，从而使他们能够以一种独特的视角来审视在团队学习中出现的问题，并创造性地找到问题的解决方案。[③]Wenger 指出，实践社区包括三个结构要素：知识域、社区和实践。[④]知识域是创建成员聚集在一起的共同点，激发成员参与实践，引导成员学习，并赋予他们实践活动的意义；社区是创建学习的社会结构，一个强大的社区能够促进成员间的互动，鼓励成员们愿意分享各自的想法；实践是具体的焦点，社区以其为中心发展、分享和维护着知

---

① 实践社区，有的学者翻译为"实践共同体"。
② Wenger, E. *Communities of Practice: Learning, Meaning and Identity.* Cambridge University Press, 1998.
③ Penelope, E. & McConnell-Ginet, S. Think Practically and Look Locally: Language and Gender as Community-based Practice. *Annual Review of Anthropology*, 1992(21).
④ Wenger, E. *Cultivating Communities of Practice.* Harvard Business Press, 2002.

识核心。Norton、Toohey 曾对外语课堂教学的不同对象进行历时 1 至 3 年的跟踪研究,[①] 结果均显示:通过实践社区的应用,学习者的言语能力和交际能力显著提升。

对来华留学生来说,第二课堂就是他们习得语用能力的实践社区。理由如下:

第一,社区是人的集合。第二课堂里的学生和教师集合在一起,组成一个社区。学生是这个社区的主体,可以来自同一个班级、同一个年级,也可以来自不同的年级,彼此间有着或强或弱的社会联系。除了知识结构不同、汉语水平不同外,学生们的文化、社会、家庭背景都不相同,构成小的社会结构。

第二,社区存在的前提是成员具有相同或相似的知识领域。汉语是所有来华留学生面对的首要知识前提。在第二课堂里,运用汉语解决问题或完成任务是留学生们共同的目的。根据汉语水平和个人能力的差异,每个人的分工不同,在第二课堂活动中获得不同的"身份"。身份能帮助学生认清自己在第二课堂活动中承担的责任和应尽的义务,确保了学生参与第二课堂的主动性。

第三,实践是维系社区的纽带。与第一课堂封闭的学习环境——教室相比,第二课堂的学习环境是开放且真实的,餐馆、博物馆、旅游胜地等都可以成为提高汉语语用能力的第二课堂教学场所,具备很强的操作性。学生在真实汉语情境中,使用汉语进行交际,发挥语言作为交际工具的本质属性。

---

① Norton, B. Social Identity, Investment, and Language Learning. *TESOL Quarterly*, 1995(2); Norton, B. *Identity and Language Learning*. Harlow Pearson Education, 2000; Toohey, K. *Learning English at School: Identity, Social Relations and Classroom Practice*. Multilingual Matters, 2000; Toohey, K. Disputes in Child L2 Learning. *TESOL Quarterly*, 2001(35).

综上所述，我们给汉语第二课堂的定义是：在教师指导下，以习得汉语语用知识为共同目标，发生在第一课堂之外的学生实践场所。

（二）要素分析

1. 学习资源

具体包括：

第一，汉语综合知识。它指的是汉语学习者在第一课堂所学到的知识，是进行第二课堂语用学习的前提条件。没有语言知识的储备，就没有可以运用的内容，所谓语用习得就变成空谈。对汉语学习者来说，第一课堂已掌握的语音、语法、语义、文化等相关知识是已经达到的汉语发展水平，在真实社会语境中恰当、得体地运用这些知识是可能达到的汉语发展水平。两者之间是"最近发展区"。

第二，目标和任务。无论出于何种学习动机，学习者学习汉语都是以习得汉语为前提目标的。这个共同的目标使得汉语学习者能够聚集在一起形成社区。任务是针对第二课堂所设计的具体学习目标，是学习者克服个人因素影响、参与第二课堂的动力，也是第二课堂和"马路汉语"的区别之一。没有目标或任务的第二课堂是松散的，实际效果也大打折扣。Platt & Brooks[1]的对比研究发现，二语学习者的自身目标对其参与语言活动有深刻的影响。李玉军[2]的调查显示，有的留学生课外交际

---

[1] Platt, E. & Brooks, F. B. The "Acquisition-Rich Environment" Revisited. *Modern Language Journal*, 1994(78).

[2] 李玉军《留学生课外语言实践过程中的几个问题》，《暨南大学华文学院学报》2006年第4期。

范围过于狭窄,文化与环境适应能力不强,不能充分利用有利语言环境增加可懂输入量。而欧美学生性格开放外向,能很快结交中国朋友,口语表达能力提高较快,但又有人因此认为课堂学习不重要,把"马路语言"当作地道的汉语,影响正常的第一课堂教学。①

第三,知识背景。指的是第二课堂全体成员的全部已有知识。作为社区成员,汉语学习者的既有知识不仅是个人第二课堂学习的前提,也为他人提供了相互学习的资源。社区强调成员之间资源共享,不同水平、不同性格、不同社会文化背景的学习者聚集在一起,相互协助,相互促进。这是第二课堂作为实践社区的本质意义。比如,性格外向的成员能带动性格内向的成员较快地融入社区;汉语水平低的成员可以模仿水平高的成员从而较快向"熟手"的身份转变。不同社会文化背景的成员共同处理任务时能迅速发现问题,并利用各自背景知识解决问题。

第四,场所。场所的真实性为第二课堂学习效果提供了重要保障,因为第一课堂的场所往往局限于教室狭小的空间内,通过角色扮演和对话虚拟交际场所,人为的作用很大,而第二课堂的场所则可以具体化为一个个真实的社会交际语境。Coughlan & Duff 的研究表明,语言学习者的输出情况很大程度上由语境决定。② 学生进入第二课堂场所以后,面对真实交际需要,必须

---

① 贾放《利用社会环境进行口语教学的几点设想及实践》,《世界汉语教学》2000 年第 4 期。

② Coughlan, P. & Duff, P. A. Same Task, Different Activities: Analysis of a SLA Task from an Activity Theory Perspective. Lantolf, J. P. & Appel, G. (eds.) *Vygotskyan Approaches to Second Language Research*. Ablex Publishing Corporation, 1994.

运用已有知识与母语者进行交际,通过真实语言运用习得汉语。Carroll、Saegert et al. 的实证研究展示了自然语言场所对于习得语言的效果,[①]说明真实的语言环境是流利地掌握第二语言的必要条件之一。

2. 成员及身份

第二课堂的成员既有汉语作为第二语言的学习者,也有母语者。前者构成第二课堂的主体,后者指情境中的母语参与者,可以是教师,也可以是他人。第二课堂中的每个成员既是独立的个体,又构成一个社会网络关系。根据不同的任务和背景,成员们获得各自在第二课堂中的身份,明确自己的责任,增强他们在第二课堂社区中的联系。

3. 参与

这是第二课堂作为实践社区运作的根本途径,也是基于实践社区的第二课堂区别于传统第二课堂的重要因素,与 Dewey "做中学"的教育理念一致。Dewey 指出,"知"和"行"是紧密相连的,没有行就没有知,知从行来。[②]只有从"做"得来的知识,才是"真知识"。习得语用知识的关键在于运用。汉语学习者通过参与行为,由一个语言运用的生手逐渐转变为运用的熟手,完

---

[①] Carroll, J. B. Foreign Language Proficiency Levels Attained by Language Majors Near Graduation from College. *Foreign Language Annals*, 1967(1); Saegert, J. & Scott, S. & Perkins, J. & Tucker, R. G. A Note on the Relationship Between English Proficiency, Years of Language Study and Medium of Instruction. *Language Learning*, 1974(24).

[②] Dewey, J. *Democracy and Education: An Introduction to the Philosophy of Education*. The Macmillan Company, 1916. 王承绪译《民主主义与教育》,人民教育出版社 2001 年版。

成语用知识的习得。在参与的过程中，语用知识是默会的，重点就是体验和领悟。

（三）模型构建

根据以上分析，我们构建出基于实践社区的第二课堂语用教学"蛋糕"模型。下面，将以"把"字句的语用教学为例阐释该模型的运作机制。

"把"字句是对外汉语学界公认的难点之一，既难教，也难学。肖奚强、黄自然把"把"字句分为状动式、动补式、动宾式、动体式和致使式5大类12小类。[1]张宝林指出，学生回避"把"字句的原因在于不知道什么时候应该使用该句式，不知道用与不用在表达上有什么区别。[2]2014年5月28日，我们基于"蛋糕"模型进行了一次"把"字句的第二课堂语用教学实验。由于实验时间接近端午节，留学生们对端午节的相关文化很感兴趣，由此确定了本次实验的内容——在学编鸭蛋网的活动中进行"把"字句的语用教学。实验参与人数共14人，其中教师2人，留学生12人。留学生中，汉语水平初级的6人，中级的3人，高级的3人，分别来自泰国、摩洛哥、吉尔吉斯斯坦和利比里亚四国。下面结合模型具体分析实验过程。

教学实验中，教师和留学生们为了完成编鸭蛋网的任务聚集在一起进行活动，构成一个第二课堂实践社区。在这个社区里，2名教师是"熟手"，会编鸭蛋网，会熟练使用"把"字句；12

---

[1] 肖奚强、黄自然《外国学生"把"字句习得研究》，《中国语文学志》（韩国）2008年第26期。

[2] 张宝林《回避与泛化——基于"HSK动态作文语料库"的"把"字句习得考察》，《世界汉语教学》2010年第2期。

名留学生是"新手",是学徒,既不会编鸭蛋网,也不能熟练使用"把"字句。成员的身份由此确定下来。对于学生来说,任务是学会编鸭蛋网,整个过程使用汉语进行交际。对于教师来说,任务是教会学生编鸭蛋网,在此过程中潜移默化向学生输入各类"把"字句。

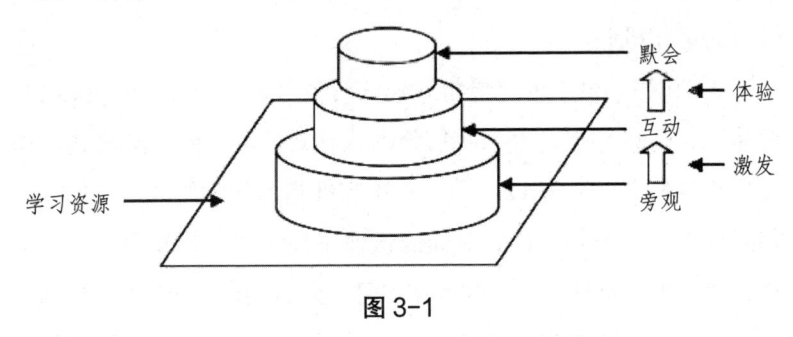

图 3-1

模型运作第一步是整合好各类学习资源,这是模型运作的基础。首先,为便于活动材料的安放,我们选择有长桌的室内为实践场所,并配备好彩绳、剪刀、鸭蛋等制作工具。这样保证了活动的真实情境和发生的有效性。其次,学生在第一课堂已经掌握了"把"字句式的结构特征,也掌握了实践所需要的相关词汇,但因汉语水平不同掌握程度有差异。再次,学生们对端午节民俗抱有浓厚的兴趣,希望通过本次实践体验中国的传统文化。最后,由于性别、文化背景等差异,学生们的动手能力和理解能力不一,这为他们之间互相合作、共同提升提供了可能。在以上资源整合的平台上,学生们作为学徒开始了"合法的边缘性参与"。

模型运作第二步是实践,这是模型运作的主体,包括旁观、互动和默会这三个部分,即学生实践过程的三个阶段。第一个阶段，由于第一次接触鸭蛋网，学生们只是旁观者，处于实践的边缘，两名教师作为母语者在这个阶段处于实践的中心，一边示范如何编织鸭蛋网，一边根据表达需要进行"把"字句的输入，作用是激发学生已有的语言知识。第二阶段，学生由边缘向中心迈进，进入操作层面，三人一组动手编织鸭蛋网。一个学生模仿教师重复编织的步骤给另两个学生听，那两个学生负责具体的操作。一个鸭蛋网完成后，依次轮换角色。整个实践过程中，学生之间互相商量，并和教师进行互动。各"把"字句根据编织情境的需要而被反复使用。学生在操作中体验和领会"把"字句使用的条件。第三个阶段，由于个体因素的差异，参与实践的学生们并非同步默会"把"字句的使用，来自泰国的3名汉语水平为高级的学生率先到达了实践中心位置。她们不仅学会鸭蛋网的编织，而且能自如地运用"把"字句帮助教师进行讲解。这时，教师由中心退到边缘，身份转变为旁观者，由率先进入第三阶段的这3名泰国学生承担起示范的责任，以"熟手"的姿态指导还在第二阶段的学生，最终所有学生共同掌握了"把"字句的运用。第一阶段到第二阶段的关键是知识的激发，第二阶段到第三阶段的关键是知识的体验。整个参与的过程就是语用知识由隐到显的过程。

模型运作的第三步是评价，这是模型运作的效果检验，包括实践中评价和实践后评价两个部分。首先在实验中，3名泰国留学生率先完成了从"新手"向"熟手"身份的转变，能模仿教师恰当地选择"把"字句向其他尚未完成身份转变的留学生讲解如何编织鸭蛋网，我们据此可以判定模型运作是成功有效的。她们的成功也客观刺激了其他学生的实践热情和参与深度，促进了模型的积极运作。最后，12名留学生全部都能或多或少地运用"把"

字句讲解编织鸭蛋网的过程并编织成功，成为"熟手"。这时，我们认为模型运作的效率实现了最大化。接着在实验结束后，对于中高级汉语水平的学生和初级汉语水平的学生，我们分别安排了以写作和讲演作业为方式的事件回述来进行实践后评价，以强化模型效果。结果表明，12名留学生的作文或者讲演中，每人恰当使用"把"字句至少1次，多的达到了4次。实验结果表明，通过在实践社区中的体验—默会式学习，参与学生基本把握了需要使用"把"字句进行表达的言语情境。

（四）模型特征

通过"把"字句语用教学的实例分析，我们发现，与同样强调在实际运用中学习的任务教学法相比，"蛋糕"模型在以下三个方面表现出自己的特征：

第一，"蛋糕"模型发生的场景必须是真实有效的，因为模型中实践是第一位的，教学的重点是体验，必须保证学生语用体验的绝对真实性。而任务教学法的发生场景既可以是真实的，也可以是对真实情境的虚拟，因为教学的重点在于意义表达。[1]

第二，"蛋糕"模型中参与成员的身份不是一成不变的。随着学习过程的进展，学习者的地位由边缘到中心，身份由"新手"变为"熟手"，由"学徒"变为"师傅"。而且，这些变化对于学习者来说不是同步的，而是有先有后。教师的身份则从开始的"师傅"变为最后的"旁观者"。与之相比，任务教学法中，当某一任务确定后，学习者便承担起场景中的某一角色，从任务的

---

[1] 赵雷《建立任务型对外汉语口语教学系统的思考》，《语言教学与研究》2008年第3期。

开始到结束,其任务身份和学习地位始终固定,不发生改变,除非开始新的任务。

第三,"蛋糕"模型强调实践参与过程中的体验,体验的目的是在大量目的语输入的社会真实情境中刺激学习者"悟",继而"默会"。而任务教学法虽然也强调在情境中体验,但是体验的目的只是为学习者提供契机,刺激意义表达。

## 四 结语

本研究坚持以学生为中心,结合社会文化学派最近发展区理论、情境学习理论以及社会实践理论的观点,考察了基于实践社区的语用习得第二课堂教学的可行性,构建了语用习得的第二课堂教学"蛋糕"模型,并以"把"字句的语用教学为例阐述了该模型的运作机制。从实践角度看,教师的地位是逐渐"去中心化"的,学生的地位是逐渐"中心化"的,实践的主体是学生;从教学角度看,教师控制模型运作,负责模型架构,引导学生向目标"攀爬"。

运用"蛋糕"模型进行教学的过程中,教师需要注意的问题总结如下:

第一,第二课堂实践任务的设计要以第一课堂的知识储备为前提,换句话说,在开展第二课堂教学实践时,要确保学生在第一课堂已掌握相关知识,否则不仅实践效果会打折扣,更会挫伤学生的自信心,使得"开口"变得更难。

第二,实践任务时,学生层次化、差异化搭配很重要,教师要尽量避免同等水平、相似性格的学生组成一个团队。因为实践社区中新手向熟手转变的过程是渐进式的，差异的存在才能使学习者之间协作进步的可能性更大。

第三，学生语用能力的提升是在实践体验中默会的。教师的责任是充分利用语境让学生领悟到何时、何地、对何人使用何种已有的知识点。真实的语境是第一课堂教学所欠缺的。教师不需要刻意去纠正学生，而是通过实践，即"做"，来引导学生使用恰当的语句，最大程度发挥实践社区的优势。

## 第四节 课堂"支架"构建对短期语言习得的效用分析①

### 一 引言

20世纪70年代末期，心理学家Vygotsky提出了"最近发展区"②的概念。他认为，学习者的现有实际水平与其潜在的发展水平是存在差距的，这个差距就是"最近发展区"。学习者可以依靠"他人调节"来跨越"最近发展区"，然后达到独立完成任务的"自我调节"阶段。③于是，"他人调节"在学习者语言习

---

① 本节作者：姜晓，原载《云南师范大学学报》（对外汉语教学与研究版）2016年第1期。

② Vygotsky, L. S. *Mind in Society: The Development of Higher Psychological Processes*. Havard University Press, 1978.

③ Tharp, R. & Gallimore, R. *Rousing Minds to Life: Teaching, Learning and Schooling in Social Context*. Cambridge University Press, 1988.

得和认知过程中的重要作用引起了专家学者们的关注。

毫无疑问,教师是最能为学习者提供"他人调节"帮助的人选。随着建构主义理论影响的不断深入,教师在课堂教学中为学习者构建"支架"以辅助学习者完成学习任务,成为第二语言教学中一种较为常见的"他人调节"方法。[1]"支架"是教育学家们从建筑行业借用的一个术语,是指在教育活动中专家、同伴或他人为辅助学习者完成其无法独立完成任务时所提供的有效支持。[2]"支架"在课堂教学中多以话语形式出现,前人根据其不同的功能与特征划分出了多种"支架"类别。[3]近年来,随着二语习得微观研究的开展,以下7种"支架"分类被较多的学者采纳以用于实证研究:[4]

第一,引起兴趣:旨在激发学习者对学习任务的兴趣,例如,教师通过提问"有很多中国人想和你拍照吗?",来引导学习者说出"受欢迎"的短语;

---

[1] Maybin, J. & Mercer, N. & Stierer, B. "Scaffolding" Learning in the Classroom. Norman, K. (ed.) *Thinking Voices: The Work of the National Oracy Project*. Hodder and Stoughton, 1992.

[2] Wood, D. & Bruner, J. S. & Ross, G. The Role of Tutoring in Problem Solving. *Journal of Child Psychology and Psychiatry*, 1976(17).

[3] Wood, D. & Bruner, J. S. & Ross, G. The Role of Tutoring in Problem Solving. *Journal of Child Psychology and Psychiatry*, 1976(17); Gallimore, R. & Tharp, R. Teaching Mind in Society: Teaching, Schooling, and Literate Discourse. Moll, L.C.(ed.) *Vygotsky and Education: Instructional Implications and Applications of Sociohistorical Psychology*. Cambridge University Press, 1990; Donato, R. Collective Scaffolding in Second Language Learning. Lantolf, J. P. & Appel, G. (eds.) *Vygotskyan Approaches to Second Language Research*. Ablex Publishing Corporation, 1994; Hall, J. *Methods for Teaching Foreign Languages*. Merril, 2001.

[4] 李丹丽《二语课堂互动话语中教师"支架"的构建》,《外语教学与研究》2012年第4期。

第二,简化任务:为学习者适当降低学习任务的难度,例如,当学习者忘记使用"没/不……,不……"的结构时,教师的问句是"没坐过硬座,算了解中国吗";

第三,维持既定目标:当学习者只能完成部分学习任务时,教师增加新的提示,以促使学习者完成全部学习任务,例如,学习者说出了"坐火车又快又方便",遗漏了后面的"顺带"语言点,于是,教师问到"坐火车很快很方便,还可以同时体验什么感觉";

第四,标注关键特征:教师向学习者直接明示需要使用的语言点,例如,为了让学习者使用"连",教师提示"服务很差,没有服务员,所以是,连……也……";

第五,控制挫折感:旨在减轻学习者完成任务过程中的压力和沮丧,例如,学习者在教师的多方提示下,仍然不会使用已知语言点,教师说到"是不是太紧张了";

第六,示范:教师直接向学习者展示正确而完整的语言点,例如,学习者始终无法说出语言点"真不明白……",教师示意学习者跟读"真不明白为什么出去玩还要这么累";

第七,反馈:对学习者完成任务的过程或结果给予评价,例如,教师根据学习者完成学习任务的情况说出"不错""很好""再想想"等评语。

根据Azevedo等学者[①]对"支架"的进一步分类,上述一、三、五项属于"情感支架"类别,主要为学习者提供习得过程中的情

---

[①] Azevedo, R. & Cromley, J. G. & Thomas, L. & Seibert, D. & Tron, M. *Online Process Scaffolding and Students' Self-regulated Learning with Hypermedia*. The Annual Conference of the American Educational Research Association. Chicago, 2003.

感因素支持；二、四、六项属于"认知支架"类别，旨在直接辅助学习者向更高的潜在认知水平迈进；第七项则兼具"情感支架"和"认知支架"的功能。

不少研究者通过分析得出，这 7 种"支架"对学习者完成语言任务起到了积极的作用。[①]但是，哪些"支架"的作用显著？哪些"支架"却收效甚微？在短期强化语言项目中，到底哪些"支架"对学习者的语言习得更有帮助？这些问题仍是二语教学界值得关注的课题。因此，本节借鉴相关领域的研究方法，以 2014 年美国关键语言奖学金（Critical Language Scholarship，简称 CLS）短期强化项目苏州分院的听说课作为研究对象，通过问卷调查和数据分析，探讨教师构建的 7 种"支架"与学习者习得成效之间的关系。这项研究对我们科学客观地评价教师"支架"构建的作用具有实用参考价值。

## 二 研究内容

### （一）研究对象

本研究受试为 54 名来华学习汉语的美国大学生和 6 名教授汉语听说课的教师。参与调查的学生来自美国不同的大学，均有在美国学习汉语 1～2 年的经历。这些学生被选入美国 CLS 项目

---

[①] Donato, R. & Adair-Hauck, B. Discourse Perspectives on Formal Instruction. *Language Awareness*, 1992(1); Schinke-Llano, L. Linguistic Accommodation with LEP and LD Children. Lantolf, J. P. & Appel, G. (eds.) *Vygotskyan Approaches to Second Language Research*. Ablex Publishing Corporation, 1994; Nassaji, H. & Swain, M. A Vygotskyan Perspective on Corrective Feedback in L2: The Effect of Random Versus Negotiated Help on the Learning of English Articles. *Language Awareness*, 2000(9).

以后，根据其在美的 OPI（Oral Proficiency Interview）成绩，以及每班不超过 10 人的分班原则，划分成初、中、高 3 个等级，每个等级 2 个班。6 名教师均有汉语作为第二语言教学专业的硕士或博士学位，并具有 3 年以上在高校从事汉语教学的经验。

（二）研究数据

本研究的数据来源有 3 项：

第一，教师在课堂教学中构建的 7 种"支架"的使用比例。我们分别收集了 6 个班某一教学单元（4 节听说课）的教师课堂教学录音，共约 28 个小时。我们对这些录音数据进行了转写和数据分析。首先，我们找出含有"支架"功能的语段，即学习者在教师的语言"支架"帮助下完成学习任务的对话。然后，依据前人研究发现的 7 种"支架"类别和特征，对这些话语进行解码分析。最后，量化这些"支架"类别在教师课堂教学中出现的比例。

第二，"支架"效用评价问卷。我们设计了针对 7 种"支架"类型效用的评价问卷，采用 Likert 5 点量表请学习者评定。在实测之前，我们对与受试者同质的部分来华美国大学生进行了预测和访谈，并根据结果对问卷进行了修订。为了保证所有受试者理解问卷，除了有关"支架"类型的举例是使用课堂教学中出现过的汉语（如："引起兴趣"支架的例句为"有很多中国人想和你拍照吗？"）以外，其他内容均翻译成英语，并请英语母语者校读，保证语义表达正确、无歧义。问卷以纸质方式发放并现场收回，完成问卷大约需要 10 分钟。

第三，学习者教学单元的测试成绩。我们收集了 6 个班所有学习者在此教学单元授课结束后的听说测验成绩。

## 三 研究分析

### (一) 教师课堂教学"支架"使用比例分析

我们首先量化分析了 6 个班听说课教师在课堂教学中使用不同"支架"类型的比例，结果见表 3-4。

表 3-4 教师课堂教学支架使用比例（%）

|  | 引起兴趣 | 简化任务 | 维持既定目标 | 标注关键特征 | 控制挫折感 | 示范 | 反馈 |
| --- | --- | --- | --- | --- | --- | --- | --- |
| 初级 1 班 | 4.4 | 2.6 | 12.4 | 14.7 | 0 | 36.4 | 29.5 |
| 初级 2 班 | 5.8 | 5.6 | 11.5 | 17.9 | 0.4 | 32.7 | 26.1 |
| 中级 1 班 | 7.7 | 5.8 | 13.4 | 18.2 | 0.3 | 31.8 | 22.8 |
| 中级 2 班 | 8.2 | 3.5 | 10.6 | 15.6 | 0.4 | 36.3 | 25.4 |
| 高级 1 班 | 10.6 | 8.7 | 23.6 | 14.1 | 1.5 | 26.3 | 15.2 |
| 高级 2 班 | 9.7 | 10.6 | 20.8 | 15.2 | 1.6 | 23.2 | 18.9 |

从以上数据我们可以发现，教师的课堂支架使用比例表现出以下规律：

第一，"示范"是课堂教学中教师最常使用的支架类型，且使用比例远远高过其他支架类型，占教师支架使用的三成左右。可见，在有限的课堂教学时间内，大部分教师愿意采取最直接的支架策略，力求帮助学习者更快进入最近发展区。不过，随着学习者汉语水平的逐步提高，教师采取"示范"支架的比例呈递减趋势，尤其是到了高级班，"示范"支架的使用比例相较初、中班级下降了一成。这说明，随着学习者汉语水平的提高，教师会使用其他一些不如"示范"显性的支架手段，以促使学习者"自我调节"进入最近发展区。

　　第二，"反馈"是初、中班级教师第二常用的支架类型。研究数据显示，教授初级班的教师使用"反馈"支架的比例近三成，与使用"示范"支架的比例相差不远。而教授高级班的教师使用"反馈"支架的比例则大幅度降低。这说明，多数教师认为"反馈"支架在学习者的学习前期更能起到"他人调节"的作用。

　　第三，"维持既定目标"是高级班教师第二常用的支架类型。而在初、中班级授课中，教师采用此种支架策略的比例仅占一成左右。这一现象表明，在学习者能力提高的学习后期，教师期望通过加大此种支架的使用频率，引导学习者自发习得。

　　第四，"标注关键特征"支架在初、中、高三个班级课堂教学中使用的比例较为接近，均为整个支架使用比例的 15% 左右。这一数据说明，教师们大多认可这一支架类型的效用，但由于此支架策略介于起直接引导作用的"示范"支架和起间接推动作用的"维持既定目标"支架之间，效用力度不够典型，所以教师的使用比例并不高。

　　第五，"控制挫折感"是教师使用最少的支架类型。在初级班的课堂教学中，教师几乎没有使用这种支架，到了高级班里，教师也采用得非常少。看来，多数教师容易忽视此种"情感支架"的辅助效用。

　　（二）"支架"效用评价问卷分析

　　我们将学习者对教师采用的 7 种"支架"效用评价进行了分类计算，所得结果见表 3-5。

表 3-5　支架效用评价数据表（5 点量表）

| | 效用评价 | | | | | | |
|---|---|---|---|---|---|---|---|
| | 引起兴趣 | 简化任务 | 维持既定目标 | 标注关键特征 | 控制挫折感 | 示范 | 反馈 |
| 初级 1 班 | 4.44 | 4 | 3.56 | 4.44 | 3.33 | 4.56 | 4.11 |
| 初级 2 班 | 3.95 | 4.13 | 3.21 | 4.39 | 3.82 | 4.76 | 4.35 |
| 中级 1 班 | 3.67 | 3.67 | 3.78 | 4.45 | 3 | 4.56 | 3.44 |
| 中级 2 班 | 3.52 | 3.83 | 3.74 | 4.51 | 3.12 | 4.58 | 4.27 |
| 高级 1 班 | 3.67 | 4.11 | 3.78 | 4.42 | 2.78 | 5 | 4.22 |
| 高级 2 班 | 3.56 | 4.02 | 3.67 | 4.39 | 3.61 | 4.51 | 4.11 |

从以上数据可以看出：

第一，在初、中、高级三个班的学习者心中，"示范""标注关键特征"是学习者普遍认为效用最高的两种"支架"类型。可见，学习者对教师明确展示知识点的"他人调节"行为较为认可，主观上很乐意接受这样的教学帮助。

第二，"控制挫折感"支架的学习者认可度是所有支架中最低的。有意思的是，学习者对"控制挫折感"支架的认可分值与自身语言水平呈负相关。这说明，学习者语言习得水平越高，自我调节学习情绪的能力就越高，其对教师"控制挫折感"情感支架的依赖程度则会越低。

第三，"引起兴趣"支架在初级班学习者心中的认可分值较高，与"标注关键特征"支架的认可分值接近。结合上一条对"控制挫折感"支架效用的分析结果，我们可以发现：在学习初期，学习者对具有推动作用的"情感支架"有较强的依赖性。教师在这一阶段的教学活动中若采用"情感支架"，会更易推动学习者的语言习得进程。

第四,"反馈"支架在高级班学习者心中的认可分值位居第三。"反馈"支架作为兼具情感和认知两种功能的支架类型,在学习者学习后期发挥的作用日趋明显。此数据说明,学习者在学习过程中希望不断获得教师明确的反馈,以便了解自身习得能力的进步程度,从而自我推动以跨过最近发展区。

为了考察教师课堂"支架"使用比例与学习者对"支架"效用评价之间的关系,我们用 SPSS19.0 对上述两个表格数据进行了相关分析。分析结果显示:$r=0.578$,$p=0.006<0.01$。这意味着教师课堂使用"支架"的比例与学习者对"支架"效用的认可程度密切相关,二者的相关性分析具有极大的显著性。通过深层分析我们发现一个奇怪的现象:部分"支架"在初、中、高3个班级的使用比例呈递增趋势,而初、中、高3个班级学习者对这些"支架"的认可程度却基本持平或呈递减趋势。比如,在初、中、高3个班级教师使用"引起兴趣"支架的比例是由低到高,而初、中、高3个班级学习者对此支架的效用认可程度却是由高到低。呈现类似特征的"支架"类型还有"控制挫折感"支架。

这一现象引起了我们的思考:为什么有些"支架"教师使用得越多,学习者却越不认可?这种不认可的心理是否会影响学习者最终习得水平的提高呢?

### (三)学习者习得成效与教师"支架"使用比例及"支架"效用评价的关系分析

为了解答上面的疑问,进一步了解学习者的习得成效与课堂教学"支架"之间的关系,我们将学习者学完此单元后的测验成绩,与教师"支架"使用比例表和学习者的"支架"效用评价表进行了回归分析。我们以7种"支架"的教师使用比例和学习者对7种"支架"的效用评价分值为自变量，以学习者的单元测试成绩为因变量，用SPSS19.0进行了逐步回归分析。分析结果显示："引起兴趣"的教师使用比例、"维持既定目标"的学习者认可程度、"控制挫折感"的学习者认可程度三个因素进入了方程。$r^2$=0.996，回归方程显著：$F_{(14, 12)}$=272.653，$p$=0.039<0.05。这一结果表示，上述三个因素对学习者的习得成效起着关键作用。其中，"引起兴趣"的使用比例、"维持既定目标"认可度与学习者的习得成效呈正相关，"控制挫折感"的认可度与学习者的习得成效呈负相关。

为什么这3个变量会成为决定学习者习得成效的直接因素呢？我们对这3个因素的内涵做进一步的深层分析可以发现：这3个因素的共同点是：3种支架类型均属"情感支架"类型，不管是其教学使用比例还是其学习者认可程度都体现了对学习者自身习得能力的重视。"情感支架"相比于"认知支架"，更强调发挥促使学习者自我领悟和理解的作用，期望通过搭建"支架"强化学习者认知习得的能力。学习者学习水平越高，越易对学习产生兴趣，形成良性的习得循环。同理，学习者学习水平越高，自我情感调节能力越强，则越不易受到习得挫折的影响。这种结论正印证了语言学习中提倡的"敢于说，别怕错"的精神。虽然，学习者主观上很希望获得教师显性的"支架"搭建辅助，但客观调研显示：没有通过学习者自我认知和内化，即便教师搭建起学习"支架"，学习者也不易获得"自我调节"能力。因此，教师过多地在课堂上直接展示知识点，或者直接反馈给予正确答案，学习者则易对"他人调节"产生依赖性，由此阻碍学习者过渡到"自我调节"阶段。只有教师不断鼓励和引导，学习者才会克服惰性，发展独立学习能力，最终达到更高的语言习得水平。

## 四 结论与建议

本研究通过问卷调查与数据分析，探讨了教师课堂教学"支架"的使用情况、学习者对"支架"效用的认可程度及二者与学习者习得成效之间的内在关系。研究结果发现，教师的教学"支架"使用比例会较大程度地影响学习者对"支架"效用的评价；真正对学习者短期习得效果产生作用的是教师在课堂教学中搭建的"情感支架"类型（如"引起兴趣""控制挫折感"等）。根据这些研究结果，我们认为在短期语言教学课堂中教师应关注以下问题：

第一，教师应在教学中多起"调节"而非"给予"作用，引导学习者依靠自身习得能力建立语言认知。目前，多数教师在授课中都喜欢采取搭建显性"支架"（如"示范"）的方式来帮助学习者习得。采用这种显性"支架"的原因，一是由于授课时长和教学内容的限制，一是为了方便师生在有限的时空中进行沟通。但我们的研究结果表明，这样的显性"支架"虽然会获得学习者的认可，但却会导致学习者倾向于被动接受知识，影响其自我纠正的内化能力。因此，教师需要花费更多的精力设计教学中的非显性"支架"。比如，尝试把部分"示范"支架改为"简化任务"支架，把直接给予答案的"反馈"支架改为"标注关键特征"支架等。这种教学思路与 Krashen[①] "输入假说"中的"i+1"理论

---

[①] Krashen, S. *The Input Hypothesis: Issues and Implications*. Longman, 1985.

不谋而合。学习者只有不断接触略高于其现有水平的语言材料,才能强化其对目的语学习的自我调节,从而突破最近发展区,达到更高层次的语言水平。

第二,教师应充分重视"情感支架"在短期教学课堂中的作用与效果。第二语言教学是与教育学、心理学密不可分的学科。教师在课堂教学中切不可忽视学习者习得过程中的情感因素。在学习初期,教师可多采取活泼生动的导入方式,以期引起学习者对学习内容的兴趣;当学习者尚不能进行自我调节时,应适当给予情感安慰,如询问是否存在生理原因的影响,是否是由紧张所造成的失误等。类似的"支架"举措可避免挫折感给学习者带来的认知阻力。在学习后期,由于所授内容难度的加大,教师不要轻易减少"引起兴趣"支架的使用,在授课时间允许的情况下,还可加大"引起兴趣"支架的比例,如:教师可由"旅游"话题引出有关"出行方式""住宿预订""导游解说"等相关内容。同时,学习者随着习得能力的增强会更能正确看待失误,因此,教师在学习后期亦可减少"控制挫折感"支架的使用比例。"情感支架"会对"认知支架"起到补充和推动作用,Krashen[1]在"情感过滤假说"中早已指出学习者情感因素对语言习得的重要影响。教师应尽力降低学习者的习得焦虑感,良好的学习心态会让学习者更易接受知识的输入。

第三,教师设计"支架"应多从学习者角度入手,而非从语言点角度进行考虑。课堂教学中每一次"支架"的搭建,都可以由不同的语言形式来展现。如何让教学"支架"行之有效、并获

---

[1] Krashen, S. *The Input Hypothesis: Issues and Implications*. Longman, 1985.

得学习者的接受与认可,需要教师在备课时用心设计。我们在研究中看到,C班教师采用"引起兴趣"支架的比例远高于A班教师,但两个班级学习者对此"支架"的认可程度却与教师使用比例恰好相反。这说明,量的提高不一定能引起质的改变。教师如何设计出最生动有效的"支架"是十分值得研究和深入的课题。从日常生活、新闻娱乐、文化活动等方面入手设计"支架",是一种显而易见的好方法,而注重语言内容与学习者的相关度也许更能引发学习者的学习热情。比如:A班教师曾采用"你去过苏州的哪些景点"来作为"引起兴趣"支架,而C班教师采用的是"你觉得苏州的园林怎么样"来"引起兴趣"。相比而言,前者更注意了"支架"与学习者个人经历的联结,后者更注意了"支架"与学习内容的结合。从实际教学效果来看,虽然两者都引发了学习者较高的学习参与性,但在学习者认可度方面,前者的语言形式受到了更多学习者的认可。因此,教师可尝试多从与学习者相关的内容切入,设计更易引发其共鸣的语言"支架"。

本研究通过对美国CLS项目听说课的调查,研究了教师课堂教学"支架"的使用情况及其对短期学习者语言习得成效的影响。我们发现,教师常用的"支架"构建策略与最终促使学习者水平提高的"支架"类型有所不同。如何协调"认知支架"和"情感支架"的使用比例、什么样的"支架"构建方式最具推动性,这都是我们今后可以继续深入研究的问题。其研究结果提示我们:成人的第二语言习得不可忽略情感因素,教师不可因为学习者主观认可而加大显性"支架"的使用比例。教师若能多从心理学角度深入分析学习者的习得现状,会更能推动学习者达到"自我调节"的语言水平。

# 第四章

# 基于课堂教学的汉语习得研究

## 第一节 汉语课堂更正性反馈的调查与分析[①]

"更正性反馈"是近年来第二语言习得研究和课堂教学研究的热点问题之一。关于更正性反馈的理论探讨和实证研究在国外已经取得了很多成果,但是在国内汉语教学界,这方面的理论介绍和实证性研究都十分缺乏。由于缺少理论的指导和研究成果的支持,大多数汉语教师在课堂上对学生偏误的更正性反馈往往从直觉和经验出发,表现出一定的随意性。本研究采用课堂观察的方法对汉语课堂教学中更正性反馈的频率、策略和分布以及影响反馈的因素进行了初步的考察和分析,希望此项调查有助于了解汉语课堂教学更正性反馈的特点,并引发对这个课题的进一步探讨和研究。

### 一 关于"更正性反馈"的研究

更正性反馈又被称为"负向反馈",是"向学习者表明他们

---

① 本节作者:祖晓梅,原载《汉语学习》2008 年第 1 期。

使用的目的语是不正确的"。[1]更正性反馈与传统意义上的"纠错"不完全相同,因为更正性反馈不仅包括直接的纠正,还包括间接的意义和形式的协商。更为重要的是,更正性反馈不仅是课堂教学的手段,而且是语言习得的要素,对学习者中介语的发展有重要的影响,因此在这里我们采用"更正性反馈"或"负向反馈"的术语。

在第二语言习得领域,更正性反馈是否必要并且有益于语言学习一直是一个有争议的问题。行为主义理论把语言学习看成是"刺激—反应—强化"的过程,主张严格控制输入和输出,对学习者的偏误有错必纠,促使学生形成正确的语言习惯。Krashen等先天学派认为,向学习者提供正向的语言证明或者可理解性输入是第二语言习得的唯一必要条件,负向语言证明是无效的,对中介语的发展甚至是有害的。[2]但是近20年来,很多学者提出了不同的理论,他们认为负向语言证明在语言习得中起着促进甚至关键的作用。[3]Long 的"交互假设"宣称,在意义协商中产生的

---

[1] Lightbown, P. M. & Spada, N. *How Languages Are Learned*. Oxford University Press, 1999.

[2] Krashen, S. D. *Principles and Practice in Second Language Acquisition*. Longman Press, 1982.

[3] Long, M. The Role of the Linguistic Environment in Second Language Acquisition. Ritchie, W. C. & Bhatia, T. K. (eds.) *Handbook of Language Acquisition: Vol.2. Second Language Acquisition*. Academic Press, 1996; Gass, S. Integrating Research Areas: A Framework for Second Language Studies. *Applied Lingusitics*, 1988(9); Schmidt, R. W. The Role of Consciousness in Second Language Learning. *Applied Linguistics*, 1990(11); Swain, M. Communicative Competence: Some Roles of Comprehensible Input and Comprehensible Output in Its Development. Gass, S. & Madden, C. (eds.) *Input in Second Language Acquisition*. Newbury House Publishers, 1985.

间接负向反馈为学习者提供了关注语言形式的机会。[1]Schmidt"注意假设"指出,负向反馈帮助学习者注意到自己的中介语与目的语之间的差距,这种有意识的"注意"是从输入转变为"吸收"的关键性一步,有助于中介语的发展。[2]Gass 认为,如果输入中缺乏负向反馈,语言的"石化"现象就会出现。[3]

更正性反馈的实证性研究分为两个阶段:20 世纪 70 年代早期主要是对各种课堂环境中教师处理学习者偏误的描写性研究;90 年代以后大多是探索性和实验性的研究。主要研究的问题有:课堂互动中实施负向反馈的时机是什么?对什么偏误实施反馈?负向反馈的策略是什么?不同的策略与偏误的关系是什么?不同的策略与学习者的回应的关系是什么?在更正性反馈的实证性研究中,Lyster & Ranta 和 Lyster 的研究成果颇有影响。[4]他们对加拿大双语教育的"沉浸式"课堂进行观察并分析了 4 位教师实施更正性反馈的频率、分布、策略以及反馈与偏误类型和学生立即回应之间的关系。Lyster & Ranta 的研究为语言课堂更正性反馈研究提供了定义和模式,并将更正性反馈策略分为 6 种。

---

[1] Long, M. The Role of the Linguistic Environment in Second Language Acquisition. Ritchie, W. C. & Bhatia, T. K. (eds.) *Handbook of Language Acquisition: Vol.2. Second Language Acquisition*. Academic Press, 1996.

[2] Schmidt, R. W. The Role of Consciousness in Second Language Learning. *Applied Linguistics*, 1990(11).

[3] Gass, S. Integrating Research Areas: A Framework for Second Language Studies. *Applied Lingusitics*, 1988(9).

[4] Lyster, R. & Ranta, L. Corrective Feedback and Learner Uptake: Negotiation of Form in Communicative Classrooms. *Studies in Second Language Acquisition*, 1997(19); Lyster R. Negotiation of Form, Recasts, and Explicit Correction in Relation to Error Types and Learner Repair in Immersion Classrooms. *Studies in Second Language Acquisition*, 1998(20).

第一,明确纠正:直接指出错误并告诉学生正确的形式。例如[1]:

(1)学生:跟他分手最好。

　　老师:这样说不行,应该说:"最好跟他分手。"

第二,元语言线索:提供元语言知识,让学生意识到自己的错误。例如:

(2)学生:我爱中国饭。

　　老师:"爱"跟"喜欢"不一样。

第三,重铸:把学生的偏离句用正确的方式重述一遍,不改变原来的意思。例如:

(3)学生:他想让冯敏教育教育。

　　老师:对,他想教育教育冯敏。

第四,要求澄清:出现偏误的时候要求学生重新表达。例如:

(4)学生:我的爸爸非叫我不吸烟。

　　老师:对不起,再说一遍。

第五,重复:用升调重复学生的偏误,以引起学生的注意。例如:

(5)学生:昨天我不去看电影。

　　老师:昨天不去?

第六,诱导:通过提问诱导学生说出正确的句子。例如:

---

[1] 例句为此次调查中出现的汉语例句。

(6) 学生：我恐怕老师批评我。

老师：你恐怕什么？

Lyster 还把以上 6 种反馈策略分为 3 个大类：明确纠错、重铸和形式协商。形式协商具体又包括了重复、要求澄清、元语言线索和诱导。[1]

Lyster & Ranta 的研究和发现对后来的第二语言教学和学习都有启发。[2] 但是他们研究的课堂环境是以内容和交际为中心，研究对象是儿童第二语言学习者。那么这种研究结果是否具有普遍性？汉语语言技能课堂的反馈是否有相似的特点？

为了了解汉语课堂更正性反馈的特点和成因，本项调查拟集中考察 3 个问题：第一，汉语课堂上更正性反馈的频率以及频率与错误类型的关系；第二，汉语课堂上更正性反馈的策略及分布；第三，汉语课堂上更正性反馈的策略与偏误类型之间的关系。

## 二 研究的对象和步骤

### （一）研究的对象

为了考察汉语课堂教学中更正性反馈的特点以及更正性反馈与学习水平和教学内容之间的关系，我们选择了南开大学汉语言

---

[1] Lyster R. Negotiation of Form, Recasts, and Explicit Correction in Relation to Error Types and Learner Repair in Immersion Classrooms. *Studies in Second Language Acquisition*, 1998(20).

[2] Lyster, R. & Ranta, L. Corrective Feedback and Learner Uptake: Negotiation of Form in Communicative Classrooms. *Studies in Second Language Acquisition*, 1997(19).

文化学院6位教师的12节课（共9个小时）作为调查分析对象。这几位教师都具有丰富的教学经验，而且在学生中受到好评。被调查的班级包括3个层次：基础班、初级班和中级班。涉及两种课型：综合课和口语课。教学内容包括3种形式：讲解语法和词汇、课文理解的师生问答、学生交际性活动。调查对象为进修生和本科班留学生，他们来自不同的国家，其中大多数来自韩国。

（二）研究的步骤

此项调查采用的是非参与性观察的方法。研究者随堂听课，并做录音和笔记，对观察过程中的变量没有进行任何控制和干预。为了保证语料的真实性，课堂观察之前没有告诉教师和学生所要调查的具体内容，也没有与被调查的教师讨论过更正性反馈的方法。在课堂观察之后，研究者对5位教师的课堂录音和1位教师的课堂录像进行了文字转写，并结合课堂观察笔记对反馈的频率、策略和分布情况进行归类和数据统计。为了保证数据和分类的准确性，我们请其他研究者对反馈策略分类和统计数据进行了核查。

## 三 调查结果与分析

（一）更正性反馈的频率

如表4-1和表4-2所示，在12节课中，学生共出现了192次偏误。其中语法偏误106次，词汇偏误22次，语音偏误64次。教师对192次偏误进行了151次反馈，平均反馈频率为79%。其中对语法偏误反馈了92次，反馈率为87%；对词汇偏误反馈了16次，反馈率为73%；对语音偏误反馈了43次，反馈率是67%。教师在课堂上实施更正性反馈的频率很高，其中对语法的反馈率是各种偏误中最高的。

表 4-1　不同班级的更正性反馈频率

|  | 时间（分钟） | 偏误数量 | 反馈数量 | 反馈率 |
| --- | --- | --- | --- | --- |
| 基础综合 1 | 90 | 31 | 27 | 87% |
| 基础综合 2 | 90 | 22 | 21 | 95% |
| 初级综合 1 | 90 | 40 | 36 | 90% |
| 初级综合 2 | 90 | 25 | 18 | 72% |
| 中级综合 | 90 | 36 | 24 | 67% |
| 中级口语 | 90 | 38 | 25 | 66% |
| 总计 | 540 | 192 | 151 | 79% |

表 4-2　各种偏误和反馈的数量和频率

|  | 偏误数量 | 偏误率 | 反馈数量 | 反馈率 |
| --- | --- | --- | --- | --- |
| 语法 | 106/192 | 56% | 92/106 | 87% |
| 词汇 | 22/192 | 11% | 16/22 | 73% |
| 语音 | 64/192 | 33% | 43/64 | 67% |

在偏误频率上，课堂中出现的偏误不多，在12节课（9个小时）里只出现了192次，而在 Lyster & Ranta 的研究中，在27节课（18.3个小时）里共出现了921次。[①] 这与两项调查的课堂环境和教学内容有关，Lyster & Ranta 的"沉浸式"课堂以内容为本，真实的交际产生了大量的语言输出，语言偏误也相应增加。此次调查的汉语课堂以语言为中心，学生输出的句子大多是短句和简单句，而且是在教师的控制和引导下的表达，因此出现的偏误不多。

在偏误的总体反馈率上，6位教师对学生的偏误都很敏感，

---

① Lyster, R. & Ranta, L. Corrective Feedback and Learner Uptake: Negotiation of Form in Communicative Classrooms. *Studies in Second Language Acquisition*, 1997(19).

平均反馈率达到 79%，高于 Lyster & Ranta 的 61% 的平均反馈率。Chaudron 曾指出，越强调语法，纠错的频率越高。[1] 我们的调查结果印证了这种观点。以句型的讲解和练习为主的班级反馈的频率高，特别是基础班几乎是逢错即纠。而中级班出现了角色扮演和讨论等交际性练习，学生的语言输出更自由和更复杂，出错率也会增加。教师往往在角色扮演之后再反馈，这种对意义的关注和延迟的反馈使中级班的反馈频率低于基础班和初级班。

从对不同偏误的反馈来看，对语法的反馈率最高，达到 87%；对语音的反馈率最低，只是 67%，这个结果与 Lyster & Ranta 的结果正好相反。在他们的调查中，词汇的反馈率是 80%，语音的反馈率是 70%，语法的反馈率最低，只有 56%。

由上可见，在以意义为中心的课堂上，教师对词汇偏误的容忍度最低，因为词汇的偏误会阻碍意义的传达和交流。而在以语言形式为中心的课堂上，教师对语法偏误的容忍度最低，对语法的反馈率最高，这种结果说明语法教学在汉语技能课中仍然占有中心位置。对语音的反馈频率低主要与不同阶段教学任务侧重点的不同有关。语音训练是基础阶段教学的重点之一，因此教师的语音反馈也比较密集。而到了初中级阶段，对语法和交际的关注以及课时的限制会使教师忽略学生的一些语音错误。另外，随着语言水平的提高，有些学生形成了固定的发音习惯，这个阶段纠音比较费时且效果不明显的事实也使有些老师选择了放弃。

---

[1] Chaudron, C. *Second Language Classrooms*. Cambridge University Press, 1988.

## (二)"更正性反馈"的策略

我们把更正性反馈策略分为6种3个大类。调查结果如下面表4-3所示:

**表4-3 更正性反馈的3个类型和6种策略的分布和频率**

| 3个类型 | 反馈数量 | 百分比 | 6种策略 | 反馈数量 | 百分比 |
| --- | --- | --- | --- | --- | --- |
| 重铸 | 82 | 54% | 重铸 | 82 | 54% |
| | | | 明确纠正 | 14 | 9% |
| 形式协商 | 55 | 37% | 元语言线索 | 16 | 11% |
| | | | 要求澄清 | 25 | 17% |
| 明确纠正 | 14 | 9% | 诱导 | 8 | 5% |
| | | | 重复 | 6 | 4% |
| 总计 | 151 | 100% | 总计 | 151 | 100% |

6位教师使用了所有6种反馈策略,按照使用频率排列:重铸(54%)、要求澄清(17%)、元语言线索(11%)、明确纠正(9%)、诱导(5%)和重复(4%)。使用最多的反馈策略是重铸,而且超过了所有反馈策略总和的一半。如果把要求澄清、元语言线索、重复和诱导归入形式协商,那么就会发现形式协商的总使用率是37%,低于重铸策略,却是明确纠正的4倍。

许多实证研究表明,重铸策略是交际性课堂最常用的反馈策略,对中介语的发展有促进作用。[1] 我们的调查发现,重铸策略

---

[1] Lyster, R. & Ranta, L. Corrective Feedback and Learner Uptake: Negotiation of Form in Communicative Classrooms. *Studies in Second Language Acquisition*, 1997(19); Long, M. & Inagaki, S. & Ortega, L. The Role of Implicit Negative Feedback in SLA: Models and Recast in Japanese and Spanish. *The Modern Language Journal*, 1998(82); Mackey, A. & Philip, J. Conversational Interaction and Second Language Development: Recasts, Responses, and Red Herrings?. *The Modern Language Journal*, 1998(82).

也是汉语课堂的主要反馈方式，它的使用率远远超过传统意义上的明确纠正策略。这种现象说明，虽然汉语课堂以语言结构为中心，强调语言形式的准确性，但是教师仍然重视语言形式、意义和语境的结合，也关注学生对反馈的情感反应。从课堂观察来看，教师使用重铸策略的时候，师生的互动很流畅，课堂气氛轻松愉快，反馈后学生的发言仍然很积极，显然学生乐于接受这种反馈方式。

虽然重铸是交际性课堂最常用的策略，但是重铸所引起的学生回应却是 6 种反馈策略中最低的。相比之下，大多数的学生回应是由元语言线索、重复、要求澄清和诱导策略引起的，因此 Lyster 认为形式协商比重铸更能引起学习者的回应，进而引出学习者的自我更正，这样可能有助于中介语的发展。[1]Chaudron 也认为可以引出自我更正的反馈更有可能提高学习者监控自己话语的能力。[2] 此次调查显示，在汉语课堂上使用形式协商的比例远远高于明确纠正，说明汉语教师十分重视学习者的自我更正。而在形式协商的 4 种策略中，使用最多的策略是要求澄清和元语言线索。使用要求澄清策略是为了提醒学生注意自己的错误，并引导自我更正。使用元语言线索策略是为了帮助学生了解语言的规则和错误的原因。

我们在调查中还发现，在对偏误进行反馈时，大多数教师采

---

[1] Lyster R. Negotiation of Form, Recasts, and Explicit Correction in Relation to Error Types and Learner Repair in Immersion Classrooms. *Studies in Second Language Acquisition*, 1998(20).

[2] Chaudron, C. *Second Language Classrooms*. Cambridge University Press, 1988.

用了综合反馈策略,即同时使用两种以上的策略。综合策略的组合主要有以下几种形式。

第一,要求澄清+重铸。例如:

(7) 学生:日(ru)子。

　　　教师:什么?再说一遍。

　　　学生:日(ru)子。

　　　教师:日(ri)子。

第二,元语言线索+重铸。例如:

(8) 学生:我把 HSK 成绩托付给朋友了。

　　　教师:成绩不能托付,托付的是取成绩。

　　　学生:我取成绩托付同学了。

　　　教师:好,我把取成绩的事托付给同学了。

第三,明确纠正+诱导。例如:

(9) 学生:成了喝酒。

　　　教师:成了喝酒不行,原来是小孩,现在成了什么?

　　　学生:成了大人。

在课堂观察中,我们发现基础班和初级班经常使用"重铸+合唱"的综合反馈策略:教师先对学生的偏误提供正确形式,然后用合唱的方法让学生把正确的句子重复一遍。例如:

(10) 学生:他比老师不漂亮。

　　　教师:他没有老师漂亮。好,一起说。

　　　学生们:他没有老师漂亮。

这种综合的反馈策略在汉语课堂中的广泛使用，从一个侧面说明汉语教学，特别是初级阶段依然深受行为主义教学理论和听说法的影响。因为教师重视正确语言习惯的形成，所以用合唱的方法进行强化。而在 Lyster & Ranta 的调查中没有提到这种反馈方式，因为他们调查的是交际性课堂，遵循的是交际教学法原则。①

（三）反馈策略与偏误类型的关系

反馈策略与偏误类型的关系如下面表4-4所示，教师采用什么反馈策略与偏误类型有直接关系。他们对语音的反馈主要采用重铸（68%）和要求澄清（28%）两种策略；对词汇的反馈主要采用明确纠正（44%）和元语言线索（38%）两种策略；对语法的反馈策略具有多样化使用最多的是重铸（58%），其余分别是要求澄清（14%）、元语言线索（10%）、明确纠正（8%）、诱导（6%）和重复（4%）。如果按照反馈的3个类别来划分，语音偏误的反馈以重铸为主，词汇的反馈以明确纠正和形式协商为主，语法的反馈以重铸和形式协商为主。

表4-4 更正性反馈3个类型和6种策略与各种偏误的关系

| 3个类型 | 语音偏误 | 词汇偏误 | 语法偏误 | 6种策略 | 语音偏误 n=43 | 词汇偏误 n=16 | 语法偏误 n=92 |
|---|---|---|---|---|---|---|---|
| 明确纠正 | 0 | 7 (44%) | 7(8%) | 明确纠正 | 0 | 7 (44%) | 7 (8%) |
| | | | | 重铸 | 29 (68%) | 0 | 53 (58%) |

---

① Lyster, R. & Ranta, L. Corrective Feedback and Learner Uptake: Negotiation of Form in Communicative Classrooms. *Studies in Second Language Acquisition*, 1997(19).

（续表）

| 3个类型 | 语音偏误 | 词汇偏误 | 语法偏误 | 6种策略 | 语音偏误 n=43 | 词汇偏误 n=16 | 语法偏误 n=92 |
|---|---|---|---|---|---|---|---|
| 重铸 | 29（67%） | 0 | 53（58%） | 元语言线索 | 1（2%） | 6（38%） | 9（10%） |
| | | | | 要求澄清 | 12（28%） | 0 | 13（14%） |
| 形式协商 | 14（33%） | 9（56%） | 32（34%） | 重复 | 1（2%） | 1（6%） | 4（4%） |
| | | | | 诱导 | 0 | 2（12%） | 6（6%） |

对语音偏误使用最多的反馈策略是重铸，超过三分之二的语音偏误是用重铸来反馈的。对其余的语音偏误，很多教师采用了要求澄清的方式。另外，一些教师还采用了"要求澄清＋重铸"的综合策略，先引起学生对错误发音的注意，引导他们自我纠正，然后再提供正确的发音。这种结果与 Lyster & Ranta 的研究完全一致，[1] 说明重铸在各种课堂环境中都是语音反馈常用的策略。因为语音的准确性依赖于模仿，而重铸学生的错误发音被证明是最简便、最有效的方法。

词汇偏误的反馈策略主要为明确纠正和元语言线索。由于此次调查中出现的词汇偏误较少，只有16例，因此我们对于词汇反馈策略特点的概括可能有局限性。按照 Lyster 和 Ranta 的调查，词汇反馈的主要策略是形式协商，而在我们的调查中，明确纠正是使用最多的反馈策略，元语言线索使用得也比较多。为什么对词汇的反馈很少采取重铸的策略？Lyster 认为，如果使用重铸，学生会误以为教师提供了一个同义词或另一种说法，

---

[1] Lyster, R. & Ranta, L. Corrective Feedback and Learner Uptake: Negotiation of Form in Communicative Classrooms. *Studies in Second Language Acquisition*, 1997(19).

而自己原来的词语也是可以接受的。[①] 正是重铸的模糊性使很多教师避免使用这种间接策略对词汇偏误进行反馈，而倾向于使用更明确的方式。

　　语法偏误的反馈策略具有多元化的特点。重铸仍然是最主要的策略，使用率达到58%。大多数教师选择重铸策略，一方面反映了教师对语言形式与意义结合的重视和对学生情感因素的关注，另一方面重铸是比较简单和省时的反馈方式，可以避免不必要甚至不清楚的解释，保证了教学过程的流畅。除了重铸策略以外，要求澄清、元语言线索、明确纠正、诱导等策略的使用率也都在10%左右，这种特点与语音和词汇反馈策略的单一性形成鲜明的对比。语法反馈策略的多样性说明，在语言技能课堂上，语法偏误的出现率最高，偏误的类型和成因最复杂，因此采用什么反馈策略受到教师观念与技巧以及学生水平等因素的制约。基础班的教师倾向于采用单一的重铸策略，是因为初学者的语言水平低，往往听不懂教师的解释。当学习者具备了一定的语言知识以后，使用元语言线索提醒学生对语言规则的注意或者用要求澄清引导学生自我更正就更加有效和可行。

## 四　结语

　　通过以上对汉语课堂更正性反馈的频率、策略以及策略与偏误类型关系的初步考察和分析，我们可以发现汉语课堂教学中的

---

[①] Lyster, R. Negotiation of Form, Recasts, and Explicit Correction in Relation to Error Types and Learner Repair in Immersion Classrooms. *Studies in Second Language Acquisition*, 1998(20).

## 第一节 汉语课堂更正性反馈的调查与分析

更正性反馈具有以下特点。

第一，教师对语言的偏误非常敏感，实施更正性反馈的频率很高，其中对语法的反馈比例最高。这种现象反映了汉语课堂以语言形式为中心以及教师对语言准确性的重视。

第二，教师采用最多的反馈策略是重铸，其次是形式协商，而明确纠正使用率最低。说明教师重视形式与意义的结合，倾向于选择间接的反馈策略，同时也重视学生的自我更正。

第三，反馈策略的使用与偏误类型有一定关系，教师根据不同的偏误类型选择相应的反馈策略。对语法和语音偏误以重铸策略为主，对词汇偏误多采用明确纠正和意义协商方式。

第四，反馈的频率和策略的分布受教学内容和学习水平等因素的影响。以语言为中心的课堂比以交际为中心的课堂反馈频率高，基础阶段比中级阶段的反馈频率高。基础阶段多采用单一的重铸策略，初级和中级班的反馈策略具有多样性。

由于此项调查的样本和范围比较小，其结果的概括性可能会受限制。对汉语课堂更正性反馈实施情况更客观和准确的描述应该建立在更广泛的课堂观察和大型语料库的基础上。另外，描述课堂更正性反馈的特点只是反馈研究的第一步，更为重要的研究应该是哪些更正性反馈策略对汉语学习更加有效。而解决这些问题需要进一步的实验性研究。对于更正性反馈的效果研究至少应该包括以下几个问题：不同的更正性反馈与学生的回应和自我更正的关系是什么？不同的偏误类型的有效反馈策略是什么？不同的反馈策略对学习者习得汉语的短期和长期影响是什么？影响教师实施有效更正性反馈策略的变量因素是什么？

对以上问题的研究将有助于我们更加全面而深刻地认识汉语

课堂更正性反馈的特点和意义，从而对汉语教师的课堂教学实践起到指导作用。

## 第二节 "选择性注意"与"差异效应"在汉语"得"字方式补语习得中的作用[①]

第二语言习得的实验研究证实，掌握一种外语需要一定量的以语言形式为中心的教学，[②]以下简称语言形式教学法。根据 Ellis 的定义，所谓语言形式教学法是指在语言教学过程中，教师进行的各种计划性或随机性语言结构教学活动，其目的是引起学习者对某一结构的"选择性注意"或"差异意识"，最终学会目标结构[③]。本节试图通过两种不同形式的计划性教学处理实验来探讨"选择性注意"及"差异效应"在中文方式补语习得过程中的作用。

---

[①] 本节作者：靳洪刚、章吟，原载《世界汉语教学》2009 年第 4 期。

[②] Schmidt, R. W. The Role of Consciousness in Second Language Learning. *Applied Linguistics*, 1990(11); Schmidt, R. W. Awareness and Second Language Acquisition. *Annual Review of Applied Linguistics*, 1993(11); Doughty, C. J. & Williams, J. (eds.) *Focus on Form in Classroom Second Language Acquisition*. Cambridge University Press, 1998; Ellis, R. (ed.) *Form-focused Instruction and Second Language Learning*. Blackwell Publishers, 2001; Doughty, C. J. & Long, M. Optimal Psycholinguistic Environments for Distance Foreign Language Learning. *Language Learning and Technology*, 2003(7).

[③] Ellis, R. (ed.) *Form-focused Instruction and Second Language Learning*. Blackwell Publishers, 2001.

## 一 文献探讨

### （一）"选择性注意"及"差异效应"在第二语言习得中的作用

随着认知心理学研究的发展，第二语言研究也越来越多地用信息处理过程中的认知因素来解释第二语言习得中的诸多现象。在"注意"范畴中，一个关键的认知因素是"noticing"，有很多学者也称其为"selective attention"，即"选择性注意"。根据 Schmidt 的定义，[1] "选择性注意"是一个认知心理学术语，用来描述人类对事物感知的初级阶段。"Noticing"或"选择性注意"的概念虽然为众多学者所接受使用，但不同的学者对此概念的解释不同，侧重点亦有所不同。例如，Gass 把它称为"知觉"，Tomlin & Villa 将它定义为"选择注意范围内的侦测"，Robinson 将其定义为"侦测 + 工作记忆中的演练"。[2] 本报告选择 Schmidt 的界定，即"选择性注意"与"noticing"的概念没有区别，两者都仅限于对语言输入表层结构的注意。

就"选择性注意"而言，Swain 认为，这一认知过程可以在

---

[1] Schmidt, R. W. Attention. Robinson, P. (ed.) *Cognition and Second Language Instruction*. Cambridge University Press, 2001.

[2] Gass, S. Integrating Research Areas: A Frame Work for Second Language Studies. *Applied Linguistics*, 1988(9); Tomlin, R. S. & Villa, V. Attention in Cognitive Science and Second Language Acquisition. *Studies of Second Language Acquisition*, 1994(16); Robinson, P. Attention, Memory, and the "Noticing" Hypothesis. *Language Learning*, 1995(45).

两个层次发生。[1] 第一个是"语言意识层次",即语言刚刚输入时,大脑就开始对目标结构进行处理加工,通过突显语言结构或增高出现频率,学习者就会注意到目标结构的特点。另一个层次是在"差异效应"上:即通过不同的互动方式或教学处理,使得学习者不但意识到目标结构的特点,而且还注意到目标语和学习者中介语之间的差异。

对"选择性注意"与"差异效应"在第二语言习得中的作用,理论研究很多。[2] 虽然结论有异,但在一定程度上都认为:如果学习者在语言学习中能够有选择地注意目标结构的特点,意识到自己的中介语与目标语之间的"差别",这种意识与差别就可以为语言学习者提供必要的"语言重构"机会及学习语言时必要的

---

[1] Swain, M. Focus on Form Through Conscious Reflection. Doughty, C. & Williams, J. (eds.) *Focus on Form in Classroom Second Language Acquisition*. Cambridge University Press, 1998.

[2] Schmidt, R. W. The Role of Consciousness in Second Language Learning. *Applied Linguistics*, 1990(11); Schmidt, R. W. Awareness and Second Language Acquisition. *Annual Review of Applied Linguistics*, 1993(11); Tomlin, R. S. & Villa, V. Attention in Cognitive Science and Second Language Acquisition. *Studies of Second Language Acquisition*, 1994(16); Ellis, R. Factors in the Incidental Acquisition of Second Language Vocabulary from Oral Input: A Review Essay. *Applied Language Learning*, 1994(5); Ellis, R. (ed.) *Form-focused Instruction and Second Language Learning*. Blackwell Publishers, 2001; Robinson, P. Attention, Memory, and the "Noticing" Hypothesis. *Language Learning*, 1995(45); Izumi, S. Output, Input Enhancement, and the Noticing Hypothesis: An Experimental Study on ESL Relativization. *Studies in Second Language Acquisition*, 2002(24); Doughty, C. J. & Long, M. Optimal Psycholinguistic Environments for Distance Foreign Language Learning. *Language Learning and Technology*, 2003(7).

"语言反例"①。

**（二）语言形式教学法、"选择性注意"及"差异效应"**

由于"选择性注意"对语言学习的作用，在第二语言教学领域，一些学者开始将这一认知概念引入语言教学，形成了一种教学方法：即语言形式教学法。这种方法强调利用不同的教学处理技巧来提高学习者的语言结构意识以及对语言结构特点的选择性注意，最终帮助学习者习得第二语言。②

到目前为止，被实验肯定并为外语教学专家接受的教学处理技巧有六个基本类型：大剂量输入、加强性输入、输入处理、纠错反馈、语义协商、加强性输出。这六种技巧均利用选择性注意与差异效应的作用进行第二语言结构教学，并且在不同程度上得到实验数据的肯定（见以下文献回顾）以及语言教师的认可。

与本实验相关的教学处理有两个：一是纠错反馈；二是加强性输出。"纠错反馈"是通过直接或间接的纠错反馈技巧，让学习者意识到自己的中介语表达与母语的差异，并增加自我纠错或调整语言表达的能力，最终促使学习者重构中介语系统③。"加强性输出"是通过特殊设计的语言表达活动让学习者有意识地在

---

① 根据 Gass（1997）的定义，语言反例是指针对学习者的语言表达提供的直接或间接的反馈。许多实验试图证实语言反例可以导致差异效应，从而帮助学习者进一步重构语言系统。参见 Gass, S. *Input, Interaction, and Second Language Learner*. Lawrence Erlbaum Associates, 1997.

② Ellis, R. (ed.) *Form-focused Instruction and Second Language Learning*. Blackwell Publishers, 2001; Doughty, C. J. Cognitive Underpinnings of Focus on Form. Robinson, P. (ed.) *Cognition and L2 Instruction*. Cambridge University Press, 2001.

③ 本实验仅限讨论直接性纠错反馈的技巧及教学处理效果，不涉及间接纠错反馈。

不同的交际上下文中,高频率、大剂量地使用目标语言结构进行交流,其目的是让学习者在使用中意识到目标结构的表达方式及结构特点,对比目标结构与其他结构的差异,最终掌握目标结构。[1]

从20世纪八九十年代开始,对不同教学处理技巧进行比较的实验大量出现。这些实验大多采用对照组与实验组对比的方法,对不同的组别采取不同的教学处理方法。通过前测、后测或后续测等不同测试,观察比较不同处理方法对学习者的"选择性注意"及"差异效应"的影响,以期从不同的角度去测量不同教学技巧对学习者习得的影响。实验发现:不同技巧的使用,不同教学活动的安排,不同任务的实施,都可以在一定程度上影响学习者"注意"什么、"察觉"什么。实验还证明,只有当学习者有意识地从结构的角度去"注意"目标语言时,才能了解到目标结构的规则以及母语与目标语之间的差异,也才有机会对第二语言进行语言分析、语言重构,最后使其成为自己语言系统的一部分。有代表性的此类研究包括 N. Ellis、R. Ellis、Robinson & Long、Schmidt、Smith、Tomlin & Villa、Van Pattern 等。[2] 由于篇幅有限,

---

[1] Swain, M. Communicative Competence: Some Roles of Comprehensible Input and Comprehensible Output in Its Development. Gass, S. & Madden, C. (eds.) *Input in Second Language Acquisition*. Newbury House Publishers, 1985; Swain, M. Focus on Form Through Conscious Reflection. Doughty, C. & Williams, J. (eds.) *Focus on Form in Classroom Second Language Acquisition*. Cambridge University Press, 1998.

[2] Ellis, N. C. Rules and Instances in Foreign Language Learning: Interactions of Explicit and Implicit Knowledge. *European Journal of Cognitive Psychology*, 1993(5); Ellis, R. Factors in the Incidental Acquisition of Second Language Vocabulary from Oral Input: A Review Essay. *Applied Language Learning*, 1994(5); Robinson, P. & Long, M. Focus on Form: Theory, Research, and Practice. Doughty, C. & Williams, J. (eds.) *Focus on Form in Classroom Second Language Acquisition*. Cambridge

在下面的部分，我们将重点讨论跟纠错反馈与加强性输出有关的实验研究。

（三）"选择性注意""差异效应"与纠错反馈

关于纠错反馈的"选择性注意""差异效应"，不同语言的实验研究很多，基本集中在两个方面：一是调查反馈教学技巧能否引起差异效应；二是研究不同反馈所导致的不同差异效应。

White 研究了加拿大魁北克省法语为母语者的英文学习过程。[1]调查主要集中在副词词序及疑问句习得上。实验对比了两种不同教学技巧对目标结构的习得效果。这两种教学处理技巧分别是：第一，在课堂上对目标结构进行明确的规则讲解；第二，在交流中为学习者提供直接性纠错反馈。此外，实验通过前测、五周内的后测以及一年后的后续测看学习者对目标结构的掌握程度。实验结果显示：为学习者提供纠错反馈较规则讲解更为有效，该实验认为纠错反馈之所以有效是因为这种技巧不但引起学习者的"选择性注意"，而且让学习者意识到目标语与中介语之间的差异。此外，实验还证实，两种教学处理技巧均没有长期持续效应。

---

University, 1998; Schmidt, R. W. The Role of Consciousness in Second Language Learning. *Applied Linguistics*, 1990(11); Smith, M. S. Input Enhancement in Instructed SLA: Theoretical Bases. *Studies in Second Language Acquisition*, 1993(15); Tomlin, R. S. & Villa, V. Attention in Cognitive Science and Second Language Acquisition. *Studies of Second Language Acquisition*, 1994(16); Van Pattern, B. Evaluating the Role of Consciousness in Second Language Acquisition: Terms, Linguistic Features & Research Methodology. *AILA Review*, 1994(11).

① White, L. Adverb Placement in Second Language Acquisition: Some Effects of Positive and Negative Evidence in the Classroom. *Second Language Research*, 1991(7).

Lyster & Ranta 调查了教师提供的纠错反馈与学习者接受改错之间的关系。[1] 实验发现在六种改错类型中,重述[2] 是最常用的一种,而且重述纠错占纠错总数的 50%,但是学习者对这种纠错方式的意识度只有 30%,即只有 30% 的机会学习者会意识到教师在利用重述纠错。此外,采用重述纠错后,学习者的自我修正几乎为零。但是如果采用直接纠错及规则反思法,尽管频率并不高,只有 8%～14%,但是可以诱出 45%～46% 的学习者自我修正。实验显示:直接明确的纠错,有清楚的规则讲解,能准确点出学生错误的反馈可以帮助学习者意识到"差异",进而进行自我修正。

### (四)"选择性注意""差异效应"与有效输出

早在 20 世纪 80 年代,Swain 就提出"输出假设"的理论。[3] 她认为输出对语言学习极其重要。这一过程不但让学习者在输出中使用目标结构,而且还可以促进结构表达的准确性。在此后的论文中,Swain 又提出语言输出的四个功能:帮助学习者发展自动化语言使用、测试语言规则假设、发展元认知能力以及选择性注意语言结构。[4]Swain 提出,输出过程可以引导学习者注意到他

---

[1] Lyster, R. & Ranta, L. Corrective Feedback and Learner Uptake: Negotiation of Form in Communicative Classrooms. *Studies in Second Language Acquisition*, 1997(19).

[2] 所谓重述(recast)是指教师将学习者的错句用正确句重述一次,如:
学生:去中国使我明白中国的社会。
教师:嗯?去中国让你了解了中国的社会吗?

[3] Swain, M. Communicative Competence: Some Roles of Comprehensible Input and Comprehensible Output in Its Development. Gass, S. & Madden, C. (eds.) *Input in Second Language Acquisition*. Newbury House Publishers, 1985.

[4] Swain, M. The Output Hypothesis: Theory and Research. Hinkel, E. (ed.) *Handbook of Research in Second Language Teaching and Learning*. Lawrence Erlbaum, 2005.

### 第二节 "选择性注意"与"差异效应"在汉语"得"字方式补语习得中的作用

们无法表达的意思,因而将其注意力集中在语言结构或形式的"断层"上。用输出假设理论的观点说,这种"断层"可以让学习者"注意"到两个方面的问题:一是其中介语的不足之处,二是目标语输入中的一些特别结构。

Izumi 的研究调查了日语为母语的英文学习者学习关系子句的过程。[1] 实验采用一个对照组和四个实验组对不同方式的输出任务及加强输入任务进行了比较。如重写任务及视觉输入加强(如为重点结构或词汇加上黑体或颜色)两种教学处理。实验证实,输出组的目标结构测试成绩高于输入组的成绩,但是在对目标结构的选择性注意上,两种任务并没有统计意义上的差别,两种方法均比对照组有效。Izumi 提出,如果学习者在表达语言时,教师同时提供加强性输入,学习者可以将注意力集中在教师所提供的语言输入上进行语言处理,保证语言表达的正确性。

Song & Suh 调查了韩语为母语的英文学习者学习反向条件句的过程。[2] 实验方法基本类似 Izumi 的方法:即采用两个实验组、一个对照组来观察不同的输出任务与输入任务在习得英文反向条件句时的作用。与 Izumi 所不同的是,输出任务的设计是两种,一种为参照原文重写;一种是通过图片引导写作。在前测的基础上,进行了 4 次教学处理。通过统计句中的画线部分及实验后测,结果显示:输出组对目标结构的选择性注意

---

[1] Izumi, S. Output, Input Enhancement, and the Noticing Hypothesis: An Experimental Study on ESL Relativization. *Studies in Second Language Acquisition*, 2002(24).

[2] Song, M. J. & Suh, B. R. The Effect of Output Task Types on Noticing and Learning of the English Past Counterfactual Conditional. *Science Direct System*, 2008(36).

远高于对照组。此外，虽然输出两组在目标结构表达、理解上测试分都高于对照组，并有统计意义上的不同，但两个输出组之间并没有统计意义上的差别。实验进一步证实：加强输出是一种有效的教学处理技巧。

以上实验分别证实直接性反馈纠错、加强性输出都不失为有效的教学处理技巧，而且在一定程度上都能使学习者注意到目标结构的形式特点，帮助学习者理解或表达正确的目标结构。但是以上实验都有不足之处：一是运用两种不同的教学处理进行平行的、控制性的比较性研究为数甚少；二是大多数的实验都是习得西方语言的实验，如从英语到西班牙语，或从日语或韩语到英语的单向实验，很少使用不同语言类型从相反方向调查"选择性注意"及"差异效应"的作用，例如从英语到汉语的实验。为了弥补这些空白，我们认为有必要从不同的语言类型、用不同的教学处理方法进行实验。为此，本实验选择比较两种不同的教学处理方法对英语为母语的汉语学习者学习汉语方式补语"得"字结构的效果。

## 二 汉语"得"字方式补语结构

汉语有几种动词后的"得"字补语结构。有的表示程度、方式，有的表示状态、结果等。虽然其表面形式似乎相同，但是功能及意义都有所不同。本报告将集中讨论表示动作方式的"得"字补语结构。这种结构有几个不同的名称，如方式补语、状态补

## 第二节 "选择性注意"与"差异效应"在汉语"得"字方式补语习得中的作用

语、情态补语等。① 本节采用 Huang 对这类结构的英文名称翻译，即"得"字方式补语。

从语言结构的角度看，所谓中文的"得"字方式补语结构是指一种由两个部分组成的、用来补充说明动作是如何完成的特殊结构。② 这种结构的两部分可以由例（1）表示。动作与方式的关系可以由动词后的"得"+表示方式的形容词来表示，如"快、慢、多、少"等。

（1）主句 + 得 + 行为补语（clause+de+stative clause）

从表面上看，英语有类似结构来表示动作完成的方式。动作的方式通常通过一个放在动词后面的副词来表示，但是没有一个像汉语"得"字一样的语法标记。如例（2）：

（2）I finished my work quickly.

事实上，英语的类似结构与汉语有着内在的不同，其不同主要表现在否定式与疑问式的结构要求上。比较例（3）、例（4）与例（5）、例（6）：

（3）He didn't do it correctly.

（4）Did he say it correctly?

（5）他做得不对。

---

① Huang, C.-T. J. *Logical Relations in Chinese and the Theory of Grammar*, Unpublished Ph.D. dissertation of MIT, 1982；刘月华等《实用现代汉语语法》，商务印书馆 2001 年版；周小兵主编《外国人学汉语语法偏误研究》，北京语言大学出版社 2007 年版；吕文华《关于对外汉语教学中的补语系统》，《语言教学与研究》1995 年第 4 期。

② Li, C. N. & Thompson, S. A. *Mandarin Chinese: A Functional Reference Grammar*. University of California Press, 1981.

（6）我说得对不对？

在这类结构的英语否定式中，否定词是用来否定句子中的动词，疑问式是对主要动词提问，如句例（3）、例（4）。但是汉语的否定词却用来否定"得"后边的形容词补语，疑问式是对"得"后边的补语成分进行提问。

除了否定式及疑问式的特点外，"得"字结构方式补语还有另一层复杂度，即在带宾语的方式补语句中，主动词必须加以重复方能与"得"字结合构成方式补语句，如例（7）、例（8）中的主动词都须重复后带出补语：

（7）我跑步跑得很快，你跑步跑得快不快？

（8）我开车开得不快，你不必担心。

从习得的角度来看，以上提到的两类"得"字方式补语结构都是学习者容易错、常避免使用的结构，也是汉语学习的一个难点。周小兵调查整理了 70 小时的第二语言学习者一对一的对话录音，统计了有关"得"字结构的数据。他发现在这 70 小时的语料中，学习者主动使用"得"字结构的表达只有 39 句[①]，其中只有 16 句为正确自然句，仅占总数的 41%。但是该用而没用的有 18 句。他指出，"得"字结构，无论是使用率还是正确率都呈现偏低的情况。在实验过程中，我们也调查了 10 位在美汉语教师对这一结构的教学体会。95% 的教师认为这一结构是一个复杂结构，原因有三个方面：1）容易受到母语英语的干扰，2）规则乱用错误较多，3）错误持续较长。由于这一结构的复杂度及

---

① 注意：这里的 39 句不都是方式补语，包括所有的"得"字结构，其中有些可能是表示程度或其他功能的"得"字补语结构。

习得难度，本报告将汉语"得"字方式补语结构定为本实验的目标结构。通过使用不同的教学处理，来观察学习者习得这一结构的过程。

## 三 实验研究问题

为了进一步比较不同教学处理方法的效果，寻找"选择性注意""差异效应"对第二语言习得的影响，我们提出三个研究问题：

第一，如果加强性输出及纠错反馈这两种教学处理都具备"选择性注意"及"差异效应"，可以促进第二语言习得，采用这两种方法对汉语的"得"字补语结构进行集中教学，教学处理是否可以影响学习者的测试成绩？换言之，接受教学处理的实验组成绩是否高于未接受任何处理的对照组？

第二，如果采用不同的教学处理，教学效果相同还是各异？换言之，对学习者分别实施加强性输出及纠错反馈两种不同的教学处理，接受一种处理的学习者，其汉语"得"字补语的测试成绩是否高于接受另一种处理的学习者？

第三，如果实施输出加强与纠错反馈这两种教学处理，哪种教学处理所提供的语言习得效应具有较长的持续性？

## 四 实验方法

### （一）被试与实验设计

本实验由 30 名来自不同的美国大学的学生参加。这些学生的母语都是英语，均在一个暑期项目学习汉语。来项目之前，被试均在美国大学学过 3～5 个学期的汉语。实验分四个阶段，八周完成（见图 4-1）。

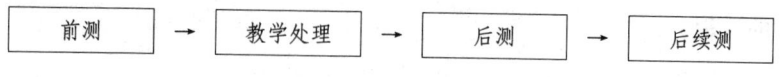

前测 → 教学处理 → 后测 → 后续测

图 4-1　实验阶段

前测阶段在第一周进行。前测主要是测量学习者对目标结构在理解与表达层次上的掌握程度，以便决定需要接受教学处理的被试。我们的标准为：测试分数低于 59% 的被试符合接受教学处理条件。前测共有 18 个测试项目，6 项理解、6 项表达测试题、6 个干扰项。理解测试采用多种选择及语法判断。表达测试则采用段落翻译。

参加前测的被试共 56 名，其中 34 名的前测表达测试得分低于 59%[①]，符合教学处理条件。实验将 34 名被试随机分为两大组：一组为实验组，一组为对照组。其中实验组又分为实验一组及实验二组。中途由于各种原因，最后完成全程实验的被试有 30 人。

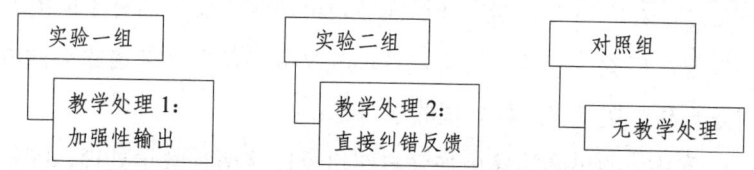

实验一组 —— 教学处理 1：加强性输出

实验二组 —— 教学处理 2：直接纠错反馈

对照组 —— 无教学处理

图 4-2　实验中教学处理安排流程图

教学处理阶段从第二周开始，到第四周结束。主要为两个实验组提供两种不同的教学处理，每周两次，共六次。如图 4-2 所示，实验一组接受加强性输出教学处理（以下称输出组），实验二组

---

① 这一数字说明，61% 以上的学习者在汉语学习的初、中期阶段还没有完全掌握汉语的"得"字方式补语结构。这一结果告诉我们这一结构属于较难习得的汉语结构。

接受纠错反馈教学处理（以下称纠错组）。对照组则在实验期间不接受任何处理[①]。输出组的教学处理方法采用两种：一是由教师引导，围绕目标结构进行问答对话；二是看图讨论，引导鼓励学习者用目标结构讲述故事。纠错组的教学处理采取直接纠错法。这一过程同样也有教师引导，采取两种方法：一是改正画线部分的错误，讲解规则；二是找出句子中的错误，改正错误。

后测阶段是在教学处理结束后的第五周进行的。后测与前测一样共有18个测试项目。但是在同等难度的基础上，替换了一些词汇。

后续测则是后测结束后的第三周，也就是实验开始后的第八周进行。测试方法及测试项目基本与前测和后测相同，但是词汇在同级水平上稍有不同。

（二）实验控制及数据分析

对于打分标准的控制：为了保证打分效度，每个测试的试卷由两个参与实验的人员进行打分，统一打分标准为事前统一的标准，最后拿出10%的测试题比较两个打分教师的打分标准。结果显示，两个打分教师之间的效比差为92%。

对于教学处理的控制：为了保证教学处理的统一性，本实验选出4位在本项目工作过一年以上的教师参与教学处理。两个参与输出组教学，两个参与纠错组教学。实施教学处理之前，两组教师都接受2个小时的培训，突出训练统一的引起"注意"的技巧，并在每次教学处理之前统一话题及内容。

---

① 为了公平起见，在实验结束后，参与本实验的教师为对照组提供纠错反馈的教学处理。两个实验组的教学处理都采取一对一的方式，每次每人15分钟。

数据分析的信度及效度控制：由于表达测试采用翻译法，打分标准及效度控制的方法是事先定出打分标准。对于目标结构的翻译，带有目标结构的基本正确句为 5 分，无"得"句为零分，有"得"句但是有错误为 3 分。

## 五 实验结果

### （一）统计分析结果

本报告提出的第一个问题是接受教学处理的实验组成绩是否高于未接受任何处理的对照组。从比较实验组与对照组的三个不同阶段的测试成绩来看，即前测（T1）、后测（T2）与后续测（T3）的理解与表达成绩，似乎两个实验组的成绩都高于对照组。方差检验显示，前测、后测与后续测的理解与表达的比较数据（$F$ 的 $Sig.$）均大于 $\alpha$ 值 0.05，如表 4-5、图 4-3 所示，在比较的六组成绩中，实验组与对照组的所有理解测试均没有统计意义上的差别。但是表达成绩则不同。虽然实验组与对照组在前测中成绩相当，但是在后测与后续测中的成绩却呈现均值不同，并具有统计意义上的差异（$t=2.143$，$df=28$，$p=0.041<\alpha$ 值 0.05；$t=2.563$，$df=28$，$p=0.016<\alpha$ 值 0.05）。后测中，实验组平均成绩为 71.5%，对照组为 55%；后续测中，实验组为 73%，对照组则为 49%。由此可知，第一，在学习汉语"得"字方式补语时，学习者只要接受两种教学处理中的任何一种，其后测及后续测的成绩就能提高（35% 以上），因此，加强性输出及纠错反馈是两种对汉语习得有效的教学处理方法；第二，这两种教学处理的效果主要反映在目标结构的表达上，而在理解方面效果并不明显。

## 第二节 "选择性注意"与"差异效应"在汉语"得"字方式补语习得中的作用

表 4-5 三个组前测、后测及后续测理解、表达成绩比较 ①

| Group | | 前测 T1 理解 | 前测 T1 表达 | 后测 T2 理解 | 后测 T2 表达 | 后续测 T3 理解 | 后续测 T3 表达 |
|---|---|---|---|---|---|---|---|
| 输出组 ($N=10$) | Mean（均值） | 83.00 | 35.00 | 81.60 | 72.00 | 82.80 | 68.00 |
| | SD（标准偏差） | 16.248 | 23.688 | 14.615 | 16.865 | 13.357 | 16.865 |
| 纠错组 ($N=9$) | Mean（均值） | 73.00 | 33.33 | 80.78 | 71.11 | 82.22 | 77.78 |
| | SD（标准偏差） | 18.221 | 24.495 | 14.034 | 24.721 | 18.793 | 27.285 |
| 对照组 ($N=11$) | Mean（均值） | 89.73 | 49.09 | 86.64 | 54.55 | 86.55 | 49.09 |
| | SD（标准偏差） | 16.948 | 25.867 | 11.724 | 22.074 | 12.980 | 27.370 |

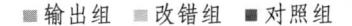

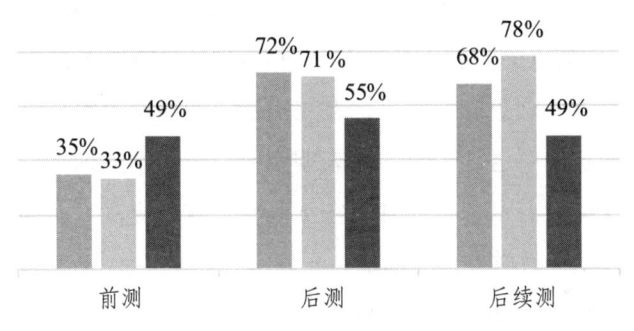

图 4-3 三个组表达测试的成绩比较

本报告提出的第二个问题是：在实验组当中，如果采用不同的教学处理，其教学效果相同还是各异？即输出组与改错组在习得效果上是否存在差异。为了对两种不同的教学处理进行比较，证实两种教学处理在实验中的效果，本实验把实验组分为输出与改错两组，与对照组进行样本均值的比较。通过单因素方差分析，结果显示：经过三周的教学处理，具有统计意义的成绩差

---

① 三组成绩均以目标结构理解及表达正确率的百分比计算。

别出现在输出组与对照组的表达后测（72%与55%）（$F=3.6$，$p<0.04$），改错组与对照组的表达后测（71%与55%）（$F=3.6$，$p<0.04$）。但是，输出组与改错组之间没有统计意义的差别。由此可以得知，在接受处理后的一周内，输出与改错的教学处理似乎没有效果上的差异，都可以帮助学习者意识到目标结构的特点，最终辅助或加快汉语"得"字方式补语的习得过程。

就本实验提出的第三个问题来说，我们要了解哪种教学处理的效果可以延续。独立样本 T 检验的结果及图 4-3 的表达成绩数据显示，只有后测与后续测的表达成绩的均值不同（$F=0.010$，$t=2.143$，$df=28$，$p=0.041<\alpha$ 值 0.05；$F=0.912$，$t=2.563$，$df=28$，$p=0.016<\alpha$ 值 0.05）。由此可知，使用直接清楚的纠错教学处理似乎较输出处理更有持续性，在三周后，纠错组"得"字方式补语结构的正确率达到78%。这表明纠错反馈教学处理不但能帮助学习者保持原有水平，而且还在正确率上有所提高。而输出组的后续测显示，教学处理三周后，正确率开始从 72% 下降到 68%。说明单纯靠输出加强，其持续性并不明显。同时我们也得知，这两种教学处理在效果上的不同至少在三周后会显现出来。

## （二）错误统计与定性分析

除了定量分析学习者的三个测试结果外，我们还对学习者在三次测试中的错误进行了类型整理，并将其错误分布做出统计。在错误整理过程中，我们发现，汉语"得"字方式补语结构的错误主要有两大类：一种为母语干扰类错误，一种为中介语错误。

第一类错误主要是受到母语的影响。表现在学习者将英语的类似结构直接搬来使用，这些错误有规律地分布在三种结构上，即肯定、否定及疑问式，如例（9）～例（12）：

## 第二节 "选择性注意"与"差异效应"在汉语"得"字方式补语习得中的作用

(9)＊他说快。

(10)＊你写字很好。

(11)＊他不跑快。

(12)＊你的母亲写不写字多？

这四个错句揭示了一个习得规律，即学习者将汉语的"得"字方式补语结构等同于英语的"动词＋副词"结构。这一规律可以通过以下三点证实：第一，三种句式都没有"得"字出现，完全是英文的直接翻译："他说快。"就是"He speaks fast."，"你写字很好。"就是"You write well."，"他不跑快。"就是"He does not run fast."，"你的母亲写不写字多？"就是"Does your mom write a lot？"；第二，在三种句式中，汉语语法标记"得"都没有出现在句子中；第三，在否定及疑问式中，否定词放在主要动词的后边，而没有放在"得"字结构上。这都说明学习者在学习汉语"得"字结构的时候会经历一个母语干扰阶段。

第二类错误主要是中介语错误。所谓中介语错误指的是在学习第二语言过程中，由于语言规则扩大化使用而造成的错误。在这类错误中，又分两类。一类是简单加"得"的固定程式，属于习得前期性中介语错误；另一类是规则扩大化使用，属于习得后期性中介语错误。例如：

(13)＊我吃饭得很慢。

(14)＊他打太极拳得很好。

(15)＊他跑步得快。

(16)＊她练习太极拳得很慢。

(17)＊我不练习得很慢。

(18)＊他不能洗澡得快。

(19)＊你洗澡得很快吗？

(20)＊你洗澡不洗得快？

以上错误的一个特点是"得"字开始在句中出现，但是用法不一定都对。我们知道，在英语中是没有"得"字语法标记的。因此，这类错误不可能是受到母语的干扰。但是，这些带"得"的句子都有几个规律性的特点：第一，在肯定、否定、疑问句中，"得"字都出现了。这说明在接受处理的过程中，学习者"注意"到"得"；第二，虽然"得"字出现了，但是"得"字结构的正确使用仅限于一些无宾语的肯定句中。碰到一些不熟悉的动词加宾语，或是否定式、疑问式，错误就出现了，如例(13)～例(20)。这说明在教学处理的过程中，学习者也许"注意"到了"得"，也许把它看成是一种固定程式。但实际上，学习者还没有真正掌握其细节规则，如"得"字结构与带宾语的主句结合须重复动词，"得"字结构的否定及疑问形式应落在补语上。因此，在这一阶段，学习者可以表达简单的学过的句子，或者在动词与补语之间任意加"得"。这些错误都是在发展第二语言时典型的中介语现象。

第二类中介语错误是后期性规则扩大化使用，如例(21)～例(23)：

(21)＊我打太极拳得不好。

(22)＊他开车得快不快？

(23)＊你洗澡得很快。

以上错误说明学习者已经意识到"得"字方式补语的核心并不在主动词上，而是在"得"后面的补语上，因此，否定及疑问词必须放在补语位置。但是学习者在使用这一规则时，忘了有宾语句与无宾语句的区别，造成规则错误使用。

除了上述错误以外，我们还发现一个现象：在接受处理后的两组后测试卷中及后一周的交流中，老师们发现有些学习者出现"超量"使用"得"的现象，如例（24）～例（25）：

（24）*我不能打得慢。

（25）*请你吃得很快。

这类错误虽然属于中介语错误，但是也反映了接受处理的学习者不但意识到"得"字结构，而且开始"超量"使用。这种现象与儿童学习第一语言时的经历完全相同。

此外，两大类错误的量与分布也有所不同。首先，表4-6显示前测的错误大约都在30个左右，到了后测/后续测，输出组及纠错组的错误开始有所减少。但是对照组的错误数量则变化不大。

表4-6 三组在前测及后测/后续测表达测试中的错误分布

| 测试 错误组别 | 前测总数 | 后测总数 | 前测 一类 | 前测 二类 | 后测/后续测 一类 | 后测/后续测 二类 |
| --- | --- | --- | --- | --- | --- | --- |
| 输出组 | 38 | 27 | 70% | 30% | 21% | 69% |
| 改错组 | 34 | 23 | 76% | 24% | 27% | 73% |
| 对照组 | 32 | 39 | 80% | 20% | 69% | 31% |

第二，除了错误量开始减少以外，实验组学习者的错误在前测与后测/后续测的分布上也有所不同，但对照组则没有分布变化。如图4-4所示，接受过教学处理的两个实验组的错误分布有一个重要的变化。在这两组的分布中，一类错误在前测时为主要错误，占总数的70%和76%，二类错误占30%和24%。到后

测 / 后续测时，一类错误减少到 21% 和 27%，二类错误增加到 69% 和 73%，曲线呈现两边高，中间平。但是，对照组的错误分布则在前、后测中没有很大变化，曲线呈尖底形。这一现象说明：接受过教学处理的学习者虽然也有错误，但是其错误反映了习得阶段的不同。二类错误的增加说明学习者在重构其目标结构。

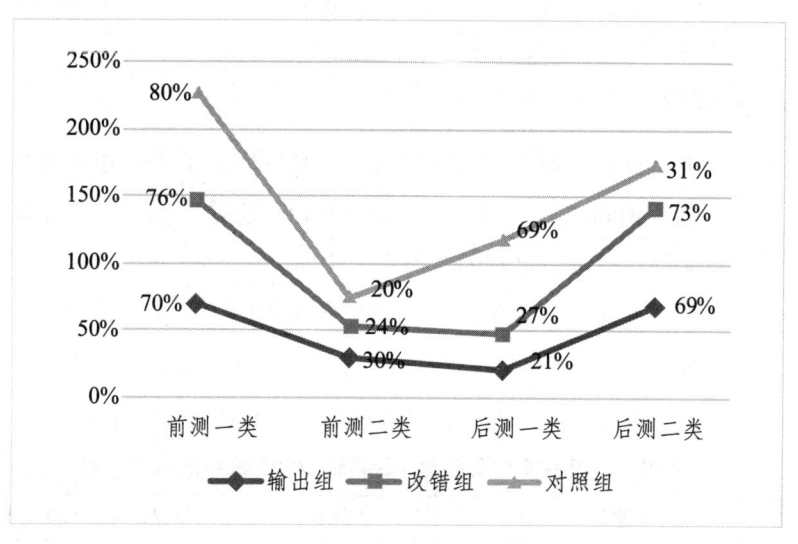

图 4-4　三组表达错误在不同测试中的分布

## 六　讨论

（一）语言形式教学法处理与"选择性注意"及"差异效应"的关系

本报告通过实验的方法证实了以语言形式为中心的加强性输出与直接纠错反馈这两种技巧，在一定程度上，可以帮助汉语学习者有选择地注意到汉语"得"字方式补语的结构特点，并帮助学习者在表达中使用这一结构，正确率可达 74% 左右。从汉语作为第二语言的角度，这一结果证实了语言形式教学的必要性与可行性。同时也从非西方语言的角度对之前的有关"选择性注意"假设及"差异效应"的理论和实验研究提供了证据，肯定了 White、Lyster & Ranta、Robinson、Izumi、Song & Suh 的实验。[1]

本实验提供的肯定实证来自三个方面：一是纠错反馈的教学过程；二是加强性输出的教学过程；三是后测目标结构的使用模式。从前测的错误分析我们知道，大多"得"字方式补语的错误是没有"得"字语法标记的母语迁移错误和规则扩大化使用的中介语错误。这是因为：第一，"得"字补语中的"得"发轻声，这一语法标记在交流中不够突显，因此，学习者不易觉察到这一结构的语法特点及作用；第二，"得"字方式补语结构较普通的主、谓、宾结构更为复杂，虽然其肯定句表面上与其他句式相同，但其否定及疑问形式并不能按常规落在主动词上，而是动词后的补语上。因此，如何引导学习者的"注意力"变得十分关键。

首先，本实验采用的讲解规则及直接纠错反馈技巧可以引起学习者的"选择性注意"与"差异效应"，具体反映在三个方面：

---

[1] White, L. Adverb Placement in Second Language Acquisition: Some Effects of Positive and Negative Evidence in the Classroom. *Second Language Research*, 1991(7); Lyster, R. & Ranta, L. Corrective Feedback and Learner Uptake: Negotiation of Form in Communicative Classrooms. *Studies in Second Language Acquisition*, 1997(19); Robinson, P. Task Complexity, Cognitive Resources, and Syllabus Design: A Triadic Framework for Examining Task Influences on SLA. Robinson, P. (ed.) *Cognition and Second Language Instruction*. Cambridge University Press, 2001; Izumi, S. Output, Input Enhancement, and the Noticing Hypothesis: An Experimental Study on ESL Relativization. *Studies in Second Language Acquisition*, 2002(24); Song, M. J. & Suh, B. R. The Effect of Output Task Types on Noticing and Learning of the English Past Counterfactual Conditional. *Science Direct System*, 2008(36).

一是通过错误分析,学习者在对比中了解目标结构的特点,注意到"得"是一个语法标记,其结构要求使用不同的否定及疑问形式。一位学生说,在教学处理之前,他一直以为听到的"得"是"了"。看了错句后才知道是"得"不是"了"。另一个学生说他以为"得"与"着"的读音都对,在补语结构中可以互换,直到第一次的纠错处理才发现"得"与"着"是不能互换的;二是用直接清楚的方法,就错误讲解使用规则可以突出对比中介语与母语的差异,在最后一次处理过程中,80%的学习者可以不需要提示,自动画出错误点;三是通过改错比较,让学习者意识到肯定式与否定及疑问式的不同,"得"字方式补语与其他补语结构的不同。如在教学处理中,有的学生主动问出"为什么有的中国人说'吃不了'不说'吃得不了'"。

其次,本实验采用的输出加强技巧,虽然不讲语言规则,但我们认为也能引起"选择性注意"及"差异效应"。本实验认为除了 Swain[①] 提出的两个方面以外(一是注意到学习者本身中介语的不足之处,二是注意到第二语言输入中的一些特别结构),输出加强还有四个方面的作用:一是在互动交流时,教师有意识地使用大量的目标结构提问,让学习者利用预先搭好的脚手架跟着教师使用"得"字方式补语结构,一边使用,一边引导"注意"目标结构的特点[②];二是教师在交流时有意将"得"发为重音,

---

[①] Swain, M. The Output Hypothesis: Theory and Research. Hinkel, E. (ed.) *Handbook of Research in Second Language Teaching and Learning*. Lawrence Erlbaum, 2005.

[②] 这一技巧是本项目训练的专门技巧:即通过有目标的提问、重复性问题、突出的表情声调引导学习者的"注意"。

以便引起学习者的注意；三是有意利用问句突出练习否定与疑问形式，这样的大剂量输出使学习者自然注意到目标结构的特点；四是在教师与学生的交流过程中，教师有意使用一些语义协商的技巧，使学习者在输出的时候，也注意到自己的中介语与母语者的差异，如例（26）。

（26）教师：在高速公路上，你开车开得快不快？
学生：*我开车得很快。
老师：什么？
学生：我，我开得很快。
教师：你开车开得（重读）很快吗？（惊奇）
学生：对，对，我开车（停顿）开得很快。

这些结果从汉语的角度证实了 Swain[①] 的"输出假设"的理论价值。如果使用得当，输出加强确实可以引起学习者对目标结构的注意，促使学习者进行有意识的调整。

第三，在实施教学处理后，二类错误（习得后期中介语错误）大量出现，甚至超量出现。这些错误都是与"得"字相关的中介语错误，而且都是在教学处理后出现，说明在教学处理的过程中，学习者开始"注意"到"得"的存在。

总之，经过周密设计的直接纠错反馈与加强性输出似乎在一定程度上可以引起学习者的"选择性注意"，产生一定的"差异效应"，帮助学习者习得汉语中诸如"得"字补语的疑难结构。

---

[①] Swain, M. The Output Hypothesis: Theory and Research. Hinkel, E. (ed.) *Handbook of Research in Second Language Teaching and Learning.* Lawrence Erlbaum, 2005.

## （二）两种不同教学处理的比较

从实验结果得知，直接纠错反馈与加强性输出这两种教学处理似乎都有一定的效果。两个结果虽有小的差别，但没有统计意义的差别。到了后续测，持续度成了两个处理方法的最大差别。对于两个处理方法的不同结果，我们有如下解释：

第一，直接性的纠错过程十分重要。我们认为，在纠错反馈之前，先进行规则解释，可以让学习者对目标结构进行有选择的注意。之后再进行找错并改错，让学习者可以很快意识到"差异"。而加强性输出，虽然目标结构的使用量很大，但是也有其他结构和词汇干扰，学习者的注意力不完全集中在目标结构上。

第二，直接性的纠错强调自我修正，尤其是到了第四次处理，学生的检查意识在此时变得非常强，所以可能留下的印象也很深。虽然加强性输出也有对比作用，但是突出性没有纠错反馈明显。因此，在持续性上，纠错显然优于输出。

我们认为，以上两个方面是造成纠错反馈有持续性、而加强性输出效果不明显的原因。

## （三）习得顺序

本实验从习得的角度也揭示了汉语"得"字方式补语的习得过程。从前测开始，经过教学处理，到后测及后续测，学习者似乎在沿着一个规律的过程习得汉语"得"字方式补语。根据我们现有的表达测试结果，错误分析及分布，在承认有习得差异的基础上，我们可以对"得"字方式补语的学习过程做出如下概括：

第一阶段：母语干扰。方式补语都是无"得"字标记的补语结构。肯定句、否定句、疑问句都没有"得"，完全是母语句式。

## 第二节 "选择性注意"与"差异效应"在汉语"得"字方式补语习得中的作用

如：*他吃饭多 /* 你买不买多 /* 你不说多。

第二阶段：中介语前期发展。这一阶段的特点是"得"字开始出现，但是方式补语结构大多是固定使用或简单添加"得"结构。有正确句，也有错误句，如：他说得很好 /* 他不跑得快 /* 他说不说得好。

第三阶段：中介语后期发展，也是"得"字重构阶段。这个阶段的特点是"核心转移"现象，即这一阶段的否定及疑问词开始后移，由句中的动词转移到句后的补语位置。如：*他跑步得很快 /* 你吃饭得不多 / 你吃得不多 / 他写得很好。

第四阶段：结构获得。除了肯定式外，各种正确的否定式及疑问式开始出现。正确率逐渐增加。如：你跑得快不快 / 他写字写得好看不好看 / 要是他说得太快，你听得懂吗。

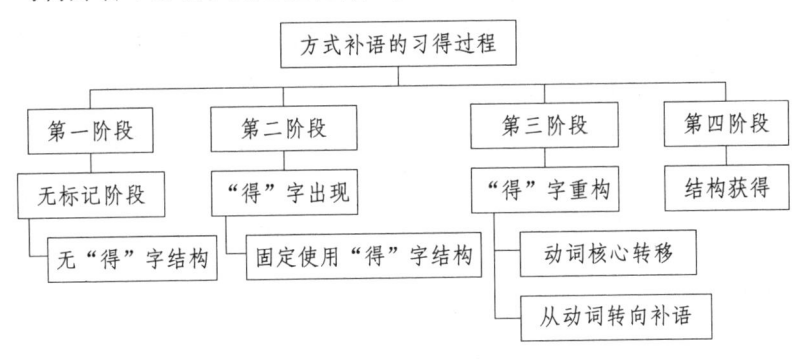

图 4-5　方式补语的习得过程图解

图 4-5 是方式补语的习得图解概括。这个图解也给我们提供了一些重要的教学启示：即"得"字方式补语的习得是遵循一定的规律的。这一规律提示我们在学习者学习的不同阶段，教学处理的重点应该不同。首先，我们应该认识到"得"字方式补语有三个不同的习得阶段：第一，无标记方式补语错误可

能发生的阶段；第二，固定使用型"得"字方式补语及简单加"得"结构阶段；第三，重构型"得"字方式补语阶段。这三个不同阶段的教学重点应有所不同，要求使用不同的选择性注意技巧与教学处理方法进行教学。其次，教师要了解什么时候学生会进行"核心转移"，即动词的重心从主动词移位到补语的语言重构过程。在这一习得的关键点，实施一定的有"差异效应"的教学处理也许最为有效。

### （四）对汉语教学的启示

本实验对汉语教学的启示有四个方面：一是以语言结构为中心的教学在第二语言教学中是十分必要的。不能以交际为由而忽略了语言形式的教学。第二是对外汉语教师要充分了解"选择性注意"及"差异效应"在语言教学中的地位及作用，要将这一观念贯彻到教学技巧、教学活动及教学方法上去认识。第三是要周密地设计教学处理，以期达到最大的效果。第四是要遵循学习者的习得规律，有重点、有选择、有系统地介绍汉语的"得"字方式补语。

## 附录

**一　加强输出教学处理所用材料：讨论与问答对话选样**

处理一　主题：写字、画画（借助教室里的装饰画）

（1）这幅画画得好吗？

（2）你觉得那幅画怎么样？

（3）你画画得好吗？／你知道谁画得好？

（4）你画什么画得最好？

（5）你写汉字写得漂亮吗？/谁的汉字写得漂亮？

（6）美国人写汉字写得好吗？

（7）我觉得中国人的汉字比美国人写得好看，我说得对吗？

处理二　主题：你喜欢什么运动/乐器？

（1）你喜欢什么运动/乐器？

（2）你跑/打/踢得好吗？

（3）你跑步跑得/打球打得/踢球踢得怎么样？

（4）在 ACC 谁还喜欢跑步/打篮球/踢足球？

（5）他/她跑/打/踢得很快/好吗？

（6）你们每天练习吗？

（7）你们一次跑得多不多？

（8）你跑/打/踢得好/快还是他/她跑/打/踢得好/快？

（9）你们谁跑/打/踢得比较快/好？

处理三　主题：这个星期的生活怎么样？

（1）你上个星期的考试考得怎么样？

（2）你觉得自己准备得怎么样？

（3）听说很多学生学习学得很努力，所以累得要命吗？

（4）你认为自己学得比较辛苦，还是学得比较轻松？

（5）你这个周末休息/过得好/轻松吗？

（6）除了休息，出去玩了吗？

（7）玩得好/痛快吗？

二　纠错教学处理所用材料选样

处理一　规则解释

Chinese Manner Complement

In Chinese, when expressing how an action is carried out such as run fast, eat well, write correctly, a special structure called the complement of manner is required. When using this structure, you must follow the rules presented as follows:

1. Without object

| Statement | Subject | Verb | Comp 得 | 很 +adj. | |
|---|---|---|---|---|---|
| e. g. | 我的同屋 | 跑 | 得 | 很快 | |
| Negation | Subject | Verb | Comp 得 | Neg. 不 | Plain adj. |
| e. g. | 我的同屋 | 跑 | 得 | 不 | 快 |
| Question | Subject | Verb | Comp 得 | Question form Adj.+not+Adj. | |
| e. g. | 你的同屋 | 跑 | 得 | 快不快？ | |

2. With object

| Statement | Subject | Verb | Obj. | Verb | Comp 得 | 很 +adj. | |
|---|---|---|---|---|---|---|---|
| e. g. | 我的同屋 | 跑 | 步 | 跑 | 得 | 很快 | |
| Negation | Subject | Verb | Obj. | Verb | Comp 得 | Neg. 不 | Plain adj. |
| e. g. | 我的同屋 | 跑 | 步 | 跑 | 得 | 不 | 快 |
| Question | Subject | Verb | Obj. | Verb | Comp 得 | Question form Adj.+not+Adj. | |
| e. g. | 你的同屋 | 跑 | 步 | 跑 | 得 | 快不快？ | |

处理二　改错练习

We hope to use the following typical errors to help you learn the rules of Chinese manner complements. Please use both the context to correct the errors in the sentence. As you make the correction, the teacher will help explain why you successfully or unsuccessfully correct errors in each sentence.

（1）A：你怎么现在才吃完饭？

B：* 因为我吃很慢。
（2）A：你姐姐不是已经吃完了吗？
B：* 她吃很快。
（3）A：你看，你同屋也吃完了呀？
B：* 他不吃得很慢。
（4）A：为什么你的考试没写完？
B：* 我不写字快。
（5）A：那你写英文字写得很快呀？
B：* 不是，我写英文写很不快。
（6）A：可是你是美国人啊？
B：* 对，我说得很快，可是我不写字写得快。
（7）A：那你同屋写得快吗？
B：* 他也不会写字写得快。
（8）A：* 你写得字写得快？
B：我写得很慢。
（9）A：* 你会不会写快？
B：我写得不快。
（10）A：* 你会写中国字写得快吗？
B：我只是一年级的学生，所以写得不太快。

## 第三节　课堂任务条件和篇章结构对输出语言质量和数量的影响[①]

### 一　引言与文献探讨

"课堂任务"近年来成为国际二语习得领域关注的中心课题，研究者从微观层面考察不同课堂任务及不同任务实施条件对学习者语言学习和运用的影响，探究二语课堂教与学的规律。对任务条件及形式与语言使用之间相关性的研究，一部分研究者根据认知理论中关于注意力分配假说进行实验设计并解释所得结果。该假说认为，人类大脑是一个加工能力有限的机制，在处理复杂事物时，往往会遭遇这样或那样的阻碍，特别是当执行者未能熟练掌握所需知识和技能时。[②] 大多数二语学习者在实际应用目的语时就处于这样的状态。由于还不能掌握交际时所需要的词汇、语法以及目的文化所要求扮演的社会角色，学习者无法自如地处理来自对方的语言输入并同时正确、流利、适宜地表达自己，因此在有意无意之间做着如何分配其有限注意力资源的决策。[③] 这类决策主要取决于学习者更在意内容还是形式。若是前者，学习者则以把意思传达给对方为第一目的，因此语速较快，但代价可能是声调失误，句子不完整，使用较低级的词汇等。若是后者，

---

[①]　本节作者：袁芳远，原载《第十届国际汉语教学研讨会论文选》。
[②]　Schneider, W. & Shiffrin, R. M. Controlled and Automatic Human Information Processing: 1. Detection, Search, and Attention. *Psychological Review*, 1977(84).
[③]　Anderson, J. R. *Learning and Memory: An Integrated Approach*. Wiley, 1995.

学习者更加注意使用刚刚学过的词汇、句型，注意语言的准确性，因此语言质量较高，但语速可能较慢。①

众多研究者根据这一理论探索不同任务条件及形式对二语学习者使用目的语的影响。例如 Rod Ellis② 设立三个不同的任务完成条件：一是让参加者看一组图片，然后在一个小时内写下故事；二是不看自己写的故事，口头复述图片；三是边看另一套图片边说故事。统计结果表明，规则动词过去时的正确率在第一种条件下最高，其次为第二种条件，最差为第三种条件，差别具有统计意义。但非规则动词的正确使用率并未显示同样的差别。Ellis 认为，一般而言，给予学习者准备时间（减少语言使用过程的注意力争夺）对语言准确使用有正面影响；但语言表现与语言本身特点密切相关。由于非规则动词过去时缺乏规律，学生需要逐个记忆，因此是否给予时间准备对正确率影响不大。Foster 和 Skehan③ 调查了不同性质的任务对学习者口头表达的影响。他们使用了三个口头任务：一是交换个人信息；二是看图说故事；三是讨论做出某项决定。数据统计结果显示，交换个人信息导致较高的语言准确度，而看图说故事让参加者使用了更复杂的句子和更多不同的词汇。两位研究者认为，语言准确度与复杂度是一对矛盾，在语言使用中处于竞争状态，谁能胜出一般取决于任务特点和实施条件。

---

① Skehan, P. A. *Cognitive Approach to Language Learning*. Oxford University Press, 1998.

② Ellis, R. Interlanguage Variability in Narrative Discourse: Style Shifting in the Use of the Past Tense. *Studies in Second Language Acquisition*, 1987(9).

③ Foster, P. & Skehan, P. The Influence of Planning and Task Type on Second Language Performance. *Studies in Second Language Acquisition*, 1996(18).

尽管二语习得界在任务条件及形式对语言输出的影响研究方面成果不斐，但仍对一些问题意见不一，也留有许多空白。另外，上述研究均基于西欧语言，所得结论是否也适用目的语为非西欧语言（例如汉语为目的语）还有待探究。在汉语二语领域里，相关研究还很少。本研究抛砖引玉，检验不同任务条件和篇章结构对汉语二语写作输出质量与数量的影响。

## 二 研究说明

### （一）被试

被试为42名母语为英语的汉语二语学习者，来自同一所美国大学，选修该校商业中文课。被试按自然班分三组，每组14人。实验前要求参加该校中文水平分班考试，组别相近度为98%，因此可推论本实验最终组别差异结果由所设实验条件所致。

### （二）研究设计

1. 实施条件

本研究设三种实施条件：第一，对照条件；第二，写作开始前提供内容提纲，旨在减轻注意力负担；第三，要求被试在写作中使用数个刚学过的语言形式，旨在增加注意力负担。与以往研究不同的是，类似研究在汉语二语研究中很少。以往研究中几乎没有要求学生使用新学语言形式（条件三），并考察其对语言输出的影响，但类似任务条件常见于汉语二语课堂教学和考试，因此所得结果将对教学实践有参考价值。

2. 写作形式

本实验设有两种写作形式：叙述文和论说文，三组被试在两个不同课时内分别在不同实施条件下完成,但同一组被试在两个不同的条件下完成两篇作文。叙述文题目是:我在北京逛宜家;论说文题目是:你认为海尔、格兰仕、TCL这三家中国公司哪家公司的国际竞争力最强?作文题目根据被试所学课文设计,详见《成功之道——中级商务汉语案例教程》。[1]

### (三)测量

一批国际二语习得研究者[2]分解、量化语言的流利度、准确度、复杂度,以衡量学习者语言的数量与质量。Yuan[3]专门讨论了如何把这种国际流行的衡量方式应用到汉语二语研究中。本研究使用七项类似指标,切割、计算被试写作语料,所得数据输入统计软件,进行描述统计和推论统计,意义值为0.05。具体测量指标如表4-7所示:

表4-7 实验测量指标

| 类别 | 指标 |
| --- | --- |
| 流利度 | 1. 输出字数<br>2. 输出速度:分钟输出词数 |
| 复杂度 | 3. 词汇异同比:所用不同词数与总词数的比<br>4. 难词异同比:HSK二级以上所用不同词数与总词数的比<br>5. 平均分句长度 |
| 准确度 | 6. 无错分句<br>7. 无错分句比:无错分句数与分句总数的比 |

---

[1] 袁芳远《成功之道——中级商务汉语案例教程》,北京大学出版社2005年版。

[2] Skehan, P. A. *Cognitive Approach to Language Learning*. Oxford University Press, 1998.

[3] Yuan, F. Y. Measuring Learner Chinese in Fluency, Accuracy and Complexity. *Journal of the Chinese Language Teachers Association*, 2009(44).

## 三 统计结果展示与讨论

### （一）叙述文

表 4-8 叙述文统计结果

| | 描述统计（平均值） | | | 推论统计 | | 统计意义定位 | | |
|---|---|---|---|---|---|---|---|---|
| | 条件一 | 条件二 | 条件三 | $F$～值 | 意义值 | 条件一对条件二 | 条件一对条件三 | 条件二对条件三 |
| 输出字数 | 519.34 | 585.25 | 453.53 | 4.25 | 0.025 | 0.360 | 0.350 | 0.025 |
| 输出速度 | 7.610 | 8.828 | 6.53 | 3.61 | 0.046 | 0.354 | 0.470 | 0.046 |
| 词汇异同比 | 0.496 | 0.424 | 0.487 | 3.31 | 0.057 | 0.083 | 0.960 | 0.158 |
| 难词异同比 | 0.145 | 0.130 | 0.186 | 3.84 | 0.039 | 0.768 | 0.165 | 0.045 |
| 分句长度 | 10.29 | 10.28 | 10.98 | 1.254 | 0.302 | 1.00 | 0.406 | 0.444 |
| 无错分句 | 44.25 | 46.48 | 36.14 | 5.22 | 0.012 | 0.805 | 0.072 | 0.018 |
| 无错分句比 | 0.874 | 0.817 | 0.859 | 1.19 | 0.326 | 0.352 | 0.938 | 0.570 |

表 4-8 显示，流利度中，条件二被试得分最高，平均 45 分钟写出 585.25 个汉字，速度为每分钟 8.828 个词；其次是条件一，分别为 519.34 个汉字和 7.61 词/分钟；最低是条件三，分别为 453.53 个汉字和 6.53 词/分钟。三组之间的两项指标差异均具有统计意义，输出字数的意义值为 0.025，速度为 0.046。两项指标统计意义均定位在条件二与条件三之间，即条件二被试流利度成绩显著高于条件三，但统计意义并不存在于条件一与条件二和条件一与条件三之间。

复杂度中，条件三被试三项指标中两项得分最高，分别是难词异同比和分句长度，词汇异同比略低于条件一。第二名是条件一，词汇异同比第一，难词异同比和分句长度高于条件二。

三项指标中，只有难词异同比一项三组之间的差异具有统计意义（0.039），统计意义定位在条件二与条件三之间（0.045），意即条件三使用难词比例显著高于条件二。

准确度中，无错分句得分最高的是条件二，然后是条件一和条件三，三组之间的差别具有统计意义，定位在条件二与条件三之间，意义值为 0.018，意即条件二无错分句数显著高于条件三。无错分句比三组之间差异极小，不具统计意义。

简言之，在叙述文写作当中，给予学生写作提纲可促进较流利的语言输出及数量较高的无错短句输出，而强迫学生使用新学语言形式可促进难度更高词汇的运用。

(二) 论说文

表 4-9 论说文统计结果

|  | 描述统计（平均值） |  |  | 推论统计 |  | 统计意义定位 |  |  |
|---|---|---|---|---|---|---|---|---|
|  | 条件一 | 条件二 | 条件三 | $F\sim$值 | 意义值 | 条件一对条件二 | 条件一对条件三 | 条件二对条件三 |
| 输出字数 | 483.40 | 588.50 | 466.00 | 4.64 | 0.019 | 0.071 | 0.923 | 0.031 |
| 输出速度 | 6.83 | 8.74 | 6.66 | 3.12 | 0.013 | 0.045 | 0.972 | 0.027 |
| 词汇异同比 | 0.518 | 0.453 | 0.549 | 2.70 | 0.069 | 0.289 | 0.746 | 0.076 |
| 难词异同比 | 0.134 | 0.157 | 0.179 | 1.91 | 0.167 | 0.613 | 0.167 | 0.638 |
| 分句长度 | 11.86 | 11.95 | 12.31 | 0.183 | 0.834 | 0.903 | 0.849 | 0.993 |
| 无错分句 | 31.00 | 38.40 | 29.60 | 2.10 | 0.042 | 0.293 | 0.955 | 0.181 |
| 无错分句比 | 0.752 | 0.742 | 0.753 | 0.024 | 0.977 | 0.979 | 0.987 | 0.999 |

表 4-9 显示，论说文流利度两项指标条件二得分最高，条件一和条件三相差不多。三组之间输出速度的差异具有统计意义（0.013），输出字数条件一与条件二之间的差异接近统计意

（0.071），输出速度具统计意义（0.045），即条件二流利度显著高于条件一。两项指标条件二和条件三之间的差异均具统计意义（0.031和0.027），即条件二流利度成绩显著高于条件三。与叙述文相比，论说文写作给予学生提纲对写作数量和速度影响似乎更加明显。

复杂度的三项指标中描述统计都是条件三最高，其中两项条件二次之，一项条件一次之，但三组之间的差异均不具统计意义，尽管词汇异同比接近意义值（0.069），条件二与条件三的差别也接近意义值（0.076）。分句长度三组相差无几。与叙述文相比，论说文写作给予学生新学语言形式对复杂度的影响似乎较小。

准确度的两项指标统计结果同叙述文一样，条件二无错分句得分最高，然后是条件一和条件三，三组之间差别具统计意义，为0.042。但任何两组之间的差异都不具统计意义。无错分句比三组相差无几，不具统计意义。

综上所述，在论说文写作中，不同实施条件对语言输出的影响与叙述文几乎相同，只是程度有所不同。如前示，给予学生提纲在论说文写作中对写作数量和速度影响更明显，这或许因为论说文本身对篇章结构要求更高，学生需分配更多的资源以注意内容表达的逻辑性，因此有提纲在手的条件二被试处于更具优势的状态。这与以往的研究成果相似，即减轻学生注意力负担，可增加表达的流利度，而流利度与内容表达相关度更高。[①]

与叙述文相比，论说文写作要求学生使用新学语言形式对复

---

① Ellis, R. The Differential Effects of Three Types of Tasks Planning on Fluency, Complexity and Accuracy in L2 Oral Production. *Applied Linguistics*, 2009(30).

杂度的影响较小,这或许与论说文本身特点和题目相关。无论在哪种条件下,被试都需要使用一定难度的词汇表示连接、转折、因果等关系,以比较三个公司并表达他们的态度。而叙述文更个人化,可以给写作者更大的写作弹性,用难度较低的词汇和较简单的句式同样可以传达类似的内容。

论说文准确度结果与叙述文一致,无论提供写作提纲还是要求用新学语言点都对准确比例影响不大,尽管写作提纲组无错分句数值高。以往研究中任务条件对准确度影响结果差异较大,Ellis[①]认为这可能与学生语言水平有关,任务条件对初级水平的学生影响较大,对中高级学生的影响较小,因为中高级学生已掌握基本语法,句式错误的可能性较小。

(三)叙述文与论说文数据进一步比较

为进一步调查写作形式对输出质量与数量的影响,笔者对两组数据做了比较。

表 4-10  叙述文与论说文数据比较

|  | 描述统计 || 推论统计 || 叙述文与论说文同条件比较 |||
|---|---|---|---|---|---|---|---|
|  | 叙述文均值 | 论说文均值 | $F\sim$值 | 意义值 | 条件一 | 条件二 | 条件三 |
| 输出字数 | 519.35 | 512.63 | 0.056 | 0.814 | 0.474 | 0.944 | 0.739 |
| 输出速度 | 7.64 | 7.41 | 0.274 | 0.603 | 0.285 | 0.913 | 0.825 |
| 词汇异同比 | 0.468 | 0.506 | 4.46 | 0.065 | 0.794 | 0.230 | 0.004 |
| 难词异同比 | 0.152 | 0.156 | 1.24 | 0.728 | 0.670 | 0.178 | 0.690 |
| 分句长度 | 10.52 | 12.04 | 0.122 | 0.000 | 0.009 | 0.021 | 0.172 |

---

① Ellis, R. The Differential Effects of Three Types of Tasks Planning on Fluency, Complexity and Accuracy in L2 Oral Production. *Applied Linguistics*, 2009(30).

(续表)

| | 描述统计 | | 推论统计 | | 叙述文与论说文同条件比较 | | |
|---|---|---|---|---|---|---|---|
| | 叙述文均值 | 论说文均值 | $F$~值 | 意义值 | 条件一 | 条件二 | 条件三 |
| 无错分句 | 42.28 | 33.00 | 13.80 | 0.000 | 0.009 | 0.059 | 0.082 |
| 无错分句比 | 0.853 | 0.750 | 22.98 | 0.000 | 0.009 | 0.039 | 0.010 |

表 4-10 显示，就流利度而言，叙述文写作的输出总量和速度都略高于论说文，但不具统计意义；复杂度的三项指标论说文均高于叙述文，但只有分句长度具统计意义（0.000），词汇异同比接近统计意义（0.065）；准确度的两项指标叙述文均高于论说文，且均具统计意义（0.000 和 0.000）。

表 4-10 右侧两种形式同条件比较数据表明，论说文复杂度高于叙述文，词汇异同比条件三具统计意义（0.004），分句长度条件一（0.009）和条件二（0.021）也具统计意义。叙述文的无错分句在三种条件下均高于论说文（0.009，0.039，0.010），具统计意义，无错分句数条件一和条件二具统计意义（0.009，0.059），条件三接近统计意义（0.082）。

上述数据进一步表明，不同篇章结构的写作任务会导致语言质量的不同，叙述文准确度高于论说文，论说文复杂度高于叙述文，特别是分句长度、流利度不受影响。

## 四 结论、教学意义、局限性及未来研究方向

本研究以认知理论关于注意力分配对第二语言输出影响假说为理论框架，调查三种不同任务条件和两种写作形式对汉语作为

第二语言输出质量与数量的影响,即对语言流利度、复杂度、准确度的影响。本实验所得结论如下:第一,实施课堂任务之前给予学生任务大纲,输出数量和速度一般高于没有写作大纲的学生,特别是在论说文写作中;第二,要求学生使用新学语言形式,倾向使用更高级的词汇,特别是在叙述文写作中;第三,所设三种任务条件对准确度影响较小,这或许与学生语言水平有关;第四,叙述文所导出的语言准确度高于论说文,这是由于前者内容表达需要较少的注意力资源;第五,论说文的复杂度高于叙述文,特别是分句长度,这可能是由于两种不同文体的特质所致。

本研究所设任务条件和形式常见于汉语二语课堂教学和考试,所得结论应对教学实践有借鉴价值。教师可以根据不同教学目的,有的放矢地设置任务条件或布置不同特点或形式的课堂任务。例如,若教师有意发展学生的语言流利度,可明确告知他们内容要求,或给予任务纲要,以减轻其注意力负担,让他们写得较多较快。又如,让学生更多练习写作论说文而非叙述文,他们会有更多的机会学习使用更复杂的句式及难度更高的词汇。

本研究局限性在于:第一,样本过小,且被试语言水平较高;第二,本研究只使用叙述文和论说文两种任务形式,如能使用更多不同性质的课堂任务,或细化同一类型的任务(如叙述文设置一层线索和多层线索)进行研究,会有更好的效果;第三,本研究只考察不同任务条件及形式对汉语写作的影响,未使用口头任务验证本研究结果;第四,本研究使用七项国际二语界流行的测量指标分析写作语料,是否能准确反映汉语写作特点有待进一步研究。

## 第四节 Focus on Form 和 Focus on Forms 两种教学法对汉语二语词汇学习的影响[①]

## 一 引言

近二三十年来，随着西方交际法教学思想的盛行，完全以形式为纲的语言教学法受到不少质疑，以意义和交际为中心的语言教学得到许多二语教学研究者和教师的支持。然而，在教学实践中，教师和研究者也逐渐意识到，以意义和交际为中心的语言教学方法虽然能够提高学习者言语理解和交际能力，但在改善学习者语言使用准确性上却并不理想，学习者中介语的石化现象严重。[②] 于是，语言形式教学的价值再次被重视，人们开始探索如何将语言形式教学融入交际语言课堂，以提高学习的效率和质量。[③] 在此背景下，以 Long 为代表的一批学者提出，应区别两种不同的语言形式教学法（form-focused instruction，简称 FFI），即：意义优先、聚焦形式的教学法（Focus on

---

① 本节作者：洪炜、王丽婧，原载《世界汉语教学》2016 年第 2 期。
② Hector, H. *Fluency and Accuracy: Toward Balance in Language Teaching and Learning*. Multilingual Matters, 1991; Long, M. H. & Robinson, P. Focus on Form: Theory, Research and Practice. Doughty, C. and Williams, J. (eds.) *Focus on Form in Classroom Second Language Acquisition*. Cambridge University Press, 1998.
③ Long, M. H. Focus on Form: A Design Feature in Language Teaching Methodology. Kees De Bot & Ginsberg, R. B. & Kramsh, C. (eds.) *Foreign Language Research in Cross-cultural Perspective*. John Benjamins, 1991; 李茜《任务后语言形式聚焦对英语学习者口语产出的影响》，《外语教学与研究》2013 年第 2 期。

## 第四节 Focus on Form 和 Focus on Forms 两种教学法对汉语二语词汇学习的影响

Form，简称 FonF）和全形式教学法（Focus on Forms，简称 FonFs）。[①]

这两种教学法都属于形式教学法，但有着本质上的差别。FonF 是在理解意义和进行交际的基础上设法引起学习者对语言形式的注意，进而习得语言形式；而 FonFs 则是直接教授每一个具体的语言形式，语言学习等同于积累一个个孤立语言点的过程。Ellis、Laufer 认为，这两类教学法的差别在于，在 FonF 中，学生把自己当作语言的使用者，语言被视为交际的工具；而在 FonFs 中，学生只是把自己视为语言学习者，语言本身是学习的目标。[②]

FonF 和 FonFs 的区别最初是针对语法教学提出的，但这两种形式教学法的差异同样存在于词汇教学当中。[③] 按照 Ellis、Laufer & Rozovski-Roitblat 的观点，采用 FonF 进行词汇教学时，词汇只是被视为完成相关语言任务的工具，例如，为了完成相关

---

[①] Long, M. H. Focus on Form: A Design Feature in Language Teaching Methodology. Kees De Bot & Ginsberg, R. B. & Kramsh, C. (eds.) *Foreign Language Research in Cross-cultural Perspective*. John Benjamins, 1991; Long, M. H. & Robinson, P. Focus on Form: Theory, Research and Practice. Doughty, C. & Williams, J. (eds.) *Focus on Form in Classroom Second Language Acquisition*. Cambridge University Press, 1998.

[②] Ellis, R. Introduction: Investigating Form-focused Instruction. *Language Learning*, 2001(51); Laufer, B. Comparing Focus on Form and Focus on Forms in Second Language Vocabulary Learning. *Canadian Modern Language Review*, 2006(63).

[③] Laufer, B. Comparing Focus on Form and Focus on Forms in Second Language Vocabulary Learning. *Canadian Modern Language Review*, 2006(63); Laufer, B. & Girsai, N. Form-focused Instruction in Second Language Vocabulary Learning: A Case for Contrastive Analysis and Translation. *Applied Linguistics*, 2008(29).

阅读理解任务而通过借助词典、手机软件等工具去弄懂文章中生词的含义。① 而采用 FonFs 进行词汇教学时，词汇本身则被视为学习的目标，例如通过词汇表直接学习生词。但事实上，长期以来，相较于语法结构教学而言，两种形式教学法对词汇学习影响的研究并未受到足够重视。直到近年来，词汇的形式教学研究才引起越来越多学者的关注。②Laufer 曾明确指出，光靠大量输入而忽略词汇形式教学无法实现高效的词汇学习。③Ellis & He、De la Fuente、Laufer & Girsai、田丽丽等研究均直接或间接证实了形式教学对词汇学习的重要性。④

然而，究竟采用何种形式教学法更有利于二语词汇学习？近年来，有的学者就此问题进行了一些考察。如 Hill & Laufer、Laufer 的研究结果初步表明 FonFs 教学法的效果优于 FonF 教学

---

① Ellis, R. Introduction: Investigating Form-focused Instruction. *Language Learning*, 2001(51); Laufer, B. & Rozovski-Roitblat, B. Retention of New Words: Quantity of Encounters, Quality of Task, and Degree of Knowledge. *Language Teaching Research*, 2015(19).

② 黄若妤《形式聚焦教学 FFI 与计划性词汇教学 PLI》，《外语界》2008 年第 3 期。

③ Laufer, B. Vocabulary Acquisition in a Second Language: Do Learners Really Acquire Most Vocabulary by Reading? *Canadian Modern Language Review*, 2003(59).

④ Ellis, R. & He, X. The Roles of Modified Input and Output in the Incidental Acquisition of Word Meanings. *Studies in Second Language Acquisition*, 1999(21); De la Fuente, M. J. Negotiation and Oral Acquisition of L2 Vocabulary: The Roles of Input and Output in the Receptive and Productive Acquisition of Words. *Studies in Second Language Acquisition*, 2002(24); Laufer, B. & Girsai, N. Form-focused Instruction in Second Language Vocabulary Learning: A Case for Contrastive Analysis and Translation. *Applied Linguistics*, 2008(29); 田丽丽《形式教学对二语接受型词汇成绩的影响》，《外语与外语教学》2011 年第 2 期。

## 第四节 Focus on Form 和 Focus on Forms 两种教学法对汉语二语词汇学习的影响

法。[①] 但这些研究仅从词义理解的角度对两种形式教学法的优劣进行探讨,并没有进一步考察两种教学法对于学习其他词汇知识的影响。由于词汇知识的学习包括多方面,除了词汇概念意义、口头和书写形式外,还包括词语的形态知识(如词根和不同派生形式)、词性(句法功能)、与其他词的搭配、使用限制(语体、地域、时代色彩等)、词汇联想(如同义、反义词)等,[②] 因此,FonF 和 FonFs 教学法究竟哪种对二语词汇知识的全面掌握更有效还需做进一步考察。

此外,目前仅有的少量关注形式教学法对词汇学习影响的研究多是针对英语二语词汇学习,鲜有研究者就不同形式教学法对汉语二语词汇学习的影响进行探讨。由于英语和汉语词汇系统存在较大差异,从英语教学实验中所得的结论是否具有普适性也值得进行验证。

基于以上研究背景,本节拟通过一项教学实验全面考察 FonF 和 FonFs 两种形式教学法对汉语二语者词汇知识学习的影响。

---

[①] Hill, M. & Laufer, B. Type of Task, Time-on-task and Electronic Dictionaries in Incidental Vocabulary Acquisition. *International Review of Applied Linguistics*, 2003(41); Laufer, B. Vocabulary Acquisition in a Second Language: Do Learners Really Acquire Most Vocabulary by Reading? *Canadian Modern Language Review*, 2003(59); Laufer, B. Comparing Focus on Form and Focus on Forms in Second Language Vocabulary Learning. *Canadian Modern Language Review*, 2006(63).

[②] Richards, J. C. The Role of Vocabulary Teaching. *TESOL Quarterly*, 1976(10); Nation, I. S. P. *Teaching and Learning Vocabulary*. Newbury House, 1990; Nation, I. S. P. *Learning Vocabulary in Another Language*. Cambridge University Press, 2001.

## 二 研究设计

### （一）研究问题

本实验旨在比较 FonF 和 FonFs 两种形式教学法对汉语二语词汇知识学习的效果。具体探讨以下问题：

第一，整体而言，FonF 和 FonFs 两种教学法，哪种更有助于汉语二语词汇学习？

第二，两种教学法对不同方面的词汇知识学习的影响是否存在差异？

### （二）研究方法

1. 被试

被试为在中国南方某重点高校学习汉语的 32 名中级班留学生。这些学生在实验前一个月参加了该校组织的汉语水平考试，并根据考试成绩被随机分入 A、B 两个平行的中级班。本次实验中，A 班接受 FonF 教学法，共 15 人，其中来自汉字文化圈的被试 7 人，非汉字文化圈被试 8 人；B 班接受 FonFs 教学法，共 17 人，其中汉字文化圈被试 8 人，非汉字文化圈被试 9 人。为了避免两组被试在汉语词汇量上可能存在的差异对实验结果产生影响，我们在实验前两周还对被试进行了一次词汇量测试[1]，测试结果表

---

[1] 该词汇量水平测试参考赵瑞芳的设计，从《汉语水平词汇与汉字等级大纲》的各级词汇中，按一定比例抽取 300 个词，分成 50 组，要求学习者从每组的 6 个词语中选择 3 个词语与正确释义匹配。参见赵瑞芳《中级阶段留学生汉语阅读词汇量测试研究》，中山大学 2012 年硕士学位论文；国家汉语水平考试委员会办公室考试中心《汉语水平词汇与汉字等级大纲》（修订本），经济科学出版社 2001 年版。

## 第四节 Focus on Form 和 Focus on Forms 两种教学法对汉语二语词汇学习的影响

明,两组被试的汉语词汇量无显著差异($p$=0.507)。

2. 实验材料

本次实验从《阶梯汉语中级精读》第四册中选取10个词语作为目标词,其中包括4个名词(权利、配偶、代价、途径),4个动词(炫耀、绑架、弥补、依赖)和2个形容词(残酷、尴尬)。[①]10个目标词均为被试在前测中不认识的词语。

FonF组和FonFs组的目标词完全相同,但学习材料不同。FonF组的实验材料为一篇包含10个目标词、长度为504字的阅读文章及10道阅读理解题。为了确保被试将注意力集中在目标词上,除目标词外的其他词语尽量控制在被试所熟悉的初中级词范围内。阅读理解任务是完成与目标词密切相关的10道判断题,被试只有在理解了目标词词义的基础上才能完成这些题目。如:

"黄昏恋",是指老年人之间的恋爱,也包括他们的婚姻。黄昏恋以前在中国不多见。在有的朝代,女人甚至没有再婚的权利,老年妇女结婚更会被人视为笑话。但是,男人就无所谓了,他们不但可以离婚,还可以再找另一个人结婚。

后来,妇女也可以再婚了。老人再婚也开始被人们接受。于是一些老人因为配偶去世,就再找人结婚。不过,许多老人从相识到结婚,时间短;从结婚到离婚,时间也短。不少老人再婚后才发现,即使付出了很多代价,也无法坚持下去。

李奶奶是一位再婚妇女,不过她没有告诉我们她和她的丈夫

---

① 周小兵主编《阶梯汉语·中级精读》(第四册),华语教学出版社2004年版。

是通过什么途径认识的。……

判断下面句子的对错，并在原文中找出判断的根据（关键的词语和句子）并画出来。

（　）1. 在有的朝代，妇女离婚以后不能再结婚。

（　）2. 一些老人再婚是因为自己的子女死了。

（　）3. 有的老年人的婚姻，付出了很多东西（比如时间、金钱），但最后仍无法坚持下去。

（　）4. 李奶奶和她的再婚丈夫是通过别人介绍的方式认识并结婚的。

FonFs 组实验材料则是一张词汇表和两种词汇练习题。词汇表中包括 10 个目标词的汉语释义、英语释义及例句。练习题为选择词语正确释义和选词填空。例如：

### 词汇表

权利：法律给人们的做一些事的力量。rights

　　例句：以前，在中国只有男人才可以离婚再结婚，现在女人也有这样的权利了。

途径：道路、方法。way，approach

　　例句：北京空气很差，科学家们一直在找解决的途径。

### 练习题

1. 选出生词正确的意思。

权利（　）A. 有资格做某事　B. 很有钱　C. 使用某种方法

途径（　）A. 两个地方之间的距离　B. 一次旅行　C. 方法，办法

## 第四节 Focus on Form 和 Focus on Forms 两种教学法对汉语二语词汇学习的影响

2. 根据句子的意思选择正确的词语填空。

权利　　途径

阿里通过很多（　）学习汉语，如看中文电影、认识中国朋友等。

任何人都没有（　）帮他做这个决定，这是他自己的事情。

3. 测量工具

测量工具为两套结构相同的词汇知识测试题，分别用于即时后测和延后测。每套测试卷均包括五部分，分别考察五个方面的词汇知识：词义理解，词性（句法功能），语义搭配，词义联想和词形辨认。具体题型举例如下：

第一部分考查被试对目标词词义的理解。该题给出目标词词形，要求被试用汉语或自己的母语写出词语的意思，如：

权利：＿＿＿＿＿＿＿＿　　途径：＿＿＿＿＿＿＿＿

第二部分考查被试对目标词词性（句法功能）的掌握。要求被试从三个备选句子中选出词语用法正确的一句，如：

权利（　）

A. 我们要学会保护我们的<u>权利</u>。

B. 你要<u>权利</u>这两种方法，选出一种方法来做。

C. 他这个人很<u>权利</u>，你不要和他玩。

途径（　）

A. 这里<u>途径</u>图书馆和教学楼，你可以走这里。

B. 这条小道很<u>途径</u>，很快就到教室了。

C. 通过这种<u>途径</u>，他很快找到了工作。

第三部分考查语义搭配知识。要求被试从三个选项中选择一个能与目标词搭配的词语，如：

（　）权利　　A. 保护　B. 经过　C. 开始
（　）途径　　A. 继续　B. 停止　C. 寻找

第四部分考查词义联想知识。该题要求被试从三个选项中选出一项与目标词具有近义或反义关系的词语，如：

权利—（　）　A. 金钱　B. 义务　C. 精力
途径—（　）　A. 前途　B. 脚步　C. 方法

第五部分考查被试对词形的再认。该题将目标词和对应的解释顺序打乱，被试需将左列的释义和右列的词语用线连接，如：

方法，办法　　　　　　　　权利
法律给人们的做一些事的力量　途径

每部分包括10道小题。第一部分题目每小题完全释义正确记为1分，部分正确记为0.5分，答错或未答记为0分。其余四个部分，每小题回答正确得1分，回答错误或未答记为0分。每部分满分为10分，总分为50分。为了避免第五部分对前四部分题目答题的影响，施测时先发放第一至第四部分的测试题，被试完成后回收该部分试题再发放第五部分的测试题。

4. 实验程序

实验包括四个阶段：前测、教学处理、后测、延后测。

前测在教学处理阶段的前两周进行，目的在于筛选出可以进行实验的目标词。我们首先从《阶梯汉语中级精读》第四册中选取被试可能不认识的123个中高级词语作为备选词，并让被试判

## 第四节　Focus on Form 和 Focus on Forms 两种教学法对汉语二语词汇学习的影响

断是否认识这些词语。经过前测，最终确定被试不认识的10个词（4个名词、4个动词和2个形容词）作为正式实验的目标词。

教学处理阶段，两个实验组分别采用 FonF 和 FonFs 两种教学方法进行教学。两种教学处理均由同一位任课教师实施。具体实验过程如下：

FonF 组要求被试阅读一篇包含10个目标词的短文。阅读时被试可以使用词典、手机软件等工具查阅不认识的词语。阅读完后，要求被试回答10道与目标词密切相关的阅读理解题，并在原文中画出与问题相关的词语和句子，以迫使被试将注意力集中到目标词上。被试自主完成阅读题后，教师进行简单的讲评。

完成阅读理解题后，教师回收阅读材料，并立刻进行词汇知识测试。在此之前，被试并不知道完成阅读任务后有相应的词汇测试。测试要求被试独立完成，不能查阅任何工具。

FonFs 组则是发给被试一张词汇表。词汇表中提供了10个目标词的汉语解释和英文翻译，并附上例句。被试学习词汇表10分钟后完成两道词汇练习题。在做练习题时，被试可以参考词汇表来完成，练习完成后教师对练习题进行简单讲评。

学习完成后，回收词汇表和练习题，并立刻进行词汇知识测试。与 FonF 组类似，被试在此之前不知道有相应的词汇测试。测试题与测试要求和 FonF 组完全相同。

两组被试实验时间一致，共50分钟。每组被试学习及教师讲练的时间共25分钟，词汇测试时间25分钟。

延后测在后测完成后的一周进行，目的是考查学习者在两种教学法下词汇知识的保持程度。延后测的测试内容和时间与后测一致，但为了减少练习效应，我们对每部分的小题顺序和选项排列进行了调整。

## 三 实验结果

分别统计两组被试的词汇测试成绩，结果如表 4-11 所示。

表 4-11 两组被试后测、延后测整体成绩比较

| 组别 | 后测 | 延后测 |
| --- | --- | --- |
| FonF 组 | 31.17（9.23） | 26.10（11.74） |
| FonFs 组 | 38.35（7.11） | 34.47（8.49） |

注：满分为 50 分，括号内为标准差（SD）。

对以上实验结果进行多元方差分析，结果显示，教学方法的主效应显著，$F_{(5, 26)}$=4.182，$p<0.01$，FonFs 组整体学习成绩显著高于 FonF 组。测试时间的主效应也显著，$F_{(5, 26)}$=5.592，$p<0.01$，后测成绩显著高于延后测成绩。教学方法和测试时间整体交互效应不显著，$F_{(5, 26)}$=1.397，$p=0.258$，表明无论是在后测还是延后测中，FonFs 组的整体成绩均优于 FonF 组的成绩。

表 4-12 进一步统计了两组被试五项词汇知识（词义、词性、搭配、词义联想、词形辨认）的得分情况：

表 4-12 两组被试后测、延后测中各项词汇知识成绩

| | FonF 组 | | FonFs 组 | |
| --- | --- | --- | --- | --- |
| | 后测 | 延后测 | 后测 | 延后测 |
| 第一部分（词义） | 5.90(3.51) | 4.83(3.48) | 7.82(2.04) | 6.35(2.42) |
| 第二部分（词性） | 6.60(2.06) | 5.87(2.53) | 7.23(1.95) | 6.24(2.25) |
| 第三部分（搭配） | 5.73(2.37) | 4.80(2.51) | 7.53(1.87) | 6.59(1.94) |

## 第四节 Focus on Form 和 Focus on Forms 两种教学法对汉语二语词汇学习的影响

（续表）

|  | FonF 组 ||  FonFs 组 ||
|---|---|---|---|---|
|  | 后测 | 延后测 | 后测 | 延后测 |
| 第四部分（词义联想） | 4.27(2.34) | 4.07(2.37) | 7.24(1.48) | 6.82(1.88) |
| 第五部分（词形辨认） | 8.67(1.63) | 6.53(2.70) | 8.53(1.94) | 8.47(1.84) |

注：每部分满分为10分，括号内为标准差。

虽然整体而言，FonFs组词汇学习效果优于FonF组，但为了进一步考查教学方法对不同类型词汇知识学习效果的影响，我们进行了一元方差分析。由于做一元方差分析时进行了5次多重检验，因此我们采用Bonferroni的方法对$p$值进行校正，校正后的显著性水平为0.01（0.05/5）。统计结果表明，对于词义理解（第一部分）、词性（第二部分）和词形辨认（第五部分），教学方法的主效应并不显著（词义理解：$F_{(1, 30)}$=3.127，$p$=0.087；词性：$F_{(1, 30)}$=0.508，$p$=0.481；词形辨认：$F_{(1, 30)}$=2.303，$p$=0.140），表明这三类词汇知识的学习，采用FonFs和FonF教学法并没有显著的差异。而对于词语搭配（第三部分）和词义联想（第四部分），教学方法的主效应达到边缘显著或显著水平（词语搭配：$F_{(1, 30)}$=6.326，$p$=0.017；词义联想：$F_{(1, 30)}$=18.558，$p$<0.001），表明FonFs组被试在这两类词汇知识的测试中成绩显著优于FonF组。

此外，对于五类词汇知识题目，教学方法和测试时间的交互效应均不显著，表明两种教学方法对五项词汇知识成绩的影响效果并未随着测试时间的不同而发生显著变化。

可见，在词义理解、词性和词形辨认三个方面，无论是后测还是延后测，FonFs组的成绩和FonF组的成绩差异并不显著。而在词语搭配和词义联想方面，无论在后测还是延后测中，FonFs组的成绩均优于 FonF 组的成绩。

## 四 分析与讨论

### （一）FonFs 教学法在二语词汇教学中的必要性

实验结果表明，整体而言，FonFs 组的成绩在后测和延后测中都高于 FonF 组。可见，无论从即时效应还是延时效应来看，FonFs 教学法均更有助于促进学习者对二语词汇知识的全面掌握。我们认为，这种优势可能与以下因素有关：

首先，虽然在 FonF 条件下，阅读题目的设计很大程度上能够迫使学习者将注意力集中到目标生词上[1]，但无法总能保证学习者主动学习这些目标生词。FonF 教学法设计的初衷是在完成交际理解任务的基础上设法引起学习者对目标词的注意，进而对其进行加工。但事实上，在 FonF 的条件下，学习者即使注意到目标词也并不意味着总会对这些词进行深加工。这是由于在阅读理解的篇章中，一些日常百科知识和语境信息也会提示阅读理解任务的答案，学习者可能只要大致猜测出目标词的意思，加上其他线索的帮助即可完成题目。例如，对于"一些老人再婚是因为自己的子女死了"这一题，原文中相关的叙述是"于是一些老人因为配偶去世，就再找人结婚"，学习者在完成该题时虽然会注意到"配偶"这一词语，但可能通过猜测或常识推断"配偶"和"子女"

---

[1] 我们对 FonF 组被试在阅读材料上所画出的目标词进行了统计，发现被试平均画出的目标词达到 9.2 个，表明实验任务确实使学习者注意到了绝大部分的目标词。

## 第四节 Focus on Form 和 Focus on Forms 两种教学法对汉语二语词汇学习的影响

并非同义词,因而未必会通过查词典等方式去弄清"配偶"的确切意义和用法。我们在实验过程中确实观察到一些学习者并非所有的目标词都查阅了词典,他们有的通过上下文语境大致猜出了目标词的词义,放弃了查阅词典。这一点在我们随后的个别访谈中得到了证实。此外,在访谈中,我们还发现有的学习者会误将目标生词认作熟词。例如,有的学习者将"女人甚至没有再婚的权利"中的"权利"与同音熟词"权力"混淆。Laufer & Yano 的研究也发现,几乎所有的学习者都过高估计了他们对单词的理解,误将生词看作是认识的单词的比例高达60%。[①] 在 FonF 条件下,学习者将阅读理解而非目标词作为学习目标,因此增加了使用词义猜测策略和误认的可能性,从而影响了目标词语的学习质量。相反,在 FonFs 条件下,学习者的学习任务即是目标词本身,因此学习者的注意力集中在目标词的学习需求上,更能引起学习者对目标词的关注,并最终帮助他们掌握目标词。

其次,从认知资源的分配来看,在 FonF 条件下,学习者难以对词汇知识进行全面加工。根据"资源限制假说",人们的心理认知资源总量是有限的,当大脑同时进行多项认知任务时,各项任务便会同时竞争有限的认知资源。只有当这些任务需要的认知资源之和不超过注意的总资源时,它们才能同时进行。否则,在进行某项活动时,其他活动必然受到阻碍。[②]VanPatten 也指出,由于语言能力上的限制,二语学习者很难同时有效兼顾内容和形

---

① Laufer, B. & Yano, Y. Understanding Unfamiliar Words in a Text: Do L2 Learners Understand How Much They Don't Understand. *Reading in a Foreign Language*, 2001(13).

② Kahneman, D. *Attention and Effort*. Prentice-Hall, 1973.

式的加工。[1] 由于 FonF 组的学习者需要在完成阅读理解任务的过程中学习目标词，因此分配到目标词学习上的认知资源有限，学习者往往无法对目标词各方面的信息进行全面的深加工。相反，FonFs 组无须完成阅读任务，学习者可以将认知资源全部投入到目标词的学习当中，通过词汇表释义、例句以及练习题的形式巩固强化目标词的词义、词性、词语搭配及词义联想等方面的知识，从而使其词汇深度知识得到更好的发展。

（二）两种形式中心教学法（FonF 和 FonFs）对词汇知识不同方面的影响

本实验从五个维度的词汇知识学习对比了 FonF 和 FonFs 教学法的优劣。实验结果初步发现，在五类词汇知识中，FonFs 教学法在词语搭配和词义联想方面所起的作用显著优于 FonF 教学法，而在词义理解、词性和词形辨认方面，FonFs 教学法虽也表现出一定的优势，但与 FonF 教学法相比，二者在统计学上并未达到显著水平。下面我们尝试对这一结果进行分析。

在词语搭配方面，尽管 FonF 和 FonFs 教学法均没有明确说明目标词应该和什么样的词搭配，不能和什么样的词搭配，但 FonFs 教学法似乎给学习者提供了更多这方面的信息。FonFs 所提供的生词表释义和例句对某些目标词的使用范围进行了限定。例如，对于目标词"绑架"，词汇表中的释义为"用强力把人带走，劫走"，该释义明确提示"绑架"的对象是"人"，而例句"那个黑衣男子绑架了这家的小女儿，要她的家人拿钱去换人"

---

[1] VanPatten, B. Processing Instruction: An Update. *Language Learning*, 2002(52).

### 第四节 Focus on Form 和 Focus on Forms
### 两种教学法对汉语二语词汇学习的影响

中"绑架"的宾语"小女儿"则进一步为学习者提供了宾语的语义类型，因此，学习者在完成词语搭配测试时，能较容易地排除干扰选项"汽车""学校"，选出正确搭配选项"儿童"。而在 FonF 条件中，目标词"绑架"则出现在这样的语境中："他们在谈论一个关于绑架事件的新闻"，该句子并没有明确提示"绑架"的对象类型，尽管学习者在完成阅读任务时会借助词典等工具查阅该词的词义，并且也可能从词典中获得一些搭配信息，但由于其主要任务在于理解词义后完成相关的阅读理解题，因此他们对词语搭配信息的关注程度可能远不如 FonFs 组的被试，故在随后的词汇知识测试中，FonF 组被试在词语搭配知识这一项的成绩显著低于 FonFs 组。

词义联想知识方面，在 FonFs 教学法中，一些目标词借助了同、近义词进行释义，如"途径"释为"道路、方法"，"残酷"释为"非常凶狠，无情"等。这些相关词语的出现可能起到引导学习者进行语义联想的作用，帮助学习者在目标词和已学过的近义词、反义词之间建立起较强的连接。又如目标词"炫耀"，释义为"特别喜欢向别人表现自己（能力、财富等）"，被试在学习中，捕捉到关键动词"表现"，在词义联想测试题中，很容易在"提高""表现""说明"三个选项中选出正确答案"表现"。而在 FonF 组中，不少学习者误选了"说明"作为"炫耀"的同义词，这主要是由于"炫耀"一词出现在以下语境中："我有时甚至会在朋友面前炫耀自己以前的生活"。在该语境中，将"炫耀"替换成"说明"语义表达同样通畅，这导致学习者误认为"炫耀"和"说明"语义接近。可见，当干扰选项代入目标词所在语境后语义依然通畅时，学习者很容易将这些词语误认作目标词的近义词，从而造成

FonF 组在词义联想知识测试中得分显著低于 FonFs 组。

相较于词语搭配和词义联想知识,两种教学法对其他方面的词汇知识(词义理解、词性和词形辨认)的影响差异并未达到统计学上的显著水平。

词义理解方面,由于在 FonF 组中,被试要完成阅读理解判断任务需要基于对目标词的理解,且我们要求被试在完成判断时需在原文中画出相关词语和句子,这便迫使被试更关注目标词的词义,使其缩小了与 FonFs 组词义理解的差距,故二者在统计上未表现出显著差异。我们的这一结果与 Laufer[1] 的调查结果有所不同。Laufer 比较了这两种教学法在英语二语词汇学习上的优劣,结果发现,FonFs 在词义理解上的效果要显著优于 FonF。造成两个实验结果差异的原因可能与二者在 FonF 条件下的任务不完全相同有关。在 Laufer 的实验中,FonF 组要求被试回答与阅读材料有关的问题,这些问题中一部分可以通过摘抄原文的词语完成,学习者可能不需要理解目标词的意思也能作答。而在我们的实验设计中,被试在很大程度上需要基于对目标词词义的理解才能对阅读理解问题做出准确的判断。故相较于 Laufer 实验任务而言,本研究设计更能迫使学习者对目标词词义进行加工,从而相对提高了 FonF 组词义学习的效果。这从两个实验中 FonF 组词义理解的正确率也可以反映出来。在 Laufer 的实验中,FonF 组的词义理解正确率为 46.62%,而本实验 FonF 组词义理解正确率达到了 59%。由于本实验 FonF 组的正确率远高于 Laufer 的实验,

---

[1] Laufer, B. Comparing Focus on Form and Focus on Forms in Second Language Vocabulary Learning. *Canadian Modern Language Review*, 2006(63).

## 第四节 Focus on Form 和 Focus on Forms 两种教学法对汉语二语词汇学习的影响

而另一方面，两个实验在 FonFs 组的词义理解正确率上差距不大（Laufer 实验为 71.63%，本实验为 78.2%），因此造成两个实验推断统计的结论有所差异。

对于词性（句法功能）的掌握，两种教学法的差异也不显著。FonFs 组词汇表中的例句和 FonF 组阅读材料中的句子语境均能为学习者提供目标词的词性线索。例如，目标词"途径"，FonFs 组提供的例句为"北京空气很差，科学家们一直在找解决的途径"，根据句中目标词所在的位置和结构助词"的"，学习者很快便能判断出目标词的名词词性。在 FonF 组中，阅读材料提供的语境为"李奶奶是一位再婚妇女，不过她没有告诉我们她和她的丈夫是通过什么途径认识的"，"途径"前面的疑问代词"什么"同样提示了"途径"的词性。不过，有时 FonF 组的阅读材料所提示的词性信息较弱。例如，前文提到的目标词"绑架"，在阅读中出现在定语位置（"绑架事件"），而动词做定语并不是其主要的句法功能；相反，在 FonFs 组，学习者从例子"那个黑衣男子绑架了这家的小女儿，要她的家人拿钱去换人"中则可以明确判断"绑架"的词性。但由于 FonF 组允许学习者查阅词典，词典中可能有词性信息的说明，因此弥补了阅读语境中词性信息不够明确的不足，最后使得两种教学法在词性掌握上的得分差异不显著。

词形辨认方面的考查要求学习者将词形和相对应的释义进行连线，由于该题难度较小，只需学习者在心理词典中建立起形义连接即可，因此无论是 FonFs 和 FonF 教学法，均能达到这一教学目的，二者在该维度的测量上差异不显著。

## 五 结论与教学启示

本研究通过一项教学实验检验了两种不同的形式教学法,即:意义优先、聚焦形式教学法(FonF)和全形式教学法(FonFs)对汉语二语词汇学习的影响。研究结果发现:整体而言,FonFs 教学法比 FonF 教学法更能促进汉语二语词汇知识的学习,这也验证了 Nation 所提出的直接的词汇学习方式也许更有利于词汇知识累积的观点。[①] 实验结果同时表明,就不同方面的词汇知识而言,FonFs 教学法与 FonF 教学法的影响作用有所差异。对于词义理解、词性(句法功能)、词形辨认三个方面,两种教学法的教学效果没有显著差异,而对于语义搭配和词义联想知识,FonFs 教学法的效果显著优于 FonF 教学法。原因可能在于 FonFs 教学法能够使学习者的认知资源更多地集中在目标词的学习本身,从而减轻了学习者词语学习的负担。相反,FonF 教学法虽通过任务设计迫使学习者注意目标词,但由于交际理解任务和词汇学习任务之间存在认知资源上的竞争,因此目标词学习效果整体不如 FonFs 教学法。

以上结论对汉语二语词汇教学有一定的启发作用。首先,近年来,由于交际法、任务教学法等教学理念深入人心,传统的直接教授语言点的方法被视为过时的、应被抛弃的教学法。然而,我们的实验结果表明,至少对于词汇知识的学习而言,传统的直接教学法有其自身优势,尤其是对于初中水平的学习者,因其语

---

[①] Nation, I. S. P. *Learning Vocabulary in Another Language.* Cambridge University Press, 2001.

言处理能力有限,试图在阅读交际任务中使学习者掌握词汇各方面的知识并不容易。其次,即使到了中高级阶段,教师在通过阅读交际任务进行词汇教学时,也应尽可能设法提高学习者对词汇的注意。在传统的阅读伴随性词汇学习中,教师经常鼓励学习者通过语境猜测词义,并期待学习者能够通过语境学会生词的用法。然而,这种方法往往效率低下。这是由于学习者在能够大致读懂文本的情况下可能不会太在意生词,甚至有时学习者根本没有意识到文本中的某个词是生词(如将生词误认为熟悉的词)。[1]因此,任务本身在多大程度上能够引起学习者对目标词的注意和加工是影响学习效果的关键。只有尽可能迫使学习者在完成任务的过程中注意到目标词并做进一步加工(如通过上下文猜词或查阅词典),才有可能获得较好的学习效果。这可以从本实验和 Laufer 实验中 FonF 组表现的差异得到佐证。[2] 由于前者 FonF 组的任务相较于后者更能迫使学习者对目标词进行加工,因此学习效果较优。

## 六 研究的局限性及进一步研究方向

本研究仍存在以下几方面的问题有待进一步改进和探讨:

首先,由于条件限制,本次实验被试人数较少,这在一定程度上影响了实验结果的稳定性。并且,我们仅就单一水平的被试

---

[1] Laufer, B. Focus on Form in Second Language Vocabulary Learning. *Eurosla Yearbook*, 2005(5).

[2] Laufer, B. Comparing Focus on Form and Focus on Forms in Second Language Vocabulary Learning. *Canadian Modern Language Review*, 2006(63).

进行了考察,学习者的语言水平高低是否会对两种形式教学法的教学效果产生影响需要进一步研究。

其次,FonF具体操作方式可能会对其教学效果产生影响。[1]就FonF在词汇教学中的应用而言,目标词在文本中的复现次数可能是其中一个重要影响因素。在本次实验中,FonF组目标词在阅读文本中出现的次数仅为一次,如果能在FonF组中提高目标词的复现频率,FonF教学法的效果是否有显著提高值得探讨。

此外,若将FonF和FonFs的教学法相结合,如在现有的FonF组中加入词汇练习题(如词汇填空等),是否会比单独采用FonF或FonFs教学法效果更佳?目前,一些来自英语二语教学的证据初步表明将这两种教学法有机结合能够获得更好的教学效果,但这一结论是否具有普遍性还需要来自汉语二语教学的证据支持。[2]

---

[1] Nassaji, H. Participation Structure and Incidental Focus on Form in Adult ESL Classrooms. *Language Learning*, 2013(63).

[2] 刘岩《PPP教学及两种任务式教学的二语课堂词汇习得效果之比较》,《天津外国语学院学报》2009年第5期。

# 第五章

# 基于认知语言学的汉语习得研究

## 第一节 韩国留学生习得现代汉语运动事件句的偏误分析①

### 一 引言

运动事件句是指用来表达一个运动主体如何位移的句子,如"他走进了教室""瓶子被扔出去了",等等。一个运动事件,包括"主体""背景""运动"和"路径"这四个最基本的概念要素。简言之,"主体"就是运动的事物或人;"背景"就是运动的参照体,如"起点"和"终点"等信息;"运动"是指运动本身,是一个事件的活动过程,一般都融合在动词中来表达;"路径"是指主体相对背景而经由的轨迹或方向,如英文中的"out of"或动词"enter"、汉语中的趋向动词"出,进,上,下"等。运动事件还常常和外部的"副事件"相关联,最常见的是"方式"和"原因"。

Talmy 从动词和卫星(satellite,如英语中的 in、out 等小品词,德语中的动词词缀,汉语中的补语等)这两个角度对运动事件各

---

① 本节作者:刘岩,原载《浙江师范大学学报》(社会科学版)2014年第4期。

个概念成分的词汇化类型进行了详细的分析与考察。根据运动事件最核心的成分"路径"在不同语言中的典型表达形式的不同，Talmy 将世界上的语言区分为"动词框架语言"和"卫星框架语言"两种类型。动词框架语言是通过主要动词来表达路径的，如法语的 entrer（进入）和西班牙语的 entrar（走入）；而卫星框架语言是通过小品词或词缀来表达路径的，如英语的 go into（进入）和德语的 hineingehen（进入）。Talmy 认为，也许世界上所有的语言都可以按照动词框架和卫星框架来分类。"动词框架语言"包括了所有的罗曼语、闪米特语（如阿拉伯语和希伯来语）、日语、韩语以及其他一些语言；"卫星框架语言"包括除罗曼语以外的所有印欧语、芬兰—乌戈尔语、汉语、北美的奥吉布瓦语和澳洲的瓦勒皮里语。[①]

认知语言学的发展极大地促进了二语习得研究的深入，使二语习得研究的视野更为开阔，对二语习得研究中发现的现象及规律也更有解释力。Talmy 的理论，尤其是他对运动事件的研究影响非常大。他的理论也被引入到了二语习得研究中。如 Cadierno 在研究母语是荷兰语和英语（属于卫星框架语言）的学习者在习得西班牙语（属于动词框架语言）的过程中，发现母语的认知模式的确会迁移到目的语中，造成系统的偏误。[②]Cadierno 和 Ruiz 又对母语属于不同类型的学习者做了实验，看他们在习得西班牙

---

[①] Talmy, L. *Toward a Cognitive Semantics. Volume II: Typology and Process in Concept Structuring*. The MIT Press, 2000.

[②] Cadierno, T. Expressing Motion Events in a Second Language: A Cognitive Typological Perspective. Achard, M. & Niemeier, S. (eds.) *Cognitive Linguistics, Second Language Acquisition, and Foreign Language Teaching*. Mouton de Gruyter, 2004.

语时的差异，同样也发现了很多由于母语语言类型造成的系统差异。[①]虽然 Slobin 曾提出"思维要适应语言"，[②]但二语学习者从开始学习二语一直到学习的中级阶段，有的甚至高级阶段都不能摆脱母语组织概念的模式。

对运动事件表达的习得研究，国内都只局限在对趋向补语的习得方面，如钱旭菁、杨德峰、黄玉花等。[③]他们对不同母语的学习者习得汉语趋向补语的顺序进行考察，同时也对偏误做了不同的分析。但这些研究仅仅局限在趋向补语上。语料中，被他们认为是正确的句子其实很多都是错误的，有的句子虽然语法没问题，但却并不符合中国人的表达习惯。这些问题都没有引起研究者的足够重视。例如：

（1）*所以觉得回去国家以前，应该学习。（初级，澳大利亚）

（2）*我让她进来房间里。（中级，日本）

（3）*但我的坏姐姐连一句话也不说，直接进去自己的房间里。（高级，俄罗斯）

---

[①] Cadierno, T. & Ruiz, L. Motion Events in Spanish L2 Acquisition. *Annual Review of Cognitive Linguistics*, 2006(4).

[②] Slobin, D. I. From "Thought and Language" to "Thinking for Speaking". Gumperz, J. J. & Levinson, S. C. *Rethinking Linguistic Relativity*. Cambridge University Press, 1996.

[③] 钱旭菁《日本留学生汉语趋向补语的习得顺序》，《世界汉语教学》1997年第1期；杨德峰《英语母语学习者趋向补语的习得顺序——基于汉语中介语语料库的研究》，《世界汉语教学》2003年第2期；杨德峰《朝鲜语母语学习者趋向补语习得情况分析——基于汉语中介语语料库的研究》，《暨南大学华文学院学报》2003年第4期；杨德峰《日语母语学习者趋向补语习得情况分析——基于汉语中介语语料库的研究》，《暨南大学华文学院学报》2004年第3期；黄玉花《韩国留学生汉语趋向补语习得特点及偏误分析》，《汉语学习》2007年第4期。

肖奚强、周文华认为这些句子为错序类偏误：句 a 的"国家"应放在趋向动词"去"之前；句 b、c 跟句 a 一样，都应该把后面的名词性成分放到趋向动词之前。这种错序是趋向补语的典型偏误，是各个国别的学生都容易犯的普遍性错误，而且具有"化石化"的趋向。原因可能是学生把"回去、进去"等当作一个词来使用，就跟使用离合词一样，学生往往简单地把它们加上宾语来使用，却不知道它们是可以拆开来使用的。[①]

把以上三句话分析成是错序类偏误当然可以，尤其是对于澳大利亚和俄罗斯的留学生，他们可能存在"化石化"的现象；但对于韩国和日本的学生，产生这种偏误可能有其他的原因。另外，即使我们把以上三句的语序调整正确后，也会发现每个句子都不是很自然。因此，我们认为比较合适的表达应该是：

（1'）所以我觉得回国以前，应该学习。（把"去"去掉）
（2'）我让她进来。（去掉"房间里"）
（3'）但我的坏姐姐连一句话也不说，直接走进自己的房间里。（"进去"改成"走进"，应该给句子加上方式动词）

本研究将把运动事件句看作一个整体，在前人研究的基础上，从认知语义学的视角，以 Talmy 的词汇化类型学为基础，结合现代汉语和韩语的类型差异及各自的特点，对韩国留学生习得现代汉语运动事件的表达偏误进行分析，并从新的角度对偏误产生的原因提出自己的看法。

---

① 肖奚强、周文华《外国学生汉语趋向补语句习得研究》，《汉语学习》2009 年第 1 期。

## 二 现代汉语与韩语属于不同类型的语言

现代汉语基本属于卫星框架语言,[①]路径主要由补语来表达,动词表达的主要是方式(如"走""跑"等)或原因(如"扔""拿"等)。韩语是动词框架语言,路径主要由动词来表达,而方式和原因不是必要的。在韩语中,自主运动事件(如"他走进来")和致使运动事件(如"我把他推出去")的表达方式截然不同。自主运动事件常常是用路径动词加"来(오다)"或"去(가다)"来表达,其中"오다"或"가다"是句子的核心动词。在表达致使运动事件时,韩语中有专门的具有致使意义的路径动词,运动、路径、原因甚至背景都可以直接词汇化到这样的动词上。[②]那么,母语是动词框架语言的学习者在学习卫星框架语言时,母语的概念认知模式是否会迁移到目的语中,从而造成系统的偏误呢?

本研究将从运动事件的表达入手,以诱导实验收集来的中国学生的语料为参照数据来源,然后用同样的方法收集母语为韩语的韩国留学生的中介语语料,中国学生和韩国学生分别都是15人。韩国留学生多为高级水平,即一般已通过新HSK5级或新HSK6级的考试,因为如果留学生的水平过低,他们会采用回避的策略,这样就很难收集到我们所需要的语料。我们收集运动事件的句子

---

[①] 沈家煊《现代汉语"动补结构"的类型学考察》,《世界汉语教学》2003年第3期;刘岩《汉语更接近"卫星框架语言"》,《中国社会科学报》2012年10月15日。

[②] Choi, S. & Melissa, B. Learning to Express Motion Events in English and Korean: The Influence of Language-Specific Lexicalization Patterns. *Cognition*, 1991(41).

的方式主要是看图写句子。受 Slobin 的启示，我们也使用无字漫画书《青蛙，你在哪里?》。[①] 该书共有 28 个场景，具有大量的运动事件，可以很容易地收集到我们所需要的语料。使用这个无字漫画书，也便于我们同其他研究者的成果进行比较。语料收集到以后，我们将留学生的中介语同中国学生的语料进行多维度的比较，从而分析留学生产生偏误的原因。

## 三 韩国留学生在表达运动事件方面与中国学生的类型差异

通过看图说话实验，我们从中国学生的被试（简称"中国组"）那里收集到 255 个表达运动事件的句子，从韩国留学生的被试（简称"韩国组"）那里收集到 168 个表达运动事件的句子。中国组平均每人约使用 17 个表达运动事件的句子，而韩国组平均每人约使用 11 个表达运动事件的句子。从韩国组收集的表达运动事件的句子不但少，而且偏误率也很高，168 个句子当中就有 63 句是有偏误的，偏误率达 38%。[②]

另外，中国组的 255 个句子里只有 17 句使用了路径动词做核心动词，占 7%；韩国组的 168 个句子里却有 54 句使用了路径动词做核心动词，占 32%。可见，韩国组更倾向于使用路径动词

---

[①] Slobin, D. The Many Ways to Search for a Frog: Linguistic Typology and the Expression of Motion Events. Stromqvist, S. & Verhoeven, L. (eds.) *Relating Events in Narrative: Vol 2. Typological and Contextual Perspectives*. Lawrence Erlbaum Associates, 2004.

[②] 在计算百分比时，只保留整数部分，小数点后面四舍五入。

做核心动词。我们一共收集到了 14 种不同类型的谓语部分,[①] 具体情况如下:

第一种,只用方式动词。例:*他走教室。(0:6)[②]

第二种,方式动词+路径+指示。例:他走出去了。(60:54)

第三种,方式动词+路径。例:他走进教室。(108:35)

第四种,方式动词+指示。例:他走来了。(3:3)

第五种,方式动词+方向。例:他跑向教室。(4:0)

第六种,方向+方式+指示。例:他向教室走去。(5:1)

第七种,原因动词+路径+指示。例:他把男孩扔下去了。(14:5)

第八种,原因动词+路径。例:他把男孩扔下悬崖。(42:9)

第九种,原因动词+指示。例:他把书拿来了。(2:0)

第十种,原因+方式。例:*他把男孩子扔掉了水塘里。(0:1)

第十一种,路径动词+指示。例:他出去了。(6:38)

第十二种,路径动词。例:他进教室了。(3:8)

第十三种,来到。例:他们来到森林。(8:1)

第十四种,去。例:?男孩去森林了。[③](0:7)

方式动词和原因动词都属于副事件动词。在中国组的语料中,被试一共使用了 28 个方式动词,25 个原因动词;在韩国组的语料中,被试一共使用了 17 个方式动词,6 个原因动词。韩国留学

---

① 方式动词如"走""跑"等;原因动词如"扔""拿""带"等;路径动词如"上""下""进""出"等;指示路径动词指"来"或"去";方向如介词"向"等。

② 句首的"*"表示这是不成立的句子。括号里":"之前是中国组的句子数,":"之后是韩国组的句子数。

③ "?"表示这是存疑的句子。

生常常出现用方式动词表达致使运动事件的偏误。这一现象表明，留学生在习得运动事件的表达时还没有掌握副事件动词恰当的使用方法。两个组所使用的副事件动词如下：

中国组使用的方式动词（共28个）：

爬、掉、跑、跳、飞、摔、钻、走、游、逃、扑、冒、冲、跌、坐、翻、漂、飞奔、奔跑、退、落、跌落、跌倒、滑、溜、找、蹦、追

韩国组使用的方式动词（共17个）：

跑、溜、逃、走、爬、跳、掉、落、落掉、降落、避、游、飞、追、跨、冒、站

中国组使用的原因动词（共25个）：

顶、抱、伸、带、甩、扔、摇、探、拿、追、托、赶、捧、掀、踢、叉、夹、晃、扑、放、搂、撵、震、抬、弄

韩国组使用的原因动词（共6个）：

扔、抱、赶、塞、抬、托、*落、*掉

从调查结果可以看出，韩国留学生的语料有着明显的动词框架语言的特点：路径动词做核心动词的情况比较多，而副事件动词做核心动词的情况相对较少，并且发生的偏误也较多。另外，韩国留学生所使用的方式动词及原因动词的数量也都比较少。

下面我们对韩国留学生使用运动事件句时产生偏误的原因进行具体分析。

## 四 偏误分析

通过对韩国留学生语料的分析，我们共发现了8种比较典型

常见的偏误。我们对这些偏误从"运动事件"这个框架内进行分析，并尝试从语言类型差异上来解释偏误产生的原因。

(一) 表达致使运动事件时无原因动词

现代汉语中在表达致使运动事件时，路径成分一定要以"卫星"（即趋向补语）的形式出现，核心动词由原因动词充当。但是，留学生却常常会出现几个方面的偏误：

第一种，用方式动词来表达致使运动事件。

（1）*鹿把他们掉下山崖。

（2）*男孩和小狗被那只鹿落下水塘了。

（3）*鹿把男孩儿和狗掉进水塘。

（4）*鹿把孩子掉下山下面，他们掉的是水里。

（5）*鹿把孩子落到水塘。

第二种，把路径动词当作核心动词来表达致使运动事件。

（6）*他的狗把它的头进在罐子里看。

（7）*那只鹿突然站起来，把他到悬崖，然后把他和狗落到悬崖下面。

（8）*把自己的头进了那个罐子里去了。

第三种，用分析手段来表示致使运动事件。

（9）?他的狗让那个蜂窝落下了。

第四种，句中无动词。

（10）*生气的鹿在头上着孩子跑去崖壁。

在韩语中，表达自主运动事件和致使运动事件的句子结构

不同。在表达致使运动事件的句子中，有专门表示致使运动事件的路径动词，如올리다（使……向上运动）和내리다（使……向下运动）；并且在这些动词上还常常词汇化上方式、背景等信息，例如깎다的意思是"用刀去掉某物的表层"，如"把苹果的皮削掉""削铅笔"等。[①] 而在现代汉语中，表达致使运动事件一定要用原因动词做核心动词，路径信息要以卫星的形式出现。"升""降"等词虽然也可做及物动词，但这些词在表达致使运动事件时还是要加上另外的路径动词，如"把旗升上去""把旗降下来"。所以，韩国留学生在学习汉语时会发现现代汉语中没有对应的致使动词，他们会因此而"过度概括"，用方式动词或路径动词来直接表达致使运动事件，甚至把"在头上"这样的介词短语当作动词来用；当然也有人会采取"迂回"策略，于是就出现了诸如"他的狗让那个蜂窝落下了"这样的句子。

### （二）指示路径动词"来""去"的添加偏误

先看下面留学生的句子：

（11）＊他们决定了进去森林找青蛙。

（12）＊他爬上去那上面。

（13）＊男孩子上去了树上。

（14）＊他们爬上去木桶。

（15）＊小狗把它的嘴巴塞进去玻璃里面。

（16）＊他爬上去了树枝。

（17）？他上石头顶去。

---

① Choi, S. & Melissa, B. Learning to Express Motion Events in English and Korean: The Influence of Language-Specific Lexicalization Patterns. *Cognition*, 1991(41).

上文已经提到，以上这些句子，以往的研究往往认为是错序偏误。但我们知道，在韩语中表达自主的运动事件时，相当于"来""去"的指示路径动词是句子的主要动词，它包含着"运动"这一概念成分，是必须有的；而路径动词本身只表示路径，放在"来""去"前。所以韩国留学生受母语负迁移的影响，在用汉语表达运动事件时也常常要加上"来"或"去"。母语是英语的学习者也会出现这样的偏误，但产生的原因不同。这种偏误不是语序的问题，而是应该把"来""去"去掉。

虽然现代汉语中可以有"非指示路径动词+背景+指示路径动词"（如"他走进教室去"）这样的结构，但背景宾语后加"来""去"的结构并不是很常用。如果在背景信息后还要加上指示路径动词"来"或"去"，那么这种句子往往表达的是特殊的语用含义。留学生的这一偏误现象有时也是受了教学的影响所致。在传统教学中，讲授趋向补语时，老师往往过分强调了"非指示路径动词+背景+指示路径动词"这一结构。其实，背景宾语后不用指示路径动词的结构才是更自然更常用的结构，而像"他上石头顶去"这样的句子都是很不自然的。

### （三）路径动词与背景成分搭配不当

现代汉语中路径动词和背景信息搭配有一定的倾向，如"上""进""回""到""去"这些路径动词常和"终点"信息同现，而"下""出""起""来"等路径动词常和"起点"信息同现。如果不遵守这样的规则，就会出现下面的偏误：

（18）*小狗掉下到地上。

（19）*他发现了一个石头，上去了看看青蛙在哪里。

（20）*他游出来了地上。

（21）*突然小狗从窗跑下去外面。

（22）*小男孩儿爬上去树上。

（23）*男孩出来外边。

（24）*男孩子和狗从山崖向水塘掉下来了。

（25）*男孩子和狗幸亏从水塘到地上安全地上来了。

　　这些句子都存在路径动词和相应的背景信息搭配不当的问题。例（18）"*小狗掉下到地上"这句话，可以改成"小狗掉到地上"，也可以改成"小狗掉下来"，路径动词"下"不能跟终点信息"地上"搭配。再来看例（25），现代汉语里一个句子一般只有一个背景信息，路径动词"上"表示的是从低处到高处的纵向运动模式，并且常与终点搭配，而不能和方位短语"……上"搭配。这个句子应该说成"男孩从水塘里出来了，安全地来到岸上"，或者"男孩从水塘里爬出来，安全地爬上岸"。

（四）和"背景"有关的偏误

　　现代汉语运动事件的背景信息有时由处所名词充当，有时由方位短语充当，"上""进"后面还可以用非处所名词来表达背景信息。因为留学生往往很难分清处所名词和非处所名词，所以常常会出现以下偏误：

第一种，用非处所名词误代方位短语。

（26）*小狗从窗户掉下来。

（27）*这时从树挂着的蜂窝掉下来了。

（28）*可是，从洞出来的不是青蛙。

（29）*狗从窗户掉下来了。

## 第一节　韩国留学生习得现代汉语运动事件句的偏误分析

（30）＊突然小狗从窗跑下去外面。
（31）＊从森林出来了一只鹿。
（32）＊孩子吃惊从树枝落掉了。
（33）＊鹿把男孩扔到水塘。
（34）＊他们走到森林了。
（35）＊（男孩）开始往森林找青蛙。
（36）＊许多的蜜蜂往小狗飞着过来。

介词"从""往"及动词"到"后面一般都要接方位短语做宾语。"窗户""树""洞""小狗"等都是非处所名词，后面一定要接方位词才能构成方所成分；"森林""水塘"是"可选处所名词"，① 即其表达方所意义时后面既可接方位词，也可不接方位词，但做介词"从""往"的宾语时，一般都要用方位短语。所以，上面句子中表示处所意义的名词要变成方位短语"窗户上""树上""洞里""小狗那里""森林里"以及"水塘里"。

第二种，用方位短语误代名词。

（37）＊（男孩）又爬上小岩上。
（38）＊男孩子上去了树上。
（39）＊小男孩儿爬上去树上。
（40）＊（男孩）爬上石头顶上。

现代汉语中路径动词"上"后面不能接由方位词"上"构成的方位短语。以上句子要把"小岩上""树上""石头顶上"中的"上"去掉。当然，这些句子还存在另外的偏误，应该把"去"

---

① 方经民《地点域／方位域对立和汉语句法分析》，《语言科学》2004年第6期。

字去掉。

**（五）介词"在"介引背景信息时的误用**

现代汉语中常常用介词"从"介引起点，用路径动词"到"引出终点。介词"在"也可以介引运动的终点，但使用情形很受限制，一般核心动词应该为瞬时动词，如"苹果掉在地上"；如果核心动词是持续动词，句子就会有歧义，如"他爬在一根枯木上"。留学生常常用"在"既介引起点，又介引终点。

第一种，用"在"介引起点。

（41）*青蛙在罐子里出来。

（42）*青蛙偷偷地在罐子里出来了。

（43）*在土洞里突然冒出来一只田鼠。

（44）*在洞口出来了一只田鼠。

以上各句中的"在"都要改成"从"。

第二种，用"在"介引终点。

（45）*男孩爬在大树上找青蛙。

（46）*他的狗把它的头进在罐子里看。

例（45）中的"在"要改成"到"。例（46）中的"在"应该删掉，因为路径动词"进"后面要直接接背景信息；此外，该句还缺少原因动词。

韩国留学生之所以会出现用"在"既介引起点又介引终点这种偏误，主要原因是受其母语负迁移的影响。因为在韩语中，不论是起点信息还是终点信息，都是置于核心动词前的。另外，韩语中相当于"从"的"에서"和相当于"到"的"에"很相似，

这也是造成偏误的原因。

### （六）句中没有路径信息

在运动事件中，"路径"是最核心的概念成分。在现代汉语中，核心动词常常是"方式动词"或"原因动词"，"路径"信息常以"补语"的形式出现。留学生的句子中往往没有路径信息，从而造成了偏误。先看下面的句子：

（47）*男孩过一会爬很大的树上找到一个树洞了。

（48）*突然，（鹿）把男孩子扔掉了水塘里。

（49）*男孩爬石头上。

（50）*孩子吃惊从树枝落掉了。

以上句子中都没有路径动词，"爬""落""掉"都是方式动词，"扔"是原因动词，所以，各句都要加上一个路径动词："男孩过一会爬上大树""突然，（鹿）把男孩扔到水塘里""男孩爬上石头""孩子吃惊地从树枝上掉下来"，这样，句子才能成立。

### （七）重复使用路径动词或副事件动词

路径信息是运动事件最核心的概念成分，但在一个运动事件中只能有一个路径信息，不能出现多个路径动词或多个表达路径信息的成分。当然，副事件动词也只能出现一个，不能出现多个。

第一种，重复使用路径动词。

（51）*孩子跟在壁上碰到了狗一起掉下来到水塘。（"下来"和"到"）①

（52）*他上去到岩石上抓了一个树枝。（"上去"和"到"）

---

① 括号中是重复的路径动词。

（53）*他们跳走中落下到水塘了。（"下"和"到"）

（54）*男孩子和狗下去进了水塘。（"下去"和"进"）

第二种，重复使用副事件动词。

（55）*蜂窝终于落下掉了。（"落"和"掉"）

（56）*鹿跑一跑把他们扔掉了在水塘里。（"扔"和"掉"）

（57）*孩子吃惊从树枝落掉了。（"落"和"掉"）

韩语中除了路径动词之外，还有表示起点的介词（或后置词）"에서"和表示终点的介词"에"，它们常常和路径动词搭配使用；但现代汉语中路径动词一般不能和"到"搭配。另外在现代汉语中，"掉"虽然包含有"路径"的概念成分，但它仍然只是方式动词，不能把"掉"放在其他方式动词或原因动词后面表示路径。以上偏误也是受韩语表达运动事件的方式的影响而造成的。

### （八）背景信息位置的偏误

先看下面留学生的句子：

（58）*男孩就在土地掉下去。

（59）*他们无可奈何在水塘落下来了。

（60）*忽然从草丛里好几只青蛙出来了。

（61）*孩子在鹿角被挂了。

（62）*从那个树洞猫头鹰出来了。

上文已经提到，韩语中无论是起点信息还是终点信息，都要放在核心动词前，并且用相应的后置词介引；但汉语中终点信息一般都要放在核心动词后面。

## 五 其他偏误

除了上面的偏误以外，我们在研究过程中还发现了以下一些偏误：

### （一）背景成分做定语

（63）*头上挂着青蛙的罐子的狗突然落下地面。

现代汉语中背景信息或者做状语，或者做宾语，一般不以定语形式出现。

### （二）主体宾语应该是无定成分

（64）？蜂窝里飞出来蜂群。

当主体做宾语表示出现时，主体前一般要加上数量成分表示无定，说明主体是新信息。

### （三）路径动词不准确

（65）？男孩子去森林了。

（66）*男孩子和狗下去进了水塘。

"来""去"做核心动词时，常常表示跟说话双方位置有关联的运动事件。而在叙述性的语体中，用"来""去"做核心动词不太合适。

现代汉语中路径动词可以做核心动词，但在致使运动事件和非自主的运动事件中，路径信息只能以卫星的形式（即补语）出现。例如"他从山上下去了"是自主的运动事件，是"他"自主地到山下去；而"他从山上掉下去了"是非自主的运动事件，只能用"下"做补语。例（66）中"男孩和狗"是被鹿扔进水塘的，所以不能用路径动词做核心动词,应该改成"男孩和狗掉进了水塘"。

(四)方式动词不准确。

(67)*孩子和狗淹到了水塘。
(68)*那只小狗落下去了。
(69)*狗也不知道从哪里来,跟男孩子一起落下了。

现代汉语是卫星框架语言,存在大量的方式动词,但有的方式动词不能用来表示运动事件,如例(67)中的"淹",应该改成"掉"。另外,留学生还需要掌握不同方式动词之间细微的语义差异。例如"落"和"掉"都表示从高处到低处的运动,但"掉"是非自主的运动,而"落"常常表示自主的运动模式:"飞机落下来了"表示飞机正常的降落,而"飞机掉下来了"说明飞机失事了。上面例(68)、例(69)两句都是非自主的运动事件,应该把"落"改成"掉"。

## 六 结语

通过对韩国留学生中介语语料跟中国学生的语料进行对比分析,我们发现韩国留学生在用现代汉语表达运动事件时会出现比较系统的偏误。下面是留学生的偏误情况:①

第一类,表达致使运动事件时无原因动词:10句,16%。

第二类,指示路径动词"来""去"的添加偏误:7句,11%。

---

① 我们一共收集到63个有偏误的句子,因为有的句子不止一种偏误,所以最后的比例之和大于100%。

第三类，路径动词与背景成分搭配不当：8 句，13%。

第四类，和"背景"有关的偏误：15 句，24%。

第五类，介词"在"介引背景信息时的误用：6 句，10%。

第六类，句中没有路径信息：4 句，6%。

第七类，重复使用路径动词或副事件动词：7 句，11%。

第八类，背景信息位置的偏误：5 句，8%。

第九类，其他偏误：7 句，11%。

韩语属于动词框架语言，现代汉语属于卫星框架语言。韩国留学生在习得现代汉语运动事件句时，会把韩语表达运动事件的模式迁移进来。不同类型的语言因组织框架事件中各个概念要素的模式不同，概念成分词汇化的模式也就不同。另外，不同类型语言的使用者对概念的认知模式也不同，比如动词框架语言的使用者对"方式"就不敏感。通过本研究我们发现，人们在习得第二语言时不但存在句法等方面的负迁移，在概念认知上也会存在一定的负迁移。

# 第二节　来自不同语言类型的学习者叙述汉语运动事件的实验研究[①]

运动事件的感知和描述是近年来认知语言学、语言习得等研究领域讨论的热点话题。研究者发现，不同语言类型的人在感知运动事件时所表现出的语言间差异较小，但是在用语言描述运动

---

① 本节作者：郝美玲、王芬，原载《世界汉语教学》2015 年第 1 期。

事件时却表现出很大的语言特异性。[①] 也就是说，不同语言的人基本上以类似的方式感知周围环境中的运动事件，但是在描述运动事件时，选择运动事件的哪些部分进行描述却受到各自母语特征的影响。可见，语言对于塑造我们的思维起着非常大的作用。而对于第二语言学习者来说，情况更为复杂。他们在使用第二语言进行运动事件描述时，可能同时受到所学目的语特征和其母语特征的双重影响。本研究拟通过比较来自不同母语背景、不同汉语水平的学习者在使用汉语描述运动事件时的特点来对该问题进行细致考察。

## 一 文献综述

### （一）运动事件及其分类

从类型学的角度考察运动事件是由 Talmy 率先提出的，[②] 他指出一个基本的运动事件由四个概念要素组成：移动体、参照物、运动和路径。移动体即指运动主体，根据移动体有无发生位移，Talmy 将运动事件分成位移事件和非位移事件。[③] 前者是指移动体的位置发生了从一点到另一点的改变，例如"小猫跑进屋子里"。

---

[①] Papafragou, A. & Hulbert, J. & Trueswell, J. Does Language Guide Event Perception? Evidence from Eye Movements. *Cognition*, 2008(108).

[②] Talmy, L. Lexicalization Patterns: Semantic Structure in Lexical Forms. Shopen, T. (ed.) *Language Typology and Syntactic Description III: Grammatical Categories and the Lexicon*. Cambridge University Press, 1985; Talmy, L. *Toward a Cognitive Semantics. Vol. II: Typology and Process in Concept Structuring*. The MIT Press, 2000.

[③] Talmy, L. *Toward a Cognitive Semantics.Vol. II: Typology and Process in Concept Structuring*. The MIT Press, 2000.

后者则指移动体未发生移动，其位置保持基本不变，例如"小猫躺在桌子上"。本节研究的运动事件主要指位移事件，对非位移事件不做分析。

Talmy 认为，路径是运动事件的核心，因此他根据路径信息的不同词汇化类型，将世界上的语言大致分为两类：动词框架语言（verb-framed language，简称 V 型语言）和卫星框架语言（satellite-framed language，简称 S 型语言）。前者主要用动词来表达路径信息，如西班牙语、土耳其语等；后者用附加语来表示路径信息，如英语、德语等日耳曼语言。

（二）运动事件描述的类型学差异

Talmy 还重点指出，S 型语言中主动词通常包含运动本身和方式信息，路径信息单独由附加语来表达；而 V 型语言则是将运动和路径合并在主动词中，方式信息单独表达。在此基础上，研究者从不同的角度比较并总结了 S 型语言与 V 型语言在描述运动事件时动词使用上各自的特点。不过，在这方面做得更为全面、系统的还是 Slobin 及其合作者 Berman。[1] 因此，我们在此简要概括一下 Slobin 总结的有关 S 型语言与 V 型语言的人叙述运动事件时在动词使用方面的主要特点及差异。

他们认为，在动词使用上，S 型语言的人倾向于将方式信息

---

[1] Slobin, D. I. From "Thought and Language" to "Thinking for Speaking". Gumperz, J. J. & Levinson, S. C. (eds.) Rethinking Linguistic Relativity. Cambridge University Press, 1996; Slobin, D. I. Two Ways to Travel: Verbs of Motion in English and Spanish. Shibatani, M. & Thompson, S. A. (eds.) *Grammatical Constructions: Their Form and Meaning.* Oxford University Press, 1996; Berman, R. A. & Slobin, D. I. (eds.) *Different Ways of Relating Events in Narrative: A Cross-linguistic Developmental Study.* Lawrence Erlbaum, 1994.

包含在主动词中,将路径信息包含在附加语中。而且使用的方式动词比较多样,除了使用"跑""飞"这些一般性的动词之外,还常常用"蹒跚""盘旋"等描述特定姿势或者动作等的方式动词;而 V 型语言的人倾向于用主动词表示路径信息,方式信息则用分词来表示。在对路径信息的描述上,S 型语言的人倾向于比较细致地描述动作的轨迹,也就是说,更多关注动态信息,较少关注静态信息。比如会说"猫头鹰从树洞里飞出来,然后向树林深处飞去"。而 V 型语言的人更多地关注静态信息和动作发生的场景信息,较少细致描述动作的轨迹信息。

　　Slobin 的总结得到了后来研究的进一步证实,例如,Naigles et al. 对比了英语和西班牙语母语者在运动事件描述上的不同,结果发现来自 S 型语言的英语使用者大量依赖方式动词,而来自 V 型语言的西班牙人则较多地使用路径动词。[①] 又如,Cadierno 指出是因为 S 型语言有一系列丰富的表路径的附加语,同时,多个附加语又可以附加于一个动词上,因此又使得一个动词后接多个参照信息成为可能。[②] 而 V 型语言是用主动词表路径,方式则通常用分词或介词短语来表示,而且常常被省略,所以造成了方式动词较少。

### (三)汉语运动事件的类型学特征

　　有关汉语运动事件的类型学特征在学界存在争议。在 Talmy

---

　　① Naigles, L. R. & Eisenberg, A. R. & Kako, E. T. & Highter, M. & McGraw, N. Speaking of Motion: Verb Use in English and Spanish. *Language and Cognitive Processes*, 1998(13).

　　② Cadierno, T. Learning to Talk About Motion in a Foreign Language. Robinson, P. & Ellis, N. C. (eds.) *Handbook of Cognitive Linguistics and Second Language Acquisition*. Routledge, 2008.

的论述中,汉语被看作 S 型语言,理由是在"小猫跑出来了"这样的句子中,"跑"表示动作及其方式,而"出来"表示路径信息,属于附加语成分。沈家煊、Peyraube、刘礼进等比较认同 Talmy 的观点。[1] 不过,也有一些研究者并不赞同 Talmy 对于汉语的分类。[2] 例如,Slobin 认为"跑出来"这样的结构中,"跑"和"出来"具有同等重要的句法地位,且都可以单独做谓语成分,因而汉语是一种处于 S 型语言和 V 型语言之间的均等框架语言(equipollently-framed language,简称 E 型语言)。[3]Chen & Guo 选择了九部汉语小说,对其中的运动事件中运动动词的使用情况进行了统计分析,并将结果与分属 S 型语言与 V 型语言的英语和土耳其语的结果进行了对比,[4] 最后发现,汉语使用的方式动词(45.3%)比土耳其语(34%)多,比英语(53%)少;路径动词

---

[1] 沈家煊《现代汉语"动补结构"的类型学考察》,《世界汉语教学》2003 年第 3 期;Peyraube, A. Motion Events in Chinese: A Diachronic Study of Directional Complements. Hickmann, M. & Stéphane, R. (eds.) *Space in Languages*. John Benjamins, 2006;刘礼进《汉语怎样编码位移的路径信息——现代汉语位移事件的类型学考察》,《世界汉语教学》2014 年第 3 期。

[2] Slobin, D. I. The Many Ways to Search for a Frog: Linguistic Typology and the Expression of Motion Events. Strömqvist, S. & Verhoeven, L. (eds.) *Relating Events in Narrative: Typological and Contextual Perspectives*. Lawrence Erlbaum, 2004;罗杏焕《英汉运动事件词汇化模式的类型学研究》,《外语教学》2008 年第 3 期;阚哲华《汉语位移事件词汇化的语言类型研究》,《当代语言学》2010 年第 2 期。

[3] Slobin, D. I. The Many Ways to Search for a Frog: Linguistic Typology and the Expression of Motion Events. Strömqvist, S. & Verhoeven, L. (eds.) *Relating Events in Narrative: Typological and Contextual Perspectives*. Lawrence Erlbaum, 2004.

[4] Chen, L. & Guo, J.-S. Motion Events in Chinese Novels: Evidence for an Equipollently-framed Language. *Journal of Pragmatics*, 2009(41).

（53.1%）则比土耳其语（59%）略少，比英语（27%）多，总体来看，运动动词使用模式居于 S 型与 V 型语言之间；另外，与 S 型和 V 型语言都不同的是，汉语的运动动词所处的句法结构，占绝大多数的既不是方式动词单独做谓语，也不是路径动词单独做谓语的结构，而是方式和路径一起出现的结构（62.31%），因此他们也认为汉语应该属于第三种语言类型。

还有些研究者虽然未明确提出汉语是均等框架语言，但是通过比较汉语和其他语言（主要是英语）在运动事件的一些成分上的差异来进一步明确汉语运动事件的特征和归属。例如，李雪比较了英语和汉语的叙述体小说中出现的运动动词的使用频率和类型频率，[①]结果发现，在运动动词的使用频率上，汉语方式动词和路径动词的比例为 2.38，远低于英语中二者的比例（3.38）；在运动动词的使用类型上，汉语方式动词和路径动词的比例为 1.83，远低于英语中的 7.21。从这个数据来看，汉语在运动动词的使用类型上更接近 V 型语言的土耳其语和西班牙语，而和典型的 S 型语言英语相差甚远。作者认为，汉语运动动词的词汇化模式并非 Talmy 提出的方式词汇化模式。又如，许子艳比较了汉语和英语运动事件表达中背景信息的描述，[②]结果发现，当一个句子中只有一个背景信息时，英语和汉语的描述类似；当一个句子中出现两个或者两个以上背景信息时，英语的表现是增加附加语形式，而汉语中则变为连动结构，汉语的这一点又跟西班牙语类

---

① 李雪《英汉移动动词词汇化模式的对比研究——一项基于语料的调查》，《西安外国语大学学报》2010 年第 2 期。
② 许子艳《英汉运动事件中背景表达对比研究》，《海南大学学报》（人文社会科学版）2014 年第 2 期。

似。这说明，汉语兼具 S 型语言和 V 型语言的特征。

### （四）第二语言（L2）学习者对运动事件的描述

L2 学习者在叙述运动事件的过程中，是否会受到母语（L1）特征的影响呢？对于这一问题，学术界的看法并不一致。

有些研究者提出，L1 的语言特征会影响学习者使用 L2 进行运动事件叙述。Berman & Slobin 提出了一种强势的观点，认为儿童在习得 L1 的过程中，同时会习得母语某些特定的"言语思维"模式；而且这种建立在 L1 基础之上的模式根深蒂固，即使学习了 L2 也很难再被 L2 的言语思维模式所替代。[1]Choi & Lantolf 为这一强势观点提供了直接证据，他们比较了 L2 为韩语的英语母语者以及 L2 为英语的韩语母语者在 L2 运动事件叙述中的言语和手势的使用情况。[2] 结果发现，尽管这些被试的 L2 水平较高，但是他们在使用 L2 叙述时仍然受到 L1 "言语思维"的影响，表现为英语学习者在使用 L2 韩语叙述时，倾向于使用"动词+附加语"的结构；而韩语学习者在使用 L2 英语叙述时，则将路径手势语和表示路径信息的附加语一起使用。

但也有研究未发现第二语言熟练程度较高的学习者的运动事件描述受母语类型特征的影响。例如，Navarro & Nicoladis 比较了以西班牙语为 L2 的英语母语者与西班牙语母语者的口头叙述，结果发现学习者的描述已接近西语母语者的水平和表达习

---

[1] Berman, R. A. & Slobin, D. I. (eds.) *Different Ways of Relating Events in Narrative: A Cross-linguistic Developmental Study.* Lawrence Erlbaum, 1994.

[2] Choi, S. & Lantolf, J. P. Representation and Embodiment of Meaning in L2 Communication: Motion Events in the Speech and Gesture of Advanced L2 Korean and L2 English Speakers. *Studies in Second Language Acquisition*, 2008(30).

惯。① 比如，他们提及的参照信息大部分表示起点和终点，这与西班牙语母语者的表达习惯非常相近。

除此之外，研究者还探讨了运动事件的哪些成分比较容易产生语言间的迁移。大部分研究发现路径信息的描述容易受到跨语言影响，② 而方式信息的描述则较少受影响。③ 不过，也有个别研究发现在方式动词的使用上存在跨语言迁移现象。例如，Harley & King 发现以法语为 L2 的英语母语者在用 L2 叙述运动事件时，倾向于使用较多方式动词，明显受到母语 S 型语言特点的影响。④

可以看到，第二语言学习者在描述运动事件时的情况比较复杂，当前研究的结果也存在争议，但总体来说这方面的研究还很有限。如上所述，鉴于近年来一些研究者发现，汉语兼具 S 型语言和 V 型语言的一些特点，那么来自这两种母语背景的学习者在用汉语叙述运动事件时，究竟会表现出怎样的叙述特点与模式

---

① Navarro, S. & Nicoladis, E. *Describing Motion Events in Adult L2 Spanish Narratives*. Eddington, D. (ed.) Selected Proceedings of the 6th Conference on the Acquisition of Spanish and Portuguese as First and Second languages. Cascadilla Proceedings Project, 2005.

② Cadierno, T. & Ruiz, L. Motion Events in Spanish L2 Acquisition. *Annual Review of Cognitive Linguistics*, 2006(4); Brown, A. & Gullberg, M. Changes in Encoding of Path Motion in a First Language During Acquisition of a Second Language. *Cognitive Linguistics*, 2010(21).

③ Negueruela, E. & Lantolf, J. P. & Jordan, S. R. & Gelabert, J. The "Private Function" of Gesture in Second Language Speaking Activity: A Study of Motion Verbs and Gesturing in English and Spanish. *International Journal of Applied Linguistics*, 2004(14).

④ Harley, B. & King, M. L. Verb Lexis in the Written Compositions of Young L2 Learners. *Studies in Second Language Acquisition*, 1989(11).

呢？本研究拟选取来自 S 型语言和 V 型语言的汉语学习者，通过分析与比较他们在叙述运动事件时对运动动词和参照信息的选择与使用，来具体考察以下几个问题：第一，汉语第二语言学习者在叙述汉语运动事件时是否会受到母语类型特征的影响？第二，运动事件的哪些成分容易受到母语特征的影响？第三，母语特征的影响是否会受到汉语水平的调节？

## 二 实验

### （一）研究假设

基于 S 型语言和 V 型语言各自的特点，我们认为：

第一，如果母语的影响确实存在，那么两种语言背景的学习者在用汉语描述运动事件时均会表现出其母语的类型学特点。具体来说，在方式动词的使用上，S 型语言学习者会比 V 型语言学习者多；在路径动词的使用上，V 型语言学习者比 S 型语言学习者多；在参照信息的详细程度上，S 型语言的学习者所使用的含有参照信息的小句比例应会比 V 型语言学习者高。反之，如果不存在母语的影响，则两种语言背景的被试，如果汉语水平也接近，那么在运动事件的描述上应该无显著差异，在方式和路径信息的描述上都会与汉语母语者的表达习惯相似。

第二，根据前人的研究，路径信息的描述容易受到母语的影响，而方式信息的描述则不容易受母语特征的影响。

第三，如果学习者母语特征是否发挥影响会受到学习者汉语水平的调节，那么根据前人研究的结论，初级汉语水平的学习者易受母语特征的影响，而中高级汉语水平的学习者则较少受到来自母语的影响,逐渐与汉语母语者的描述类型相一致。

(二)实验程序

1. 被试

被试为来自北京语言大学和北京交通大学的 60 名汉语学习者。根据其母语背景分为 S 型和 V 型语言学习者。每种语言类型的学习者根据其汉语水平分为初级和中高级被试。汉语水平的分组依据学习者 HSK 的成绩,旧版 HSK 考试 5 级以下的定为初级汉语水平;5 级以上的定为中高级水平。S 型语言背景的被试主要由英语和俄语母语者组成(英语和俄语都是比较典型的 S 型语言),共 30 名,初级和中高级汉语水平的学习者各 15 名,男女各半;V 型语言背景的被试则主要由西班牙语和法语母语者组成(西班牙语和法语都是比较典型的 V 型语言),也是 30 名,男生 17 人,女生 13 人,两种汉语水平的学习者各 15 名。

2. 实验材料

材料为 Mayer 的 *Frog, where are you*?(以下简称《青蛙故事》),书中讲述了一个男孩和他的狗一起去寻找他们的宠物小青蛙的故事,虽然途中经历了不少磨难,但终于如愿找到了丢失的小青蛙和它的家人。[1] 全书共由 24 幅图画组成。选择这本书的主要原因是,该书包含了大量运动事件,已经被三十多个国家的研究者用于运动事件以及叙述等相关研究中。[2] 因此,使用这本书便于将本研究的结果与其他语言的结果进行比较。

---

[1] Mayer, M. *Frog, Where Are You*? Dial Press, 1969.
[2] Berman, R. A. & Slobin, D. I. (eds.) *Different Ways of Relating Events in Narrative: A Cross-linguistic Developmental Study*. Lawrence Erlbaum, 1994.

3. 实验程序

实验开始前，主试首先要求被试尽量仔细地翻看整本图画书，然后一边看书，一边详尽地逐幅叙述图画讲述的内容。在叙述过程中，如果被试遗漏了某幅图画或某个情节，主试将引导被试再去关注这幅图画或该情节，尽量做到较全面地讲述。为保证叙述的流畅性，我们在被试叙述之前，将一些事物的名称（例如，"洞、鹿、猫头鹰"等）提前告知被试。经被试允许，主试在被试叙述过程中，使用录音笔进行录音，然后进行转录、分析。

（三）数据分析与结果

1. 分析指标和编码

首先，统计被试所使用的所有方式动词（Manner Verb，以下简称 M）和路径动词（Path Verb，以下简称 P）的种类及使用频率。方式动词和路径动词的区分参照 Slobin，方式动词主要描述的是动作的速率（如 walk、run）、施动者的态度（如 amble、stroll），以及动作的类型模式（如 jump、hop）；而路径动词则描述的是运动事件的轨迹和方向，如 leave、arrive 等。[1]

其次，统计每位被试所使用的含有参照信息的小句的数量及其在所有含运动动词的小句中所占的比例。含有起点、中介和终点这三种参照信息的任何一种小句均被包括在内。起点是指运动发生的起点，终点即运动结束的方位地点，如在"小男孩从悬崖一下子掉到了下面的池塘里"中，起点是"悬崖"，终点是"池塘"。

---

[1] Slobin, D. I. The Many Ways to Search for a Frog: Linguistic Typology and the Expression of Motion Events. Strömqvist, S. & Verhoeven, L. (eds.) *Relating Events in Narrative: Typological and Contextual Perspectives*. Lawrence Erlbaum, 2004.

中介则经常用在"穿过""经过"等动词之后,如在"他们穿过树林"中,"树林"就是中介。

2. 主要结果

(1) 运动动词的种类与频率

表 5-1 给出了来自不同语言类型背景、不同汉语水平的被试进行描述时所使用的运动动词的种类与频率。为了便于对比,我们也给出了汉语母语者的动词使用情况。

表 5-1 不同组被试所使用运动动词的种类与频率的平均数和标准差

| 母语背景 | 汉语水平 | 方式动词 种类 | 方式动词 频率 | 路径动词 种类 | 路径动词 频率 |
|---|---|---|---|---|---|
| S型语言 | 初级 | 4.47（2.13） | 8.07（3.11） | 4.40（1.84） | 8.33（3.83） |
| | 中高级 | 7.93（3.41） | 14.67（5.98） | 7.47（1.92） | 15.53（3.56） |
| V型语言 | 初级 | 4.60（1.84） | 8.07（4.04） | 3.80（1.01） | 8.67（3.96） |
| | 中高级 | 6.00（1.73） | 11.27（3.58） | 4.93（1.79） | 11.73（4.64） |
| 汉语母语者 | | 14.83（3.24） | 25.07（8.50） | 8.73（2.12） | 25.20（7.61） |

注：汉语母语者的数据来自王芬,下同。[①]

在方式动词的种类上,我们对被试数据进行了 2（母语背景）×2（汉语水平）的方差分析,结果显示,母语背景的主效应不显著, $F_{(1, 56)}=2.15$, $p>0.05$,虽然从平均数上来看,S 型语言学习者所使用的方式动词（$M=6.20$）要比 V 型语言学习者（$M=5.30$）多,但是二者的差异未达到统计上的显著。汉语水平

---

① 王芬《从类型学角度看汉语运动事件的表达》,北京语言大学 2012 年硕士学位论文。

的主效应显著，$F_{(1, 56)}=15.73$，$p<0.05$，即中高水平汉语学习者所使用的方式动词种类明显比低水平汉语学习者所使用的要多。母语背景与汉语水平之间的交互作用不显著，$F_{(1, 56)}=2.84$，$p=0.098>0.05$。在方式动词使用频率上，方差分析得到类似的结果模式：母语背景的主效应不显著，$F_{(1, 56)}=2.33$，$p>0.05$；汉语水平的主效应显著，$F_{(1, 56)}=19.32$，$p<0.05$，二者的交互作用不显著，$F_{(1, 56)}=2.33$，$p>0.05$。

在路径动词的种类上，同样进行 2（母语背景）×2（汉语水平）的方差分析，结果显示，母语背景的主效应显著，$F_{(1, 56)}=12.99$，$p<0.01$。从表 5-1 的平均数上可以看出，来自 S 型语言背景的学习者所产生的路径动词比来自 V 型语言的学习者多。汉语水平的主效应显著，$F_{(1, 56)}=66.15$，$p<0.01$，即中高级学习者产生的路径动词比初级水平的学习者多。二者的交互作用显著，$F_{(1, 56)}=14.02$，$p<0.05$。进一步简单效应检验发现，中高级汉语水平的 S 型语言母语者使用的路径动词种类要明显比 V 型语言背景的学习者使用的多，$F_{(1, 56)}=14.02$，$p<0.01$；而对于初级水平的学习者来说，两种母语背景被试所使用路径动词的种类差异不显著，$F<1$。在路径动词的使用频率上，类似的方差分析发现，母语背景主效应不显著，$F_{(1, 56)}=2.79$，$p>0.05$。汉语水平的主效应显著，$F_{(1, 56)}=24.50$，$p<0.05$。二者的交互作用边缘显著，$F_{(1, 56)}=3.97$，$p=0.051$。

从上文的分析可以看出，在方式动词的使用上，未发现母语背景之间的差异，结果与前人所发现的方式动词的使用较少出现跨语言的迁移的结论一致。[①] 我们还发现另一个比较有意思的现象，即在同一种母语背景，相同汉语水平的学习者使用的方式动词和路径动词的种类和频率相当。王芬发现，汉语母语者在叙述运动事件时，倾向于使用方式动词加路径动词的结构（69.20%），而只包含方式动词的小句和只包含路径动词的小句数量较少，而且并无显著差异（二者分别为 13.32%、15.75%）。[②] 这样的动词结构模式，尤其是绝大多数的动词小句都是"方式动词 + 路径动词"，导致汉语母语者在叙述《青蛙故事》时，虽然使用了较多类型的方式动词，但是方式动词和路径动词的使用频率并无显著差异（分别为 25.07、25.20 次）。

因此，我们在下面的分析中，统计了来自不同母语背景的学习者在叙述中所使用的动词结构的类型。

（2）运动动词的结构类型

参考 Chen & Guo 对汉语运动事件的研究，我们整理了汉语的动作动词结构允许出现的几种情况：（Ⅰ）方式动词 + 路径动词（Manner+Path，简称 M+P）；（Ⅱ）只出现方式动词（Manner only，简称 M only）；（Ⅲ）只出现路径动词（Path only，简称 P only）；（Ⅳ）只出现表示方向的指示动词（Deictic

---

[①] Cadierno, T. & Ruiz, L. Motion Events in Spanish L2 Acquisition. *Annual Review of Cognitive Linguistics*, 2006(4); Choi, S. & Lantolf, J. P. Representation and Embodiment of Meaning in L2 Communication: Motion Events in the Speech and Gesture of Advanced L2 Korean and L2 English Speakers. *Studies in Second Language Acquisition*, 2008(30); Brown, A. & Gullberg, M. Changes in Encoding of Path Motion in a First Language During Acquisition of a Second Language. *Cognitive Linguistics*, 2010(21).

[②] 王芬《从类型学角度看汉语运动事件的表达》，北京语言大学 2012 年硕士学位论文。

## 第二节　来自不同语言类型的学习者叙述汉语运动事件的实验研究

verb，简称 D only），即动词"来"和"去"。[①] 这四种结构举例如下：

（Ⅰ）M+P　他从水里爬起来 | 小狗重重地从窗台上摔下 | 鹿把小男孩扔了下去

（Ⅱ）M only　它们成群地向小狗飞 | 小青蛙跑了

（Ⅲ）P only　他着急地回到家 | 他从楼上下来，笑着说 | 他们一起回家了

（Ⅳ）D only　他们去树林了 | 小明来这里拿了个东西

表 5-2　不同组被试所使用的运动动词的结构类型比例（%）

| 母语背景 | 汉语水平 | M+P | M only | P only | D only |
| --- | --- | --- | --- | --- | --- |
| S 型语言 | 初级 | 32.48 | 26.24 | 29.90 | 11.38 |
|  | 中高级 | 51.05 | 16.82 | 24.95 | 7.18 |
| V 型语言 | 初级 | 21.94 | 31.77 | 32.65 | 14.53 |
|  | 中高级 | 31.49 | 29.32 | 31.33 | 7.87 |
| 汉语母语者 |  | 69.2 | 13.32 | 15.75 | 1.53 |

来自不同母语背景的初级、中高级汉语水平的学习者所使用的运动动词的结构类型比例如表 5-2 所示。从表 5-2 可以看出，对于两种母语背景的学习者，他们所使用的 M+P 结构，随着学习者汉语水平的升高而增多；统计结果发现，S 型语言类型的中高级水平学习者所使用的 M+P 结构的比例明显比初级水平的学习者高，$t_{(28)}=2.29$，$p<0.05$；而 V 型语言的中高级水平的学习者所使用的此类结构虽然也要比初级水平的学习者多，但是二者之间的差异并未达到统计上的显著，$t_{(28)}=1.23$，$p>0.05$。而后三种

---

[①] Chen, L. & Guo, J.-S. Motion Events in Chinese Novels: Evidence for an Equipollently-framed Language. *Journal of Pragmatics*, 2009(41).

结构，即 M only、P only 和 D only 结构，从平均数上看，表现出一致的趋势，即随着学习者汉语水平的升高而倾向于越来越少地使用，但是统计检验的结果均不显著（$ps>0.05$）。

从表 5-2 我们还可以看出，两种母语背景的学习者的表现不太一样：S 型语言组的 M+P 结构随着学习者汉语水平的升高也大幅度上升，同时其他结构类型的使用比例下降明显（尤其是 M only 结构）；而 V 型语言的学习者不仅在 M+P 结构的使用上上升幅度不大，而且其他结构类型的使用比例下降亦不明显。这说明，随着汉语水平的提高，S 型语言学习者比较先洞察到了汉语运动动词常用的句法结构，较先接近汉语母语者的语言使用习惯。我们从表 5-2 可以清晰地看到这一点，在叙述同样的运动事件时，汉语母语者运动动词出现的典型结构是"方式动词 + 路径动词"（使用比例为 69.2%），中高级汉语水平的学习者使用的"方式动词 + 路径动词"结构达到了 51.05%。这样的结果模式有可能是因为 S 型语言与汉语在运动动词的词汇化模式上较为相似，所以才会在习得的过程中产生正迁移，而 V 型语言与汉语在运动事件的表达上有很大的不同，所以未发生习得的正迁移，但是原因到底是否如此，我们需要通过更大样本的数据来进一步分析。

（3）含有参照信息的小句使用情况

表 5-3 列出了四组语言学习者在叙述《青蛙故事》时所使用的含参照信息的小句占所有运动动词小句的比例。从中我们可以看出，虽然 S 型语言学习者所使用的含有参照信息的小句比 V 型语言学习者多，但是两组学习者对参照信息的提及程度并未随着学习者汉语水平的提高而增加，而且无论何种语言背景何种汉语水平的学习者，他们对参照信息的提及程度都远远少于汉语母

语者。

对学习者所使用的参照信息小句的比例进行方差分析发现，语言背景的主效应显著，$F_{(1, 56)}=6.69$，$p<0.05$，表明 S 型语言组的学习者产生的含参照信息的小句比 V 型语言多。汉语水平的主效应不显著，$F_{(1, 56)}=1.82$，$p>0.05$。母语类型和汉语水平之间的交互作用不显著，$F<1$。

表 5-3　含有参照信息的小句的比例（%）

| S 型语言 || V 型语言 || 汉语母语者 |
|---|---|---|---|---|
| 初级 | 中高级 | 初级 | 中高级 | 61 |
| 49.51 | 43.40 | 39.05 | 35.68 | |

## 三　综合讨论

### （一）运动事件特征的语言间迁移

本研究通过分析不同母语背景及汉语水平的留学生在叙述《青蛙故事》时的语料，来探讨第二语言学习者在叙述运动事件时的三个重要的理论问题：第一，验证母语迁移存在与否；第二，运动事件的不同成分是否都会受到母语特征的影响；第三，讨论母语迁移是否受到汉语水平的影响。

首先，在使用汉语描述运动事件的过程中确实表现出了一定的母语背景差异，基本证实了母语迁移的存在。母语背景的差异主要表现在对汉语典型的 M+P 结构的使用和对参照信息描述的详细程度这两个方面，说明运动事件的不同成分所受母语背景影响可能是不一致的。本研究未发现学习者在方式动词和路径动词的相对数量上存在跨语言迁移，可能的原因有如下几点：第一，与学习者所掌握的动词数量较少有关系。从表 5-1 的平均数我们可以看出，在叙述《青蛙故事》的过程中，汉语母语者平均使用 14.83 个方式动词，而留学生平均使用 5.3～6.2 个方式动词。而且他们所使用的一般是一些通用型的动词，描述特定行为与动作的专用型动词掌握较少。正因为他们掌握的运动动词普遍较少，所以很难看出母语或者目的语的影响。第二，与汉语运动动词出现的句法结构有关。汉语母语者描述运动事件时典型的句法结构是"方式动词+路径动词"，其中的路径动词主要是表示动作方向的趋向动词，从母语者的结果来看，母语者在叙述运动事件时，60%多的含有运动动词的小句是"方式动词+路径动词"这样的句法结构，而且只包括方式动词或者只包括路径动词的小句的使用频率也差不多，这就造成了汉语母语者虽然方式动词和路径动词的使用类型不同，但是使用频率却差不多。从表 5-1 的数据来看，不论母语背景和汉语水平如何，学习者所使用的方式动词和路径动词的频率数量相当，初级汉语水平 S 型语言学习者、中高级汉语水平 S 型语言学习者、初级汉语水平 V 型语言学习者、中高级汉语水平 V 型语言学习者中，方式动词和路径动词的使用频率分别为：8.07 vs. 8.33，14.67 vs.15.53，8.07 vs.8.67，11.27 vs.11.73。这样的结果模式说明，无论 S 型语言的学习者还是 V 型语言的学习者，在习得汉语的过程中，更多地受到目的语汉语语言结构的影响。

本研究发现汉语学习者在路径信息的描述上和路径动词的使用上表现出明显的母语类型的影响。具体表现如下，来自 S 型语言的学习者比 V 型语言学习者提供的路径信息更详细；V 型语言的学习者更倾向于单独使用路径动词，不论是初级汉语水平的 V

型语言学习者还是中高级汉语水平的 V 型语言学习者，P only 的比例都在 31% 左右，其比例要高于 S 型语言学习者（27.42%）与汉语母语者（15.75%）。本研究的结果与前人所指出的在第二语言习得过程中，L1 中建立起来的路径信息的表述倾向一般是很难改变的这一观点一致。①

本研究还发现，汉语水平调节并制约着母语特征发挥作用。在参照信息的描述方面，两种语言背景的学习者所产生的含有参照信息的比例都较少，分别为 46%、37%。而根据前人的研究，S 型语言与 V 型语言的学习者在描述《青蛙故事》时含有参照信息的小句的比例分别为 82%、63%。② 这说明，有限的汉语水平导致他们在描述运动事件时无法像母语者一样提供丰富的路径信息。在动词结构的动态发展上也体现了这一点，在汉语水平发展的初级阶段，无论 S 型语言的学习者还是 V 型语言的学习者 M+P 结构、M only 和 P only 之间的差异都不太显著，但是随着汉语水平的发展，S 型语言的学习者使用的 M+P 结构有了大幅增长，同时，P only 和 D only 结构的使用频率逐渐下降。而 V 型语言学习者对这几种结构的使用并未随着汉语水平的提高而呈现出显著的变化。出现这种情况可能有如下原因：首先，

---

① Choi, S. & Lantolf, J. P. Representation and Embodiment of Meaning in L2 Communication: Motion Events in the Speech and Gesture of Advanced L2 Korean and L2 English Speakers. *Studies in Second Language Acquisition*, 2008(30); Navarro, S. & Nicoladis, E. *Describing Motion Events in Adult L2 Spanish Narratives*. Eddington, D. (ed.) Selected Proceedings of the 6th Conference on the Acquisition of Spanish and Portuguese as First and Second Languages. Cascadilla Proceedings Project, 2005.

② Slobin, D. I. Two Ways to Travel: Verbs of Motion in English and Spanish. Shibatani, M. & Thompson, S. A. (eds.) *Grammatical Constructions: Their Form and Meaning*. Oxford University Press, 1996.

"下、上、到"等路径动词以及"来、去"这两个指示性动词均表示路径信息,它们比"跳、爬、掉、摔"之类的方式动词较容易习得,因而汉语第二语言学习者最初较常使用它们,但随着水平的升高,使用这类动词的比例下降。本研究中两组学习者所使用的 M only 动词结构也都呈现了逆向发展的趋势,也是可以解释的。随着学习者汉语水平的提高,他们所掌握的运动动词也随着增多,对动作事件的叙述也越来越向汉语母语者靠拢,汉语母语者在运动动词的使用上一般都是 M+P 结构,即传统意义上的动趋式,较少使用仅含有路径动词或仅含有方式动词的结构。这对汉语 L2 学习者来说也是一样,随着其汉语水平的逐步提高,他们也在越来越多地使用动趋式结构,而少使用 M only 或 P only 这种单纯动词结构。这也说明,以汉语为第二语言的学习者随着汉语水平的提高,在运动事件的表达上逐步向汉语母语者的表达习惯靠拢。

综上所述,不同语言类型的学习者在用汉语描述运动事件时,会受到学习者母语类型特征的影响,而且运动事件的不同成分受到母语类型特征的影响是不一致的。具体来说,本研究未发现方式动词和路径动词的使用类型受母语类型影响,运动动词的句法结构、参照信息的使用受到母语特征的影响;而且,学习者的汉语水平调节着母语特征发挥作用。同时,本研究的结果还说明,目的语类型特征的影响也非常巨大,尤其是像汉语这样的介于 S 型语言与 V 型语言特征之间的均衡型语言,对来自 S 型语言和 V 型语言的学习者来说都有巨大的挑战。因此,要习得目的语的语言结构,需要先充分了解目的语的语言结构。

## （二）对对外汉语教学实践的启发

1. 加强动词和介词的学习

本研究的一个主要内容是考察不同母语背景的留学生在用汉语叙述运动事件时所使用的方式动词和路径动词，结果发现，不论是初级汉语水平的学习者还是中高级汉语水平的学习者，所掌握的两类动词数量都非常有限。以汉语为第二语言的学习者习得运动动词的先后顺序是：先习得简单的指示动词"来""去"，然后习得一些简单的路径动词，如"到""上""下"之类，顺带习得一些简单常用的方式动词，如"走""跑"；最后是较复杂的方式动词，如"爬""逃""飞"等。由于掌握的动词有限，尤其是表示具体行为方式的动词，所以学习者在描述运动事件时，总是重复使用几个简单的动词。词汇使用的多样性与复杂性是衡量学习者词汇能力高低的重要指标，从这个角度来看，即使是中高级汉语水平的学习者在动词使用的多样性、复杂性和准确性等方面都有待进一步提高。我们认为，动词的掌握除了课堂的正式教学之外，还可以利用听力、阅读、语法练习等教学环节，复习之前掌握的动词，注意在一定语境下出现的新动词、不同语境下反复使用的动词等，帮助学生积累一定量的动词。

学习者在介词的使用上也存在很大的问题，主要表现为介词误用和漏用，如他们常常把"他掉到河里"说成"他掉下来在河里"；把"蜜蜂从蜂窝飞出来"说成"蜜蜂家里出去"等。所以在对外汉语教学课堂中，我们认为可以加强介词用法的操练。此外，留学生在 V1+V2 结构的使用上也存在一些问题，比如对于"他掉下来了"，有的被试会说成"他掉了"，有的则会说成"他掉下了"，诸如此类的问题还有很多。因此，我们建议对动趋式结构的操练也应适当加强。

2. 注重叙述能力的培养

我们发现，留学生讲述故事的能力普遍欠缺，即使是汉语水平较高，HSK 成绩达到了 6 级以上的学习者亦如此，他们在叙述的衔接性、连贯性、因果关系的表达等多个方面都存在问题。例如，图上有一个小男孩，我们对这幅图进行描述时，应该说是"有一个孩子"或者"有一个男孩儿"，但是留学生却常常说"有一个儿子"或者"有一个小儿"。又如，有一幅图描写的是鹿在飞快地跑，大部分被试的描述为"鹿散步""鹿跑步"或者"鹿快跑"，等等。这样的问题，一方面与他们掌握的汉语词语数量较少有关系，另一方面也是因为不明白如何用第二语言对图片进行准确描述。叙述能力是一种综合的语言能力，包括多种不同的维度。我们认为，在教学中，教师可以有针对性地选择一些维度对留学生的叙述能力进行长期的训练。目前有关留学生叙述能力的实验研究还非常少见，针对学习者母语的类型特征，选择哪些内容进行训练，如何进行训练，需要展开更多的更深入的实验研究，为教学提供理论和实践指导。

# 第六章

# 基于语言类型学的汉语习得研究

## 第一节　从类型学视野看汉语差比句偏误[①]

在现代汉语中典型的差比句有两种：一为"胜过"，一为"不及"。胜过者，如"小王比小李努力"；不及者，如"小王不如小李努力"。本节着重讨论表"胜过"的差比句。汉语中典型的表胜过的差比句即是"比"字句。

本节通过对北京语言大学"汉语中介语语料库"中外国学习者差比句偏误的分析、比较，拟从语言共性分析其偏误的类型学意义，进而探讨外国学习者汉语差比句偏误中所反映的语言类型和语言共性问题。

### 一　汉语差比句与语言类型

我们先将差比句的构成做一个交代。一个完整的差比句应该包括四个参项：比较主体（主体）、比较基准（基准）、比较标记（标记）、比较结果（结果）。比如：

---

① 本节作者：赵金铭，原载《世界汉语教学》2006 年第 4 期。

| 小王 | 比 | 小李 | 努力 |
|------|------|------|------|
|（主体）|（标记）|（基准）|（结果）|

差比句的构成曾被认为是判定语言类型的重要标准之一。Greenberg 曾基于 30 种语言背景得出的 45 条共性中的第 22 条指出："当差比句的唯一语序或语序之一是'基准—比较标记—形容词'时，该语言为后置词语言；如果唯一语序是'形容词—比较标记—基准'时，大于偶然性的绝对优势可能是该语言为前置词语言。"另据 Dryer 的研究，基于 100 多个语组 625 种语言的统计发现：OV 型语言基本上都取"基准+形容词"的语序，VO 型语言则一律用"形容词+基准"的语序。于是认为"汉语是唯一作为 SVO 型语言却使用'基准+形容词'（比小王高）的语言"。[①]

上述的这条共性，指出了比较句语序与介词类型的关系。然而，在实际语言和方言中，差比句的句法表现要复杂得多，并非只有"基准+形容词"（我比你大）和"形容词+基准"（我大于你）两种句法表现。据张赪统计，现代汉语方言的差比句从句式结构上可分为四类八种。[②]

第一类，比较基准在比较结果之前

（1）主体+标记+基准+结果

他比你高（北京）

---

[①] 转引自刘丹青《差比句的调查框架与研究思路》，戴庆厦、顾阳主编《现代语言学理论与中国少数民族语言研究》，民族出版社 2003 年版。
[②] 张赪《从汉语比较句看历时演变与共时地理分布的关系》，《语文研究》2005 年第 1 期。

（2）主体 + 标记$_1$ + 基准 + 标记$_2$ + 结果

梅县比汤坑较冷（广东丰顺客家话）

第二类，比较结果在比较基准之前

（3）主体 + 结果 + 标记 + 基准

老公高过渠好多（广州）

（4）主体 + 标记 + 结果 + 基准

伊较好我（厦门）

（5）主体 + 标记$_1$ + 结果 + 标记$_2$ + 基准

梅县较冷过汤坑（广东丰顺）

（6）主体 + 结果 + 基准

我勇汝（福建泉州、惠安）

第三类，（7）基准 + 标记 + 主体 + 结果

小王是小李长（浙江天台，意为：小李比小王高）

第四类，（8）主体 + 基准 + 标记 + 结果

我你哈高着（青海）

从中我们可以看出，在现代汉语中，无论是普通话还是方言，差比句的类型大多是比较主体在先，也就是说其语序是先说出被比较的对象，再引出比较基准。只有一种方言（天台话）是最先引出比较基准的。

## 二 外国学习者汉语差比句的偏误类型

外国学习者在习得汉语差比句时出现的各种偏误，呈现出更多的类型。本节之研究目的，在于着重讨论汉语差比句的偏误类型与各种语言差比句类型之关系，以见共性。故凡是类型正确只是比较主体与比较基准不搭配者，均未计算在内。如：

*弟弟学中文比他的学习好。

应是：弟弟学中文比他学得好。/弟弟学习比他学习好。

*天安门广场的景色比白天更漂亮。

应是：天安门广场的夜景比白天的景色更漂亮。/天安门广场晚上比白天更漂亮。

按此原则，我们从中介语语料库中检索出所有带"比"字的句子，删除非差比句，删除重复的句子，再删除比项不配或非类型偏误的句子，共得可用例句 126 句。大致可分为四类十六种，具体分布如下：

第一类，首项为比较主体，比较基准+比较结果

（1）主体+标记+基准+结果（N）

*老师穿比平时的好衣服。

*吐鲁番比三大火炉更热的地方。

（2）主体+标记+基准+（很、十分、太、非常、特别、极、最、顶、挺、相当）结果/结果（得多、得很）

*要知道，小鸟的寿命比人很短。

*她比我说得很好。

*瘦子女人每个天越来越漂亮,她比我最漂亮。

*他比一般中国人高得很。

(3) 主体+标记+基准+结果(S小句)

*他比我一岁大。

*我觉得那个食堂比留学生食堂她吃得多。

(4) 主体+标记+基准+结果(V)

*那时候他比我马上发现,下次打算参观的地方怎么走。

*至于旅行,将来越来越随着经济发展,比现在改革开放的政策更进行,我想到时候一定有机会。

(5) 主体+标记+基准+(有一点儿、一点儿、一些)结果

*外事楼的设备比一号楼好,房费也比一号楼有点儿贵。

(6) 主体+标记+基准+(一样、相同、相反、差不多)结果

*现在,中国青年喜欢的音乐比日本青年相同。

(7) 主体+标记+基准+(不)结果

*我觉得中国比德国不一样,因为生活不一样。

*北京的冬天比我国家的不冷。

(8) 主体+标记+基准+(没有)结果

*在日本发行的报纸的种类,比中国的没有那么多。

*这篇作品比那篇作品没有好。

(9) 主体 + 标记$_1$ + 基准 + 标记$_2$ + 结果

*我们检查各道词尾一次就能看出来,地方说法比汉城说法比较短。

*路上辛苦没有,这里的气候比马里固本市比较热。

*德国比中国的出租车比较贵。

(10) 主体 + 基准 + 标记 + 结果

*他的书是你的比很多。

(11) 主体 + 标记 + 结果

*他比小一岁,跟他妈妈一起来了。

*他游泳游得比快一点儿。

第二类,首项为比较标记,比较基准 + 比较结果

(12) 标记 + 基准 + 结果 + 主体

*对我来说,比什么都更重要亲眼看一看中国人的日常生活。

(13) 标记 + 基准 + 主体 + 结果

*比以前电视机,播送技术发展越快越好。

*随着经济发展得快,社会把比体力智力更重视。

第三类,首项为比较主体,比较结果 + 比较基准

(14) 主体 + 结果 + 标记 + 基准

*我喜欢打篮球比踢足球。

*杰克汉语说得流利比我。

*他跑得快比我。

*我喜欢天津比上海。

（15）主体+结果+基准

*安娜说她不是七月来北京，就是八月来北京，不会晚八月。
*这些年，这个城市的人口增加了以前的两倍。

第四类，杂糅的复杂形式
（16）主体+标记+基准+比较的话+结果

*这个梦比小学生的梦比较的话，真可笑的。

如果我们把学习者的偏误和他们的母语进行比较，就会发现，操各种不同语言的外国学习者，在学习汉语表示"超过"意义的差比句时所出现的偏误，显示了在表达相同的功能上学习者头脑中原有的语言表达形式对学习目的语的干扰。学习者可以用不同的语言形式来表达目的语的同一种功能，这正是一种语言共性。我们正是试图寻求不同的表面形式下所隐藏的共同因素。

## 三 汉语差比句的典型句与边缘句

### （一）典型句与边缘句句式

现代汉语普通话中差比句的典型形式是：
主体+标记+基准+结果（我比你大得多）
其中比较标记"比"在比较基准"你"前，比较标记与比较基准结合在一起前置于比较结果。应该特别指出的是："比较标记+比较基准"是固定组合，不可分离。只要维持这一原则，在

一定的语境下,应表达的特殊需要,差比句的典型形式还可以产生变异形式。比较常见的有两种:

标记+基准+主体+结果(比你我大得多)

主体+结果+标记+基准(我大得多比你)

这两种句式类型之所以成立,原因有二:一是在汉语中差比句的"标记"绝不能离开"基准",也就是说比较标记永远紧密与比较基准相毗连,不可分离。不违背这一原则,整个板块移动时,句式尚可接受。如:"比你,我大得多"。在语气上,往往在"标记+基准"之后有语音停顿。二是语义指向决定的。在汉语普通话差比句中,比较结果的语义永远指向"主体",即指向比较主体,在"我比你大得多"中,"大得多"是指向"我"的。所以当"标记+基准"作为一个板块游移之后,使得"主体+结果"直接相搭配,语义顺畅,毫无滞碍,故句式也得以成立。

这两种句式并非是汉语差比句的常式,在一定的语境条件下,特别是在口语表达中,前者可看作"倒装",后者可看作"追加"。这是因说话人所要强调的重点不同,而使句式具有特殊的语用色彩。

这就涉及类型的充分性问题。如果我们通过跨方言和跨语言(包括外国学习者的中介语现象)的观察,便能清楚地看到"我比你大得多"是更基本、更典型的句式,是比"比你我大得多"和"我大得多比你"分布更广、受限制更少的句式。后两句是受限制和被排斥的有标记的句式,是边缘的,它们在某种程度上违背了公认的一般的语言规律。

(二)关于比较标记"比"

汉语差比句中的比较标记"比"是一个介词,而介词是句法组合中的联系项，用来连接两个有句法关系的成分。在跨语言调查所得出的人类语言若干语序原则中，有一条很重要的原则，就是联系项原则，该原则指出联系项的优先位置是位于所连接的两个单位之间。世界上绝大部分语言的介词都遵守这一原则。这一原则也是人类语言象似性原则的具体表现之一。[①] 在汉语中"介"字之本义，即在两者当中起介引作用。在典型的汉语差比句句式"我比你大得多"中，一边是比较主体"我"，一边是比较基准"你"，而比较标记"比"，作为介词，只能居中。可见，这种联系项居中的汉语差比句典型句式正是模拟了生活中的客观真实，即介绍人总是居于被介绍的两者中间的情形。这也说明为什么"主体＋标记＋基准＋结果"（"我比你大得多"）是典型的差比句式或基本句式。在某种程度上可说是汉语差比句的原型句，而"标记＋基准＋主体＋结果"和"主体＋结果＋标记＋基准"只能说是汉语差比句的边缘句式。值得提及的是，汉语中并不存在按如下组配而成的句式：

主体＋基准＋标记＋结果（＊我你比大得多）

主体＋结果＋基准＋标记（＊我大得多你比）

主体＋标记＋结果＋基准（＊我比大得多你）

这些类型之所以不存在，因为它不仅违背了语言的一般规律，也不符合人们的认知顺序。在古汉语中，介词之后的宾语可直接借助语境省略，如"行有余力，则以 $ti$ 学文"中的 $ti$ 与上句中的"余力"同指，表示"用余力学文"。这种情况在语言学上被称作"介词悬空"。据对世界上130种语言的统计，

---

[①] 刘丹青《汉语中的框式介词》，《当代语言学》2002年第4期。

前置词语言有 8%～10% 明显允许介词悬空，后置词语言只有 2% 似乎允许介词悬空，介词悬空是造成汉语语法史上若干语法化和词汇化现象的重要原因。① 在现代汉语差比句中绝无介词悬空现象，因为那样差比句中就缺失了比较基准，所以像"我比＿＿大得多"的句子是见不到的。也就是说，缺少比较基准的差比句是不存在的。

如果我们仔细观察外国学习者汉语差比句的偏误，就会发现有两个十分一致的特点：一是所有偏误的句子皆以比较主体为首项，仅两例例外，我们另有解释。二是所有的偏误句子都是把"比较标记＋比较基准"作为一个板块，也就是"比 NP"紧密相连，没有分开。另有 4 句，一是丢失比较标记"比"，一是丢失比较基准，属个别特例，可另当别论。除去这 6 句之外，剩下 120 句，句子的大体格局是不错的，只是在局部出现偏误。可见，在人类认知的领域中，在处理"比较"特别是"差比"这一思维过程中，认知顺序与认知方法是相当一致的。

## 四　外国学习者汉语差比句偏误四类十六种的类型学分析

### （一）关于"主体＋标记＋结果"类型

全部语料中只检索出 2 句，这是一种缺少比较基准的句子，如：

＊她游泳游得比快点儿。

＊他比小一岁，跟他妈妈一起来了。

---

① 刘丹青《先秦汉语语序特点的类型学观照》，《语言研究》2004 年第 1 期。

这显然是在表达差比时遗漏了一个成分而导致的偏误,两物相较缺一物,这应是偶然现象,没有普遍性。"主体+标记+结果"在其他语言中未见相似的格式,故也不具备语言类型意义。

**(二)关于"标记+基准+结果+主体"与"标记+基准+主体+结果"类型**

这两个类型均用比较标记打头,且与比较基准紧密相连。

*对我来说,比什么都更有兴趣亲眼看一看中国人的生活。

*比以前电视机播送技术发展越快越好。

如前所述,这两种句式是受限制的,违背一般语言规律的表达方法。但不排除在特定的语境下,为了某种修辞色彩,或为了特别强调某个成分而违反常规地使用这种表达方式,表达一种特定的语用功能。故这也是不具有普遍意义的语言类型。

**(三)关于杂糅的复杂形式**

所谓杂糅形式,我们一共检索出2例,如:

*这个梦比小学生的梦比较的话,真可笑的。

一般来讲,学习者在接触了目的语的一种新的表达方式之后,如果感觉与自己的母语差异较大,往往会引起较大的关注。比如日、韩生其母语差比句类型为"主体+基准+标记+结果",而汉语差比句类型为"主体+标记+基准+结果",二者应有明显的差异。但当学习者初步接触了汉语差比句的语序之后,尚未完全掌握之时,又接触了汉语新的表达方式,如"A跟B相比……A……"或"A比起B来,A……"等句式之后,又拿来与自己母语中原有形式相比附、杂糅,于是出现了向母语回归之现象。据此,我们可以判断这是日、韩学习者的偏误。

又如:

*随着经济的发展得快,社会把比体力智力更重视。

这是在学习者学习了汉语差比句之后,又接触了"把"字句,这又是一个新鲜的语言点,加之汉语中又有"把A与B相比……"的句式,学习者把"把"字句与表达差比的基本句式相混淆,便出现了这类偏误,此二例均不具有典型意义。

(四)关于"主体+结果+基准"类型

这种偏误类型,是汉语闽方言中差比句的一种类型。句中没有比较标记,是一种无标记差比句。如:

我勇汝。(我比你健壮,闽南)
伊大汉我。(他比我力气大,闽南)
他大你还是你大他呀?(他比你大,还是你比他大呀!湖北随县)

这种格式如果后面带上数量结构,则普遍存在于汉语各方言之中。如:

二姐大我三岁。(四川)
我多你两个孩子。(湖北英山)
你重我五斤。(湖南临武)
伊大我四岁。(广东汕头)

外国学习者当要表达人或事物在性质、数量、状态等程度上的差别时,该用汉语差比之"比"字句,却没有用,由于缺漏,无意中形成汉语方言"主体+结果+基准"类型,暗中虽与现存方言类型相符，但是因缺少比较标记的句子，在现代汉语普通话中多半是不用的。学习者的偏误又有不同的样式。例如：

*安娜说她不是七月来北京，就是八月来北京，不会晚八月。

从另一个角度观察，这个句子也可以说是受"主体＋结果＋标记＋基准"类型的影响，我们推测学习者在取这个类型表达时，在比较基准之前，遗漏了比较标记，结果形成了"主体＋结果＋基准"格式。又如：

*这些年，这个城市的人口是增加了以前的两倍。

这个句子可能是差比句的偏误句，也可能是说话者想要表达别的意思，比如：

这个城市的人口是以前的两倍。（"是"字句）
这个城市的人口增加了两倍。（动词谓语句）
这个城市的人口比以前增加了两倍。

我们推测说话者的意思可能是第三种，但说话人头脑中差比句的类型可描写为"主体（这个城市的人口）＋结果$_1$（增加）＋标记＋基准（以前）＋结果$_2$（两倍）"，这是一个汉语中不存在的差比句类型，可能是学习者比附"主体＋标记$_1$＋基准＋标记$_2$＋结果"的类型而形成的。这是一个个案，不具有代表性。

（五）关于"主体＋基准＋标记＋结果"类型

这种类型只存在于青海省的汉语方言中。如："我你哈高着"。这在通过词尾变化来表明比较主体和比较基准的语言里，是一种普遍存在的类型。比如汉藏语系藏缅语族中的拉祜语，"我比你高"的表达方式为：

ŋa³¹　nɔ³¹　tha³¹　a³³　k_E³⁵　mu³³①
我　你　（助）　比　　　高

韩国语亦如是。所以，韩国学生的偏误句子"*他的书是你的比很多"（他的书是比你多）正是其母语差比句类型的真实复制。大多数的汉语学习者，在初始阶段，就都已把汉语差比句的类型"主体+标记+基准+结果"先行记住，所以犯上述错误的不多，我们完全有理由判断，这应属于初级阶段的偏误。又如"*丁力不我的哥哥大"，这显然已经接受了"主体+标记+基准+结果"的类型，只是因增加了否定词"不"，占据着比较标记的位置，占位的结果，使本应有的比较标记遗漏了。于是形成了"主体+基准+结果"句式。

（六）关于"**主体+结果+标记+基准**"类型

这是古汉语差比句类型，也是闽、粤等地区汉语方言差比句的类型，更是现代英语差比句的一种类型。学习者受母语或媒介语的干扰，使其成为一种带有普遍性的偏误类型，尤其在日、韩及阿拉伯学习者中居多。如"*今天更冷比昨天"，"*他得快比我"。

（七）关于"**主体+标记₁+基准+标记₂+结果**"类型

这是日耳曼语族及罗曼语族差比句的重要类型，也就是说，把比较基准放在由比较标记分成两个成分的框架之中。如英语的"more...than"、法语的"plus...que"。受此影响，学习者造出"德国比中国的出租车比较贵"便不足为奇了。

---

① 马学良《汉藏语概论》，民族出版社 2003 年版。

以上七类之总和，在所检索的有效的偏误句中仅有17句，剩下的偏误句子只有一个类型，那就是第八类"主体+标记+基准+结果"，而这正是现代汉语普通话差比句的正确表达方式。这个统计结果出人意料，令人深思。也就是说，我们检索中介语语料库外国人差比句偏误句子共得126句，属于类型错误的仅17句，其余109句类型是正确的，只是其他方面的问题。类型正确而只是具有其他错误的句子占偏误句子总数的86.5%。其中又以差比句中比较结果带程度副词的偏误最多，多达38句，占总数的34.8%。

我们如果从母语的负迁移上找原因的话，比如在韩国语中，有相当于汉语的比较标记"比"字的（보다），也相当于英语的"than"。这个词里面本来就隐含着程度副词（相当于英语的"more"），所以初学汉语的韩国人（不只是韩国人）常常会在"比"字句中比较结果前误加"很""非常""十分"等副词。

如果从汉语的比较范畴来观察，其下辖的四个次范畴为：近似、等同、胜过、不及。

近似（"……像……"）：小王像小李（那么高）

等同（"……跟……一样"）：小王跟小李一样（高）

胜过（"……比……"）：小王比小李（高）

不及（"……不如……"）：小王不如小李（高）

"比"字句属胜过次范畴，其比较结果是表示量幅的词语，是无界的。如果加上程度副词，如"*她织布的技术比别人很高"，其比较结果"很高"带有较高的程度，是表示量段或量点的词语，是有界的。故句式不成立。①

另则，一个比较句式只能表示一个比较次范畴，如果一句中包含了两个次范畴，势必成为杂糅，句子也不能成立。如：

*他说中文比中国人一样流利。（胜过"比"与等同"一样"杂糅）

*这篇作品比那篇作品没有好。（胜过"比"与不及"没有"杂糅）

我们从语言类型，包括母语类型和中介语类型的比较中，来发现各种语言的普遍特征或普遍特征趋势。然后，借助于这种语言类型学的研究推动语言的学习。学习者在学习汉语差比句时，认识并掌握汉语差比句的类型是不难的，难点不在语言格式，而在其他的相关方面。比如差比句中，比较结果所具有的特殊要求，保持比较次范畴的单一性，比较主体与比较基准的一致性，以及学习者在其他句法和语义上的要求。我们可以断言，学习者在掌握汉语差比句类型上不会用太长的时间，但要经过相当长时间并伴随一定比例的非类型偏误的学习过程，才能最终掌握汉语差比句。

---

① 赵金铭《论汉语的"比较"范畴》，《中国语言学报》2001年第10期。

# 第二节 语言习得中的主题突出特征 [1]

## 一 研究背景

很多研究表明,在英语二语习得中,不论学习者母语类型是主语突出还是主题突出,中介语往往存在一个主题突出阶段。[2] 而对汉语二语习得的考察,却有不同结论。

温晓虹通过调查三组美国大学生汉语存在句的习得,得出主题突出是汉语存在句二语习得中的一个重要特征。[3] 杨素英等在考察日语、韩语、英语为母语的中高级汉语二语者习得存现句情况时也讨论了主题突出问题,结论却与温文相反。[4] 另外,二者的考察都较片面,温文只考察了一种母语背景(英语)的学生,杨文只考察了中高级水平学生。

---

[1] 本节作者:陈凡凡,原副标题为"基于汉语物体空间关系表达的研究",载《语言教学与研究》2010年第1期。

[2] Rutherford, W. Language Typology and Language Transfer. Gass, S. M. & Selinker, L. (eds.) *Language Transfer in Language Learning*. Newbury House Publishers, 1983; Fuller, J. & Gundel, J. Topic-prominence in Interlanguage. *Language Learning*, 1987(37); Duff, P. A. The Convergence of Possessive and Existential Constructions. *Syntax, Semantics, and SLA, SSLA*, 1993(15); Sasaki, M. Topic Prominence in Japanese EFL Students' Existential Constructions. *Language Learning*, 1990(40).

[3] 温晓虹《主题突出与汉语存在句的习得》,《世界汉语教学》1995年第2期。

[4] 杨素英、黄月圆、高立群、崔希亮《汉语作为第二语言存现句习得研究》,《汉语学习》2007年第1期。

前人的研究对汉语二语习得是否存在主题突出特征尚有争议；该特征是否受母语类型影响，发展过程如何也未做分析；主题突出特征是否为语言习得（母语、二语）中的普遍特征更无人考察。本研究试图以物体空间关系的表达为切入点，分水平、分母语类型、分句式类型详细考察汉语二语、母语的习得情况，从定性、定量两方面回答上述问题。

## 二 研究方法

### （一）研究内容

考察习得的主题／主语突出特征，最好是能找到表达同一功能的多种句式，而这些句式又可分别代表"主题—述题"结构和"主语—谓语"结构。无疑，物体空间关系的表达句式是讨论该问题的最佳切入点。我们将收集到的母语、二语表达空间关系的句式归纳如下：

A. "有"字句"NL+有+NP"：桌子上有一本书。
B. "V着"句"NL+V着+NP"：墙上挂着一幅画。
C. "在"字句"NP+在+NL"：哥哥在沙发的左边。
D. "V在"句"NP+V在+NL"：一幅画挂在墙上。
E. "在……V着"句"NP+在+NL+V着"：一幅画在墙上挂着。

对没有形式标记的汉语来说，如何区分句子的主语和主题，一直是人们争论的一大问题。Li & Thompson、曹逢甫、沈家煊、石毓智等对此问题做过深入探讨，依据他们的标准，A、B句应属"主述题结构"的"主题句"，C、D、E句应属"主谓语结构"

的"主谓句"。①5个句式功能相同,可自由互换。选择哪种句式体现了语言习得者对主语突出或主题突出句的使用倾向。

(二)调查对象和语料来源

二语调查对象是中山大学国际交流学院母语分别为泰语、越南语、日语、韩语、英语、俄语、印尼语的留学生70名,来自第1～5学期的初级一、初级二、中级一、中级二、高级5个等级组,即L1～L5(测试时,L1组已学习汉语约3个月)。据Li对语言的分类,泰语、越南语与汉语一样,同属主题突出的语言;日语和韩语是主题、主语皆突出的语言;英语、俄语、印尼语则是主语突出的语言。② 据此,这些学生相应地被分成母语主题突出的甲组、主题主语皆突出的乙组和主语突出的丙组。

母语调查对象是中班、大班汉族儿童30名和小学1～3年级汉族学生60名,按学习年级分为幼儿一、幼儿二、小学一、小学二、小学三5个等级组,即S1～S5。

研究采用图片(包含了各种空间关系)描述的方法收集语料,共收集到表物体空间关系的主题句、主谓句5个句式共429个句子。

---

① Li, N. C. & Thompson, S. Subject and Topic: A New Typology. Li (ed.) *Subject and Topic*. Academic Press, 1976; 曹逢甫 Subject and Topic in Chinese,汤廷池等编《中国语言学会议论集:1977年美国语言学会暑期讨论会》,台湾学生书局有限公司1978年版;沈家煊《转指和转喻》,《当代语言学》1999年第1期;石毓智《汉语的主语与主题之辨》,《语言研究》2001年第2期。

② Li, N. C. (ed.) *Subject and Topic*. Academic Press, 1976.

## 三 研究结果

### (一) 主题突出与二语习得

1. 留学生中介语的主题特征

留学生 5 个句式在各阶段的使用频次及频率统计如下,空格代表被试没有使用该句式(下同)。

表 6-1 二语各句式在各阶段的使用频次及频率(频次/频率)

|    | "有"字句 | "V着"句 | "在"字句 | "V在"句 | "在V着"句[①] | 总频次 |
|----|---------|---------|---------|---------|-------------|--------|
| L1 | 98/78.4% |        | 16/12.8% | 11/8.8% |             | 125 |
| L2 | 70/39.3% | 64/36.0% | 15/8.4% | 10/5.6% | 19/10.7% | 178 |
| L3 | 27/58.7% | 5/10.9% | 8/17.4% | 6/13.0% |             | 46 |
| L4 | 14/24.1% | 33/56.9% | 3/5.2% | 5/8.6% | 3/5.2% | 58 |
| L5 | 10/45.5% | 3/13.6% | 3/13.6% | 6/27.3% |             | 22 |
| 总计 | 219/51.0% | 105/24.5% | 45/10.5% | 38/8.9% | 22/5.1% | 429 |

由表 6-1 可得出以下结论,表明了二语中介语的主题特征明显。

第一,主题句在使用频次上有优势。主题句"有"字句和"V着"句是留学生使用最多的两个句式,分别占所有句式的 51.0% 和 24.5%,总计 75.5%。如:

(1) 桌子的上边有一水。(L1,越)

(2) 吃饭的桌子上放着一盘西瓜。(L2,印)

---

① 受表格空间所限,"在……V着"句简写为"在V着"句。下表同。

主谓句"在"字句、"V 在"句和"在……V 着"句的使用频次都不及主题句，分别为 10.5%，8.9% 和 5.1%，总计 24.5%。如：

（3）长方形的桌子在沙发前边。（L2，印）
（4）电视机放在沙发对面。（L2，俄）
（5）灯在架子的旁边站着。（L2，泰）

第二，留学生对主题句指称特征的掌握较好。Li & Thompson 把有定作为主题的必备特征，并以是否必然有定作为主题和主语的区别之一。① 留学生使用的"有"字句和"V 着"句，句首处所词基本（99.4%）都为有定成分，有时，还在处所词前加指示代词"这、那"或领属定语等有定形式标记；动词后面的名词都为无定成分，常用数量结构等修饰，如：

（6）那个左边有四块西瓜。（L3，日）
（7）她旁边站着一条小狗。（L4，俄）

这一指称特征与主题句表述结构一致。从输入看，教材并未对"有"字句、"V 着"句的指称特征进行讲解。② 留学生对主题句指称特征如此到位的掌握和运用似乎是"与生俱来"的。与主题句不同，留学生使用的主谓句主语既有有定成分，如上文的例（3）~例（5）；又有无定成分（29.5%），如例（8）~例（10）：

（8）一支火在书架的上边。（L1，越）
（9）一个女孩子坐在地板。（L4，韩）

---

① Li, N. C. & Thompson, S. Subject and Topic: A New Typology. Li (ed.) Subject and Topic. Academic Press, 1976.
② 李德津、李更新《读写课本》（第一册），北京语言大学出版社 2005 年版。

（10）两个人在一个客厅谈着。（L2，英）

"数量名"具有无定性，[①]但留学生却会在无定结构中使用专有名词、亲属称谓等有定成分，导致偏误，如：

（11）*一个小王在卫生间。（L1，韩）

（12）*一个爸爸坐在地板上。（L1，俄）

留学生未能注意到无定主语的限制，相比主题句指称特征的准确把握，从一个侧面说明主题句的掌握比主谓句好。

第三，留学生能掌握主题句的非常规语序。"V着"句、"V在"句和"在……V着"句中，留学生都使用了"放、挂、插"等及物动词和"站、躺、坐"等不及物动词，如：

（13）我们家的墙上挂着一张照片。（L2，韩）

（14）墙跟前站着一张柜子。（L2，英）

（15）小杜的课本堆在她的身旁。（L3，英）

（16）可爱的小狗躺在我旁边。（L3，日）

（17）一杯咖啡在桌子上放着。（L2，泰）

（18）狗在我的旁边坐着。（L2，俄）

在不及物动词句中，主谓句的语序是一种常规语序，施事在动词前，如例（16）、例（18）。主题句的语序却是一种非常规语序，施事在动词后，即"NL+V$_{不及物}$着+NP$_{施}$"，如例（14），该结构只在主题句中方被允许，被称为汉语的"唯动格"现

---

[①] 陈平《释汉语中与名词性成分相关的四组概念》，《中国语文》1987年第2期。

象。① 有意思的是，该结构虽与留学生习得的句法规则相悖，但他们却不会生成"* 施事 +V$_{不及物}$着 +NP"的偏误。

2. 母语类型对主题突出特征的影响

各水平、不同母语的被试对各句式的使用情况如表 6-2，A、B、C、D、E 分别代表"有"字句、"V 着"句、"在"字句、"V 在"句、"在……V 着"句。

表 6-2　各水平、不同母语的被试对各句式的使用频次表

| 等级 | 甲组：主题突出 ||||| 乙组：主题主语突出 ||||| 丙组：主语突出 |||||
|---|---|---|---|---|---|---|---|---|---|---|---|---|---|---|---|
| | A | B | C | D | E | A | B | C | D | E | A | B | C | D | E |
| L1 | 67 | 0 | 10 | 5 | 0 | 11 | 0 | 4 | 4 | 0 | 20 | 0 | 2 | 2 | 0 |
| L2 | 16 | 15 | 5 | 3 | 6 | 16 | 6 | 5 | 2 | 3 | 38 | 43 | 5 | 5 | 10 |
| L3 | 7 | 1 | 2 | 2 | 0 | 17 | 2 | 1 | 0 | 3 | 3 | 2 | 3 | 3 | 0 |
| L4 | 4 | 9 | 1 | 1 | 1 | 5 | 13 | 2 | 1 | 2 | 5 | 11 | 1 | 2 | 1 |
| L5 | 3 | 1 | 1 | 2 | 0 | 4 | 1 | 1 | 3 | 0 | 3 | 1 | 1 | 1 | 0 |
| 总计 | 97 | 26 | 19 | 13 | 7 | 53 | 22 | 14 | 12 | 4 | 69 | 57 | 12 | 13 | 11 |

从表 6-2 可见，在 3 种母语类型留学生中，主题句（A、B）的使用频次均比主谓句（C、D、E）高。为了详细考察不同母语类型对主题句、主谓句使用的影响，我们对 5 个水平 3 种母语类型 5 种句式的使用情况做了一元方差分析和 Post Hoc 检验，发现除了"有"字句，其他 4 个句式无论哪个阶段，不同母语类型留学生之间的区别都没有统计学意义，即母语类型对这 4 个句式的选择似乎没有影响。所以表 6-3 只列出了"有"字句使用上各组间的差别，表中"+"指具有显著差异（$p \leqslant 0.05$）；"-"指不具

---

① 石毓智《汉语的主语与主题之辨》，《语言研究》2001 年第 2 期。

有显著差异（$p>0.05$）。

**表 6-3　各水平、不同母语的被试对"有"字句使用的一元方差分析及 Post Hoc 检验**

| 句式 | 类型组 | L1 | L2 | L3 | L4 | L5 |
|---|---|---|---|---|---|---|
| "有"字句 | 甲组-乙组 | + | - | - | - | - |
|  | 乙组-丙组 | - | - | + | - | - |
|  | 甲组-丙组 | + | - | - | - | - |

"有"字句使用上的显著差异主要存在于以下两方面。

第一，L1阶段，甲组和乙组、甲组和丙组的使用都有显著差异。这是由于甲组有三位学生大量使用了"有"字句，造成数据分布不均。这三位学生对"有"字句的"情有独钟"在一定程度上可说明，主题突出的母语类型对留学生主题句的选择有一定影响。但表 6-1 的数据显示，甲组"有"字句的使用频次与乙组、丙组相近，可见母语类型的影响只是极个别的。

第二，L3 阶段，乙组和丙组的使用也有显著差异。这时乙组大部分学生都较多地使用了"有"字句，占所使用句式的 73.9%，而丙组"有"字句仅占 27.3%。除此之外，乙组和丙组均不存在差异。仅凭某阶段的一项差别，很难断定母语类型对乙组和丙组具有决定性影响。

从总体上看，母语类型对学生主题、主谓句式的选择基本没有影响。

下面的分析将忽略母语类型因素，将三组学生看成一个整体来考虑。

## 3. 主题突出特征的发展与过渡

我们对各阶段类间、类内①句式做了 t 检验和 Post Hoc 检验，结果如表 6-4。

**表 6-4　各阶段类间、类内句式检验和 Post Hoc 检验分析表**

|    | 类间差异 |     |     |     |     |     | 类内差异 |     |     |     |
|----|---|---|---|---|---|---|---|---|---|---|
|    |   |   |   |   |   |   | 主题句 | 主谓句 |   |   |
|    | A/C | A/D | A/E | B/C | B/D | B/E | A/B | C/D | D/E | C/E |
| L1 | + | + |   |   |   |   |   | − |   |   |
| L2 | + | + | + | + | + | + | − | − | − | − |
| L3 | − | − | + | − | − | − |   |   |   | + |
| L4 | − | − | − | + | + | + |   |   |   | + |
| L5 | − | − | − | − | − | − |   | − | − | − |

表 6-4 显示了 L1～L5 阶段的习得特征如下。

第一，L1 阶段对主题句——"有"字句的偏好。在此阶段，留学生尚未习得助词"着"，所以"V 着"句和"在……V 着"句尚未出现。表 6-4 显示，显著性差异只存在于类间句式间，说明学生对两类句式的使用有倾向性：主题句"有"字句以绝对的高使用率 78.4%（见表 6-1）独占鳌头。

该阶段的另一特点是留学生会在主谓句主语前添加"有"，占两种句式的 18.5%，如：

（19）有一杯茶、三本书和一个狗在她的右边。（越）

（20）有四个苹果在上边的桌子。（泰）

---

① "类间"指主题句与主谓句两种类型之间，"类内"指主题句或主谓句内部句式间。

汉语主语倾向有定,"有"的添加刚好可以化解无定成分位于主语位置的矛盾。① 表面看起来,留学生在主语前添加"有"似乎是为了化解该矛盾,而实际上,他们对"有"的这一功能并不熟知,在一些有定主语的句子中也使用了"有",如:

(21)* 有爸爸坐在客厅。(越)
(22)* 有弟弟在洗手间站着。(韩)

我们发现,添加"有"的句子都出现在有上文的语篇中,应该是留学生承前省略了主题:

(21′)(图画的里面有五个人,有一个女孩儿,)有爸爸坐在客厅,……。
(22′)(里边指图片上有两张桌子,一张画,)有弟弟在洗手间站着,……。

他们实际是将"爸爸坐在客厅""弟弟在洗手间站着"整个当成"有"的宾语,强调"图片上"存在的现象。正如吕冀平先生所言,"有+名+动"结构中"有"首先表示有这种现象存在,其次才表示这个被陈述的主题是无定的。②

句首"有"的添加在一定程度上反映了留学生对主题句的依赖。这一特点主要存在于 L1 阶段,到了 L2 阶段,这种现象逐渐减少,只占所使用主谓句的 6.8%,到 L3 阶段已完全消失。可以说,在刚开始接触汉语的 L1 阶段,留学生就对主题句——"有"

---

① Teng, S.-H. *A Semantic Study of Transitivity Relations in Chinese.* University of California Press, 1975;李英哲《汉语语义的排列次序》,《国外语言学》1983 年第 3 期;朱德熙《语法讲义》,商务印书馆 1982 年版。
② 吕冀平《复杂谓语》,新知识出版社 1958 年版。

字句有所偏好。

　　第二，L2阶段主题突出特征突显。在L2阶段，类间句式与类内句式的差异分明：所有类间差异都显著，所有类内差异都不显著。到了该阶段，前一阶段缺失的"V着"句和"在……V着"句开始出现。新句式的出现并未能改变留学生对主题句的偏好。主题句与主谓句的使用仍存在差异。从表6-1可知，类间差异体现在主题句的高使用率上，共占该阶段所有句式的75.3%（"有"字句39.3%，"V着"句36.0%）。此时，留学生倾向使用"主题句"的特征十分明显。

　　如果说上阶段主题突出特征是由于句式的贫乏及二语水平低造成的话，那么随着L2阶段新句式的出现，句式的使用本应更均衡地发展。但实际是，主题句的使用仍占主导，主题突出特征依旧明显。同是刚出现的"V着"句和"在……V着"句，前者一出现便显示出绝对优势（使用率35.3%，后者仅9.5%）。可见，主题突出是留学生在此阶段的一个突出特征。

　　第三，L3阶段由主题突出向主语突出过渡。到了L3阶段，主题句的绝对优势逐渐消失，与主谓句的距离慢慢缩小。总体上看，该阶段是留学生句式使用差异最小、最均衡的阶段。初级阶段差异显著的类间句式在此阶段区别已不显著，类内句式也基本不存在差异。在经历了初级水平的主题突出阶段后，在L3阶段，留学生的中介语开始由主题突出向主语突出过渡。

　　这一过渡特征还具体表现在：首先，主谓句"V在"句的使用率（13.0%）开始超过主题句"V着"句（10.9%）；其次，出现了主题句与主谓句杂糅的句子，如：

(23) *爸爸坐着在沙发上。（越）

(24) *房间里有一台录音机在灯的旁边。（泰）

(25) *在椅子的旁边有一个书架放着很多书在里面。（俄）

最后，主题句式的主题部分出现了无定成分，如：

(26) *一个书架放着很多书在里面。（泰）

(27) *一间大房间里放着一张床。（印）

第四，L4阶段主题突出特征的假"回归"。此阶段类内句式间差异基本不显著，但类间句式的情况显得有些复杂。主题句"V着"句此时又重新显示出与主谓句的显著差异，使用率高达56.9%。是主题突出特征仍在起作用，还是另有原因？据陈凡凡调查，此阶段，留学生物体空间关系的表达正经历一个功能分化期，"有"字句和"V着"句被用于表物的空间关系，"在"字句、"V在"句和"在……V着"句被用于表人的空间关系。[①] 原先由其他句式分担的表物空间关系的任务在此时主要由"V着"句承担[②]，致使"V着"句因高使用率而显得"鹤立鸡群"。

第五，L5阶段主题、主语突出特征的消失。相比之前几个阶段，该阶段各句式的使用渐趋稳定。句式间不再呈现显著性的差异，主题突出特征已基本消失。各句式在句法、语义、语用上"各司其职"。

---

① 陈凡凡《物体空间关系的二语表达及其发展过程》，《世界汉语教学》2008年第3期。

② 此阶段，"有"字句的使用率不及"V着"句的一半，主要还是由"V着"句来表物的空间关系。

### (二) 主题突出与母语习得

1. 母语者汉语的主题特征

从语料看,存在于二语的主题突出特征,同样存在于汉语母语中。主要表现在以下几个方面。

第一,"有"字句、"V着"句动词前都为有定成分,动词后都为无定成分,呈现出与主题句相吻合的指称特征,如:

(28) 妹妹的后面有一幅画。(S1)

(29) 墙的上面还挂着一幅图画。(S2)

第二,对非汉语常规语序的主题句特允结构——施事位于宾语位置也掌握得较好,如:

(30) 沙发上坐着一个男人,可能是爸爸。(S3)

(31) 床上躺着一个女孩儿。(S4)

第三,初级阶段也出现承前省略主题的主题句,如:

(32) (图画里面有爸爸、妹妹,)有西瓜在盘子里。(S1)

(33) (上面有一根伞,有支灯,)有爸爸坐在沙发上。(S2)

2. 主题突出特征的发展与过渡

母语5个水平等级(S1～S5)各句式的使用情况如表6-5。

表6-5 母语各句式在各阶段的使用频次及频率(频次/频率)

|    | "有"字句 | "V着"句 | 主题 | "在"字句 | "V在"句 | "在V着"句 | 主语 |
|----|---------|---------|------|---------|---------|-----------|------|
| S1 | 96/72.7% |         | 72.7% | 22/16.7% | 14/10.6% |           | 27.3% |
| S2 | 98/74.8% | 22/16.8% | 91.6% | 6/4.6%  | 5/3.8%  |           | 8.4%  |

(续表)

| | "有"字句 | "V着"句 | 主题 | "在"字句 | "V在"句 | "在V着"句 | 主语 |
|---|---|---|---|---|---|---|---|
| S3 | 123/73.6% | 20/12% | 85.6% | 13/7.8% | 11/6.6% | | 14.4% |
| S4 | 80/54.8% | 41/28.1% | 82.9% | 14/9.6% | 11/7.5% | | 17.1% |
| S5 | 49/38.0% | 44/34.1% | 72.1% | 16/12.4% | 20/15.5% | | 27.9% |
| 总计 | 446/62.8% | 127/18.2% | 81% | 71/10.2% | 61/8.8% | | 19 |

主题句同样是母语者的首选。"有"字句在各阶段一直占据主导地位;"V着"句在经历了习得初始阶段(S1)的"空白期"后一跃成为使用率仅次于"有"字句的又一主要句式。主谓句的使用呈现了与主题句迥然不同的另一派景象。"在"字句和"V在"句一直处于"萎靡不振"的状态,"在……V着"句始终没有出现。

我们同样对母语主题句与主谓句类间、类内的使用差异做了一元方差分析和Post Hoc检验,并与二语对比,发现有统计学意义的差异只存在于类间句式;因此表6-6只列出类间差异。

表6-6 母语、二语主题句与主谓句类间差异表

| 类间差异 | 主谓句 主题句 | 一语 | | 二语 | | |
|---|---|---|---|---|---|---|
| | | "在"字句 | "V在"句 | "在"字句 | "V在"句 | "在V着"句 |
| S1/L1 | "有"字句 | + | + | + | + | |
| S2/L2 | "有"字句 | + | + | + | + | + |
| | "V着"句 | + | + | + | + | + |

## 第二节 语言习得中的主题突出特征 457

（续表）

| 类间差异 | 主谓句主题句 | 一语 "在"字句 | 一语 "V在"句 | 二语 "在"字句 | 二语 "V在"句 | 二语 "在V着"句 |
|---|---|---|---|---|---|---|
| S3/L3 | "有"字句 | + | + | − | − | + |
| S3/L3 | "V着"句 | − | − | − | − | − |
| S4/L4 | "有"字句 | + | + | − | − | − |
| S4/L4 | "V着"句 | − | + | + | + | + |
| S5/L5 | "有"字句 | − | − | − | − | − |
| S5/L5 | "V着"句 | − | − | − | − | − |

初级阶段（S1、S2），母语主题句与主谓句使用差异显著，此时他们大量使用主题句（分别占 72.7% 和 91.6%），主题突出特征明显。到中级阶段（S3、S4），"V着"句与两个主谓句的差异不再显著，主题句与主谓句的使用差距从"V着"句开始逐渐拉近，这时母语者进入了主题突出向主语突出过渡的阶段。到 S5 阶段，主题句与主谓句的差别已不显著，主题突出特征消失。可见，母语与二语一样，都经历了"主题突出—过渡—消失"的过程。

不同的是，中级阶段（S3/L3、S4/L4），母语"有"字句与"在"字句、"V在"句的差异显著，而二语不显著；S4/L4 阶段，母语"在"字句与"V着"句的差异不显著，而二语显著。这是因为，L3 阶段，二语"有"字句的使用率开始下降，下降空间让位给了主谓句（"在"字句增加 9%，"V在"句增加 7.4%），而此时，母语者对"有"字句还"不离不弃"（73.6%），直到 S4 阶段，使用率才有所下降（54.8%），但下降空间主要让位给了"V 着"句（增加 16.1%），其次才是主谓句（"在"字句增加 1.8%，"V 在"句增加 0.9%）。可以这么说，母语者由主题突出向主语突出过渡的持续时间相对长一些，大概经历了 S3、S4 两个阶段。

（三）小结

至此，我们可以大致得出这样的结论：第一，主题突出特征是汉语母语、二语习得的普遍现象。它主要存在于习得初级阶段，到了中级阶段，该特征逐渐向主语突出过渡，到高级阶段特征基本消失；第二，主题突出特征不受学习者母语类型的影响；最后，结合前人对其他类型语言（如英语）的二语研究[1]还可得知，主题突出特征是二语习得的普遍特征。

---

[1] Rutherford, W. Language Typology and Language Transfer. Gass, S. M. & Selinker, L. (eds.) *Language Transfer in Language Learning.* Newbury House Publishers, 1983; Fuller, J. & Gundel, J. Topic-prominence in Interlanguage. *Language Learning*, 1987(37); Duff, P. A. The Convergence of Possessive and Existential Constructions. *Syntax, Semantics, and SLA, SSLA*, 1993(15); Sasaki, M. Topic Prominence in Japanese EFL Students' Existential Constructions. *Language Learning*, 1990(40).

# 第三节 "体假设"及"了""着"的二语习得[①]

## 一 引言

在四维空间里，时间是非常重要的一维。无论在哲学讨论中还是物理学研究中，时间都是永恒的主题。在语言使用中，我们也常常需要对状态/事件做时间上的定位。时间定位的任务可由词汇方式完成，如"2015年""今天""第二天"等。但在许多语言中，这种时间定位早已语法化，也就是我们所说的"时态"，包括过去时、现在时和将来时。较之这种时间上的不同定位，描述某一事件在某一特定时间的不同状况（或完成、或进行、或持续）是更为基本的语义范畴，[②] 因此更易语法化，也就是我们所说的"体"，基本的两类为：完成和非完成。根据 Bybee 和 Dahl 对数十种语言的研究，过去时和完成体通常都是从完成时发展而来。[③] 完成时描述某一事件与某一参照时间的相关性。在某些语言中，完成时逐渐发展成单纯过去时，如德国南部方言；而在另一些语言中，完成时逐渐发展成"过去时+完成体"，如法语口

---

[①] 本节作者：杨素英，原载《世界汉语教学》2016 年第 1 期。
[②] Bybee, J. & Dahl, Ö. The Creation of Tense and Aspect Systems in the Languages of the World. *Studies in Language*, 1989(13).
[③] Bybee, J. Morphology: A Study of the Relation Between Meaning and Form. John Benjamins, 1985; Dahl, Ö. *Tense and Aspect Systems*. Basil Blackwell, 1985.

语。① 更为有趣的是，在汉语中同一个表示完成的词"了"逐渐发展为"了₁"，主要表达某一事件的完成，也就是完成体，和具有完成时功能的句尾"了₂"，主要表达与说话时间相关的事件和变化。② 虽然时态基本有三分（过去、现在和将来），体基本有两分（完成和非完成），因此时态和体可以有六种不同结合，但实际上，Bybee 和 Dahl 发现，③ 大多数语言只有三种区分：第一，过去完成；第二，过去非完成；第三，现在非完成。也就是说，在语法上，完成体通常与过去时捆绑在一起，如英语中的简单过去时后缀表达的就是"过去时 + 完成体"（Mary typed a letter）。而进行体则分别有"过去时 + 进行体"（Mary was typing a letter）和"现在时 + 进行体"（Mary is typing a letter）。还有一些语言（如汉语）在语法上着重区分不同的体，却不区分不同的时间定位。汉语的完成体标记"了"主要标注事件的完成，但大多用于描述过去的事件。而非完成的进行体"在"和持续体"着"则既用于描述过去事件/状态，也用于描述现在事件/状态。

因为紧密的相关意义而在语法化过程中常常捆绑在一起的所谓"时—体"系统历来就是语言学家研究的重点，也是语言习得的重点。20 世纪 70 年代，研究一语时—体标记习得的学者发现，时—体标记的使用与动词的情状特征如动态、终结、瞬时等有密

---

① Bybee, J. & Dahl, Ö. The Creation of Tense and Aspect Systems in the Languages of the World. *Studies in Language*, 1989(13).

② 同上。

③ Bybee, J. Morphology: A Study of the Relation Between Meaning and Form. John Benjamins, 1985; Dahl, Ö. *Tense and Aspect Systems*. Basil Blackwell, 1985.

切的联系①，这些情状特征被称为"词汇体"或是"情状体"。Vendler 把情状分成了四类：状态、活动、终结和达成。② 在初级阶段，一语习得者往往把简单过去时（包含完成体）标记的使用仅限于终结性的情状，也就是说，过去发生或存在的非终结性的事件或状态得不到正确的标示（标注不足）。在有非完成体标记的语言里，习得者将非完成标记的使用仅限于非终结性情状，非完成的终结性情状也因此得不到正确的标示（标注不足）。相同的情况也出现在二语习得者使用的中介语中。③ 这些被广泛观

---

① Antinucci, F. & Miller, R. How Children Talk About What Happened. *Journal of Child Language*, 1976(3); Bloom, L. & Lifter, K. & Hafitz, J. Semantics of Verbs and Development of Verb Inflection in Child Language. *Language*, 1980(56).

② Vendler, Z. Verbs and Times. Vendler, Z. (ed.) *Linguistics in Philosophy*. Cornell University Press, 1967.

③ Kumpf, L. Temporal Systems and Universality in Interlanguage: A Case Study. Eckman, F. R. & Bell, L. H. & Nelson, D. (eds.) *Universals of Second Language Acquisition*. Newbury House, 1984; Andersen, R. W. *The Need for Native Language Comparison Data in Interpreting Second Language Data*. Forum Lecture, TESOL Summer Institute, University of Hawaii, 1986; Andersen, R. W. La Adquisitión de la Morfología Verbal. *Linguística*, 1989; Andersen, R. W. Models, Processes, Principles and Strategies: Second Language Acquisition Inside and Outside the Classroom. Van Patter, B. & Lee, J. F. (eds.) *Second Language Acquisition—Foreign Language Learning*. Multilingual Matters, 1990; Flashner, V. E. Transfer of Aspect in the English Oral Narratives of Native Russian Speakers. Dechert, H. W. & Raupach, M. (eds.) *Transfer in Language Production*. Ablex, 1989; Robison, R. E. The Primacy of Aspect: Aspectual Marking in English Interlanguage. *Studies in Second Language Acquisition*, 1990(12); Bardovi-Harlig, K. The Relationship of Form and Meaning: A Cross-sectional Study of Tense and Aspect in the Interlanguage of Learners of English as a Second Language. *Applied Psycholinguistics*, 1992(13); Bardovi-Harlig, K. Anecdote or Evidence? Evaluating Support for Hypotheses Concerning the Development of Tense and Aspect. Tarone, E. E. & Gass, S. M. & Cohen, A. D. (eds.) *Research Methodology in Second-language Acquisition*. Lawrence Erlbaum, 1994; Bardovi-

察到的现象最先被称为"时态缺陷假设",[1]后来又被称为"体优先假设"[2]或者"体假设"[3]。"时态缺陷假设"将时—体标记的使用不足归结于"小孩认知能力不足以理解过去的事件或状态"[4],而"体假设"则是说"习得者主要使用动词后缀来表示动词情状体的区别而不是时间的区别"[5]。Andersen & Shirai 把"体假设"总结为以下四个模式:[6]

Ⅰ.[习得者]最初将过去时态(比如英语)或完成标记(比如汉语、西班牙语等)用于终结和达成情状中,后来才将这些标

---

Harlig, K. & Reynolds, D. W. The Role of Lexical Aspect in the Acquisition of Tense and Aspect. *TESOL Quarterly*, 1995(29); Shirai, Y. & Andersen, R. W. The Acquisition of Tense-aspect Morphology: A Prototype Account. *Language*, 1995(71); Bardovi-Harlig, K. & Bergström, A. The Acquisition of Tense and Aspect in SLA and FLL: A Study of Learner Narratives in English(SL) and French(FL). *Canadian Modern Language Review*, 1996(52).

[1] Weist, R. M. & Wysocka, H. & Witkowska-Stadnic, K. The Defective Tense Hypothesis: On the Emergence of Tense and Aspect in Child Polish. *Journal of Child Language*, 1984(11).

[2] Andersen, R. W. La Adquisitión de la Morfología Verbal. *Linguístical*, 1989; Robison, R. E. The Primacy of Aspect: Aspectual Marking in English Interlanguage. *Studies in Second Language Acquisition*, 1990(12).

[3] Andersen, R. W. & Shirai, Y. Discourse Motivations for Some Cognitive Acquisition Principles. *Studies in Second Language Acquisition*, 1994(16); Robison, R. E. The Aspect Hypothesis Revisited: A Cross-sectional Study of Tense and Aspect Marking in Interlanguage. *Applied Linguistics*, 1995(16); Shirai, Y. & Kurono, A. The Acquisition of Tense-aspect Marking in Japanese as a Second Language. *Language Learning*, 1998(48).

[4] Andersen, R. W. & Shirai, Y. The Primacy of Aspect in First and Second Language Acquisition: The Pidgin-creole Connection. Ritchie, W. C. & Bhatia, T. K. (eds.) *Handbook of Second Language Acquisition*. Academic Press, 1996.

[5] Andersen, R. W. The Dimensions of "Pastness". Salaberry, R. & Shirai, Y. (eds.) *The L2 Acquisition of Tense-aspect Morphology*. John Benjamins, 2002.

[6] 同注[4]。

记的使用扩展到活动情状,以及更后来到状态情状中。

Ⅱ. 在区分完成和非完成体的语言中,以动词形态表示的非完成过去时(比如在罗曼语中)比完成过去时更晚习得,而且非完成过去时最先出现在状态和活动情状上,后期才扩展到终结和达成情状中。

Ⅲ. 在有进行体标记的语言中,进行体标记首先出现在活动情状中,然后扩展到终结和达成情状中。

Ⅳ. 进行体标记不会被错误地扩展到状态情状中去。

上述四个模式仅是描述现象,对于这些现象,不同的学者又提出不同的理论解释。Bickerton 的"生物程序假设"提出,某些语言特征,如状态和过程的区别,瞬时和非瞬时的区别等,是人类生物程序的一部分,因而在动词形态习得的初期,习得者倾向于用不同动词形态来标注这些分别。[1]Bybee 则强调相关对应性,认为"语义高度相关的成分极易捆绑在一起"[2]。用 Andersen 的话来说就是,"如果一个词缀的意义和一个词意义直接相关,则此词缀会更自然地附着在这个词上"。[3]Slobin 将 Bybee 的观点称为"相关原则"。[4] 在应用"相关原则"来解释动词形态习得时,

---

[1] Bickerton, D. *Roots of Language*. Raroma, 1981.

[2] Bybee, J. *Morphology: A Study of the Relation Between Meaning and Form*. John Benjamins, 1985.

[3] Andersen, R.W. Developmental Sequences: The Emergence of Aspect Marking in Second Language Acquisition. Huebner, T. & Ferguson, C. A. (eds.) *Crosscurrents in Second Language Acquisition and Linguistic Theories*. John Benjamins, 1991.

[4] Slobin, D. I. Cross-linguistic Evidence for the Language-making Capacity. Slobin, D. I. (ed.) *The Cross-linguistic Study of Language Acquisition 2: Theoretical Issues*. Lawrence Erlbaum Associates, 1985.

Andersen 解释说,"过去时标记从瞬时事件向终结事件,然后向动态事件,最后向所有情状逐渐扩展的方向实际是词缀意义和动词意义的相关性逐渐减弱的方向"。[1]Andersen 提出的"配合原则"和 Bybee 的"相关原则"异曲同工:"习得者倾向使用和动词意义相近的时—体形态标记"。[2]另外,Andersen & Shirai 还提出了"分布不均假设",[3]认为在正常的成人语言中,过去完成时更多出现在终结和达成情状中,而较少出现在活动和状态情状中,作为语言输入,这种分配不均必然会影响习得者的习得顺序。为了解释"体假设"和"分布不均假设"的现象,Shirai & Andersen 又使用了哲学和认知领域的"原型"概念。[4]依据"原型"理论,每一个类别都有"原型"成员(即中心或者典型成员)和边缘成员。完成体与终结情状的联系属于"原型"联系,而完成体与非终结体的联系为边缘联系。"原型假设"中的原型/边缘之分基本上和"相关原则"中相关性强弱之分是一致的。"分布不均假设"实际上把"体假设"所描述的现象归因于后天语言输入的不平均,

---

[1] Andersen, R. W. Developmental Sequences: The Emergence of Aspect Marking in Second Language Acquisition. Huebner, T. & Ferguson, C. A. (eds.) *Crosscurrents in Second Language Acquisition and Linguistic Theories*. John Benjamins, 1991.

[2] Andersen, R. W. Four Operating Principles and Input Distribution as Explanations for Underdeveloped and Mature Morphological Systems. Hyltenstam, K. & Viborg, K. (eds.) *Progression and Regression in Language*. Cambridge University Press, 1993.

[3] Andersen, R. W. & Shirai, Y. Discourse Motivations for Some Cognitive Acquisition Principles. *Studies in Second Language Acquisition*, 1994(16).

[4] Shirai, Y. & Andersen, R. W. The Acquisition of Tense-aspect Morphology: A Prototype Account. *Language*, 1995(71).

与 Bickerton 先天"生物程序假设"①完全不同。到底是先天程序还是后天语言输入造成"体假设"中所描述的现象到现在仍是一个有争议的话题。②

"体假设"在 20 世纪末和 21 世纪初成为很多研究的中心,而且被广泛认可。但是,这并不等于说我们就要无条件地接受"体假设",因为正如 Bardovi-Harlig 指出的那样,"总的来说,我们关于非印欧语系语言习得的知识还很缺乏"。③ 以往大多时一体习得研究中的目标语和母语都是欧洲的语言,也就是类型一致或相似的语言。只有很少的一些研究涉及非欧洲语言的习得者。④ 而对于非欧洲语言的时一体二语习得研究就更少了。在这

---

① Bickerton, D. *Roots of Language*. Raroma, 1981.

② Shirai, Y. *The Current State of the Aspect Hypothesis in L1 and L2 Acquisition*. Plenary Speech, 11th International Conference on Actionality, Tense, Aspect Modality / Evidentiality, 2014.

③ Bardovi-Harlig, K. From Morpheme Studies to Temporal Semantics. *Studies in Second Language Acquisition*, 1999(21).

④ Giacalone, R. A. & Banf, E. The Acquisition of Temporality: A Second Language Perspective. *Folia Linguistica,* 1990(2); Bayley, R. Interlanguage Variation and the Quantitative Paradigm: Past Tense Marking in Chinese-English. Tarone, E. E. & Gass, S. M. & Cohen, A. D. (eds.) Research Methodology in Second-language Acquisition. Lawrence Erlbaum, 1994; Bardovi-Harlig, K. & Reynolds, D. W. The Role of Lexical Aspect in the Acquisition of Tense and Aspect. *TESOL Quarterly*, 1995(29); Bardovi-Harlig, K. Narrative Structure and Lexical Aspect. *Studies in Second Language Acquisition*, 1998(20); Li, P. & Bowerman, M. The Acquisition of Grammatical and Lexical Aspect in Chinese. *First Language*, 1998(18); Chen, J. & Shirai, Y. The Development of Aspectual Marking in Chinese Mandarin Chinese. *Applied Psycholinguistics*, 2010(31).

些为数很少的研究中，大部分的目标语是日语或韩语。① 日语和韩语虽然和欧洲语言不属同一语系，但它们和汉语也分属不同语系。更值得一提的是，日语和韩语都有时态，而汉语没有。在涉及非欧洲语言的研究中，只有为数很少的着重探讨了语言类型的不同对"体假设"的影响。② 其他的要么重点不同，要么将不同类型母语的习得者混在一起考察。比如说，Bayley 的研究包括了 20 位学英文的中国学生，但是他重点考察不同因素对时—体标记使用的影响。③Bardovi-Harlig & Reynolds 的研究 ④ 也包含了母语为非欧洲语言的习得者，但是他们的研究并没有

---

① Shirai, Y. Tense-aspect Marking by L2 Learners of Japanese. MacLaughlin, D. & McEwen, S. (eds.) *Proceedings of the 19th Annual Boston University Conference on Language Development*. Cascadilla Press, 1995; Shirai, Y. & Kurono, A. The Acquisition of Tense-aspect Marking in Japanese as a Second Language. *Language Learning*, 1998(48); Sugaya, N. & Shirai, Y. The Acquisition of Progressive and Resultative Meanings of the Imperfective Aspect Marker by L2 Learners of Japanese. *Studies in Second Language Acquisition*, 2007(29); Kim, H.-J. A Case Study of Tense-aspect Marking by L2 Learners of Korean. *Cahiers Chronos*, 2012(2).

② Shirai, Y. Tense-aspect Marking by L2 Learners of Japanese. MacLaughlin, D. & McEwen, S. (eds.) *Proceedings of the 19th Annual Boston University Conference on Language Development*. Cascadilla Press, 1995; Shirai, Y. & Kurono, A. The Acquisition of Tense-aspect Marking in Japanese as a Second Language. *Language Learning*, 1998(48); Fan, H.-L. *Acquisition of Tense-aspect Morphology by English Learners of French and Chinese*. Ph.D. dissertation of University of Florida, 2005; Kim, H.-J. A Case Study of Tense-aspect Marking by L2 Learners of Korean. *Cahiers Chronos*, 2012(2).

③ Bayley, R. Interlanguage Variation and the Quantitative Paradigm: Past Tense Marking in Chinese-English. Tarone, E. E. & Gass, S. M. & Cohen, A. D. (eds.) Research Methodology in Second-language Acquisition. Lawrence Erlbaum, 1994.

④ Bardovi-Harlig, K. & Reynolds, D. W. The Role of Lexical Aspect in the Acquisition of Tense and Aspect. *TESOL Quarterly*, 1995(29).

将这些习得者和其他以欧洲语为母语的习得者分开考察，所以没法观察到不同类型语言对于"体假设"的影响。Fan 考察了汉语和法语时—体标记的二语习得，而且考虑了语言类型不同的影响。[①] 可是由于某些实际情况的限制，她的研究方法造成了一些不尽如人意的结果。比如说，她仅有的 20 个汉语习得者中近一半（9 个）来自中国移民家庭。再比如说，她考察的作文语料的总量比较小，而且只包括了含体标记的例子和需要体标记而体标记没出现的例子，其结果就是得不到二语习得者使用体标记的整体情况。一个典型的例子就是作文中挑出来考察的状态情状就只有三个，两个正确使用"了"，一个该用"了"没用，于是产生在状态情状中"了" 66.7% 正确使用，33.3% 使用不足的数据。她自己也意识到这种百分比没有什么意义。杨素英、黄月圆、孙德金使用了语料库，考察的语料量也比较大，但他们也是只考察了包含体标记的句子。[②] 重心不在"体假设"的研究也有一些，尤其是偏误分析较多。根据陆方喆的综述，他能搜索到的 32 篇汉语体标记习得的研究中，15 篇主要采用了偏误分析的方法。[③] 在这些偏误分析中，不仅有错用的分析，还有泛用的分析，但大多停留在对具体例句的分析上。还有一些学者考察体标记的习得过程或者习得顺序，如孙德坤、Wen、赵立江、

---

① Fan, H.-L. *Acquisition of Tense-aspect Morphology by English Learners of French and Chinese*. Ph.D. dissertation of University of Florida, 2005.

② 杨素英、黄月圆、孙德金《汉语作为第二语言的体标记习得》，《中文教师学会学报》1999 年第 34 期。

③ 陆方喆《汉语作为第二语言体标记习得研究综述》，《海外华文教育》2013 年第 4 期。

Teng 等。①

以往研究的不足使我们迫切需要对非欧洲语言时—体习得做更多考察。本研究使用语料库全面考察了英语为母语的学生习得汉语主要体标记"了"和"着"的情况,通过考察,我们主要回答下面两个问题:第一,汉语体标记使用的特殊现象如何影响体标记的普遍习得倾向?第二,"体假设"以及背后的理论或原则是否可以解释汉语体标记的习得现象?在探讨这两个问题的过程中,本研究不仅让我们对汉语体标记习得现象有更多的了解,而且让我们对语言的特殊性和普遍性的关系有进一步的认识。

## 二 汉语体系统的特点

汉语没有时态标记,但是有很丰富的体系统,②有数个意义和功用不同的体标记。与大部分印欧语言中的时—体标记不同,汉语体标记在语法上并不是必须使用的,它们的出现受到一系列因素的影响,因此在意义和功用上都显得难以捉摸。语言学家甚至对体标记数目和用法都有不同的看法。但是"了""在""着"

---

① 孙德坤《外国学生现代汉语 le 的习得过程初步分析》,《语言教学与研究》1993 年第 2 期; Wen, X.-H. Second Language Acquisition of the Chinese Particle le. *International Journal of Applied Linguistics*, 1995(1); Wen, X.-H. Acquisition of Chinese Aspect: An Analysis of the Interlanguage of Learning of Chinese as a Foreign Language. *Review of Applied Linguistic*, 1997; 赵立江《学生"了"的习得过程考察与分析》,《语言教学与研究》1997 年第 2 期; Teng, S.-H. The Acquisition of "le" in L2 Chinese. *World Chinese Teaching and Learning*, 1999(47).

② Li, C.-N. & Thompson, S. A. *Mandarin Chinese: A Functional Reference Grammar*. University of California Press, 1981.

和"过"作为主要的体标记是没有疑义的。这四个体标记中,"了"和"着"不仅使用频率较"在"和"过"高,[①]而且使用条件比"在"和"过"复杂,因此,这次研究把"了"和"着"作为考察目标。下面简单总结一下这两个体标记的特征。

## (一)"了"的分布

"了"是典型完成体标记,其功用主要是标示事件的完成,可以是过去也可以是将来完成的事件,但更多用来表现过去完成的事件,因此有可能被二语习得者误认为简单过去时(包含完成体)。[②]但"了"的使用和英语中的简单过去时大不相同,英语中简单过去时可以用在任何一个动词上,而"了"的出现受到动词情状类型、句子类型和语篇结构等数个因素的影响。

最受瞩目的就是"了"极少出现在活动和状态动词后,表状态变化的情状虽包含状态词,但呈现的已不是简单状态,而是由状态衍生出来表现变化因此包含终结点的情状。[③]"了"的出现需要一个终结点,这个终结点可以是动词情状本身的自然终结点,也可以是由时间状语、动词重复或某种结果补语提供的终结点。

---

[①] 杨素英《体标记在不同情状类型动词中的分布——基于语料库的研究》,将刊。

[②] 赵世开、沈家煊《汉语"了"字与英语相应的说法》,《语言研究》1984年第6期。

[③] Li, C.-N. & Thompson, S. A. *Mandarin Chinese: A Functional Reference Grammar*. University of California Press, 1981; 陆俭明《现代汉语里动词做谓语问题浅议》,《语文论集》(二),外语教学与研究出版社1986年版; Yang, S. *The Aspectual System of Chinese*. Unpublished Ph.D. dissertation of University of Victoria, 1995; Yang, S. The Parameter of Temporal Endpoint and the Basic Function of le. Journal of the East Asian Linguistics, 2011(20); Wu, J.-S. The Semantics of the Perfective le and its Context-dependency: An SDRT Approach. *Journal of East Asian Linguistics*, 2005(14); Tsai, W.-T. Tense Anchoring in Chinese. *Lingua*, 2008(118).

这就是为什么"了"与终结和达成情状通常可以直接结合，如"他们赢了一场球"（达成）、"小娟吃了一个苹果"（终结），而出现在活动或状态情状中时，则需要某一个限制时间或者频率的成分来添加终结点，否则句子就显得不完整，如"玛丽敲了三下门"（频率）、"他在公园里走了走"（动词重复表示较短暂的事件）、"她爱宝玉爱了三年"（时间段）。这些句子中的限制成分实际上是将本来开放的事件或者状态打包变成封闭事件或状态，[1] 使它们能和完成体"了"的意义相匹配。

"了"在活动和状态情状中有条件的使用也得到语料库研究的证实。比如在 Xiao & McEnery 的研究中，在 1138 个带"了"的句子中，89.4%包含自然终结点或是由限制成分提供的终结点。[2] 根据我们多年的研究，这个百分比应该还要高一些，因为有一些明显包含自然终结点的情状被他们当成无终结点的情状[3]。另外，

---

[1] Comrie, B. *Aspect*. Cambridge University Press, 1976; Jackendoff, R. Parts and Boundaries. Levin, B. & Pinker, S. (eds.) *Lexical and Conceptual Semantics*. Blackwell, 1991; Depraetere, I. On the Necessity of Distinguishing Between (un)Boundedness and (a)Telicity. *Linguistics and Philosophy*, 1995(18); Yang, S. *The Aspectual System of Chinese*. Unpublished Ph.D. dissertation of University of Victoria, 1995; Yang, S. The Parameter of Temporal Endpoint and the Basic Function of le. *Journal of the East Asian Linguistics*, 2011(20); Depraetere, I. & Reed, S. The Present Perfect Progressive: Constraints on Its Use with Numerical Object NPs. *English Language and Linguistics*, 2000(4).

[2] Xiao, Z.-H. & McEnery, T. *Aspect in Mandarin Chinese: A Corpus-based Study*. John Benjamins, 2004.

[3] 如该书 103 页的（17a）和（17b）表现状态变化，所以应该被看作 Smith 所说的衍生［+终结］情状。尽管这种情状中的动词是状态，但当状态词表示状态变化时就不再是真正的状态。同一页上的（17c）包含了一个频率状语，因此有添加终结点。Smith, C. S. Aspectual Viewpoint and Situation Type in Mandarin Chinese. *Journal of East Asian Linguistics*, 1994(3).

杨素英的语料库研究显示，只有0.7%的状态动词带"了"，而且都是表现状态变化的特殊情况。活动动词中，只有5.9%带"了"，而且都有某种终结点。而终结动词和达成动词则分别有8.8%和15%带"了"。[①]

除了动词情状类型的限制外，"了"的出现还受到其他因素的制约。比如说，它极少出现在定语从句中（比较"玛丽昨天买了一本书"和"昨天买书的人"），也不出现在"……时"这类时间状语从句中（"他到＊了北京时，……"），也极少出现在带宾语从句的主句中（"他说＊了你可以主持这个会议"）。

另外，音韵也会影响"了"的使用与否。[②]比如说，双音节的达成动词通常就不需要"了"，而与它们相对应的单音节动词就需要（比较"他跑进房间"和"他进了房间"）。

除了以上的限制以外，语篇的进展也影响"了"的分布。正如 Van den Berg & Wu 所观察到的，有时上下文中事件的进展很清楚，因此"了"可以出现，也可以不出现，有时"了"的出现反而会影响故事的流畅。[③]Li 曾对"了"可有可无的情况做过详细讨论。[④]Hickmann et al. 的句子也很能说明问题："马来到（了）栏杆前边，跳（了）过去就摔了下来"，括弧里的两个"了"最

---

① 杨素英《体标记在不同情状类型动词中的分布——基于语料库的研究》，将刊。
② 冯胜利《汉语的韵律、词法与句法》，北京大学出版社1997年版。
③ Van den Berg, M. & Wu, G. *The Chinese Particle le: Discourse Construction and Pragmatic Marking in Chinese.* Routledge, 2006.
④ Li, P. *Aspect and Aktionsart in Child Mandarin.* Dissertation of University of Leiden, 1989.

好不用,而最后一个"了"就需要使用。①

(二)"着"的分布

"着"是非完成标记,但是与俄语中的非完成体不同,与英语中的进行体也不相同。俄语中的非完成体为所有动词情状提供一个部分的、不完整的视角,②而英语中的进行体则强调过程的进行,所以通常出现在具有持续性的动态情状中,如活动和终结,但是极少出现在状态(静止无过程)和达成情状中(虽动态但无过程)。③在汉语中,"着"主要的功用是提供一个静态的视角,因此通常出现在同质、较易状态化的情状中。终结情状为渐进并引致结果的事件,因此一般不能和"着"同现。达成强调结果的实现,更难以状态化,因此也不和"着"同现(*他们盖着一座房子(终结),*他们赢着一场比赛(达成))。④当然,用于存在句中的终结动词不在此列("墙上挂着一幅画"),因为存在句属于由终结词衍生出来的状态。

状态和活动都是匀质的,照理说都可以带"着",但状态已经是静止的,所以并不需要"着",只有在强调某一状态在某一

---

① Hickmann, M. & Henriette, H. & Liang, J. The Uses of Temporal Aspectual Devices by Chinese Children: Semantic and Discourse Determinants. T'sou, B. K. (ed.) *Studia Linguistica Serica*. City University of Hong Kong Press, 1998.

② Smith, C. S. *The Parameter of Aspect*. Kluwer Academic Publishers, 1997.

③ Vendler, Z. Verbs and Times. Vendler, Z. (ed.) *Linguistics in Philosophy*. Cornell University Press, 1967.

④ 汉语中的终结情状可以出现在"着……呢"结构中(他们吃着饭呢),强调参与者正忙于某一事件。对某些人来说,"着"可以出现在某些终结情状中,比如"他在写着信",但是我们请教的大部分以汉语为母语的人都认为"他在写信"更顺口。Yang, S. *The Aspectual System of Chinese*. Unpublished Ph.D. dissertation of University of Victoria, 1995.

时间段真实存在时才用"着"。因此，阶段性状态（如"饿"）比恒定性状态（如"聪明"）更易与"着"同现。[1] "着"更多出现在活动状态中，尤其是表现伴随动作的活动情状。Xiao & McEnery 的语料也显示，"着"最经常出现在活动情状（55.46%）和阶段性状态（26.89%）中，偶尔出现在恒定性状态中（15.13%），但极少出现在终结情状中（1.68%），完全不出现在达成情状中。[2]

（三）小结

汉语跟大多数印欧语言不同，体标记的使用受到多种限制。当我们把这些限制跟"体假设"描述的习得初期倾向相比较，就会发现许多契合之处：第一，完成体"了"主要出现在有终结点的情状上的现象和"体假设"第一条所描述的习得初期完成体仅出现在有终结点的情状中的现象一致；第二，汉语"着"主要出现在活动和部分状态情状中的现象与"体假设"第二条所描述的"非完成过去时最先出现在状态动词和活动情状中"的现象基本一致。如上所述，"体假设"主要是建立在欧洲语言习得的基础上，但是此假设也有普遍理论的支持，汉语与欧洲语言的类型不同正好给我们提供了一个契机来考察"体假设"及其背后理论或原则的普遍性。这就是本研究的初衷。

---

[1] Smith, C. S. Aspectual Viewpoint and Situation Type in Mandarin Chinese. *Journal of East Asian Linguistics*, 1994(3).

[2] Xiao, Z.-H. & McEnery, T. *Aspect in Mandarin Chinese: A Corpus-based Study*. John Benjamins, 2004.

## 三　研究方法

### （一）语料

本研究的语料出自北京语言大学的"汉语中介语语料库"。语料库包含不同母语背景以及不同习得水平的二语习得者写的不同题目的文章。尽管建立语料库的学者们尽量让语料库具有代表性，但由于课程设置和语言能力的关系，初级习得者较少写作，因此语料库中初级习得者语料较少。（参见储诚志、陈小荷关于此语料库的描述。[①]）

北京语言大学提供汉语四年（八个学期）课程。语料库使用按学期1～8来划分等级。完成一学期学习的为一级，完成两学期学习的为二级，依此类推。我们此次研究将一、二级合并为初级，三、四级合并为中低，五、六级合并为中高，七、八级合并为高级。

原北京语言大学的陈小荷教授协助我们从语料库中抽出了80篇叙述文作为语料，原来的八个等级每级10篇，等于我们的四个等级每级20篇。选取叙述文的原因是体标记在叙述中出现较多。所有作者的母语都是英语。初审这些语料时，我们发现一些作者有两篇文章被选取，还有一些文章叙述少于评论和描写，因此把这些文章剔了出去。最后每级剩下15篇供深入考察。

表6-7是选取语料的基本情况。

---

[①] 储诚志、陈小荷《建立"汉语中介语语料库系统"的基本设想》，《世界汉语教学》1993年第3期。

表 6-7 语料的基本情况

| 等级 | 篇目 | 总句数 | 总小句数 | 过去小句 | 现在/将来小句 | 每句平均字数 |
|---|---|---|---|---|---|---|
| 初级 | 15 | 217 | 323 | 194 | 129 | 17 |
| 中低 | 15 | 440 | 756 | 361 | 395 | 23 |
| 中高 | 15 | 383 | 765 | 466 | 299 | 25.6 |
| 高级 | 15 | 391 | 710 | 362 | 348 | 40 |
| 合计 | 60 | 1431 | 2554 | 1383 | 1171 | N/A |

（二）语料标注

由于语料库中原有的标注不能配合此次研究的目的，我们对语料进行了再次标注，标注的项目包括：小句、小句的情状类型[①]、小句的时间点、"了"和"着"正确使用的情况（应该出现并且出现了）、"了"和"着"多用的情况（不应该出现却出现了）及"了"和"着"少用的情况（应该出现却没有出现）。除了状态、活动、终结和达成四类情状外，带情态动词和否定词的小句另成一类，因为"了"和"着"不出现在这类句子里。[②] 上述标注由本节作者和研究助理分别完成。由于汉语体标记有需用、不需用、可用可不用的复杂情况，本节作者还邀请了两位没有语言学专业背景、母语为汉语的人对这些情况做判断。初步标记完成后，本节作者和研究助理又就标注不一致的情况进行讨论，或者征求其他汉语为母语的人的意见，直到达成一致。对某个体标记可用可

---

[①] 关于分类标准，参见杨素英、黄月圆、王勇《动词情状分类及分类中的问题》，《语言学论丛》第 39 辑，商务印书馆 2009 年版；及 Yang, S. The Parameter of Temporal Endpoint and the Basic Function of *le*. *Journal of the East Asian Linguistics*, 2011(20).

[②] 不包含句末"了"。

不用的情况，我们尊重习得者自己的选择，用了算正确使用，不用也不算错误。标注和复查完成之后，我们使用电脑进行提取、统计和分析。

## 四　考察结果

### （一）总体情况

在讨论两个体标记使用的细节之前，我们先看看总的情况。

表 6-8　"了"和"着"的总体需要情况

| | 小句数 | 需要"了" | 需要"着" | 合计 |
|---|---|---|---|---|
| 现在/将来 | 1171 | 2（0.17%） | 12（1%） | 14 |
| 过去 | 1383 | 232（17%） | 36（2.6%） | 268 |
| 合计 | 2554 | 234（9%） | 48（1.9%） | 282（11%） |

跟英语和其他欧洲语言形成强烈对比的是，仅有很小比例的句子需要体标记（11%）。[①] 即使是叙述过去情况的小句，也只有 17% 需要完成体标记"了"，2.6% 需要"着"。

### （二）"了"以及句法、韵律和语篇结构

在考察"了"和情状类型的关系以前，我们先看句法、韵律和语篇对"了"使用的影响。

总共有 23 个多用"了"出现在句法不允许的位置上（初级：5；中低：6；中高：8；高级：4），5 个多用"了"违反了韵律需要（初级：1；中低：1；中高：2；高级：1），还有 7 个多用"了"影响了语篇的发展（初级 1；中低：6）。由于句法、韵律和语篇

---

[①] 需要其他体标记的情况更少。

对体标记使用影响不是本文重点,我们在此不做详细讨论。

### (三)"了"和情状类型

由于在描述现在和将来的小句中,仅有 2 句需要"了",多用和少用的情况也很少,所以下面的讨论集中在描述过去的小句上。先看看总体情况。

表 6-9  "了"和情状类型关系概览

| 情状类型 | 数量* | 需要"了" | 正确提供"了" | 多用 | 少用 |
|---|---|---|---|---|---|
| 状态 | 475 | 2(0.4%)** | 2(100%)*** | 10 | 0 |
| 活动 | 195 | 28(14%) | 25(89%) | 9 | 3 |
| 终结 | 287 | 84(30%) | 75(87%) | 0 | 9 |
| 达成 | 305 | 118(39%) | 107(90%) | 0 | 11 |
| 情态和否定 | 121 | 0 | 0 | 2 | 0 |
| 总计 | 1383 | 232 | 209 | 21 | 23 |

注:数量*=过去环境中某类情状类型的数量;** 某类情状中需要"了"的百分比;*** 在需要"了"的情状中习得者正确提供"了"的百分比。

从表 6-9 我们可以看到下面几点:第一,习得者为大部分需要"了"的小句正确提供了"了";第二,多用的情况多数出现在状态和活动情状中;第三,少用的情况多数出现在终结和达成情状中,也少量出现在活动情状中。

总体来说,习得者在需要"了"的情况下使用"了"方面问题不太大,但多用和少用的情况也存在。为进一步了解"了"习得的发展情况,表 6-10 提供更多细节。

表 6-10　情状类型及"了"在不同等级的使用

|  |  | 初级 | 中低 | 中高 | 高级 | 合计 |
|---|---|---|---|---|---|---|
| 状态 | 提供/需要 | 0/0 | 1/1（100%） | 1/1（100%） | 0/0 | 2/2 |
|  | 多用 | 1 | 5 | 2 | 2 | 10 |
|  | 少用 | 0 | 0 | 0 | 0 | 0 |
| 活动 | 提供/需要 | 7/9（78%） | 5/6（83%） | 5/5（100%） | 8/8（100%） | 25/28 |
|  | 多用 | 4 | 1 | 1 | 3 | 9 |
|  | 少用 | 2 | 1 | 0 | 0 | 3 |
| 终结 | 提供/需要 | 12/16（75%） | 13/17（76%） | 21/22（95%） | 29/29（100%） | 75/84 |
|  | 多用 | 0 | 0 | 0 | 0 | 0 |
|  | 少用 | 4 | 4 | 1 | 0 | 9 |
| 达成 | 提供/需要 | 14/19（74%） | 24/28（86%） | 41/43（95%） | 28/28（100%） | 107/118 |
|  | 多用 | 0 | 0 | 0 | 0 | 0 |
|  | 少用 | 5 | 4 | 2 | 0 | 11 |
| 情态/否认 | 提供/需要 | 0/0 | 0/0 | 0/0 | 0/0 | 0/0 |
|  | 多用 | 1 | 1 | 0 | 0 | 2 |
|  | 少用 | 0 | 0 | 0 | 0 | 0 |

注：提供＝正确提供"了"；需要＝需要"了"的情况。

表 6-10 主要显示下面的关系：第一，"了"和状态情状。在所有状态小句中，只有 2 句需要"了"，少用可能性极小，也没有在我们的语料中出现。而多用的问题就相对明显，而且一直延续到高级。第二，"了"和活动。从低级到高级，正确提供需

要"了"的比例逐渐提高（78%⇒85%⇒100%⇒100%）。多用和少用情况都存在，相对来说，多用的情况一直延续到高级，而少用的情况中高级以后就没有出现。第三，"了"及有终结点情状。正确使用比率逐级提高。多用情况完全不存在，但少用情况延续到中高级。

（四）"着"和情状类型

和"了"相比，"着"出现的比例要低很多，2554个小句中（包括现在、将来和过去句），只有48个小句需要"着"。在这48句中，习得者正确提供了45个。只有3个少用情况。3个都是存在句，描述存在状态而不是状态变化，所以需要"着"，而习得者却错误地提供了"了"。

表6-11是"着"使用情况的总结。存在句在我们分析中属于状态的一种，即状态（b）。

表6-11 "着"和情状类型

|  |  | 初级 | 中低 | 中高 | 高级 | 合计 |
|---|---|---|---|---|---|---|
| 状态（a） | 正确使用 | 0 | 1 | 3 | 3 | 7 |
|  | 过度 | 0 | 0 | 0 | 0 | 0 |
| 状态（b） | 正确使用 | 0 | 3 | 8 | 1 | 12 |
|  | 过度 | 0 | 0 | 0 | 0 | 0 |
| 活动 | 正确使用 | 1 | 5 | 16 | 4 | 26 |
|  | 过度 | 0 | 0 | 1 | 0 | 1 |
| 终结 | 正确使用 | 0 | 0 | 0 | 0 | 0 |
|  | 过度 | 0 | 2 | 3 | 0 | 5 |

(续表)

|  |  | 初级 | 中低 | 中高 | 高级 | 合计 |
|---|---|---|---|---|---|---|
| 达成 | 正确使用 | 0 | 0 | 0 | 0 | 0 |
|  | 过度 | 0 | 0 | 0 | 0 | 0 |
| 总计 | 正确使用 | 1 | 9 | 27 | 8 | 45 |
|  | 过度 | 0 | 2 | 4 | 0 | 6 |

表 6-11 显示：第一，"着"大部分出现在活动情状中（45:26，58%）；第二，也有一部分"着"出现在状态中（45:7，16%）和存在句中（45:12，27%）；第三，多用的情况大部分出现在终结情状中（6:5，83%）。

## 五 讨论

### （一）状态和活动情状中少用情况极少

如前所述，在汉语自然使用中，"了"一般不出现在无终结点的状态和活动情状中，除非上下文或是一些限制手段为这些情状提供了终结点。语料也证实了这一点。在 475 个状态中，只有 2 个（0.4%）需要"了"；在 195 个活动情状中，只有 28 个（14%）需要"了"。在这种情况下，少用的可能性不大。而多用的情况反而严重些：状态中有 10 个，活动中有 9 个。[1]

在 230 个习得者使用的"了"中（包括正确使用和多用），

---

[1] 我们此次研究的结果也和我们以前关于过度使用和使用不足的初步观察一致。杨素英、黄月圆、孙德金《汉语作为第二语言的体标记习得》，《中文教师学会学报》1999 年第 34 期；杨素英、黄月圆、曹秀玲《汉语体标记习得过程中的标注不足现象》，《中文教师学会学报》2000 年第 35 期。

### 第三节 "体假设"及"了""着"的二语习得

只有 12 个用于状态,正确使用 2 个,多用 10 个。正确使用的 2 例都是状态动词加持续时间补语(补充时间终结点),如:

(1) 她在国外住了几年,也会说一点英文。(W10073)[①]

而多用的情况全是缺乏终结点,如:

(2) *我曾经在中国饭店工作过,在饭店从事了管理业务。(P04071)

尽管例(2)描述过去情况,"了"不能和"从事"同用,因为这个小句没有终结点,而且在这里也不表示状态变化。多用的情况并不严重,但却一直持续到高级,说明这种错误较顽固。

在 34 个带"了"的活动情状中,有 9 个多用例子。和状态一样,正确使用"了"的活动都有上下文或者时量补语提供的终结点:

(3) 我们休息了两个半小时。(Z07059)

多用"了"的活动都是没有任何终结点,如:

(4) *我们玩儿了很高兴了。(Z07059)

多用的情况说明,习得者对"了"需要终结点的要求不是十分了解。

我们的语料中包括"了"的终结和达成情状数量较多,而这两种情状中多用的情况比较少。与状态和活动不同的是,这些多用的情况通常是和句法、韵律、语篇有关,而和"了"需要终结点的要求没有关系。下面是正确使用"了"的例子:

---

[①] 例句后的编号是原语料库的作者编号。

(5) 特别在火车上，我交了一个朋友。（终结）（W08040）
(6) 我发现了中国的特点。（达成）（W11059）

大多数"了"出现在终结和达成情状中，而只有少量"了"出现在活动和状态情状中。这个模式正好和"体假设"描述的习得初期模式Ⅰ一致。在英语和其他欧洲语言的习得过程中，这种初期模式造成时—体标记使用的严重不足，然而在汉语习得过程中，大部分的错误却正好相反，不是少用，而是多用。换句话说就是，"体假设"原本描述的是需要在习得后期逐渐克服的少用错误，而这种少用错误却在汉语习得过程中基本不出现，因为在自然语言使用中，汉语的完成体标记"了"本身就基本不出现在状态和活动情状中。而汉语的二语习得者由于自己母语的影响，甚至表现出多用"了"的情况。

（二）"了"和"相关原则"

"了"在自然使用中的情况实际上反映了语法标记使用上的一个自然倾向，即Bybee的"相关原则"[1]，在动词形态上表现为："黏着性语法标记更容易和一个词义和其自身意义相关的词结合"。[2] 时—体后缀或是标记是加在动词上的，而动词由于它们内在的语义特征的不同（如［±终结点］、［±瞬时］、［±动态］等）而分为四类。[3] 正如Andersen指出的那样，这些内在

---

[1] Bybee, J. *Morphology: A Study of the Relation Between Meaning and Form*. John Benjamins, 1985.

[2] Andersen, R. W. Developmental Sequences: The Emergence of Aspect Marking in Second Language Acquisition. Huebner, T. & Ferguson, C. A. (eds.) *Crosscurrents in Second Language Acquisition and Linguistic Theories*. John Benjamins, 1991.

[3] Smith, C. S. *The Parameter of Aspect*. Kluwer Academic Publishers, 1997.

特征与时—体后缀或标记使用之间有密切的关系。

完成体标记"了"提供一个情状的完整视角，所以和［+终结点］、［+瞬时］的情状最相关，因为［+终结点］和［+瞬时］的情状也就是达成情状，如"赢""到达"等，一旦发生即终结，最容易用完整的视角表现。下一个与完整视角相关性高的就是终结情状，虽然具有持续性，但具有内在终结点，只要这些终结点得以实现，就可以用完整视角表现（比如"写了一封信""吃了一个苹果"等）。活动不具内在终结点，所以较难用完整视角来表现。但由于活动具有动态性，不可能永远进行下去，结束时会有一个时间上的、外在的终结点，也就是 Smith 说的"任意时间终结点"。每当有了这么一个终结点，活动情状也可以用完整视角表现。在不同语言实际应用中，这个终结点可以由不同语言手段提供，如时态、时量补语（"一会儿""两个小时"）、动量补语（"一下""一脚"）以及汉语中特有的动词重复（"走一走""敲敲"）等等。状态常常不需要能量就可以持续，所以与完成体的意义最不相关，除非出于某种原因而状态有所转变。也只有在状态转变的关节点，完成体可以表现转变的完成。而表现状态转变的情状实际上已经不再是真正意义上的状态。如果我们用最相关到最不相关的连续统来图示完成体与四类情状之间的关系，我们可以得到例（7）。"了"的无标出现仅限于意义具有密切相关性的两类情状中，用实线表示；而虚线则表示"了"在活动和状态中的出现属于有标的、有条件的用法，因此需要额外的条件（提供终结点的某种限制成分）。

（7）汉语完成体标记"了"的分布

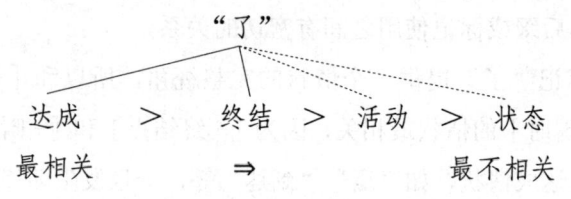

```
                    "了"
          ┌──────────┼──────────┐
          │          │          ╲
        达成    >   终结   >   活动   >   状态
        最相关        ⇒              最不相关
```

活动和状态只能通过由上下文或是某种限制成分才能和完成体具有相关性。而只能在具有相关性以后，"了"才能扩展使用在活动和状态中。

"了"在自然使用中的分布似乎严格遵循了 Bybee 的"相关原则"[①]。假如 Bybee 的原则是具有普遍性的，那么其他语言也应该遵循这个原则。但是正如我们说过的，英文中的简单过去时后缀，也就是完成体过去时后缀可以而且需要出现在所有动词上。这是否意味着英语中的完成体不要求终结点？如果真是这样，那么 Bybee 的"相关原则"又如何得以遵循？假如我们将带"了"的汉语句子和英文中带完成体过去时的句子相比较，我们就能看到一个明显的分别，那就是：英文简单过去时不仅表示完成，还明确将所标注的事件或状态放在过去，而"了"却没有把时间点明确放置在过去的功能。我们认为就是这个分别造成了"了"和英语简单过去时标记分布的不同。将时间点放置在过去的功能实际上是为被标注的事件或状态加上了一个终结点，如果被标注事件本身是有终结点的（终结和达成情状），这个终结点就与事件本身的终结点重合；如果被标注事件／状态本身没有终结点（状态和活动情状），那么过去时就提供了一个终结点，就像汉语中不同的句法和词汇手段所提供的终结点。我们认为这就是为什么

---

① Bybee, J. *Morphology: A Study of the Relation Between Meaning and Form*. John Benjamins, 1985.

英文中的简单过去时能和所有类型的动词共现的原因。

(8) 英文简单过去时分布

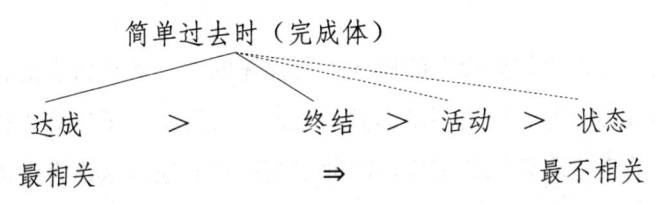

简单过去时（完成体）

达成　＞　终结　＞　活动　＞　状态

最相关　⇒　　　　　　　　最不相关

也就是说，英文用另一种方式遵循"相关原则"。完成体过去时由于包括了终结点，所以不仅可能，而且需要用于不相关的情状类型，因为英文中时态标记是必需的。换句话说，就是在英语习得过程中，完成体过去时从最相关情状向最不相关情状的扩展是必然的。

现在，我们可以清楚地看到，汉语中"了"的分布和英语初级习得者对完成体过去时的有限使用（"体假设"的模式Ⅰ）实际上反映的是同一普遍原则，也就是 Bybee 的"相关原则"。在习得方面关键的不同是："了"一般不扩展使用到不相关的情状中，除非有句法或词汇手段提供的终结点，而英语中完成体过去时却必须扩展使用到不相关的情状中。当这种扩展在一个语言中是必需的情况下，这个语言的习得者由于"相关原则"的束缚，会表现出在活动和状态情状中完成体过去时标记使用不足。但在汉语中，完成体向不相关情状（活动和状态）的扩展使用是非常态和有条件的，因此，习得者在活动和状态情状中完成体标记使用不足的机会不多。与此相反，他们母语的经验反而可能转移到汉语使用中来，引致完全不同类型的错误，也就是在活动和状态情状中过度使用完成体标记。我们曾预测母语迁移将导致比较严重的过度使用,虽然我们的语料并不完全符合我们的预期,但我们确实在活动和状态情状中发现了一定数量的过度使用"了"的情况。

简言之,"体假设"的模式Ⅰ所描述的在活动和状态情状中完成体过去时标记使用不足的倾向正好契合汉语"了"对"相关原则"的直接表象化的遵守,因此在英语和其他印欧语言中需要被克服的倾向在汉语中反而是一个有利习得的倾向。

### (三)"着"在终结和达成情状中无使用不足

"着"是一个非完成体标记,但是它与英语中的进行时并无对应关系。在我们的语料中,2554个小句中只有48个需要"着"标记。而48个中超过一半的(54%)是活动,剩下的是状态,包括表存现的状态。没有一个终结或达成情状需要"着"标注,所以"着"在这些情状中不可能有使用不足的现象。

在习得者使用的51个"着"中,51%出现在活动情状中,38%出现在状态中(包括存在状态),还有9.8%出现在终结情状中。这种使用情况只是部分对应"体假设"的模式Ⅱ(即:非完成体最初出现在状态和活动中,然后扩展到终结和达成情状中)及模式Ⅲ(即:进行体首先出现在活动中,然后扩展到终结和达成中)。最大的不同在于:模式Ⅱ和Ⅲ预示了非完成体和进行体向终结和达成的扩展使用,但是在汉语中,这种扩展对"着"是不需要的。

例(9)是"着"正确使用于活动的例子,而例(10)则是"着"错误使用于终结的例子。

(9)小笼蒸包的笼屉向外面放着气。(W11056)

(10)*我们从飞机上下着很高兴。(W08084)

### （四）"着"以及"相关原则"

完成体提供一个情状的完整视角，因此要求所标记的事件或状态有终结点。但是非完成视角只聚焦事件或状态的某一部分，因此有无终结点并不影响非完成视角。也就是说，完成体有终结点存在的要求，而非完成体并没有终结点不存在的要求。俄语中非完成体可以和所有情状类型共现就是证明。

但是，没有终结点不存在的要求并不意味着所有的情状类型和非完成的意义具有同等的相关度。无终点和持续的情状（活动和状态）更易提供片断视角，所以和非完成体的基本意义更为相关。终结情状具有持续性，因此和非完成体的基本意义也具相关性，达成不具持续性，因此相关性最低。初期习得者将非完成体的使用限于状态和活动的倾向也是"相关原则"的直接反应。

有意思的是，不同的非完成体标记以不同的方式遵循"相关原则"。俄语的非完成体单纯区分完整和部分视角，所以可以出现在所有情状中，尽管更多出现在状态、活动和终结中。汉语中的"着"仅限于出现在相关的情状中，也就是状态和活动中，因为"着"的主要功用是对一个片断做静态表达。

（11）汉语中"着"的自然分布

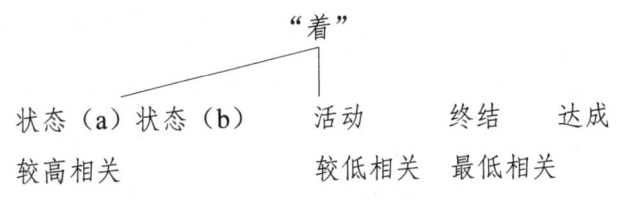

```
                    "着"
         ┌───────────┼───────────┐
    状态（a）状态（b）    活动        终结      达成
    较高相关          较低相关    最低相关
```

英语的进行体强调事件的正在进行，因此可以出现在所有具有持续性以及动态的情状中，也就是活动和终结中。

（12）英语中进行体的自然分布

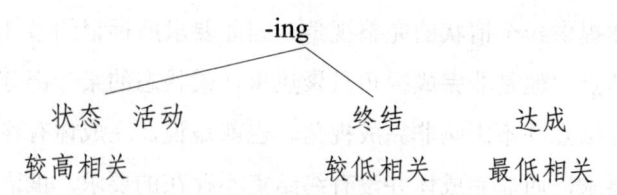

```
            -ing
   ┌─────────┼─────────┐
 状态 活动    终结      达成
较高相关    较低相关   最低相关
```

对三种不同非完成体做比较后可以看出，"着"更严格地遵循"相关原则"。

我们的语料显示，习得者主要将"着"用于活动中，其次是用于状态中，也有少部分"着"出现在终结中。但是习得者完全没有将"着"扩展使用在达成情状中。

（13）"着"在二语习得者语料中的分布

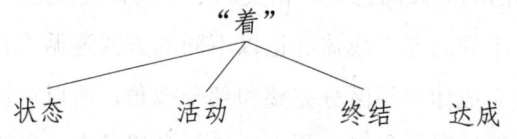

```
            "着"
   ┌──────┬──────┬──────┐
  状态   活动   终结   达成
```

"着"在二语习得者语料中的分布只是部分与"着"的自然分布契合，因为有一些在终结中多用"着"的情况。这种多用当源自母语负迁移。除了在终结中多用"着"的情况外，"着"在习得者语料中的分布也部分契合"体假设"模式Ⅱ所描述的倾向，即：习得者倾向于将非完成体的使用限于状态和活动，以及部分契合模式Ⅲ所描述的倾向，即：习得者倾向于将进行体的使用限于活动。

"着"在汉语中的自然分布以及习得者习得初期把非完成体限于状态和活动、把进行体限于活动的倾向同样反映了 Bybee 的

"相关原则"①。关键的不同是,"着"不需要扩展使用到不相关的情状中,而俄语的非完成体需要扩展使用到所有情状中,英语中的进行体需要扩展使用到终结情状中。② 也就是说,在"相关原则"的限制下,俄语和英语的习得者有使用非完成体／进行体标记不足的倾向,但是使用不足的错误却很难在汉语习得中出现。

(五)"了"使用不足情况

如上所述,"了"的使用不足很难出现在状态和活动中。在我们的语料中,"了"使用不足的错误确实没有出现在状态中。在活动中,28 个需要"了"的地方仅有 3 个没有出现。需要特别注意的是,所有需要"了"的活动都有附加终结点。如:

(14) 第二天弟弟起床的时候,姐姐向他**讲了讲**女朋友出的事。

我们这里看到的是汉语中很有意思的现象。当活动不含终结点时,"了"通常不能出现;而当活动中有附加终结点时,"了"的出现又常常成为必需。在例(14)中,动词重复给动词加了终结点,因此"了"必须出现。

需要"了"的终结和达成比例相对要高很多,分别为 29%(287:84) 和 39%(305:118),使用不足的情况分别只有 9 例和 11 例。语料显示,使用不足的错误并不严重。更重要的是,

---

① Bybee, J. *Morphology: A Study of the Relation Between Meaning and Form.* John Benjamins, 1985.

② 正如 Vendler 和其他许多学者指出的那样,英语中的进行体并不能自由使用于达成情状。Vendler, Z. Verbs and Times. Vendler, Z. (ed.) *Linguistics in Philosophy.* Cornell University Press, 1967.

使用不足主要出现在终结和达成中，以及少量包含了附加终结点的活动中。与"体假设"模式Ⅰ描述的活动和状态中的使用不足情况完全不同。可以想见，使用不足也可能出现在包含附加终结点的状态中，但是几率很小，因为与活动相比，状态更少会包含附加终结点。

## 六 总结

我们对于汉语体标记习得的考察发现了一些非常有意义的结果。这些结果具有重要的理论意义。

首先，我们的结果证明，不同的语言可能以不同的方式遵循一个普遍的自然规则，如Bybee的"相关原则"。或以直接显性的方式，或以间接隐性的方式。汉语中"了"的分布代表了前一种方式，而英语中完成过去时的分布则代表了后一种方式。这种方式的不同导致某些初期习得者的倾向（如"体假设"描述的倾向）在某些语言中是需要的，而在其他语言中则不需要。在不需要的语言中，习得者表现出对某些标记的使用不足，而在需要这些倾向的语言中，使用不足不成为问题，而且由于母语或其他因素的影响，我们可能发现过度使用某标记的情况。有鉴于此，我们提议将体假设中的模式Ⅰ修改如下：

Ⅰ'. 习得者初期仅将完成体或完成体过去时用于终结和达成情状上，后期才扩展使用到活动和状态上。扩展使用的前提是：这种扩展在目标语中是必需的。

在这里，我们加入了扩展的前提，就是说有的语言需要扩展，而有的语言不需要扩展。如此一来，这个模式就可以兼顾到不同的语言，更具有普遍性。

第二，我们也证明，不同语言具有不同的非完成体，表达不同的非完成意义，如简单的部分视角，强调进行的过程，提供静态视角，等等。这些不同的非完成体意义以不同方式和"相关原则"相联系：第一，俄语的非完成体只聚焦事件或状态的一部分，因此可以出现在所有相关或者不相关的情状中；第二，英语的进行体聚焦过程，因此更适合活动和终结；第三，汉语的"着"主要出现在活动和状态中，因为其主要功能是提供静态视角。在比较不同的非完成体时，我们发现，"着"更严密地遵循"相关原则"。这就是为什么习得者的初期倾向（将非完成体限于状态和活动，将进行体限于活动）在汉语中也是可取的倾向。有鉴于此，我们也在模式Ⅱ和Ⅲ后边添加了另一表述：

V. 在具有不同非完成体类别的语言中，某一种非完成体标记的基本意义可能让模式Ⅱ和Ⅲ描述的有限使用非完成体标记的倾向成为可取，因而这两个模式所预示的非完成体标记的后期扩展使用不会出现。

"体假设"仅仅涵盖了典型的时—体标记类型，因而只是一个概括性的假设。由于时—体的概念在不同的语言中经历不同的语法化过程①，"体假设"针对不同的语言会有不同的变化也属正常。我们在这里所做出的改变至少让"体假设"更具普遍性。

本研究证实：汉语的"了"和"着"的分布严格遵循 Bybee

---

① Bybee, J. & Dahl, Ö. The Creation of Tense and Aspect Systems in the Languages of the World. *Studies in Language*, 1989(13).

的"相关原则"。[①] 由于习得者在习得初期遵循同样的原则,他们的习得倾向有助于他们习得"了"和"着"。尽管我们提出了对"体假设"的修改意见,但需要强调的是,我们的修改并没有动摇"体假设"的根基。我们只是指出,在习得者的倾向和目标语的自然分布模式相吻合时,不可取的倾向可能变为可取。实际上甚至可以说,我们的研究给予"体假设"进一步支持。首先,"了"和"着"的自然分布正好是"相关原则"的最好明证,而"相关原则"可以看成是"体假设"的理论基础。其次,我们的语料显示,习得者的确主要在终结和达成中使用"了",以及主要在状态和活动中使用"着"。总而言之,本研究使我们对语言的特殊性以及理论的普遍性都有了进一步的理解。

---

[①] Bybee, J. *Morphology: A Study of the Relation Between Meaning and Form*. John Benjamins, 1985.

图书在版编目(CIP)数据

多视角的汉语第二语言习得研究/王建勤主编.—北京:商务印书馆,2020
(商务馆对外汉语教学专题研究书系.第二辑)
ISBN 978-7-100-17951-5

Ⅰ.①多… Ⅱ.①王… Ⅲ.①汉语—对外汉语教学—教学研究 Ⅳ.①H195.3

中国版本图书馆 CIP 数据核字(2019)第 257870 号

**权利保留,侵权必究。**

**多视角的汉语第二语言习得研究**
王建勤 主编

商 务 印 书 馆 出 版
(北京王府井大街 36 号 邮政编码 100710)
商 务 印 书 馆 发 行
北京新华印刷有限公司印刷
ISBN 978-7-100-17951-5

2020 年 2 月第 1 版 开本 880×1230 1/32
2020 年 2 月北京第 1 次印刷 印张 16⅜
定价:52.00 元